智利山 大華嚴寺 逸話

지리산 대화엄사 이야기

진조스님 편찬

❀ 화엄사 전경

| 들어가면서

　범승(梵僧)이신 연기존자님이 비구니이신 어머니와 함께 연(鳶)을 타고 황둔동천(黃屯洞天)에 오셨습니다. 백두산의 혈맥과 멀리 태극 모습의 다사강(多沙江, 현 섬진강) 기운이 합류하는 곳에 화엄의 대종찰(大宗刹)이 자리 잡았으니 바로 이곳이 지리산 화엄사(智利山 華嚴寺)입니다.
　지리산은 본래 두류산(頭流山)으로 백두산의 정기가 줄곧 흘러 내려와서 이뤄진 산이라 하여 두류산이라 일컫습니다. 그런데 연기존자님이 삼매에 들어 보니 문수대성께서 일만 보살 대중에게 설법하고 계신 산이라서 대지문수사리보살(大智文殊師利菩薩)의 이름을 택하여 지리산(智利山)이라 하고, 절 이름을 화엄경의 두 자를 따서 화엄사(華嚴寺)라 하니, 지리산 화엄사가 백제 성왕 22년 갑자세(544년)에 창건되었습니다. 연기존자님은 인도적 불교 최고의 경전인 《대방광불화엄경(大方廣佛華嚴經)》을 널리 선양하신 대승보살의 화신입니다.
　그 후로 화엄사는 수많은 고승, 노덕, 대덕 스님이 화엄법등을 이어오면서 백제시대, 신라시대, 고려시대, 조선시대, 일제 강점기, 현대시대에 이르기까지 화엄사를 중창·중건·중수하셨고, 화엄법석을 열어 강설하며 큰스님의 발자취를 남겼습니다.
　소승은 1975년부터 화엄사에 살아오면서 화엄사가 변천해 가는 것을 보아왔고, 화엄사에 관한 일화들을 은사님이신 백운 큰스님, 노스님, 선배님, 여러 지인을 통해 들어 알고 있습니다. 특히 화연스님께서는 연기존자님에 대해서부터 잊혀간 백제시대의 화엄사 일화까지 많은 이야기를 들려 주셨습니다.

안타까운 점은 화엄사 출신 스님들이 이곳에 오래 머물지 못하고 인연따라 다른 곳으로 가시고, 후배 스님들은 이 일화에 별로 큰 관심을 두지 않는다는 것입니다. 화엄사 이야기가 사장(死藏)될 것이 걱정이었기에 이 일화들을 책으로 남기기로 결심했습니다. 이 자리를 빌려 물심양면 지원해주신 '도서출판 삼화' 가족 여러분의 수고에 고마운 마음을 전합니다.

화엄사의 재미있는 일화들은 화엄사 역사의 일부분으로 그 당시에 일어난 일입니다. 소승이 남기는 이 일화가 후학과 신도님, 불자님에게 귀중하고 소중한 선물이 되었으면 합니다.

華嚴偈頌(화엄게송)

頭脈蟾氣合流處(두맥섬기합류처) 백두산 혈맥 섬진강 태극
                                              기운이 합류하는 곳
鷰起華嚴傳百濟(연기화엄전백제) 연기존자께서 화엄경을
                                              백제에 전파하시고
義湘石經滿海東(의상석경만해동) 의상조사께서 화엄석경 만드니
                                              불법이 해동에 가득하여
佛衆生同遊蓮華(불중생동유연화) 부처님과 중생이 함께
                                              연화장세계에서 노닌다네

智利禪子(지리선자) 眞肇(진조)
焚香謹書(분향근서)

| 차례

🌸 머리말 · 6

지리산 대화엄사 이야기

1 🌸 화엄사 창건 이야기 · · · · · · · · · · · · 12
2 🌸 대웅전 4칸 계단 이야기 · · · · · · · · · 24
3 🌸 연기존자 어머니와 가재 이야기 · · · · 27
4 🌸 화엄사 황둔용 이야기 · · · · · · · · · · · 30
5 🌸 연기존자 원불 문수보살 이야기 · · · · 34
6 🌸 연기존자의 비구니 어머니 수행 이야기 · 41
7 🌸 화엄사 신리수 이야기 · · · · · · · · · · · 46
8 🌸 화엄사 천기백맥기지좌대 이야기 · · · 49
9 🌸 연기존자 맏상좌 화엄스님 이야기 · · · 52
10 🌸 화엄사 연 이야기 · · · · · · · · · · · · · · 63
11 🌸 화엄사 남매 스님 이야기 · · · · · · · · 65
12 🌸 화엄사 반달 스님 이야기 · · · · · · · · 69
13 🌸 상적스님의 부모은중난보경 이야기 · 72
14 🌸 화엄사 향적 비구니 이야기 · · · · · · · 89
15 🌸 화엄사 거인 태평 스님 이야기 · · · · · 92
16 🌸 묘덕스님과 호신불 이야기 · · · · · · · 95
17 🌸 봉래암 창건 이야기 · · · · · · · · · · · · 99
18 🌸 동물과 대화하는 혜심스님 이야기 · · 102
19 🌸 자장법사와 불사리탑 이야기 · · · · · · 106

20	원효성사와 화랑 이야기	113
21	화엄사 문수동자 이야기	116
22	장육전 창건과 화엄석경 이야기	120
23	화엄석등 조성 이야기	128
24	4사자 감로탑 조성 이야기	133
25	우번대 우번조사 이야기	144
26	도선국사 풍수지리 이야기	150
27	화엄사 4분 연기 스님 이야기	154
28	지리산 화엄사 차 이야기	159
29	석종대 우번암 이야기	165
30	의천스님 화엄사 참배 이야기	169
31	관혜법사와 두 제자 이야기	174
32	화엄사 말사 사성암 이야기	178
33	금정암 창건 이야기	187
34	사리탑 효대송 이야기	190
35	화엄약수 자정수 이야기	193
36	자운선사와 거북선 이야기	196
37	설홍스님과 석주관 전투 이야기	200
38	벽암스님의 중창꽃 이야기	208

39 🌸 화엄사 현판 억불 이야기 · 213
40 🌸 화엄사 사적기 이야기 · 219
41 🌸 화엄사 은행나무 이야기 · 225
42 🌸 각황전 창건 이야기 · 228
43 🌸 각황전 백두기둥 이야기 · 236
44 🌸 공주가 환생한 동자승 이야기 · 239
45 🌸 화엄사 홍매화 이야기 · 247
46 🌸 각황전 큰 목탁 조성 이야기 · 249
47 🌸 축지법 하는 초월스님 이야기 · 252
48 🌸 화엄사 연분홍매 이야기 · 261
49 🌸 화엄사 만월당 벚꽃 이야기 · 264
50 🌸 보제루 화장 편액 이야기 · 267
51 🌸 석종대 석종 소리 이야기 · 272
52 🌸 구층향대 미타염불만일회 이야기 · 275
53 🌸 각황전 보수 문수보살 이야기 · 280
54 🌸 화엄사 돌두꺼비 이야기 · 284
55 🌸 상원암 경허선사 이야기 · 288
56 🌸 도를 이룬 노장 호은스님 이야기 · 291
57 🌸 문수대 문수보살 이야기 · 295
58 🌸 반야봉 금강굴 이야기 · 297
59 🌸 구층계곡 용바위 이야기 · 299

60	구층암 천불전 부처님 이야기	302
61	구층암 천불전 토끼와 거북이 이야기	314
62	구층암 모과기둥 이야기	318
63	사리탑 방광 이야기	321
64	사천왕 신통 이야기	325
65	금오스님 승가공동체 이야기	329
66	화엄사 중창주 도광대선사 이야기	333
67	문수예참 대강백 백운스님 이야기	339
68	대웅전 신중님 이야기	358
69	화주 보사님 법화경 영험 이야기	363
70	각황전 사리나무 용기둥 이야기	368
71	참회의 북 가죽 화엄법고 이야기	372
72	화엄사 범종 이야기	376
73	나한님 신통 이야기	379
74	화엄사 불성구슬 이야기	382
75	동서5층석탑 특징과 성보 유물 이야기	384
76	화엄사 소금단지 이야기	391
77	화엄사에 출가한 외국인 스님 이야기	394
78	화엄사 사리탑 탑전 중건 이야기	404
79	화엄사 문수보살 이야기	408
80	화엄사 전각 주련 이야기	415

1
화엄사 창건 이야기

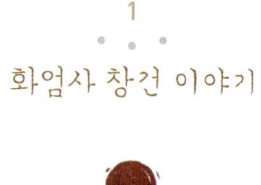

　한반도와 만주 땅에 고구려, 백제, 신라의 삼국이 정립된 뒤 제각기 국력을 길러 영토를 확장하고, 중국을 비롯한 멀리 천축(天竺, 인도)에서까지 문화와 문명을 수입해 바야흐로 태평성국의 기틀을 다진 삼국시대의 중엽의 일이다.

　소백대간(小白大幹)의 남단에 우뚝 솟은 두류산(頭流山, 현 지리산)에 봄이 무르익어가는 삼월 중순 무렵, 농부들은 밭을 갈고 씨를 뿌리며 한창 바빠 일손을 놀렸다. 동리(洞里) 꼬마들은 부처님께 공양 올리는 소꿉놀이 준비에 한창이었다. 멀리 두류산을 향해 합장하고 그들의 할머니와 어머니가 조석으로 염불을 외우던 대로 소리를 맞추어 관세음보살을 불렀다.
　선재의 할아버지 박 노인은 밭 언덕에서 꼬마들의 놀이에 미소를 지으며 두류산을 응시했다. 두류산 골짜기에서는 안개가 피어오르고 있었다. 박 노인은 그제야 어제도 그제도 산 중턱 골짜기에 안개가 피어오르는 걸 목격했었다. 자세히 살펴보니 그것은 안개가 아니라 연기였다. 박 노인은 필시 산중에 무엇이 있겠구나 싶어 마을 사람 십여 명을 대동하고 황둔동천 골짜기에 이르렀다.
　계곡 옆에 움막을 발견하고 다가가니 움막 안에서는 낭랑하고 장중한 음성이 조화를 이룬 독경 소리가 새어 나왔다. 박 노인 일행은 발을 멈추고 귀를 기울였다. 익히 들어본 적 없는 다른 언어의 독경 소리였다. 독경이 끝나고 잠시 후 한 사문(沙門, 출가 수행자)이 나왔다.

머리를 깎고 가사를 걸친 사문의 모습은 마을에서 십여 리 떨어진 홍련사(紅蓮寺)라는 절의 스님과 어딘가 다른 점이 있었다. 사문의 얼굴 생김새와 피부색이 우리 민족과 전혀 달랐고, 주황색 천(가사)을 둘둘 말아서 몸에 감고 있었다.

박 노인은 사문과 합장한 후 대화를 나누려 했으나 의사소통을 할 수 없었다. 결국 사문이 움막 안에서 벼루와 붓, 종이를 갖고 나와 필담으로 이야기를 주고받게 되었다. 사문은 천축국에서 불법을 펴고자 인연 국토에 찾아왔고 한문은 천축국에 유학하러 온 양나라 스님에게 배웠다고 한다. 또 백제국에는 연(鳶)을 타고 비구니 어머니와 함께 날아서 왔다는 말에 마을 사람들이 놀란 얼굴이 되었다.

"빈도(貧道, 스님이 자기 자신을 낮춰 부르는 말)는 바닷가의 절에 살면서 바다 속에 사는 연(鳶)이라는 짐승과 친해졌지요. 이 연은 능히 공중을 날고 바다 속을 헤엄칩니다. 또 바다에 떠서 배처럼 다니기도 합니다. 빈도는 이 연을 교화하여 오계(五戒)를 주고 제자로 삼아 이곳까지 왔습니다. 방금 읽던 경전은 부처님의 최고경전인 大方廣佛華嚴經(대방광불화엄경)입니다."

이렇게 필담을 나눈 후 사문이 저녁 공양 거리를 준비하기 위해 피리 비슷한 악기를 꺼내어 입에 대고 길게 세 번 불었다. 그러자 웅장한 소리와 함께 천년 묵은 거북만한 연이 공중에서 날아와 사문 곁에 사뿐히 내려앉았다. 머리는 용 같고 몸은 거북이 같은 형상이었다. 몸길이가 열 자는 넘어 보이고 두 날개를 가진 짐승이었다.

박 노인 일행은 숨죽이고 이 신기한 짐승을 구경하느라 노(老) 비구니께서 그들의 등 뒤에 나와 서 있는 것도 알지 못했다. 사문이 연의 등에 앉자 비구니는 오른손을 번쩍 들어 떠나도 좋다는 신호를 보냈다. 사문이 비구니에게 합장한 뒤 연의 목을 쓰다듬으며 범어로 뭐라고 이르니 연은 곧 공중으로 솟아올라 날아갔다.

박 노인 일행은 감탄을 하며 사문이 사라져간 동쪽을 향해 합장했다. 마을 사람들은 천축에서 오신 스님 이름을 어떻게 부르면 좋을지 의논했다. 연을 타고 다니시니 연존자(鳶尊者)라 할까, 비연존자(飛鳶尊者)라 할까, 연승존자(鳶乘尊者)라 할까, 아니면 천축에서 오신 스님이니 천축존자(天竺尊者)라 할까. 이렇듯 열띤 의논 중에 박 노인이 말했다.

"연을 타고 오셔서 최고의 부처님 경전인 화엄경을 우리나라 백제 두류산 황둔동천에서 전법을 시작(起)하는 것이니 천축국 스님을 鳶起尊者(연기존자)라고 하면 어떨까요?"

박 노인의 의견에 모두 찬성하며 스님을 연기존자라 부르기로 결정했다.

"우리 고을에 경사가 난 거야. 부처님이 태어나신 나라에서 온 스님이 부처님의 최고 경전인 화엄경을 백제 땅에 가져왔으니 부처님의 자비광명이 충만한 이곳이 바로 최고의 불연국토(佛緣國土) 아닌가!"

마을 사람들은 환희심을 내면서 기쁨에 넘쳐 박수를 쳤다. 그리고 황둔골에서 내려와 집으로 갔다.

다음 날 아침 박 노인은 마을 사람들을 모아 스님이 계신 움막으로 다시 찾아왔다. 그리고 필담을 나누었다.

"우리 마을 사람들이 스님을 연기존자라고 부르기로 했습니다. 왜냐하면 연(鳶)을 타고 오셔서 최고의 부처님 경전인 화엄경 전법을 우리나라 백제 두류산 황둔동천에서 시작(起)하시기 때문입니다. 존자님과 상의 없이 법명을 지어서 죄송합니다."

박 노인은 이렇게 말하며 합장했다.

그러자 스님은 흐뭇한 미소를 지으며 말씀하셨다.

"연기(鳶起)라, 참으로 의미도 좋은 법명이구려. 빈도도 연기라는 법명이

▶ 연기존자

마음에 듭니다. 앞으로 빈도는 연기올시다. 이제 천축에서 불렸던 법명은 사라졌구려."

　스님이 이렇게 말하고 크게 웃으니 마을 사람들도 덩달아 함박웃음을 지었고 그 소리가 황둔동천에 울려 퍼졌다.

　몇 달이 지나자 연기존자님은 우리말에 상당히 익숙해져서 의사소통이 가능할 정도가 되었고, 박 노인의 손주인 선재를 시자(侍者)로 두었다. 그런데 마을 사람들이 존자님의 법문을 듣고 싶어 하나 예불할 장소가 마땅치 못했다. 움막에서 법문을 들을 수 없기에 박 노인과 마을 사람들은 존자님께 간청하여 법당을 건립하는 불사를 진행하기 시작했다. 이리하여 이룩된 전각이 요사(寮舍) 겸 설법전인 海會堂(해회당)이다. 그 다음 해 가을에는 大

雄常寂光殿(대웅상적광전)인 법당이 낙성되었다. 백제성왕 22년 갑자세(544년)의 일이었다.

낙성식을 마치고 박 노인은 "존자님을 연기존자라고 부르고 있으니 이곳을 연기사(鷰起寺)라 하면 어떨까요?" 하는 의견을 내놓았다. 존자님은 한동안 침묵하며 골똘히 생각하다가 입을 열었다.

"빈도는 본국에서 대방광불화엄경을 수지 독송해 왔고 현재도 이 화엄경을 소의경전(所依經典, 교의적 敎義的으로 의거하는 근본 경전)으로 하여 수행을 쌓고 있습니다. 멀리 넓고 큰 바다를 건너 이 나라에 온 것도 화엄법문을 선양하기 위함이니 華嚴寺(화엄사)라고 하는 것이 어떠한지요."

이에 마을 사람들이 대답했다.

"존자님이 명명한 화엄사 가람(伽藍) 이름에 이의 없이 대찬성입니다. 화엄사, 화엄경, 화엄법문, 화엄연화장세계. 이 나라가 연화장 불국토 세계로 이루어졌습니다."

존자님이 다시 말씀하셨다.

"이 산은 멀리 백두산의 정기가 줄곧 흘러 내려와서 이뤄진 산이라 하여 두류산이라 일컫는다니 좋은 이름이외다. 그런데 빈도가 이 산에 처음 닿아 삼매에 들었을 때 문수대성께서 일만 보살 대중에게 설법하시는 것을 친견하였으니 이산은 분명히 문수보살님이 항상 설법하는 땅임에 틀림이 없소. 그런 만큼 산 이름도 大智文殊師利菩薩(대지문수사리보살)의 이름을 택하여 智利山(지리산)이라 하는 것이 좋을 것 같습니다."

그리하여 이곳은 智利山 華嚴寺(지리산 화엄사)가 되었다. 지리산 화엄사라고 명명(命名)하고 나서 존자님이 말씀하셨다.

"대웅상적광전 법당 낙성식을 보려고 처음 화엄사에 오신 스님과 불자님도 계실 거외다. 대방광불화엄경에 대해 궁금한 게 있을 테지요. 화엄경을 설명하기 전에 새로운 마음가짐으로 청정법신 비로자나불, 원만보신 노사나불, 천백억 화신 석가모니불인 삼신불전에 삼배를 합시다."

그리고 존자님은 사부대중과 불자님에게 화엄경 구성에 대해 간략히 설명한다.

"대방광불화엄경은 석가모니 부처님께서 열반하신지 700년경에 나가르주나(용수보살 龍樹菩薩)께서 용궁에 들어가 90일 동안 읽고 외운 경전을 세상에 전법한 것입니다. 나가르주나 보살은 제2의 석가모니불 또는 대승불교의 아버지라고도 부르지요. 화엄경은 모두 80권으로 7처(處), 9회(回), 39품(品)으로 구성되어 있습니다. 화엄경이 설해진 장소는 모두 일곱 장소입니다. 지상 3곳과 하늘 4곳입니다.

카필라바스투국의 슈도다나 왕과 마야 왕비의 아들인 고타마 싯다르타 왕자가 출가하여 6년간의 고행을 끝내시고 마가다국의 네란자라 강가에 있는 필파라수(보리수) 아래에서 음력 12월 8일 샛별이 떠오르는 순간 마음이 환하게 열려 부처님이 되셨습니다. 그 동안에 갖고 있던 온갖 의문이 풀리고 우리들의 인생과 마음의 진실과 삼라만상과 우주의 실상을 깨달았습니다. 그래서 이 자리를 금강보좌(金剛寶座)라고도 하고 보리도량(菩提道場)이라고도 합니다.

부처님께서는 깨닫고 난 뒤 가장 먼저 화엄경을 삼칠 일 동안 설하셨습니다. 그러므로 깨달은 그 보리도량에서 온 우주에 진리의 완전한 채로 편만(遍滿, 두루 가득함)하시고, 일체 시공(時空) 가운데 편만하시고, 일체 시공이 다한 후에도 편만하시고, 시공이 열리기 이전에도 편만하셨습니다. 이렇게 한정 지을 수 없는 절대적인 비로자나(毘盧遮那) 부처님의 성불(成佛)을 그린 것이 제1회에 설한 6품입니다. 이는 「세주묘엄품」, 「여래현상품」, 「보현삼매품」, 「세계성취품」, 「화장세계품」, 「비로자나품」으로 화엄경의 서론입니다.

제2회 설법은 보광명전에서 설한 6품입니다. 「여래명호품」, 「사성제품」, 「광명각품」, 「보살문명품」, 「정행품」, 「현수품」으로 보살이 성불해 가는 화엄보살도 52위(五十二位) 중 가장 기초 단계인 십신(十信)에 해당됩니다.

제3회부터는 하늘에서 화엄경을 설법합니다. 제3회 설법은 욕계 6천 중 제2천인 도리천궁에서 설한「승수미산정품」,「수미정상게찬품」,「십주품」,「범행품」,「초발심공덕품」,「명법품」의 여섯 품입니다. 화엄보살도 52위 중 십신 다음의 수행 단계인 십주(十住)에 해당이 됩니다. 이 도리천은 부처님께서 일찍이 이곳에 올라가서 파리질다라수(波利質多羅樹) 밑 보석전(寶石殿)에서 석 달 동안 안거하시면서 어머니 마야 왕비를 위해 설법을 한 하늘이기도 합니다.

제4회 설법은 욕계 6천 중 제3천인 야마천궁(夜摩天宮)에서 설한「승야마천궁품」,「야마궁중게찬품」,「십행품」,「십무진장품」의 네 품입니다. 이 품의 내용들은 십행(十行)에 해당이 됩니다.

제5회 설법은 욕계 6천 중 제4천인 도솔천궁에서「승도솔천궁품」,「도솔궁중게찬품」,「십회향품」의 3품을 설하였는데 십회향(十廻向)에 해당이 됩니다. 이 도솔천은 미륵보살이 하늘나라 사람들을 제도하면서 우리들이 살고 있는 남섬부주에 하생(下生)하기를 기다리며 살고 있다는 하늘입니다.

제6회 설법은 욕계 6천 중 제6천인 타화자재천궁(他化自在天宮)에서 설한「십지품」의 한 품입니다. 타화자재천은 욕계 6천 중 가장 높은 하늘입니다.「십지품」은 이름 그대로 보살의 수행과정 중에서 거의 성불에 이르러 간 십지(十地)를 설명하고 있는 매우 수준 높은 품입니다.

제7회부터 다시 지상으로 내려 와서 화엄경을 설법합니다. 제7회 설법은 보광명전에서「십정품」,「십통품」,「십인품」,「아승지품」,「여래수량품」,「보살주처품」,「불부사의법품」,「여래십신상해품」,「여래수호광명공덕품」,「보현행품」,「여래출현품」의 열한 품을 설합니다. 이 품들은 성불에 거의 다 이르러 간 등각(等覺)의 지위를 나타내고 있습니다.

제8회 설법은 보광명전에서「이세간품」의 한 품을 설하였는데, 이는 보살의 수행 계위 중 마지막 단계인 묘각(妙覺)에 해당됩니다. 이렇듯 보광명전에서 2회, 7회, 8회 총 3번을 설하셨습니다. 제2회부터 제8회의 설법까지는 보살이 성불해 가는 과정을 나타내는 화엄보살도 52위에 하나하나 배대(配對, 짝을 이루는 것)를 시킬 수 있으며 화엄경의 본론입니다.

그리고 마지막 제9회의 설법 장소는 아나타핀디카 사원(기원정사, 기수급고독원 祇樹給孤獨園)입니다. 아나타핀디카는 마갈타국 파사닉 왕(波斯匿王)의 기타 태자와 수닷타 장자(어려운 사람에게 많은 도움을 주어 자선사업가란 뜻의 아나타핀디카로 불렸고, 한문으로 번역하면 급고독장자 給孤獨長者이다)의 지극한 신심이 어우러져서 이룩되었습니다. 이곳이 바로 코살라국의 슈라바스티(사위성) 기타 숲에 있는 아나타핀디카 사원(기원정사)입니다. 거기서 마지막 두 품인「입법계품」과「보현행원품」을 설했습니다. 이 품에서는 선재(善財)라는 한 평범한 인간이 성불해 가는 과정을 설함으로써 중생(衆生)이 성불하는 과정을 가르치고 있습니다. 이곳에서의 설법은 화엄경의 결론으로 볼 수 있습니다.

화엄경은 부처님과 보살님과 중생이 하나도 남김없이 모두 성불하는 진실만을 가르치고 있습니다. 그래서 화엄경을 일러 완전무결한 가르침이라는 뜻의 일승원교(一乘圓敎)이자 최고의 경전이라고 합니다."

이렇게 화엄경의 구성을 설명하신 존자님은 며칠 뒤부터 대웅상적광전 법당에서 본격적으로 대방광불화엄경을 설법하겠다고 말씀하셨다.

외부에서 온 사부대중과 불자님들이 떠난 뒤 마을 사람들이 법당 안을 정리했다. 그리고 마을 사람들이 비구니 어머니와 함께 법당에 둘러앉았을 때 존자님이 말씀하셨다.

"그동안 가람 불사에 동참하시어 노고가 많으셨습니다. 여러분 덕분에 요사 겸 설법전인 해회당과 화엄세계의 삼신불을 모신 법당인 대웅상적광전이 창건되어 화엄법문을 많은 사부대중과 불자님에게 들려 줄 수 있는 가람이 낙성이 되어 감개무량 하오. 정말로 고맙습니다."

▶ 화엄사 전경 (1976년)

존자님은 자비 미소를 지으며 합장했다.

그리고 존자님은 박 노인과 마을 사람들에게 특별히 차 공양을 했는데 다들 처음 먹어보는 차 맛이었다. 혀끝과 입안에 젖어드는 향내음은 무엇이라 표현할 수 없는 그윽함이 깃들어 있었다.

"존자님, 이 차는 무슨 차입니까?"

"이 차는 마야차(摩耶茶)라고 하는데 빈도가 여기에 올 때 수십 그루의 차나무와 씨앗을 가지고 와 이 산 근방에 심었소. 이 차는 불보살님께 올리는 귀중한 차이외다. 차를 올린 후에 '제가 지금 올린 깨끗한 맑은 차가 감로수로 변하여 삼보님께 받잡노니 굽어 살펴 주옵소서'라고 게송하지요. 빈도는 이렇게 게송한 후 차를 마십니다. 이 찻잔 안에 화엄법계의 무진법문이 들어있고 자비광명이 충만히 들어 있소. 자, 여러분도 차를 드십시오."

마을 사람들은 찻잔을 들어 불단에 올려놓고 게송을 읊고는 소원을 빌었다. 그런 다음 찻잔을 불단에서 내린 후 각기 제자리에 앉아서 흡족하게 차를 마셨다. 존자님이 말씀하셨다.

"빈도가 천축에서 제조해 온 것이 충분히 있어서 여러분께 차공양을 올릴 수 있었소. 빈도의 소원대로 화엄법문을 문수보살 도량에서 선양할 수 있도록 화엄사를 창건한 여러분의 불사 동참 공덕이 말로 다 표현할 수 없이 고맙기 때문이오. 여러분의 마음이 곧 불보살님의 마음이 아니겠소. 이 마야차도 화엄차(華嚴茶)라고 명명하고자 합니다."

화엄차의 그윽한 차 향기는 화엄사 골짜기를 감돌고 연화장세계에 가득 퍼졌다. 존자님은 화엄 법문을 들려주는 것과 차공양으로 마을 사람들의 노고에 보답했고, 마을 사람들은 존자님의 위덕과 효심과 무궁무진한 법문에 감화를 입어 어느덧 신심이 지극한 불자로 변해 갔다.

그리하여 화엄사에 도인이 계신다는 소문은 날이 갈수록 방방곡곡에 널리 알려졌다.

존자님은 문수보살을 원불(願佛)로 삼아 문수대성의 명호를 날마다 십만 송을 하는 것을 일과로 삼았고, 그를 찾는 청신사 청신녀에게 문수보살의 위덕을 자세히 설명해 주었다. 그리하여 두류산으로만 불러오던 것을 문수대성의 상주도량으로 여기고 지리산이라 부르는 이가 많아졌다.

문수보살은 과거 7불의 스승이라 하거니와 지혜가 가장 뛰어난 분으로 일체 보살 중에 상수(上首)의 위치에 있는 보살이시다. 보살이 계시는 산을 청량산(淸凉山)이라고 하기에, 사람들은 때로는 지리산을 청량산이라고 부르기도 했다.

존자님은 반야봉에 조그만 토굴을 하나 짓고 이름하여 묘향대(妙香臺)라 했다. 문수를 한역하면 묘수(妙首), 묘덕(妙德), 묘길상(妙吉祥) 등이 된다. 다시 말해 문수의 체(體)는 바로 묘유(妙有)이며 항상 변함이 없는 자성(自性) 자리를 가리키는 것이니 이 묘유를 묘향(妙香)이라 일컫은 것이다. 존자님은 이따금씩 연을 타고 지리산 여러 곳을 두루 살피기도 하고 더러는 며칠씩 묘향대에서 묶고 오는 일도 있었다.

　존자님은 이산의 주봉을 반야봉이라 이름하였으니 반야(般若)란 지혜요, 문수를 일컬음이다. 주위 800리나 되는 웅장한 산이 문수대성의 상주도량이라면 이 산의 주봉을 반야봉이라 부르는 것은 너무도 당연하다.

　지리산이 문수도량이라면 산 그대로가 바로 문수의 몸이 아니랴! 수천 척 높이의 봉우리와 수백도 더 되는 우뚝한 산 전체가 그대로 문수대성의 진신(眞身)이요, 본 면목인 것이다.

大方廣佛華嚴經 (대방광불화엄경)

大　마음의 바탕은 일체 모든 것을 포함하고 있다는 것으로 大요.
方　마음의 모양을 가리킨 것이니, 마음이 모든 덕상을 갖춘 까닭으로 方이요.
廣　마음의 쓰임을 가리킨 것이니, 마음의 우주본체와 하나 되는 까닭으로 廣이요.
佛　마음의 결과를 가리킨 것이니, 마음이 해탈한 것을 佛이요.
華　마음의 근본을 가리킨 것이니, 마음 행을 꽃에 비유하여 華요.
嚴　마음의 공(功)을 가리켜 마음이 공덕을 지어 꾸미는 것을 嚴이요.
經　마음의 가르침인 교(敎)이니 이름과 말을 일으켜서 이치를 설명하기 때문에 經이라.

智利山 四季名 (지리산 사계명)

백두산의 정기 받아 새싹이 돋아나고
만물이 소생하며 꽃 피는 향기 그윽한
봄철의 이름은 두류산(頭流山)이요

녹음이 우거지고
흰 구름과 안개가 감도는 산의 모습이
문수보살이 타고 있는 위엄스러운 청사자 같아
여름철 이름은 청량산(淸凉山)이요

단풍이 어우러져 화려한 모습이
적광세계와 같이 장엄하고 찬란한
문수보살 상주처라
가을철 이름은 지리산(智利山)이요

흰 눈이 덮여 맑고 밝은 산은
더러움이 없고 번뇌도 끊고
불도를 이루신 정신적 귀의처
총림(叢林)의 지도자로 통솔 범위가 넓은
방장스님 같아서 거대한 산이라
겨울철 이름은 방장산(方丈山)이다

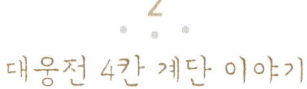

2
대웅전 4칸 계단 이야기

 사찰은 불상이나 불화 등을 모시고 스님들이 수행하는 곳이자 불교를 믿는 사람들이 찾아가 수행을 하고 부처님의 법음을 듣는 곳이다. 여느 사찰들의 금당(金堂)에 올라가는 계단은 대부분 3칸이다. 화엄사의 대웅상적광전 앞 계단을 기본적인 가람배치도 형식에 따라 계단을 3칸으로 만들려고 했다. 그러나 연기존자님은 이에 대해 다른 말씀을 하셨다.
 "빈도가 화엄경을 전파하고자 이곳에 왔으니 화엄사상이 깃든 계단을 만들고자 합니다."
 화엄사상이 깃든 계단이라니 불자들은 그 말의 의미를 알 수 없었다. 그러자 존자님이 다음과 같이 설명했다.
 "화엄경에는 4법계(四法界)가 있답니다. 그 중 사법계(事法界)는 만물의 현상이 천차만별로 드러난 현상 세상을 말합니다. 이법계(理法界)는 참마음으로 세계를 보니 모든 법의 고유한 특성이 공(空)하여 일체가 다만 마음으로 차별이 없고 평등한 차원을 보는 것입니다.
 이사무애법계(理事無礙法界)는 이법계와 사법계를 동시에 같이 보는 것이니 곧 차별과 동시에 일체가 다 마음인 평등을 동시에 보는 것을 말합니다.
 사사무애법계(事事無礙法界)는 이사무애법계 속에서 연기(緣起)와 불이법(不二法)을 동시에 다 보는 것입니다.
 즉 사법계 속에서 이법계를 보고 이법계 속에서 이사무애법계를 보며 이

▶ 대웅전 계단

사무애법계 속에서 일체 현상계가 서로 분리할 수 없는 연기(緣起)의 연속으로 상즉상입(相卽相入, 우주의 삼라만상이 서로 대립하지 않고 융합해 작용하며 무한히 밀접한 관계를 유지하고 있는 것) 하는 것을 보는 것입니다.

곧 사법계는 있는 그대로의 이 세상을, 이법계는 공(空)의 관점으로 보는 이치의 세상을, 이사무애법계는 현상과 이치가 서로 따로가 아닌 한세상임을 보는 것이며, 마지막으로 사사무애법계란 현상 속에서 더 근본적인 현상과 이치를 더 깊이 들여다보아 일체 현상과 사물이 중중무진으로 연속 연기되는 분리할 수 없는 하나의 마음 세계임을 바로 보는 것입니다.

이렇게 여느 사찰에도 없고 오직 화엄사에만 있는 화엄사상의 깃든 4법계의 뜻을 4칸 계단에 담아 증표(證票)로 삼고자 합니다."

불자들은 존자님의 4법계 법문을 듣고 환희심을 내며 만장일치로 박수를 쳤다. 그리고 화엄경 증표, 화엄법계 증표인 4칸 계단을 조성하기로 했다.

세월이 흘러 이 계단은 중수·보수가 되어 옛 모습 그대로는 아니지만 4칸 계단을 조성한 뜻만큼은 지켜지고 있다. 왜냐하면 대방광불화엄경의 이십중화장세계(二十中華藏世界)에 삼신불인 향수해 화장계 아밤남함캄 대교주 청정법신 비로자나불(香水海 華藏界 阿暗鍐南舍坎 大教主 淸淨法身 毘盧遮那佛)과 천화대 연장계 아바라하카 법계주 원만보신 노사나불(千華臺 蓮藏界 阿縛羅賀佉 法界主 圓滿報身 盧舍那佛)과 천화상 백억계 아라바자나 사바대교주 천백억화신 석가모니불(千華上 百億界 阿羅縛佐那 娑婆大教主 千百億化身 釋迦牟尼佛)을 모신 대웅상적광전인 금당이 있고, 화엄경을 백제국에 전파하신 연기존자님의 화엄법계 사상의 유지(有志)가 담긴 계단이기 때문이다.

3

연기존자 어머니와 가재 이야기

　태평성국의 기틀을 다진 삼국시대 중엽, 소백대간의 남단에 우뚝 솟은 두류산에 봄이 무르익어가는 계절에 범승 연기존자님과 모친 비구니께서 함께 연을 타고 와 단화동천(丹華洞天, 연곡동천 鷰谷洞天)에 움막을 짓고 살았다. 그리고 짙푸른 녹음과 단화골의 맑은 계곡물이 흐르는 계절 여름을 맞이하게 되었다.

　존자님의 어머니는 파르스름한 머리에 주홍 가사를 입으신 단아하고 고운 모습의 비구니이다. 존자님은 화엄 불법을 전하기 위해 천축을 떠나고자 했으나 효심이 지극하여 도저히 어머니를 홀로 두고 떠날 수 없었다. 존자님은 바닷가 절에 살면서 바다 속에 사는 연이라는 짐승과 친해졌는데, 이 연은 능히 공중을 날고 바다 속으로도 헤엄쳐 가며 바다에 떠서 배처럼 다니기도 한다. 존자님은 이 연을 교화하여 오계(五戒)를 주고 제자로 삼았고, 어머니도 삭발하여 계를 주니 비구니가 되었다. 그제야 존자님은 편안하고 즐거운 마음으로 화엄 불법을 펴고자 인연의 땅을 찾아갈 수 있었다. 존자님은 어머니와 함께 연을 타고 백제국 두류산 단화동천에 이르렀고 이곳에 움막을 짓고 살게 되었다.

　존자님이 두류산 일대를 연을 타고 다니면서 먹을 것을 구해 오면 어느덧 밤이 깊었다. 어머니는 휘영청 밝은 보름달과 수많은 별이 비쳐 반짝이는 청량한 계곡물에 몸을 맡기고 엷은 미소를 띤 채 목욕을 했다. 어머니는

▶ 연곡사 계곡

천축의 바닷가에 살 때도 항상 목욕을 하던 습관이 있었다. 단화동천의 맑고 시원한 계곡물의 매력에 빠져 목욕을 즐기던 어느 날, 어머니가 무언가에 놀라 외마디 비명을 질렀다. 그리고 허겁지겁 물 밖으로 나와 옷을 주섬주섬 챙겨 입고 움막으로 돌아갔다.

존자님이 양식을 구해 돌아왔을 때 어머니는 배를 움켜주고 신음하고 있었다. 존자님이 물었다.

"어머니, 어디가 아프십니까?"

어머니가 대답했다.

"아닙니다. 하룻밤만 자고나면 괜찮아질 겁니다."

하지만 며칠이 지난 뒤에도 어머니의 상태는 나아지지 않았다. 존자님이 어디를 다쳤는지 말씀하시라고 재촉했지만 어머니는 창피해서 말할 수가 없다고 했다.

"아들에게 못할 말이 무엇입니까? 어서 말씀해 주시지요."

존자님의 재촉에 어머니는 하는 수 없이 "그날 계곡에서 목욕을 하는데 뭔가가 몸 아래 거시기를 물어 붓고 아픕니다"라고 말하며 부끄러워 하셨다. 존자님은 미소를 머금고 있었으나 어머니가 고통 받으셨다는 사실에 마음이 아팠다.

다음 날 날이 밝자마자 존자님은 계곡으로 가서 물속에 뭐가 있는지 살펴보았고 가재들을 발견했다.

"이것들이 어머니를 물었구나. 괘씸한 것들."

존자님은 당장 수중세계를 관장하는 용왕을 불렀다.

"어머니가 목욕을 즐겨하시는데, 이 가재들이 어머니의 거시기를 물어 수행하는데 어려움을 겪고 계시오."

용왕은 존자님의 지극한 효심에 감동하여 집게를 가진 가재 종류는 단화동천 계곡물에 살지 못하도록 조치를 취했다. 그 뒤부터 연곡사(鷰谷寺) 계곡물에는 가재 종류가 없다는 일화가 전해오고 있다.

4
화엄사 황둔용 이야기

　백제국 구차례(仇次禮, 현 구례)에는 백두산의 장엄한 기상이 남쪽으로 흘러 내리다가 백두대간의 큰 줄기가 다한 곳에 다시 힘을 모아 높이 솟은 산이 있으니 바로 두류산이다. 이곳엔 황둔골(黃屯谷)을 지배하는 용이 살고 있다.
　용은 두류산에서 백두의 정기를 받아 하늘에 올라 재주 부리며 놀기도 하고 황둔골 계곡 전체 이곳저곳에 머물며 살았다. 그러다 심심하면 황둔골을 벗어나 며칠씩 나갔다 오곤 했다. 마을 사람들은 비가 오지 않으면 용소(龍沼)에 와서 기우제를 지냈다. 그럼 용은 사람들이 두고 간 음식을 맛있게 먹고 농사를 지을 수 있게 비를 내려 주곤 했다.
　범승인 연기존자님이 어머니와 황둔동천에 움막을 짓고 살고 있는데 마을 사람들이 산 중턱에서 연기가 나는 것을 보고 몰려와서 존자님의 비범함을 목격하고 법당을 건립하고자 존자님께 간청을 하여 불사를 진행했다. 며칠 뒤 어느 날 맑은 하늘이 갑자기 어두워지면서 천둥 번개가 치고 비가 일주일 이상 억수같이 쏟아졌다. 존자님이 박 노인에게 물었다.
　"왜 이렇게 비가 많이 옵니까?"
　"황둔골은 용이 지배하는 곳인데 승낙 없이 집을 짓는 것에 심술이 난 듯합니다. 여기 마을사람들은 농사에 필요한 비를 황둔골 용을 의지하며 살아 왔습니다."
　"그런가요."

30　지리산 대화엄사 이야기

▶ 황둔용

존자님이 정좌하고서 눈을 감고 뭐라고 말을 하니 갑자기 용왕이 나타났다. 용왕이 웃는 얼굴로 인사를 올리며 말했다.

"무슨 일로 또 부르셨나요? 단화동천에서는 어머니 때문에 부르시더니 황둔골에는 언제 오셨습니까?"

존자님이 말씀하셨다.

"요사체와 법당을 짓는 중인데 비가 이렇게 많이 오니 어쩌면 좋겠소. 그런데 이 비는 황둔골에 사는 용이 내린 것이라고 들었소. 어디 숨어서 못된 짓을 하는 지 찾을 수 없으니 당장 불러 오시오."

이에 용왕이 중얼중얼 뭐라고 말하니 용이 끌려오듯 나타났다.

연기존자님은 용왕과 용에게 화엄경에 나오는 용족이 멸족을 면한 사연을 들려주었다.

"금시조는 용의 새끼를 먹고 사는데 이 때문에 점점 권속이 줄어들어 용왕이 부처님께 하소연을 한 일이 있소. '금시조가 우리 용들을 다 먹어치우는데 어떻게 하면 좋겠습니까?' 하고 묻자 부처님께서 스님들의 헌 가사를

▶ 화엄용소

얻어다가 3치 정도의 크기로 잘라서 모두 몸에 붙이라고 하셨소. 이에 용이 스님들의 가사를 얻어다가 모든 권속들에게 붙였고 이후 금시조는 용을 잡아먹지 못했소. 금시조에게 용은 가사 입은 스님들로 보였기 때문이오."

그리고 한 마디 더하셨다.

"이렇게 부처님께서 용족의 멸족을 면하게 하셨는데, 황둔용은 어찌 부처님을 모실 법당과 스님이 거처할 수행처를 못 짓게 방해하는 것이오?"

존자님의 말에 용왕은 "부처님의 은덕을 잠시 잊고 있었습니다"라고 말했다. 그리고 황둔용을 꾸짖고 부처님과 존자님께 참회하라고 했다. 용은 자신의 행위를 뉘우치며 존자님의 제자가 되겠다고 했다. 이내 비가 그치고 옥빛같이 청명한 하늘이 보였다.

존자님은 용의 머리를 쓰다듬으며 말씀하셨다.

"착하고 착하도다. 너에게 오계를 주고 제자로 삼겠다. 또 너의 사형인 연을 소개해 주겠다. 연은 내가 천축에 살적에 친해진 짐승인데 능히 공중을 날고 바다 속으로도 헤엄쳐 가며 바다에 떠서 배처럼 다니기도 한다. 나는 이 연을 교화하여 오계를 주고 제자로 삼아 이곳까지 왔다."

그리고 피리 비슷한 악기를 꺼내 입에 대고 길게 세 번 부니 웅장한 소리와 함께 천년 묵은 거북만 한 연이 공중에서 날아오더니 존자님 곁에 사뿐히 내려앉았다. 황둔용은 머리는 자기와 비슷하고 몸은 거북 같은 연을 보고 놀라며 기뻐했다. 이 모습을 지켜보던 용왕도 기쁜 마음으로 떠났다.

이후 불사가 일사천리로 진행되어 요사겸 설법전인 해회당과 대웅상적광전인 법당이 낙성되었고, 백제성왕 22년 갑자세(544년)에 지리산 화엄사가 창건 되었다. 존자님을 시봉한 박 노인의 손주 선재는 수계를 받아 법명을 화엄(華嚴)이라 하였으며 연기존자님의 맏상좌이자 화엄사의 첫 스님이 되었다. 그리고 연기존자님의 화엄법문을 듣고 감동하여 출가한 스님이 많아졌다. 돈독한 불제자가 된 화엄연(華嚴鶿)과 황둔용(黃屯龍)의 사형 사제 간의 정(情)은 말로 표현할 수 없이 깊어졌다.

세월이 수십 년이 흘러 비구니이신 존자님의 어머니가 연로(年老)하여 원적(圓寂)하시니 화엄계곡에서 다비(茶毘, 시신을 불에 태워 그 유골을 거두는 불교의 장례 방법)를 했다. 유골은 계곡을 따라 다사강(多沙江, 현 섬진강)으로 흐르고 해인(海印) 바다로 흘러 비구니 어머니가 살았던 고향 바닷가로 갔으리라.

존자님이 어머니를 그리워하며 수행하는 모습에 상좌스님, 손주 상좌스님, 불자님, 화엄연, 황둔용은 안타까워했다. 몇 년 후 연기존자님도 입적에 드시니 음력 2월 28일이다. 화엄연은 슬퍼하며 바로 따라 죽어 함께 다비를 마쳤다.

황둔용은 스승과 사형의 죽음에 대성통곡을 하니 천둥 번개가 치며 화엄동천에 억수같은 비가 며칠간 쏟아졌다. 마치 황둔용의 눈물 같았다. 황둔용은 화엄사의 수호신이 되겠다고 다짐하고 몸은 봉래암(구층암)에서부터 머리는 계곡을 향해 바위가 되었다. 그리하여 지리산 화엄사를 감싸니 용의 힘이 도량에 넘치게 되었다.

5
연기존자 원불 문수보살 이야기

연기존자께서 이 산에 처음 닿았을 적에 삼매에 들어을 때 문수대성께서 일만 보살 대중에게 설법하시는 것을 친견했다. 이곳은 문수보살이 항상 설법하는 땅이기에 존자님은 산 이름도 대지문수사리보살(大智文殊師利菩薩)의 이름을 택하여 지리산(智利山)이라 했다. 존자님은 처소에 문수보살상을 모시고 염주를 돌리며 염송(念誦)하셨다.

화엄경의 '문수보살품(文殊菩薩品)'을 보면, 문수보살은 석가모니 부처님의 좌보처(左補處)보살로 석가모니불의 교화를 돕는 지혜의 화신이시다. 오른손에는 지혜의 칼을 들고, 왼손에는 꽃 위에 지혜의 그림이 그려있는 청련화(靑蓮華, 푸른 연꽃)를 쥐고 있으며, 위엄과 용맹을 시현하기 위해 사자를 타고 계신다. 현재 북방의 상희세계(常喜世界)에 계신 환희장마니보적여래(歡喜藏摩尼寶積如來)라 이름하기도 하고, 일찍이 성불하시어 용존상불(龍尊上佛), 대신불(大身佛), 신선불(神仙佛)이라 하며, 또 미래에 성불하여 보견여래(普見如來)라고도 한다.

또한 문수보살은 비로자나 부처님의 협시보살로 보현보살과 더불어 화엄삼성(華嚴三聖)의 하나이시다. 보현보살이 세상 속에 뛰어들어 실천적 구도자의 모습을 띠고 활동하고, 문수보살은 지혜의 상징으로 나투신다.

文殊師利 發源經 (문수사리발원경)

몸과입과 뜻이청정　더러운때 제멸하고
시방삼세 부처님께　공경예배 하옵니다.
보현보살 원력으로　부처님들 다뵈옵고
낱낱여래 계신데서　세계티끌 예경하며
작은티끌 속에서도　모든부처 뵈옵는데
보살대중 둘러있어　법계티끌 그와같고
여러묘한 음성으로　부처님의 한량없는
공덕바다 칭찬해도　다할날이 있으리까
보현보살 행원으로　가장좋은 공양거리
시방삼세 부처님께　지성으로 공양하며
묘한향과 꽃다발과　가지가지 음악들과
여러가지 장엄구로　부처님께 두루공양
탐심진심 치심으로　여러나쁜 행을지어
몸과입의 악한업을　참회하여 제멸하고
모든중생 짓는복과　여러성문 연각들과
불보살의 모든공덕　모두따라 기뻐하며
시방세계 부처님들　처음정각 이루거든
내가모두 권청하여　큰법륜을 굴려지다
열반하려 하실적엔　합장공경 권청하여
미진겁을 계시면서　중생구호 하여지다.
내가지은 모든공덕　중생들께 회향하되
보살행을 닦고닦아　무상보리 이루소서
과거현재 부처님은　지성으로 공양하고

오는세상 시방세존　보리정각 이루시어
시방제불 모든국토　두루널리 장엄하고
여래께서 앉은도량　보살들이 충만하여
시방세계 중생들도　모든번뇌 소멸하고
진실한뜻 깊게알아　편안하게 있어지다
재가보살 행을닦아　숙명통을 성취하고
모든장애 제멸하여　남김없이 다해지고
생사번뇌 업과마군　아주멀리 여의어서
허공중에 해가뜨듯　물안묻는 연꽃같이
시방세계 다니면서　모든중생 교화하여
나쁜세상 고통끊어　보살행을 구족하며
비록세간 따르지만　보살도를 안버리고
오는세상 끝나도록　보현행을 갖추닦아
함께수행 하는이는　한곳에늘 모이어서
몸과입의 착한업이　모두동등 하게되며
선지식을 만나고서　보현행을 보여주면
이보살이 계신데서　친근하여 안떠나고
부처님을 항상뵙고　보살대중 둘러앉아
오는세월 끝나도록　공경공양 하여지다
모든불법 수호하고　보살행을 찬탄하며
미래겁에 항상닦아　보현도를 끝마치며
생사중에 있더라도　무진공덕 구족하고
모든지혜 방편으로　삼매얻어 해탈하며
낱낱티끌 가운데서　부사의한 세계보고
낱낱세계 가운데서　부사의한 부처보고

이와같이 시방에서　　일체세계 바라보고
낱낱세계 바다에서　　모든부처 바라보며
말한마디 가운데도　　온갖음성 다갖추고
낱낱음성 가운데도　　가장좋은 음성구족
깊고깊은 세계의힘　　많은음성 들어가서
시방세계 부처님의　　청정법륜 굴려지라
오는세상 모든겁을　　한찰나로 뭉쳐놓고
세세상의 모든겁도　　한생각을 만들어서
그한생각 가운데서　　삼세여래 다뵈오되
해탈이나 모든경계　　두루분별 하여알고
작은티끌 한개속에　　삼세국토 청정하며
모든시방 티끌속에　　국토장엄 그와같고
오는세상 부처님들　　성불하고 법륜굴려
모든불사 다마치고　　열반함을 모두보며
신통으로 다니면서　　대승힘의 넓은문과
자비의힘 세계덮고　　수행힘은 공덕만족
공덕의힘 청정하며　　지혜힘은 걸림없고
삼매얻어 방편의힘　　보리도에 이르는힘
착한업의 청정한힘　　번뇌망상 없애는힘
마군파괴 하는힘과　　보현행의 힘으로써
부처세계 장엄하고　　중생바다 제도하며
업바다를 분별하고　　지혜바다 다하오리
수행바다 청정하고　　서원바다 만족하여
부처바다 모두뵙고　　겁바다에 다니면서
모든삼세 부처행과　　한량없는 큰원력을

내가모두 구족하여　보현행의 성불하면
여러부처 맞아들로　보현이라 이름하니
내선근도 회향하여　저보살과 같아지라
몸과입과 뜻이청정　모든세계 장엄하고
등정각을 이루어서　보현보살 같아지라.
문수사리 보살님이　보현행과 같은듯이
내가지은 착한뿌리　회향함도 그와같고
세세상의 모든여래　칭찬하는 회향의길
나도선근 회향하여　보현행을 이루오리
이내목숨 마칠때에　모든장애 제멸하여
아미타불 만나뵙고　극락세계 왕생하며
극락세계 태어나선　큰서원을 만족하고
아미타 부처님의　수기하심 받자옵고
보현행을 엄정하고　문수보살 원을만족
미래제가 다하도록　보살행을 닦으오리.

문수보살의 십대원(文殊菩薩十大願)

① 모든 중생이 부처님의 가르침을 성취하게 하고 갖가지 방편으로 불도에 들게 한다.
② 문수를 비방하고 미워하고 죽음을 주는 중생이라도 모두 보리심을 내게 한다.
③ 문수를 사랑하거나 미워하거나, 깨끗한 행을 하거나 나쁜 짓을 하거나 모두 보리심을 내게 한다.
④ 문수를 속이거나 업신여기거나 삼보를 비방하며 교만한 자들도 모두 보리심을 내게 한다.
⑤ 문수를 천대하고 방해하며 구하지 않는 자까지 모두 보리심을 내게 한다.
⑥ 살생을 업으로 하는 자나 재물에 욕심이 많은 자까지 모두 보리심을 내게 한다.
⑦ 모든 복덕을 부처님의 보리도에 회향하고 중생이 모두 복을 받게 하며, 모든 수행자에게 보리심을 내게 한다.
⑧ 육도(六途, ① 지옥 ② 아귀 ③ 축생 ④ 인간 ⑤ 아수라 ⑥ 하늘)의 중생과 함께 나서 중생을 교화하며 그들이 보리심을 내게 한다.
⑨ 삼보를 비방하고 악업을 일삼는 중생들이 모두 보리심을 내어 위없는 도를 구하게 한다.
⑩ 자비희사(慈悲喜捨)와 허공같이 넓은 마음으로 중생을 끊임없이 제도하여 보리를 깨닫고 정각을 이루게 한다.

▶ 문수보살

　존자님은 항상 새벽예불과 저녁예불 후 문수사리 발원경과 문수보살 십대원을 읽고 나서 문수보살님께 발원과 서원을 다짐하며 문수보살 명호를 십만 번 염송하셨다. 그리고 반야봉에 조그만 토굴을 지은 묘향대에서도 문수보살을 염송하며 수행 정진하셨다.
　음력 4월 4일은 대지문수사리보살(大智文殊師利菩薩)의 탄신일이다. 존자님은 문수보살 탄신일을 기념하고자 사부대중과 불자님들이 화엄사에 모여 길상대법회(吉祥大法會)를 열어 봉축(奉祝)하기도 했다.

6
연기존자의 비구니 어머니 수행 이야기

 연기존자님의 비구니 어머니는 불자님을 대할 때면 항상 미소 띤 얼굴로 반갑게 맞이하셨고, 그 모습은 관세음보살처럼 자비로움이 넘쳐났다. 어머니는 타국 땅 백제국 화엄사에서 존자님의 효도를 받으면서 수행 정진하셨다. 그리고 동자승인 화엄(華嚴)스님, 상적(常寂)스님이 어머니에게 재롱을 부리면 함박웃음을 지으며 고향의 향수를 잊곤 하셨다.
 연기존자님의 천축 화엄경 강설을 들으러 방방곡곡에서 찾아와 방부(房付, 사찰에 살고자 하는 절차)를 드니 방사(房舍)가 부족했다. 그리하여 비구 스님의 처소를 만들면서 어머니와 화엄사에 출가할 비구니 스님이 거처할 연화당(蓮華堂)도 만들었다. 몇 달 후에 여러 명 여인들이 출가해서 홀로 처소에서 문수보살 염송을 하며 수행정진하던 비구니 어머니의 상좌가 되었다. 어머니는 제자들과 함께 하며 외로움과 적적함을 훨훨 떨쳐버리고 즐거운 마음으로 수행했다. 비구니 어머니는 화엄경 입법계품(入法界品)의 53선지식 중에 25번째 '사자빈신(獅子頻申) 비구니' 대목을 즐겨 읽었다.
 어느 날 연화당 큰방에 제자를 모이게 하고 이 대목에 대해 비구니 어머니가 말했다.

 선재동자는 다시 남쪽으로 가서 수나(輸那)라고 하는 나라의 가릉가(訶陵

迦) 숲의 성에 이르러 사자빈신 비구니를 찾아보았다. 그 비구니가 승광왕(勝光王)이 보시한 일광(日光) 동산에서 법을 설하고 있다는 것을 듣고 그 동산에 가서 두루 살펴보았다.

동산에는 가지가지 아름다운 나무들이 울창하고, 냇물과 샘과 못에는 수많은 꽃들이 아름답게 피어 있었다. 한량없는 보배나무가 줄을 지어 늘어서 있고 나무 밑에는 사자좌(獅子座, 불보살님 또는 덕이 높은 고승이 앉는 자리)가 놓여 있었다. 그 동산의 훌륭한 풍광과 장엄한 아름다움은 마치 하늘나라의 궁전과 같았다.

이때 선재동자는 사자빈신 비구니가 모든 보배나무 아래 놓인 사자좌에 두루 앉아 있는 것을 보았다. 낱낱 사자좌에 모인 대중도 같지 않고 말하는 법문도 각각 달랐다. 사자빈신 비구니는 대중의 서로 다른 욕망과 이해함에 따라 법을 설하여 아뇩다라삼먁삼보리(阿耨多羅三藐三菩提, 부처님의 완전한 깨달음)에서 물러가지 않게 하고 있었다. 이것이 가능한 이유는 이 비구니가 열 가지 반야바라밀문을 머리로 삼아 수없는 백만 반야바라밀문에 들어가 있기 때문이다.

열 가지 반야바라밀은 다음과 같다.

① 넓은 눈으로 모든 존재를 평등하게 본다(普眼捨得)는 반야바라밀문
② 일체의 불법을 설한다(說一切佛法)는 반야바라밀문
③ 법계의 여러 가지 차별을 밝힌다(法界差別)는 반야바라밀문
④ 모든 장애의 바퀴를 없앤다(散壞一切障碍輪)는 반야바라밀문
⑤ 모든 중생에게 착한 마음을 내게 한다(生一切衆生善心)는 반야바라밀문
⑥ 훌륭한 장엄이라(殊勝莊嚴)는 반야바라밀문
⑦ 장애가 없는 진실을 안에 갈무리한다(無眞實藏)는 반야바라밀문
⑧ 법계의 모든 영역(법계 만다라)이라(法界圓滿)는 반야바라밀문

▶ 연기존자 어머니

⑨ 마음의 보배 곳집이라(心藏)는 반야바라밀문
⑩ 두루 널리 기쁨을 출생시키는 곳집이라(普出生藏)는 반야바라밀문

선재동자는 사자빈신 비구니의 이러한 경계를 보고, 또 부사의(不思議)한 법문을 듣고 한없는 존경심을 가지게 되었다. 선재동자가 합장하고 서서 보살행을 배우고 보살도를 닦는 법을 가르쳐 주기를 청하자, 비구니가 말했다.
"선남자여, 나는 온갖 지혜를 성취하는 해탈을 얻었는데, 이 지혜의 광명은 잠깐 동안에 삼세(三世)의 모든 법의 장엄을 두루 나타나게 한다. 나는 이 지혜의 광명문에 들어가서 모든 법을 내는 삼매왕(三昧王)을 얻었고, 이 삼매로 인하여 뜻대로 태어나는 몸을 얻게 되어 시방 모든 세계의 도솔천궁에 있는 일생보처보살의 처소에 나아갈 수 있었다. 그리고 그 낱낱 보살의 앞에서 불가설(不可說) 세계의 티끌 수만큼 몸을 나타내고, 낱낱의 몸으로 불가설 세계의 티끌 수만큼 공양을 했다. 내가 이렇게 부처님께 공양한 것을 아는 이는 모두 아뇩다라삼먁삼보리에서 물러가지 않았으며, 어떤 중생이든 나에게 오면 나는 반야바라밀다를 말해 주었다.

　선남자여, 나는 모든 중생을 보아도 중생이라는 분별을 내지 않았으니, 지혜 눈으로 보는 까닭이다. 모든 말을 들어도 말이라는 분별을 내지 않으니 마음에 집착이 없는 까닭이다. 모든 여래를 뵈어도 여래라는 분별을 내지 않으니 법의 몸(法身)에 대해서 통달한 까닭이다. 모든 법륜을 머물러 가지면서도 법륜이라는 분별을 내지 않으니 법의 성품을 깨달은 까닭이다. 한 생각에 모든 법을 두루 알면서도 모든 법이라는 분별을 내지 않으니 법이 환술과 같음을 아는 까닭이다. 선남자여, 나는 다만 온갖 지혜를 성취하는 해탈을 알 뿐이다.

　선남자여, 나는 다만 온갖 지혜를 성취하는 해탈을 알거니와, 저 보살마하살들이 마음에 분별이 없어 모든 법을 두루 알며, 한 몸이 단정하게 앉아서도 법계에 가득하며, 자기의 몸에 모든 세계를 나타내며, 잠깐 동안에 모든 부처님 계신 데 나아가며, 자기의 몸 안에 모든 부처님의 신통한 힘을 나타내며, 한 털로 말할 수 없는 부처의 세계를 두루 들며, 내 몸의 한 털구멍에 말할 수 없는 세계의 이루어지고 무너짐을 나타내며, 한 생각에 말할 수 없이 말할 수 없는 중생들과 함께 있으며, 한 생각 동안에 말할 수 없이 말할 수 없는 모든 겁에 들어가는 일이야 내가 어떻게 알며 그 공덕의 행을 말하겠는가.

　선남자여, 여기서 남쪽에 한 나라가 있으니 이름이 험난(險難)이요, 그 나라에 보배장엄이란 성이 있고, 그 성 안에 여인이 있으니 이름을 바수밀다

(婆須蜜多)라 하느니라. 그대는 그에게 가서 보살이 어떻게 보살의 행을 배우며, 보살의 도를 닦느냐고 물으라."

이때 선재동자는 그의 발에 엎드려 절하고 수없이 돌고 은근하게 앙모(仰慕, 덕망이나 인품 때문에 우러르고 사모함) 하면서 하직하고 물러갔다.

사자빈신 비구니 이야기를 듣고 있던 제자들은 대선배의 수행력에 크게 감탄하고 감동했다. 그리고 출가한 비구니로서 깊은 신심과 믿음으로 불보살님의 발자취를 섭렵하여 깨달음을 성취하기를 바라는 마음으로 스승에게 합장하며 삼배를 드렸다.

비구니 어머니는 제자들의 두 손을 꼭 잡으며 말했다.

"백제국뿐만 아니라 해동 땅에 훌륭한 비구니가 되어 모든 중생을 제도하거라."

7
화엄사 신리수 이야기

    연기존자님은 연을 타고 지리산 일대를 다니면서 산중 열매와 약초를 채취하여 어머니를 봉양하고 건강을 챙겨드렸다. 어느 날 연(鳶)이 화엄골 연소(鳶沼)에 내려앉다가 나뭇가지를 쳐서 부러뜨렸다. 존자님은 연이 다치지 않았는지 살펴보던 중 나무에서 물이 흘러나오는 것을 보았다. 신기하게 여기고 물을 먹어 보았더니 물맛에서 청량감이 느껴졌다. 존자님이 출타하실 때 들고 다니는 지팡이 끝부분에는 화엄차를 담은 조롱박이 매달려 있는데, 여기에 나무 물을 받아 어머니께 갖다 드렸더니 드시고 난 후 물맛이 참으로 좋다고 하셨다.
    존자님이 그 물을 한 달간 매일 드렸더니 어머니의 무릎과 위가 좋아졌다. 어머니는 흡족한 미소를 지으며 말했다.
    "나무의 물은 신비스러운 명약 물이자 보약 물로 몸을 이롭게 해주는구나. 앞으로 이 나무를 身利樹(신리수)라고 불러야겠구나."
    그러자 존자님도 잔잔한 미소를 지으며 말씀하셨다.
    "천상에는 甘露水(감로수)가 있고, 지상에는 身露水(신로수)가 있구나."
    그다음 해부터 대중 스님들은 신리수 물을 취집(聚集)하는 울력을 하였고, 백두의 정기를 먹고 좋은 물을 보시하는 신리수의 공덕을 아낌없이 칭찬했다. 물을 채취 할 때마다 신리수를 쓰다듬으며 말했다.
    "너는 생명 같은 물을 보시하여 불보살님께 바쳐 올리고, 많은 대중에게

▶ 신리수

도 보시하니 공양드린 공덕으로 좋은데 태어나리라."

　화엄사 대중 스님들은 봄이 다가오면 산중의 보약 물인 신리수에서 나온 신로수를 마시며 건강을 챙겼다. 또 차밭 화엄전(華嚴田)에서 찻잎을 따서 화엄차를 마시며 화엄원융(華嚴圓融)하여 불이다교(不二茶敎), 불이다선(不二茶禪), 다경삼매(茶經三昧), 다교삼매(茶敎三昧), 다선삼매(茶禪三昧), 다향삼매(茶香三昧)에 들어 수행정진에 매진했다.

　신라시대 일화 중엔 다음과 같은 이야기가 전해진다. 신라 말의 선승 도선국사가 오랫동안 좌선을 하고 드디어 도를 깨우쳐 일어나려는 순간 무릎이 펴지지 않았다. 마침 옆에 있던 나뭇가지를 잡고 일어나려고 하자 나뭇가지가 부러지며 스님은 엉덩방아를 찧었다. 허망하게 앉아 위를 올려다보니 부러진 나뭇가지에서 물방울이 맺혀 한 방울씩 떨어지고 있었다. 갈증을 느낀 스님은 이 물로 목을 축이기 시작했다. 그런데 그 물을 마시고 나니 신기하게도 무릎이 쭉 펴지는 것이 아닌가! 스님은 자리를 털고 가뿐하게 일어났다. 이때부터 나무에서 나온 물을 뼈를 이롭게 한다는 의미의 '골리수(骨利樹)'라고 불렀고, 세월이 흐르면서 부르기 쉬운 '고로쇠'가 되었다고 한다.

　신리수와 신로수가 신라시대에 골리수란 명칭으로 사용되었다는 일화만 전해지는 것은 백제시대 화엄사 역사의 한 부분이 사라졌기 때문이다. 이는 패망한 나라의 흔적이기도 하다. 화엄사는 백제 때 고승의 발자취가 담긴 옛 전통명칭을 되살리는 노력을 할 필요가 있다. 화엄사를 창건하면서부터 사용한 신리수와 신로수란 명칭을 되찾고 사용해야만 한다.

8
화엄사 천기백맥기지좌대 이야기

화엄사에는 수행하는데 법력(法力)이 있는 자만 좋은 기를 받아 몸과 마음이 충만해지는 천기백맥기지좌대(天氣白脈氣地座臺)가 있다. 이 자리는 인연이 없으면 갈 수도 없고 함부로 앉을 수 없는 자리이기에 장소는 밝히지 못함을 이해 바란다.

소승이 45여 년 전에 어느 봉우리 중간쯤에 당도하니 돌로 만든 좌단(座臺)이 있었다. 반 이상이 허물어져 있었고 흔적으로 보아 정사각형의 모양으로 너비는 약 1m, 높이는 30cm 가량으로 추정할 수 있었다. 그곳은 편안하고 안온하며 고요적적하고 청정함을 느낄 수 있는 최상의 자리로 수행자라면 누구나 앉고 싶은 충동을 느낀다.

그러나 당시 소승은 출가한 지 얼마 되지 않아 법력이 부족하여 그 자리에 앉지 못했었다. 그저 바라보는 것으로 만족했는데, 그것만으로도 환희심이 솟아났다. 이곳에 전해오는 일화를 소개하고자 한다.

연기존자님은 화엄사에 찾아오는 수많은 스님과 불자님에게 쉴 새 없이 천축의 화엄경을 전하고 저녁 예불이 끝나면 처소에서 문수보살 염송을 하며 수행정진하셨다. 휘영청 밝은 보름달이 뜬 어느 날, 존자님이 염송을 끝내고 처소에서 나와 경내를 걸으며 무심코 지리산 봉우리를 바라보았는데,

▶ 화엄사 전경(2018년)

한 봉우리에서 달빛보다 더욱 밝은 노란 빛이 보이는 것이었다. 그 빛을 따라 걸어갔더니 어렵지 않게 봉우리 중간쯤에 당도하게 되었다. 그곳에는 이인(異人) 한 분이 앉아 계셨는데, 그의 몸 전체에서 밝은 빛이 나오고 있었다.

존자님이 이인에게 물었다.

"한밤중에 어찌 이곳에 앉아 계신지요?"

이인이 대답했다.

"제가 존자님을 이 자리로 인도했지요. 제가 앉은 이 자리는 우주의 기운과 백두의 지기(地氣)를 받아 몸과 마음을 최고의 상태와 최고의 경지에 이르게 해줍니다. 오늘 같은 보름날에 앉아 정진하면 더욱 좋습니다. 또한 이 자리는 법력이 충만한 자는 기운 받을 수 있지만, 그렇지 못한 자는 기를 뺏기게 됩니다. 아무나 함부로 앉을 수 있는 자리가 아닙니다. 존자님은 이 자리에 앉을 수 있는 법력이 충만하신 분이라서 이 자리를 권합니다. 그리고 이곳을 대중 스님들에게 함부로 말하지 말고 비밀로 하십시오. 아직 능력 밖에 있는 수행자가 많으니 도리어 기를 뺏겨 수행정진에 방해되고 혼란스러워집니다. 명심 하십시오."

말을 끝낸 이인은 숲에서 나온 사자를 타고 허공으로 사라졌다.

존자님은 "이인이 바로 문수보살님이구나" 하고 감격하여 허공을 향해 거듭 반배했다. 그리고 문수보살 명호를 수 없이 염송을 한 후에 환희심을 갖고 문수보살님이 최고의 자리라고 점지해 준 천기백맥기지좌대에 앉아 기를 받으며 화엄삼매에 젖어 들었다. 그 후 존자님은 누구에게도 이 이야기를 하지 않고 보름날이면 종종 이곳에서 정진했다.

몇 십 년 후 존자님의 맏상좌인 화엄스님과 상적스님의 법력이 수승해졌을 때 천기백맥기지좌대가 비밀리 전수되었다. 그리고 자장법사, 원효성사, 의상조사, 도선국사 등 화엄사 고승 중에서도 이 터와 합일(合一)이 되어 인연이 되는 스님에게만 선몽으로 좌대의 장소가 전해졌다.

현시점에도 이 자리를 탐내는 분들이 있겠으나 천기백맥기지좌대는 수행자에게 약(藥)도 되고 독(毒)도 되는 자리이니 함부로 찾지 말고 본인에게 맞는 수행처에서 열심히 수행정진하여 도를 이루시기를 바랍니다.

구경원성 살바야 마하반야바라밀

9
연기존자 맏상좌 화엄스님 이야기

연기존자님의 맏상좌 화엄스님의 속명은 선재(善財)이다. 그렇기에 더욱 선재동자(善財童子)의 구도 이야기를 설하는 '입법계품(入法界品)'을 좋아했다. 부처님의 크고 바른 깨달음과 시공을 초월하여 두루해 있는 온 우주의 실상(實相)인 비로자나 부처님의 세계를 보여주는 경전인 《대방광불화엄경(大方廣佛華嚴經)》, 즉 흔히 말하는 화엄경의 마지막 부분이 바로 이「입법계품」이다. 입법계품은 선재동자가 보리심을 내어 53 선지식을 두루 찾아다니며 가르침을 받아 수행을 완성하여 마침내 깨달음에 이르는 과정을 그리고 있다.

어느 날 화엄스님은 대웅상적광전 법당에서 연로한 존자님을 모시고 사부대중에게 그 동안 스승이 수없이 말씀하신 화엄경 입법계품을 간단히 요약해서 강의하기로 했다. 그 내용은 다음과 같다.

1 문수사리(文殊師利) 보살은 선재동자에게 가락국(可樂國)의 화합산(和合山)에 있는 공덕운(功德雲) 비구를 제일 먼저 방문해 보살행에 대해 가르침을 구하라고 권했다.

2 공덕운(功德雲) 비구에게서 염불삼매(念佛三昧)를 배웠다.

3 해운(海雲) 비구에게서 보안경(普眼經)의 가르침을 들었다.

4 선주(善住) 비구에게서 걸림 없는 법문을 배웠다.

5 미가(彌伽) 의사에게서 윤자장엄광경(輪字莊嚴光經)을 들었다.

6 해탈(解脫) 장자에게서 부처님의 장엄한 걸림 없는 법문을 들었다.

7 해당(海幢) 비구에게서 청정광명반야바라밀삼매의 법문을 들었다. 일체 만물은 모두 다 꿈과 같으며, 오욕의 즐거움은 깊은 맛이 없다.

8 휴사(休捨) 우바이에게서 근심을 떠난 안온한 법문을 들었다. 한 중생의 번뇌를 끊기 위해 보리심을 일으키는 것이 아니라, 일체 중생의 번뇌를 끊고 일체 중생을 구제하기 위해 보리심을 일으킨다.

9 비목다라(毘目多羅) 선인에게서 보살의 무너지지 않는 지혜의 법문을 깨달았다.

10 방편명(方便命) 바라문에게서 보살의 무한한 법문을 배웠다. 선재가 칼산에 올라가 불구덩이에 몸을 던져 보살의 편안히 머무르는 안주삼매(安住三昧)를 얻을 수 있었다.

11 미다라니(彌多羅尼) 동녀는 반야바라밀로 두루 장엄한 법문을 설하였다. 여기서는 여자도 가르침을 설할 수 있음을 보여주고 있다.

12 선견(善見) 비구에게서 수순보살등명(隨順菩薩燈明)의 가르침을 받았다.

13 석천주(釋天主) 동자에게서 일체교술지혜(一切巧術智慧)의 법문을 배웠다. 이 동자는 문수보살에게서 산수(算數)를 배웠기 때문에 교묘한 지혜의 가르침을 얻을 수 있었다.

14 자재(自在) 우바이에게서 무진공덕장장엄(無盡功德藏莊嚴)의 법문을 받았다. 자재우바이의 몸에서는 묘한 향기가 감돌았고, 누구라도 이 향기를 맡으면 탐욕과 욕망이 사라져 버렸으며, 그 소리를 들으면 즐거움으로 가득 넘쳤고, 그 모습을 보면 욕심을 버릴 수 있었다.

15 감로정(甘露頂) 장자에게서 여의공덕보장(如意功德寶藏)의 법문을 배웠다.

16 법보주라(法寶周羅) 장자에게서 큰 서원을 만족하는 법문을 얻었다.

17 보안묘향(普眼妙香) 장자에게서 모든 중생을 환희하게 하는 법문을 얻었으며, 보안묘향장자는 모든 사람들의 병을 알고 있었다.

18 만족(滿足) 왕에게 보살환화(菩薩幻化)의 법문을 들었다. 나는 몸과 입과 뜻으로 해치려는 마음을 내지 않거늘 하물며 사람에게 있어서랴. 사람은 바로 복 밭으로서 온갖 선근을 기른다. 사람은 곧 온갖 공덕을 낳는 모태이다. 내가 이웃에게 보시를 베풀거나 하면 그 공덕은 분명히 되돌아온다.

19 대광(大光) 왕에게서 보살의 대자당행삼매(大慈幢行三昧)의 법문을 들었다. 이 삼매는 대자비행(大慈悲行)을 말한다.

20. 부동(不動) 우바이에게서 보살의 무너지지 않는 법문을 들었다.

21. 변행외도(遍行外道)에게서 보살이 모든 선정(禪定)에 도달하는 수행의 법문을 들었다.

22. 청연화향(靑蓮華香) 장자에게서 일체의 모든 향기를 아는 법문을 들었다. 계율을 지키면 지혜가 자재로워지고 마음은 항상 평정하여 외부의 상황에 의해 움직이는 일이 없어진다.

23. 자재(自在) 뱃사공에게서 대비당정행(大悲幢淨行)의 법문을 들었다. 태어나고 죽는 번뇌의 큰 바다 속에 있더라도 결코 물들거나 집착하지 않는다는 것이다.

24. 무상승(無上勝) 장자에게서 일체의 과보에 이르는 보살의 정행장엄(淨行莊嚴) 법문을 들었다.

25. 사자빈신(師子頻申) 비구니에게서 보살의 모든 지혜 법문을 배웠다. 이 비구니는 국왕의 동산인 일광림(日光林)에 머무르며 불법을 설하여 모든 중생을 이익 되게 하였다.

26. 바수밀다(婆須蜜多) 여인에게서 욕심을 떠난 실제(實際)의 법문을 들었다. 이 여성은 보는 사람에 따라 모습을 자재롭게 변화시킬 수 있었다. 더욱이 만약 나와 이야기 하는 중생이 있으면 그는 걸림 없는 묘한 음성삼매(音聲三昧)를 얻고 만약 내손을 잡는 중생이 있으면 그는 모든 부처님의 국토에 나아가는 삼매를 얻느니라.

27 안주(安住) 장자에게서 멸도(滅度)에 드는 일이 없는 보살의 법문을 배웠다. 일념(一念)에 과거·현재·미래의 모든 법을 아는 것이다. 일념의 념(念)이란 '현재(今)의 마음(心)'을 말한다. 이 현재에 생기는 마음, 지금 집중하는 마음이 중요함을 뜻하는 것이다.

28 관세음(觀世音) 보살에게서 대자비법문광명(大慈悲法門光明)의 행을 닦았다. 관세음보살은 중생을 구제하겠다는 큰 서원을 세웠다. 즉 모든 중생의 갖가지 공포와 근심을 없애 주려는 서원인 것이다.

29 정취(正趣) 보살에게서 보살보문속행(菩薩普門速行)의 법문을 배웠다.

30 대왕천(大王天)에게서 보살운망(菩薩雲網)의 법문을 받았다. 모든 보살의 물은 번뇌의 불을 끄고, 일체 중생의 탐애를 다 태운다. 모든 보살의 바람은 일체 중생의 집착하는 마음을 다 흩어 버리고, 보살의 금강(金剛)은 일체의 '나(我)'라는 생각을 없애 버린다.

31 안주(安住)라는 도량지신(道場地神)에게서 보살의 무너지지 않는 창고의 법문을 배웠다.

32 바사바타(婆娑婆陀) 야신(夜神)에게서 보살의 광명이 모든 법을 두루 비추어 중생들의 어리석음을 무너뜨리는 법문을 얻었다. 이 야신이 훌륭한 대자비를 갖추게 된 것은 많은 부처님을 모시고 오랫동안 공양한 결과였다.

33 심심묘덕이구광명(甚深妙德離垢光明) 야신에게서 적멸정락정진(寂滅定樂精進)의 법문을 받았다. 이 야신은 제1선(禪)에서 제4선까지의 깊은 선정을 되풀이 하여 체험하였으며, 선재동자에게 좌선을 하도록 권하였다.

34 희목관찰중생(喜目觀察衆生) 야신에게서 보살의 보광희당(普光喜幢) 법문을 배웠다. 야신은 전혀 집착하지 않지만 우리 중생들은 세상의 갖가지 일에 집착하고 애착하여 망상을 없앨 수 없다. 부처님은 그 중생들을 불쌍히 여기고 법의 힘으로 가르침을 연설하여 중생들의 집착을 소멸시켜 주신다. 선재동자는 희목천(喜目天, 제3야신 夜神으로 십지위 十地位 선지식 중에 제3 발광지 發光地 선지식) 같이 집착하지 않는 사람이 되겠다고 맹세하였다.

35 묘덕구호중생(妙德救護衆生) 야신에게서 보살이 중생들을 교화하는 법문을 깨달았다.

36 적정음(寂靜音) 야신에게서 한량없는 환희장엄의 법문을 받았다. 적정음 야신은 다른 야신들처럼 이런 수승한 법문을 체득하기까지 오랜 시간이 걸렸다. 그 동안에 많은 부처님을 공양하였는데 최후에는 노사나 부처님을 공양하였다.

37 묘덕수호제성(妙德守護諸城) 야신에게서 자재로운 음성의 법문을 들었다. 묘덕수호제성 야신은 깊고 훌륭한 덕으로 모든 성을 수호하였다.

38 개부수화(開敷樹華) 야신에게서 무량한 환희로 만족 할 줄 아는 광명의 법문을 들었다. 개부수화는 모든 나무에 꽃을 피울 수 있다.

39 원용광명수호중생(願勇光明守護衆生) 야신에게서 응화(應化)에 따라 중생들을 각성시키고 선근을 기르는 법문을 들었다. 원용광명수호중생 야신은 큰 서원에 의해 용맹정진하는 광명으로 중생들을 수호하는 야신이다.

40 묘덕원만신(妙德圓滿神)에게서 룸비니 동산의 훌륭한 덕이 원만한 천신에게서 태어나는 것이 자재한 법문을 들었다.

41 구이(瞿夷) 여인에게서 일체 보살의 삼매 바다를 분별하고 관찰하는 법문을 들었다.

42 마야(摩耶) 부인에게서 큰 서원과 자혜(慈惠), 환술의 법문을 들었다. 이 가르침을 닦은 마야 부인은 노사나 부처님의 어머니가 되어 싯달다 태자를 낳을 수 있었다고 한다. 이 마야 부인은 모든 부처님의 어머니이기도 하였다.

43 천주광(天主光) 동녀에게서 걸림 없이 자재롭게 청정한 장엄을 생각하는 법문을 들었다.

44 변우(遍友) 동자는 아무것도 설하지 않고, 모든 예술을 잘 아는 동자들을 소개할 뿐이었다. 변우는 동자의 스승으로서 이 가르침 또한 훌륭한 법문이다.

45 선지중예(善知衆藝) 동자에게서 모든 예술을 잘 아는 동자로부터 42자(字)의 반야바라밀 법문을 들었다.

46 현승(賢勝) 우바이에게서 의지할 곳 없는 도량의 법문을 들었다.

47 견고해탈(堅固解脫) 장자에게서 집착하지 않는 청정한 생각의 법문을 들었다.

48 묘월(妙月) 장자에게서 깨끗한 지혜광명의 법문을 들었다.

49 무승군(無勝軍) 장자에게서 다함이 없는 모양의 법문을 들었다.

50 시비최승(尸毘最勝) 바라문에게서 성원어(誠願語)의 법문을 들었다. 성원어란 '진실하고도 허망하지 않는 말'이라는 뜻인데, 이 가르침에 의해 무량한 공덕이 생긴다고 한다. 이것은 또한 불퇴전의 법문인 "이전에 물러난 적도 없고, 현재에도 물러나지 않으며, 앞으로 물러날 일도 없다"라는 가르침이다.

51 덕생(德生) 동자

52 유덕(有德) 동녀의 두 명의 선지식들에게서 환주(幻住)의 법문을 들었다. 이 세상과 일체의 모든 것이 덧없이 머무르고 있음을 밝힌 것이다.

53 미륵(彌勒) 보살

　선재동자는 남쪽의 해간국(海澗國)의 대장엄장원림(大莊嚴藏園林) 속에 있는 미륵의 누각으로 갔다. 선재동자는 이 누각에 있는 모든 보살들을 찬탄한 후 합장하고 예배하였다. 그리고 미륵보살을 만나 뵙고 "어떻게 보살의 행을 배우고 보살의 도를 닦는 것이 좋습니까?"라고 물었다. 그러자 미륵보살은 선재동자를 보며 그의 물러나지 않는 수행을 칭찬한 후 "이 동자는 끊임없이 정진하고 여기저기 돌아다니며 많은 선지식을 구했다"라고 말하였다. 그리고 "그것은 항상 마음속에 싫증내지 않고 머리에 붙은 불을 끄는 것과 같다"라고 하며 선지식을 가까이 한 것을 칭찬하였다.

　미륵보살은 선재동자에게 문수보살의 처소에 가서 가르침을 구하도록 권하였다. 그 이유는 문수보살이 바로 보살의 서원과 수행을 완성한 분이고, 모든 부처님의 어머니이며 보살들의 스승이고, 중생들을 교화하고 있는 훌륭한 보살이기 때문에 그곳으로 가서 가르침을 받으라고 한 것이다. "문수보살은 그대의 선지식이니"라고 단정하신 미륵보살의 말씀을 따라 선재동자는 문수보살 곁으로 갔다.

54 문수사리(文殊師利) 보살

선재동자는 미륵보살에게 예배하고 그의 주위를 돌며 물러났다. 선재동자는 지금까지 111개의 성을 지나 마지막으로 보문성(普門城)에 도달할 수 있었다. 선재동자가 일심으로 문수보살을 만나 그 자애로운 얼굴을 보고 싶다고 생각하자, 그러한 마음의 힘이 통하여 문수보살이 보문성에 나타나 오른손을 뻗어 선재동자의 이마를 쓰다듬으며 믿는 마음이 중요하다고 가르쳐 주었다. 그리고 믿는 마음이 없으면 마음은 근심에 빠지고 정진할 마음도 없어지며 보살행을 실천할 수 없게 되어 부처님 법의 진리를 깨달을 수 없다고 설명하였다.

55 보현(普賢) 보살

문수보살로부터 가르침을 들은 선재동자는 환희하며 보현보살의 도량에 들어갈 수 있었으며, 문수보살은 그대로 자태를 감추었다. 선재동자가 보현보살을 만나 뵙고 싶다고 생각하며 일심으로 염원하자 열 가지 상서로운 모양이 나타났다.

① 잠깐 동안에 모든 국토에 몸을 두루 나타내는 것
② 모든 부처님을 공양하는 것
③ 바른 법을 듣고 받아 지니는 것

▶ 선재동자가 문수보살 친견하는 모습

▶ 선재동자

④ 부처님의 법륜을 생각하는 지혜바라밀 법문
⑤ 자재한 지혜바라밀 법문
⑥ 끝없는 변재의 지혜 법문
⑦ 반야바라밀로 모든 법을 관찰하는 법문
⑧ 일체 법계의 큰 방편바라밀 법문
⑨ 중생들의 바라는 마음을 아는 지혜바라밀 법문
⑩ 보현보살의 지혜바라밀 법문

그때 보현보살이 오른손으로 선재동자의 머리를 쓰다듬자 동자는 한량없는 삼매문을 얻을 수 있었다. 보현보살이 "동자여, 나의 불가사의하고 자재로운 신통력을 보았는가?"라고 묻자 선재동자는 "네, 보았습니다"라고 대답하였다. 또한 보현보살은 "나의 청정한 법신을 관찰하여라"라고 선재동자에게 말했으며 계속해서 "비유하면 정교한 환술사가 갖가지 일을 잘 나타내는 것 같이 부처님은 중생들을 교화하기 위하여 갖가지 몸을 나타내 보이네. 비유하면 밝고 맑은 해가 세상의 어둠을 비추어 없애는 것 같이 부처님의 밝은 지혜의 해는 과거, 현재, 미래의 어둠을 모두 없애네" 라며 가르침을 설했다. 이 법을 듣고 환희하며 마음으로 믿어 의심치 않는 사람은 위없는 도(無上道, 무상도)를 빨리 성취하여 모든 부처님과 동등해진다.

화엄스님이 이렇게 입법계품 강의를 마쳤다. 존자님은 흐뭇한 표정으로 미소를 짓고 말씀하셨다.
"이젠 화엄의 법을 물려주어도 되겠네."
그리고 화엄스님을 화엄종주(華嚴宗主)로 인가(認可)하셨고, 사부대중은 우레와 같은 손뼉을 치며 축하해 주었다.

10
화엄사 연 이야기

　연기존자님은 인연 국토를 찾아 연(鳶)을 타고 비구니이신 어머니와 함께 두류산으로 오셨다. 존자님은 연을 타고 지리산을 며칠씩 유람했다. 화엄사로 돌아오면 연은 화엄계곡 연소(鳶沼)에서 쉬곤 하였다. 화엄연은 새벽예불과 저녁예불 때가 되면 대웅상적광전 앞에 앉아서 예불을 드렸는데 이때 황둔용도 함께였다. 저녁예불을 드린 후 가끔 연은 바다에서 지내던 때를 떠올리며 그리움에 사무쳤다. 그래서 밤에 조용히 다사강(多沙江, 현 섬진강)으로 날아가 감평만(현 순천만) 바다까지 헤엄치며 신나게 놀고 고향의 향수를 느끼다가 화엄사로 돌아오곤 했다.

　화엄연은 설법이 있을 때도 빠짐없이 들었고 불제자로서의 도리를 지키며 수행했다. 저녁 예불 시간에 때로는 여러 산 짐승을 데리고 와서 같이 예불을 드리곤 했다. 불제자로서 화엄동천에서 나름대로 동물들과 소통하며 불법을 전했다.

　사람도 불법을 만나기 어려운데 짐승인 화엄연이 존자님을 만나서 수계를 받고 불제자가 되었다는 것은 전생에 쌓은 공덕 덕분이다. 화엄연은 불연(佛緣)을 만나는 것에 고마움을 느끼며 법당과 도량에 동물을 동참케 했고, 내생에는 사람으로 태어나 출가하여 스님이 되어 수행정진하며 불도를 이루길 바랐다. 화엄연은 존자님이 입멸(入滅)하신 어머니를 그리워하며 수

▶ 연곡사 화엄연

행하시는 모습을 안타까워 했다. 몇 년 후 존자님도 열반에 드시니 화엄연은 슬퍼하며 바로 따라 죽어 함께 다비를 치르게 되었다.

또한 임진왜란에 이순신 장군의 군사(軍師)이신 자운(慈雲) 선사께서 연의 모습을 조언하여 전라좌수영 거북선 건조에 도움을 주었다. 이렇게 연은 불교의 호법과 호국적인 역할을 했다고 말할 수 있다.

11
화엄사 남매 스님 이야기

연기존자님이 화엄사를 창건하고 백제국에 화엄경을 전파하신지 15년이 흘렀다. 세월의 흐름과 함께 동자승이었던 화엄스님과 상적스님도 어느덧 의젓한 청년스님이 되었다. 어느 한 낮 여름, 대웅상적광전에서 낭랑한 염불소리와 청아한 목탁소리가 화엄동천에 울려 퍼졌다. 때마침 무더위를 식히는 소낙비가 내리자 산사에는 싱그러운 향기가 뿜어져 나왔다.

기도를 마치고 나온 화엄스님이 법당 앞에서 청량함을 느끼며 하늘을 바라보니 쌍무지개가 보였다. 화엄스님은 처소로 가서 상적스님을 불러냈다. 그리고 쌍무지개를 가리키며 "신기한 광경 아닌가? 화엄사에 좋은 일이 있을 것 같네"라고 말한 뒤 쌍무지개를 향해 합장을 했다.

그날 늦은 오후, 거지꼴을 한 남녀 아이가 화엄사에 찾아왔다. 아이들을 보는 순간 화엄스님은 쌍무지개를 떠올렸다. 아이들은 존자님을 뵙길 청했다. 그들이 특별한 아이들이라고 생각한 화엄스님은 헐레벌떡 존자님의 처소에 달려갔다. "거지꼴을 한 남녀 아이가 스님을 뵙고자 합니다"라고 말하자 존자님이 고개를 끄덕였고, 화엄스님이 아이들을 방으로 데리고 들어왔다.

아이들은 얼굴을 천으로 가리고 있었다.

"어디에 살고 몇 살이며 왜 나를 찾아왔는가? 얼굴을 가린 천을 벗거라."

존자님의 말씀에 남자아이가 자초지종을 말한 뒤에 벗겠다고 당차게 말했다.

"저희는 열다섯 살로 남매 쌍둥이이며 신라인 귀족 출신입니다. 그런데 저희가 태어났을 때 모습이 신라인과 너무 달라서 조부모님과 부모님이 크게 놀라셨다고 합니다. 할아버지는 가문에 저주가 내려 도깨비 같은 아이가 태어났다며 어머니와 저희를 쫓아내셨지요. 정처 없이 떠돌던 어머니와 유모는 화개동천에 이르렀고, 우리는 산속 깊이 움막을 짓고 살았습니다. 산속을 다닐 때 혹시 누가 볼까봐 항상 천으로 얼굴을 가렸습니다. 그런데 몇 년 전에 어머니와 유모가 병으로 돌아가셨고 모아 두었던 식량도 다 떨어졌습니다. 배가 고파서 처음으로 산속에서 나와 마을에 내려와 보니 사람들 얼굴 생김새가 우리와 전혀 달랐습니다. 그 모습에 두려움을 느끼고 다시 산속 움막으로 돌아왔지요. 이후 걸인 신세가 되어 산속에서 나무 열매나 약초 뿌리 등 먹을 수 있는 것으로 근근이 연명하며 살아가고 있었는데 어느 날 친하게 지내던 백제 걸인이 움막으로 찾아왔습니다. 그는 백제국 구차례에 천축(인도)에서 오신 스님이 지리산 화엄사를 창건하셨는데 스님의 모습이 삼국인과 전혀 다르니 그대들이 찾아뵈면 크게 반가워하실 것이라고 했습니다. 그 말에 산을 넘어 여기 화엄사까지 왔습니다."

말을 마친 남매가 얼굴을 가리고 있던 천을 벗었다. 그 모습에 존자님과 화엄스님은 숨이 멎을 뻔했다. 존자님과 남매가 서로 멍하니 바라보다가 존자님의 눈에서 눈물이 주르륵 흘러내렸다. 남매도 덩달아 엉엉 울었.

남매의 생김새는 존자님과 꼭 닮아 있었다. 존자님은 이국땅에 살며 평생 자신과 닮은 사람을 볼 수 없을 거라고 생각했는데, 눈앞에 자신과 같은 모습을 한 아이들을 보자 감격하여 눈물을 흘린 것이다.

화엄스님은 재빨리 비구니 처소로 가서 존자님의 어머니를 모시고 왔다. 어머니는 남매를 보자마자 와락 안고 함께 대성통곡했다. 어머니는 "어떻게 머나먼 천축에서 이국 백제 땅까지 오게 되었는가? 행색을 보니 참으로 고생을 많이 했겠구나"라며 모국어로 말했다.

남매는 무슨 말인지 몰라서 어안이 벙벙하니 존자님과 화엄스님이 크게 웃었다. 존자님이 말씀하셨다.

"너희들은 신라인이라고 하였다. 그런데 왜 얼굴이 삼국인과 다르고 나와 같은가?"

남자아이가 대답했다.

"어머니가 돌아가시기 전에 이야기 해주셨지요. 저희들은 김해 허씨입니다. 우리의 조상은 금관가야인으로 김수로왕과 아유타국 허 황옥 왕비입니다. 먼 옛날에 아유타국 공주가 부왕에 명을 받아 하늘에서 점지해준 낭군을 찾아서 배에 파사탑을 싣고 왔습니다. 왕후는 열 명의 왕자를 두었는데, 큰 아들은 왕위를 계승하고, 둘째와 셋째는 황후 성을 따라 허씨의 시조가 되었다고 합니다. 나머지 일곱 왕자는 황후의 오빠인 장유화상(長遊和尙)을 따라 출가하여 스님이 되었습니다. 수백 년이 흐르는 동안 허씨 문중에는 우리와 같은 모습을 한 후손이 없었습니다. 이렇게 이국적인 모습으로 태어나 항상 숨어 살다 보니 우리를 태어나게 한 부모를 원망하기도 했습니다."

존자님은 남매가 아유타국 허 황후 후손이라는 말에 깜짝 놀랐다. 그도 아요디아(아유타국) 왕족 출신의 승려였기 때문이다. 비구니 어머니도 역시 상기된 모습이었다. 존자님과 어머니는 아요디아 공주가 금관가야국에 살고 있었다는 사실에 놀라움을 금치 못했다. 그리고 남매가 자신과 같은 왕족의 후손이요, 혈육이라는 사실에 크게 기뻐했다. 존자님이 말했다.

"너희가 나와 어머니와 같은 아요디아 가문의 후손이자 혈육이라니 참으로 신기하구나. 내가 백제국에서 화엄사를 창건한 무렵에 너희들이 태어난 듯하다. 이것이 바로 불연이 아닌가. 너희와 함께 수행하며 살 운명인 것이다."

존자님의 말씀을 듣던 쌍둥이 남매는 환희심에 가득 찼다. 그들은 기쁜 얼굴로 일어서서 삼배를 올리며 말했다.

"화엄사에 출가하여 스님이 되겠습니다. 받아 주세요."

남매는 삭발하고 목욕재계한 뒤 승복으로 갈아입고 대중 스님이 모인 대웅상적광전에서 수계를 받으니 남자아이의 법명은 길상(吉祥)이요, 여자아이의 법명은 마야(摩耶)라고 했다. 이후 길상스님은 존자님을, 마야스님은 존자님의 비구니 어머니를 시봉하면서 화엄사상을 배우며 수행에 전념했다.

아유타국(阿踰陀國)은 인도에 실제로 존재했던 나라이다. 삼장법사 현장의 17년간(629~645년)을 기록한 《대당서역기(大唐西域記)》에 따르면 아유타국은 주위가 5천여 리, 대도성(수도)의 둘레가 20여 리나 되는 나라이다. 농작물이 풍성하고 화초가 무성하여 매우 살기 좋은 곳으로 사람들은 복 짓기를 좋아하고 학예에 힘썼다고 한다. 이 나라에서는 100여 곳의 가람과 3천여 명의 승려가 있었는데, 대·소승불교를 함께 배웠다고 한다. 아유타국은 《승만경(勝鬘經)》의 중심 무대로 알려져 있기도 하다.

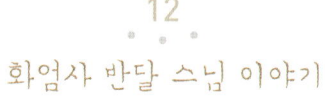

화엄사 반달 스님 이야기

　화엄사에는 천축 화엄경을 공부하러 온 스님들로 항상 북적이었다. 그리하여 전각이 점점 늘어났고 화엄법계를 이루었다. 어느 아름다운 봄날이었다. 연기존자님이 청년이 된 화엄스님과 상적스님을 처소로 불러 앉혀 놓고 말씀하셨다.
　"저녁 예불이 끝난 후 너희들의 친구가 올 것이다. 반갑게 맞이하고 방사에서 좋은 이야기도 많이 나누거라. 그리고 내일 아침에 데리고 오너라."
　저녁 예불이 끝난 후 존자님의 말씀대로 손님이 왔는데 어린아이가 아닌가? 두 스님은 어떻게 이 아이가 우리와 친구가 될 수가 있는지 의아하게 생각하며 아이를 방사로 데리고 들어가 이야기를 나누기 시작했다.
　화엄스님이 먼저 물었다.
　"어떻게 화엄사로 오게 되었느냐?"
　아이가 대답했다.
　"제 이름은 웅이고 나이는 9살입니다. 어머니가 꿈에 아기 곰이 품속으로 들어와서 이름을 웅이라고 지었다고 합니다. 우리 집은 가난하여 밥을 먹는 것보다 굶는 날이 더 많았지요. 2년 전에 부모님이 돌아가시고 저는 먹을 것을 구하러 지리산 일대를 헤매고 다녔습니다. 그러다 넓적한 돌을 발견했는데, 그냥 그곳에 앉고 싶은 마음이 생겼어요. 그곳에 앉아 있으면 근심 걱정이 사라졌지요. 물론 현실로 돌아온 뒤엔 다시 배가 고프고 괴로웠습니다.

며칠 전 꿈에 한 스님이 나타났어요. 얼굴 생김새가 우리와 전혀 다른 모습이었는데, 꿈에서 스님이 '화엄사에 가서 출가하여 스님이 되어라' 하시기에 여기까지 왔습니다."

스님들과 웅이는 처음 만났지만 이상하게 친밀감을 느꼈다. 웅이를 재우고 밖으로 나온 스님들은 서로의 얼굴을 쳐다보며 말했다.

"혹시 저 아이가 동자 시절에 만났던 새끼 반달곰일 수도 있을까? 같이 예불을 모시고 계곡에서 물놀이도 했던 우리와 재미있게 놀았던 새끼 곰 말일세. 우리가 바위에 앉아 좌선을 하면 그 곰도 따라했었지. 곰이 높은 나무에 올라갔다가 떨어져서 바위에 머리를 부딪쳐 죽었을 때 정말 슬퍼하며 울지 않았는가?"

"산에 고이 묻어 주면서 다음 생에는 꼭 사람으로 태어나 다시 만나서 같이 수행하자고 기원했었지요. 정말 웅이가 그때 그 반달곰 같습니다."

다음 날 아침, 두 스님이 웅이를 데리고 존자님의 방으로 갔다. 웅이가 존자님을 한참 멍하게 바라보고 있으니 존자님이 "이놈아, 정신 차려라!" 하고 크게 웃으셨다. 웅이도 "꿈에서 본 스님이 맞네요?"라며 따라 웃었다.

존자님이 물었다.

"어젯밤 좋은 이야기를 진지하게 나누었느냐?"

그러자 화엄스님과 상적스님은 이구동성으로 대답했다.

"웅이는 우리들의 친구인 듯합니다."

"맞습니다. 웅이는 우리가 동자 시절 같이 지냈던 반달곰이 환생한 것이 맞는 것 같습니다."

존자님은 고개를 끄떡이며 "웅이가 그 반달곰이 맞다"라고 하셨다. 그러자 웅이도 손뼉을 치면서 말했다.

"맞아요. 바위에 몇 시간씩 앉아 있다 보면 꼬마 스님들과 새끼곰이 함께 노는 모습이 보이곤 했어요. 그것이 꿈인가 싶었는데 바로 전생이었군요."

존자님이 웅이에게 말씀하셨다.

"네가 전생에 동자승과 함께 부처님 전에 예불도 하고 좌선한 선근 공덕으로 사람으로 태어났고 그들이 다시 만나 함께 수행하게 되는구나."

화엄스님과 상적스님, 웅이는 현생과 전생의 인연을 불연이라 여기고 존자님께 삼배를 올렸다. 그리고 대웅상적광전 삼신불 전에 삼배를 올리고 서로 얼싸 안았다. 세 사람은 이제 동자승과 반달곰이 아닌 같은 사람이자 스님으로서 함께 수행한다는 기쁨과 환희심에 사로 잡혔다.

웅이는 삭발하고 수계를 받고 법명을 대웅(大雄)스님이라고 했다. 화엄스님, 상적스님, 대웅스님 삼총사는 열심히 수행정진했다. 후에 대웅스님은 전생에 반달곰이 인간으로 환생하였다는 의미를 담아 호를 반달(返達)이라고 정했고, 반달 스님이라고도 불렀다.

13
상적스님의 부모은중난보경 이야기

지리산 자락에 봄 향기가 진하게 배어있는 춘이월. 백제 각처에서 온 스님과 불자님이 화엄사 대웅상적광전 법당 안과 도량에 인산인해 이루고 있다. 연기존자님의 두 번째 상좌 동자승이었던 상적스님도 세월을 비껴갈 수 없었으니 어느덧 노(老) 비구가 되었다. 그리고 사제 스님, 상좌 스님, 손상좌 스님, 문도(門徒) 스님이 사부대중과 불자님을 영접했다. 두 살 터울인 사형 화엄스님은 일 년 전에 입적했고, 상적스님이 화엄총림(叢林, 많은 스님들이 모여 수행하는 큰절)의 방장(方丈)이자 큰 어른스님이 되셨다.

상적스님이 화엄사에 모인 사부대중과 불자님에게 말했다.

"오늘은 저의 은사님이신 연기존자님의 추모일인 음력 2월 28일입니다. 추모일을 잊지 않고 화엄사까지 추모 참배하러 오신 많은 사부대중과 불자님께 한없이 고마울 따름입니다. 사시부터 추모제를 지낼 것입니다."

추모제를 질서 정연하게 마치고 난 뒤 상적스님이 다시 사부대중과 불자님을 향해 "소승의 스승이신 연기존자님께서 유달리 효심이 지극한 분이었다는 걸 모두 아시겠지요. 존자님은 머나 먼 천축에서 이국만리 낯선 백제국에 비구니 어머니를 모시고 와 함께 살면서 봉양하셨습니다. 그리고 수행 정진하시면서 부처님의 최고 경전인《대방광불화엄경》을 강설하여 백제국 온누리에 천축의 화엄종풍이 가득합니다"라고 말했다.

그리고 상적스님은 추모제가 열리는 오늘 사부대중과 불자님께 소개할 스님 한 분이 계시다고 말했다.

"보름 전 저는 귀중한 경전 한 권을 받았습니다. 수십 년 전에 화엄사에서 화엄경을 배웠고 많은 경전을 보고자 양나라로 유학을 다녀온 스님으로부터였습니다. 스님은 존자님의 네 번째 상좌이며 제 사제(師弟)입니다. 스님은 유학 중에 우연히 이 불경을 접하였는데, 부모님의 은혜에 관한 내용을 보면서 화엄사에 계시는 스승인 연기존자님의 지극한 효심이 생각나서 이 경전을 구입하셨다고 합니다. 이것을 소중히 간직하고 불경 공부와 수행정진하다가 얼마 전에 유학을 마치고 귀국하자마자 이 경전을 스승님께 바치기 위해 화엄사로 한달음에 달려오셨지요. 그리하여 오늘 이 경전을 은사님 영단에 올려놓고 추모제를 지냈습니다. 이 경전이 바로 《불설부모은중난보경(佛說父母恩重難報經)》입니다."

상적스님은 사부대중과 불자님에게 경전을 보이며 이것을 가지고 온 사제 스님을 소개했다. 소개를 받은 스님은 합장 반배하고 말을 했다.

"소승의 법명은 범어 범(梵)에, 천축 축(竺)을 쓰는 범축(梵竺)입니다. 경문(經文)의 안목을 넓히기 위해 화엄사를 떠난 지 수십 년이 되었지요. 유학 시절 스승님을 생각하며 이 경전을 소중하게 간직했고 훗날 보여드리려고 했습니다. 그런데 스승님이 입적(入寂) 하신 지가 여러 해가 지난줄 몰랐습니다. 며칠 동안 스승을 생각하며 슬픔에 잠겼지요. 하지만 오늘 스승님의 기일을 맞이하여 부모님의 은혜를 말씀하신 《불설부모은중난보경》을 소개할 수 있어서 영광스럽습니다.

이 경전을 번역한 스님은 구마라집(鳩摩羅什)입니다. 구마라집은 인도의 명문 귀족인 쿠마라야나의 아들로 어머니는 쿠차국 왕의 누이동생인 지바카입니다. 쿠차국에서 태어난 그는 7세에 어머니를 따라 출가하여 아버지의 고향인 카슈미르 야르칸드에서 대승(大乘)과 소승(小乘)을 배우고 고국에 돌아와 열심히 대승을 설파했습니다. 그리고 후량(後涼)의 장군 여광(呂光)

이 쿠차로 쳐들어왔을 때 구마라집은 포로가 되었습니다. 그는 군사(軍師)의 위치에 있으면서 여광을 돕기도 했지만, 여광은 그를 오직 포로로 취급했고 쿠차의 왕녀를 강제로 아내로 맞게 하는 등 잔혹하게 굴었다고 합니다. 구마라집은 8년 동안 여광과 여찬(呂纂) 밑에서 양주(凉州)에서 살다가 후진의 황제 요흥(姚興)에게 국사(國師)로서 영접되었습니다. 그리고 요흥의 뜻에 따라 여성과 혼인하고 환속한 이후 경전 번역에 종사하여 12년간 35부 300권의 불경을 한문으로 번역했고 70세로 입적했다고 합니다. 그 불경 중에 《불설부모은중난보경》이 있습니다."

범축스님이 구마라집 스님에 대한 소개를 끝내고 물러서며 말했다.

"백제국 사찰인 지리산 화엄사에서 상적스님이 이 경전을 최초로 강설하실 것입니다."

상적스님은 삼신불 전에 《불설부모은중난보경》을 올려놓고 삼배를 올렸다. 그런 뒤 다시 경전을 들고 법상에 앉았다. 사부대중들도 모두 일어나 목탁에 맞춰 상적스님께 삼배를 올린 후 정좌하고 경전을 듣기를 고대했다. 이내 상적스님이 운을 뗐다.

"경전을 읽다 보니 새삼스럽게 스승님이 효도하시던 모습이 떠올라 눈물이 났습니다. 또 소승이 부모님께 효도하지 못했던 것을 반성하고 참회의 눈물을 흘리느라 잠을 한숨도 이루지 못했지요. 사부대중과 불자님 여러분, 지금부터 독경할 《불설부모은중난보경》을 경청해 주시기를 바랍니다."

불설부모은중난보경 (佛說父母恩重難報經)

요진 삼장법사 구마라집 봉소 역
姚秦 三藏法師 鳩摩羅什 奉詔 譯

이와 같이 내가 들었다. 어느 때에 부처님께서는 사위국 기수급고독원에서 이천오백 대비구와 삼만팔천 보살마하살과 함께 계시었다. 이때 부처님께서는 대중을 이끌고 남쪽으로 가다가 문득 길가에 쌓인 한 무더기의 뼈를 보셨다. 그때 부처님께서는 그 뼈 무더기를 향해 다섯 활개(이마, 양팔꿈치, 양무릎)를 땅에 던지고(오체투지) 공경히 예배하였다.

아난이 손을 모아 합장하고 물었다.

"부처님이시여, 여래께서는 삼계의 큰 스승이며 사생(四生, ① 사람과 같이 태에서 나는 태생 胎生, ② 새와 같이 알에서 나는 난생 卵生, ③ 개구리와 같이 습기에서 나는 습생 濕生, ④ 나비와 같이 홀연히 태어나는 화생 化生)의 자애로운 어버이로서 뭇 사람들이 귀의하여 공경하는 바이거늘, 무슨 인연으로 마른 뼈에 절을 하십니까?"

부처님께서 아난에게 이르셨다.

"너희는 나의 으뜸가는 제자로 출가한 지 오래되었으나 앎이 아직 넓지 않구나. 이 한 무더기 마른 뼈는 나의 전생의 선조이거나 다겁생을 내려오는 동안의 부모일 수 있으리라. 이러한 인연으로 내가 방금 예배하였노라."

다시 부처님께서 아난에게 이르셨다.

"너희는 이 한 무더기의 뼈를 둘로 가려 나눠보아라. 만약 남자의 뼈라면 색이 희고 무거우며, 여자의 뼈라면 색이 검고 가벼우리라."

아난은 의문이 풀리지 않아 부처님께 다시 여쭈었다.

"부처님이시여, 남자는 이 세상에 살아있을 때는 큰 옷을 입고, 띠를 두르고, 신을 신고, 사모(紗帽, 모자)로 장식하고 다니기에 남자의 몸인 줄 압니다. 또 여자는 세상에 살아있을 때 연지와 곤지를 곱게 찍고 난초와 사향으로 치장하고 다니기에 여인의 몸인 줄 압니다. 그러나 지금처럼 죽은 후의 백골은 모두 같은데 저에게 어떻게 구별해보라고 하십니까?"

부처님께서 아난에게 말씀하셨다.

"만일 남자라면 세상에 있을 때에 절에 가서 불경 읽는 소리를 듣고 경을 외우며, 삼보에 예배하고 염불도 하였을 것이므로 그 뼈는 희고 또한 무거울 것이다. 그러나 반대로 여자라면 세상에 있을 때 음욕에 뜻을 두고, 아들딸을 낳고 키움에 있어 한 번 아이를 낳을 때마다 서 말 서 되나 되는 엉킨 피를 흘리고 자식에게 여덟 섬 너 말이나 되는 흰 젖을 먹여야 하므로 뼈가 검고 가벼우니라."

아난이 이 말씀을 듣고 어머님 생각에 가슴이 칼로 저미듯 아파 눈물을 흘리며 여쭈었다.

"부처님이시여, 어머니의 은덕을 어떻게 갚아야 합니까?"

부처님께서 말씀하셨다.

"이제 자세히 듣고 자세히 들어라. 내가 너를 위해 소상하게 말해주리라. 아기를 갖게 된 어머니의 열 달 동안 고통과 수고는 말할 수 없이 크니라."

어머니가 아이를 잉태한 지 첫 달이 지나면 그 기운이 마치 풀 위에 맺힌 이슬과 같아서 아침에는 보존하나 저녁에는 보존하지 못한다. 이는 이른 새벽에는 피가 모여 들었다가 낮이 되면 흩어지기 때문이다. 어머니가 잉태한 지 두 달이면 태아는 엉킨 우유와 같이 되느니라. 그리고 셋째 달에는 마치 엉킨 피와 같으니라.

어머니가 잉태한 지 넷째 달에는 태아가 점차로 사람의 모양을 갖추게 되며 다섯 달이 되면 어머니의 뱃속에서 다섯 부분의 모양이 생겨나게 된다. 이 다섯 부분의 모양이란 머리가 한 부분이고, 두 팔꿈치를 합하여 셋이 되며, 무릎을 합하여 모두 다섯 부분이 되느니라.

어머니가 잉태한 지 여섯 달이 되면 어머니 뱃속에 있는 아이의 여섯 가지 정기(六精)가 열리게 되느니라. 여섯 가지 정기란 첫째 눈이 한 정기요, 둘째로 귀가 한 정기이며, 셋째는 코가 한 정기이며, 넷째 입이 한 정기이고, 다섯째 혀가 한 정기이며, 여섯째로 뜻이 한 정기이니라.

어머니가 잉태한 지 일곱 달이 되면 아이가 어머니 뱃속에서 3백 6십 뼈마디와 8만 4천의 털구멍이 생기게 되느니라. 어머니가 잉태한 지 여덟 달이 되면 그 뜻과 꾀가 생기고 아홉 개의 구멍이 뚜렷하게 되느니라.

어머니가 잉태한 지 아홉 달이 되면 아이가 어머니의 뱃속에서 무엇인가를 먹게 된다. 복숭아나 배, 마늘은 먹지 않고 오곡만을 먹게 되느니라. 어머니의 생장은 아래로 향하고, 숙장은 위로 향한 사이에 한 산이 있는데 세 가지 이름을 갖느니라. 한 이름은 수미산(須彌山)이요, 또 한 이름은 업산(業山)이요, 또 한 이름은 혈산(血山)이다. 이 산이 한번 무너지게 되면 한 덩어리의 엉킨 피가 되어서 태아의 입속으로 흘러들게 되느니라.

어머니가 수태한 지 열째 달에는 마침내 아기를 낳게 되는데, 그 아기가 만일 부모에게 효도하는 착한 사람이라면 두 손을 모으고 나오면서 어머니를 괴롭히지 않지만, 그렇지 않은 자식이라면 어머니의 태를 깨뜨리거나 다리로 어머니의 골반 뼈를 다치게 하여 어머니로 하여금 천개의 칼로 찌르고 만개의 창으로 가슴을 쑤시는 듯 하게 하느니라. 이처럼 고난을 주고 이 몸을 받아 생을 얻었음에도 그 위에 오히려 열 가지 은혜가 있나니라.

① 회탐수호은(懷耽守護恩) 나를 잉태하여 지켜주신 은혜

여러 겁의 귀중한 인연으로
지금에 어머니의 태 안에 들었네
달이 지나서 오장이 생겨나고
일곱 달에 육정이 열리니
어머니 몸은 태산처럼 무거워지고
움직이거나 서거나
바람 재앙에 조심하네
비단옷은 걸치지 않고
치장하던 거울에는 먼지만 쌓였네

② 임산수고은(臨産受苦恩) 해산에 임하여 고통을 받으신 은혜

아기를 품고 열 달이 지나서
어려운 해산이 차츰 다가오니
아침마다 중병 걸린 듯하고
나날이 정신이 흐려지고
점차 두렵고 겁나서 말하기도 힘들어
근심의 눈물이 가슴에 가득하네
친족에게 슬픔을 호소하고
죽지나 않을까 걱정하네

③ 생자망우은(生子忘憂恩) 자식 낳고 근심을 잊어 버리는 은혜

인자한 어머니가 아기를 낳던 날
오장이 모두 펼쳐서 열려졌네
몸과 마음이 모두 혼미해졌고
흘러내린 피가 양을 잡은 듯하네
아기가 건강하단 말 들으니
몸에 생기가 나고 기쁨이 배가 되네
기쁨이 가라앉자 슬픔이 다시 일어나고
고통이 심장에 사무치네

④ 연고토감은(咽苦吐甘恩) 쓴 것 삼키고 단 것 뱉어 먹이신 은혜

부모의 은혜는 깊고 중대하며
은혜로운 사랑이 잠시도 변치 않네
단 것은 토해내니 먹는 것이 아니고
쓴 것은 삼키며 눈썹을 찡그리지 않네
애정이 무거우니 정을 참지 못하고
은혜가 깊으니 슬픔이 점점 더하네
오직 아기만 배부르게 하고
인자하신 어머니는 굶주렸다 말하지 않네

⑤ 회건취습은(回乾就濕恩) 진자리 마른자리를 가려 뉘여 주신 은혜

  어머니 자신은 다 젖어도
  아기는 옮겨 마른자리에 눕히네
  두 젖으로 굶주림과 배고픔을 채워주며
  비단옷 소매로 찬바람을 가려주네
  사랑이 이어져 항상 잠을 잊어도
  사랑스런 재롱으로 기쁨을 얻네
  오직 아기의 평온함을 생각하고
  인자한 어머니는 편안함을 바라지 않네

⑥ 유포양육은(乳哺養育恩) 젖을 먹여 주시고 키워주신 은혜

  인자한 어머니가 땅을 닮았다면
  엄한 아버지는 하늘에 견줄 수 있네
  덮고 안아주는 은혜가 무릇 같고
  아버지와 어머니의 마음 역시 그러하다
  성난 눈빛에도 미워하지 않으며
  손발을 부딪쳐 때려도 싫어하지 않네
  배로 낳은 친자식이기에
  하루 종일 사랑하고 아끼시네

⑦ 세탁부정은(洗濯不淨恩) 깨끗하지 않은 것을 씻어주신 은혜

  생각해 보니 아름답던 얼굴과 용모
  고운 자태는 매우 빼어나셨네
  두 눈썹은 푸른 버들 빛이고
  두 뺨은 붉은 연꽃을 옮겨놓았네
  은혜가 깊을수록 옥 같던 용모는 사라지네
  씻고 닦으며 예쁜 소반이 낡아지듯
  오로지 아들딸을 걱정하며
  인자한 어머니의 얼굴이 바뀌었네

⑧ 원행억념은(遠行憶念恩) 멀리 길을 떠난 자식을 걱정해주시는 은혜

    죽어서의 이별이 참으로 참기 어렵지만
    살아서의 이별 또한 가슴 아프고 슬프네
    자식이 집 떠나 멀리가면
    어머니의 마음도 타향에 있네
    낮이나 밤이나 마음은 자식을 쫓고
    흐르는 눈물은 수천 갈래를 가네
    사랑하는 새끼 때문에 우는 어미원숭이처럼
    생각이 사무쳐서 간과 창자가 끊어지네

⑨ 위조악업은(爲造惡業恩) 자식을 위해서 모진 일도 서슴지 않으신 은혜

    부모는 강산같이 귀중한데
    깊은 은혜에 보답하기 실로 어려워라
    자식의 괴로움을 대신 받기 원하며
    자식이 고생하면 어머니 마음도 편치 않네
    먼 길 떠난다는 말 들으면
    길가다 밤에 추운 잠자리에 머물까
    아들딸이 잠시 고생해도
    오래도록 어머니는 마음 아파하시네

⑩ 구경연민은(究竟憐愍恩) 끝까지 사랑하고 걱정하시는 은혜

    부모의 은혜는 깊고 무거워서
    은혜로운 사랑이 그치질 않네
    앉으나 서나 마음은 자식을 쫓고
    멀거나 가깝거나 생각은 자식을 따르네
    어머니 연세가 백 살이어도
    항상 여든 살 자식을 걱정하네
    은혜로운 사랑이 끊어지게 하려면
    목숨이 다하면 비로소 그칠까

▶ 부모은중난보경

부처님이 아난에게 말씀하셨다.

"내가 이 세상의 중생들을 보니 비록 사람의 얼굴을 가졌으나 그 마음과 행동이 어리석어 부모의 큰 은혜를 알지 못하고 공경하는 마음을 내지 않는다. 또 은혜를 저 버리고 착한 마음이 없어 효도하지 않으며 의리도 없느니라.

어머니가 아이를 잉태하고 열 달 동안에는 일어나고 앉음이 편치 못하여 무거운 짐을 진 듯 하고, 음식을 소화하지 못해 오랜 병을 앓은 사람 같다. 열 달이 되어서 분만할 때에는 심한 고통을 받으면서도 자칫 잘못하여 아기가 죽게 될까 두려워하고, 양이라도 잡은 듯 피를 흘려 자리를 적시었느니라.

이러한 고통을 받으면서도 이 몸을 낳은 후에는 쓴 것을 삼키고 단 것은 뱉어 먹이며, 업어서 기르고, 더러운 똥오줌을 받아내면서 부정한 것을 빨래하되 귀찮다 않으시며, 덥고 추운 것을 참으면서 그 많은 고생을 싫어하지 아니하며, 마른 데는 아이를 누이고 젖은 데서는 어머니가 주무신다.

삼 년 동안 젖을 먹여서 아기가 자라나면 학문과 예절을 가르쳐 시집 장가 들이고, 벼슬자리에 내보내기 위해 공부도 시키고, 직업도 구하여 준다. 이렇게 힘들게 가르치고 애써 기르는 일이 끝나더라도 사랑이 끝났다고 말하지 않느니라.

그리고 만일 자식이 병이 들면 부모도 함께 병이 들고, 자식이 병이 나아야 부모의 병도 비로소 낫느니라. 이렇게 애써 기르면서 어른이 되기를 기대하지만 그 자식이 다 큰 뒤에는 부모의 은공도 모르고 도리어 불효하고 불공한다. 부모에게 불손하게 대항하고, 눈동자를 굴리면서 업신여기고, 형제끼리 욕을 하며 싸우고, 일가친척을 헐뜯고 예의를 지키지 않는다. 부모가 이르는 말에 순종하지 아니하고, 형제간에 말할 때에도 일부러 어긋나게 하며, 가거나 오거나 어른에게 알리지 아니하고, 말과 행동이 버릇없고 괴상하여 제멋대로 행동하느니라.

한편 부모는 자식의 잘못을 훈계하고 타일러서 잘못을 바로 잡아주어야 하거늘 철없다 용서하고 덮어주기만 한다. 그렇기에 점점 자라면서 거칠어져 순종하지 아니하고, 잘못을 반성하지 않으며 도리어 성을 내느니라.

또한 좋은 친구를 멀리하고 나쁜 사람을 사귀며, 그 버릇이 천성이 되어서 큰 잘못을 저지르기 쉽다. 남의 꼬임에 빠지면 사방으로 떠돌다 부모를 멀리 여의고 고향을 등지며, 헛되이 세월을 보내다가 그럭저럭 결혼을 하게 되면 오래도록 집에 돌아오지 않느니라.

혹은 타향에서 조심성 없이 방랑하다가 남의 꾐에 빠져 범법을 저지르기도 하고, 그로 인해 벌을 받고 감옥에 갇히기도 한다. 혹은 질병에 걸려서 큰 고통을 당하거나 액난을 만나 추위와 배고픔을 면할 길이 없고 돌봐주는 사람 없이 여러 사람의 업신여김을 받으며, 길거리에 쓰러져 죽게 되더라도 구해줄 사람이 없다. 죽은 시체까지도 땅에 묻히지 못하여 볕에 쪼이고 비바람에 불리어 흩어지게 된다. 해골이 타향의 모래바닥이나 풀밭에 뒹굴게 되어 부모 친척과는 영원히 만나지 못하게 되느니라.

부모는 자식을 걱정하고 피눈물을 흘리다가 눈을 버리기도 한다. 혹은 너무 슬퍼하다가 병이 되기도 하고, 혹은 자식을 기다리다가 몸이 약해져서 죽게 되면 외로운 영혼이 되어서 끝끝내 잊어버리지 못하느니라.

혹은 자식이 효순(孝順)과 도의를 본받지 않고 좋지 않은 무리들과 어울려 떠돌아다니고, 사나워져서 나쁜 일을 일삼으며, 남을 때리거나 도둑질을 하고, 이웃에게까지 해를 끼치기도 하고, 술 마시고 노름하는 여러 가지 죄를 저지르기도 한다. 이로 인해 형제에게 누를 끼치거나 부모를 걱정시키기도 한다. 아침에 집을 나갔다가 밤늦게 돌아오기도 하면서 부모로 하여금 근심하게 하느니라.

부모의 헐벗음과 배고픔은 아랑곳하지 않고, 아침저녁이나 초하루 보름으로 봉양하는 것은 꿈에도 생각하지 않는다. 부모가 나이 들고 수척해지고 기운이 없어 보이면 남이 볼까 부끄럽다고 멸시와 구박을 한다. 혹은 아버지와 어머니가 홀로 되어 외딴 방에 혼자 있으면 마치 모르는 늙은이가 나그네로 와서 의지해 있는 듯 여기어 살펴보고 문안드리는 일이 없다. 방이 차진 않은 지, 제대로 입고 먹는 지 아는 체하지 않으며 그리하여 부모를 밤낮으로 슬프게 하느니라.

혹은 맛있는 음식을 보면 부모에게 가져다 드려야 함에도 불구하고 남들이 비웃는다 하여 부끄럽게 여긴다. 그러면서도 좋은 음식을 처자식에게 먹일 때에는 체면도 없이 비열한 짓을 저지른다. 제 아내나 첩과 약속한 것은 꼭꼭 지키면서도 어버이의 말씀과 부탁은 조금도 어렵게 생각하지 않느니라.

만일 딸일 경우 출가하게 되면 집에서는 그렇게 효순하다가도 제 남편을 맞은 뒤에는 차츰 공경의 마음을 잃는다. 부모는 조금만 꾸짖어도 원망을 하면서 남편에게는 설사 매를 맞아도 달게 여긴다. 성이 다른 남자에게는 인정이 깊고 사랑이 넘치면서 자기의 혈육이나 친척에게는 오히려 냉소한다. 또 제 남편을 따라 타향에 옮겨가게 되면 부모를 이별하고서도 소식을 끊고 편지 한 장 보내지 않는다. 그리하여 부모는 간장이 끊어지듯 하나니 딸의 얼굴을 한번 보고 싶어 하는 것이 마치 목마를 때 물을 생각하는 것 같으니라. 그리하여 어버이의 은덕을 생각하면 한량이 없건만 자식의 불효하는 죄는 말로 다하지 못하느니라.”

여러 제자들이 부처님의 말씀을 듣고 모두 땅에 엎드려 그 동안의 불효를 뉘우치며 눈물 흘렸다. 그리고 제자들이 다시 여쭈었다.

“슬프고 마음이 아픕니다. 이제야 우리들이 죄인임을 깊이 알게 되었습니다. 그 동안은 깜깜한 밤길처럼 아무것도 보지 못했으나 이제 잘못된 것을 깨닫고 보니 심장과 쓸개가 부서지는 듯 괴롭습니다. 바라옵건대 부처님이시여, 저희를 불쌍히 여기고 구제해 주시옵소서. 어떻게 해야 부모님의 깊은 은혜를 갚겠습니까?”

이때 부처님께서는 여덟 가지의 깊고도 무거운 법음으로 말씀하셨다.

“너희들이 마땅히 알아야 할 것이다. 내가 이제 너희들을 위하여 분별해서 설명하리라. 가령 어떤 사람이 왼쪽 어깨에 아버지를 모시고 오른쪽 어깨에 어머니를 모시고 피부가 닳아져 뼈에 이르고, 뼈가 닳아져 골수에 미치도록 수미산을 백천 번 돌더라도 부모님의 은혜는 다 갚을 수가 없느니라.

가령 어떤 사람이 굶주리는 흉년의 액운을 당해서 부모를 위하여 자기의 온 몸뚱이를 도려내어 티끌같이 잘게 갈아서 백천 겁이 지나도록 하여도 오히려 부모님의 깊은 은혜는 갚을 수 없느니라.

가령 어떤 사람이 잘 드는 칼로써 부모님을 위하여 자기의 눈동자를 도려내어 부처님께 바치기를 백천 겁이 지나도록 하여도 부모님의 깊은 은혜를 갚을 수 없느니라.

　가령 어떤 사람이 부모님을 위하여 아주 잘 드는 칼로 그의 심장과 간을 베어서 피가 흘러 땅을 적셔도 아프다는 말을 하지 않고 괴로움을 참으며 백천 겁이 지난다 하더라도 부모님의 깊은 은혜는 갚을 수 없느니라.

　가령 어떤 사람이 부모님을 위하여 아주 잘 드는 칼로 자기의 몸을 찔러 칼날이 좌우로 드나들기를 백천 겁이 지나도록 하더라도 부모님의 깊은 은혜는 갚을 수가 없느니라.

　가령 어떤 사람이 부모님을 위하여 몸을 심지로 삼아 불을 붙여서 부처님께 공양하기를 백천 겁이 지나도록 하더라도 부모의 깊은 은혜는 갚을 수 없느니라.

　가령 어떤 사람이 부모님을 위하여 뼈를 부수고 골수를 꺼내며, 또는 백천 개의 칼과 창으로 몸을 쑤시기를 백천 겁이 지나도록 하여도 부모님의 은혜는 갚을 수가 없느니라.

　가령 어떤 사람이 부모님을 위하여 뜨거운 무쇠구슬을 삼켜 온 몸이 불타도록 하기를 백천 겁이 지나도록 하여도 부모님의 깊은 은혜는 갚을 수가 없느니라."

　이때 제자들이 부모님의 깊은 은덕을 듣고 눈물을 흘렸다. 그리고 부처님께 여쭈었다.

　"부처님이시여, 저희들이 이제야 큰 죄인임을 알았습니다. 어떻게 해야 부모님의 깊은 은혜를 갚을 수 있겠습니까?"

　부처님께서 말씀하셨다.

　"부모님의 은혜를 갚으려거든 부모님을 위하여 이 경을 쓰고, 부모님을 위하여 이 경을 독송하며, 부모님을 위하여 죄와 허물을 참회하고, 부모님을 위하여 삼보를 공경하고, 부모님을 위하여 재계를 받아 지니며, 부모님을 위하여 보시하고, 복을 닦아야 하느니라. 만일 능히 이렇게 하면 효도하고 순종하는 자식이라 할 것이요, 이렇지 못한다면 지옥에 떨어질 사람이니라."

부처님께서 아난에게 말씀하셨다.

"불효한 자식은 목숨을 마치게 되면 아비무간지옥에 떨어지느니라. 이 큰 지옥은 길이와 넓이가 팔만 유순이나 되고, 사면에는 무쇠성이 둘려 있고, 그 주위는 다시 철망으로 둘러싸여 있느니라. 그리고 그 땅은 붉은 무쇠로 되어 있는데 불길이 맹렬히 타오르고 우레가 치며 번개가 번쩍이느니라. 여기서 끓는 구리와 무쇠 녹인 물을 죄인의 입에 부어 넣고, 무쇠로 된 뱀과 구리로 된 개가 토하는 연기와 불로 죄인을 태우고 지지고 볶아 기름이 지글지글 끓게 되니 그 고통과 비통함은 견딜 수가 없느니라. 그 위에 무쇠채찍과 무쇠꼬챙이, 무쇠망치와 무쇠창 그리고 칼과 칼날이 비와 구름처럼 공중으로부터 쏟아져 내려 사람을 베고 찌른다. 이렇게 죄인들을 괴롭히고 벌을 내리는 것을 여러 겁이 지나도록하여 고통을 받게 하는 것이 쉴 사이가 없느니라. 또 사람을 다시 다른 지옥으로 데리고 가서 머리에 화로를 이고 무쇠수레로 사지를 찢으며, 창자와 살과 뼈가 불타고 하루에도 천만번 죽고 살게 한다. 이렇게 고통을 받는 것은 모두 전생에 오역의 불효한 죄를 저질렀기 때문이니라."

이때 모든 사람들이 슬피 울면서 부처님께 여쭈었다.

"저희들이 이제 어떻게 해야 부모님의 깊은 은혜를 갚을 수 있겠습니까?"

이에 부처님이 말씀하셨다.

"부모님의 은혜를 갚고자 하거든 부모님을 위하여 이 경전을 다시 펴는 일이 참로 부모의 은혜를 갚을 것이 되느니라. 경전 한 권을 펴내면 한 부처님을 뵈옵는 것이오, 백 권을 펴내면 백 부처님을 뵈옵는 것이오, 천 권을 펴내면 천 부처님을 뵈옵는 것이오, 만 권을 펴내면 만 부처님을 뵈옵는 것이니라. 이렇게 경을 펴낸 공덕이 있으면 모든 부처님들이 오셔서 항상 옹호해 주시는 까닭에 그 사람의 부모는 천상에서 태어나 모든 즐거움을 받으며 지옥의 괴로움을 영원히 여의게 되느니라."

이때 아난과 아수라, 가루라, 긴나라, 마후라가, 사람과 사람 아닌 존재들(人非人), 천신(天), 용, 야차, 건달바, 또 여러 작은 나라의 왕들과 전륜성왕, 그리고 모든 사람들이 부처님의 말씀을 듣고 각각 이렇게 발원했다.

"저희들은 온 세상이 다하도록 이 몸이 부서져 작은 먼지가 되어 백천 겁을 지낼지언정 맹세코 부처님의 가르침을 어기지 않겠습니다."

"백천 겁 동안 혀를 백(百) 유순(由旬, 고대 인도의 거리 단위)이 되도록 빼내어 쇠보습(농기구)으로 갈아서 흐른 피가 내를 이룬다고 해도 맹세코 부처님의 가르침을 어기지 않겠습니다."

"백천 자루의 칼로 이 몸을 좌우로 찌르더라도 맹세코 부처님의 가르침을 어기지 않겠습니다."

"작두와 방아로 이 몸을 썰고 찧고 하여 백천만 조각을 내어 가죽과 살과 힘줄과 뼈가 모두 가루가 되어 백천 겁을 지나더라도 끝까지 부처님의 가르침을 어기지 않겠습니다."

그때 아난존자님이 부처님께 사뢰었다.

"세존이시여! 이 경은 마땅히 무엇이라 이름하며 이를 어떻게 받들어 지니오리까?"

부처님께서 아난에게 이르셨다.

"이 경은 《부모은중난보경》이라 할 것이니, 이 이름으로 너희는 마땅히 받들고 지닐지니라."

그때에 하늘 천신과 사람과 아수라들이 부처님의 설하신 바를 듣고 모두 크게 기뻐하면서 예배하고 물러갔다.

"《부모은중난보경》을 다 읽어 드렸습니다."

상적스님이 이렇게 말하고 사부대중과 불자님을 바라보니 모두 눈물을 흘리고 있었다. 부모님의 은혜가 얼마나 무겁고 귀중한 지 느끼고 있었던 것이다. 불자 한 분이 일어나 합장하며 말했다.

"경을 듣는 동안 효도를 많이 하지 못한 제 가슴이 미어졌습니다. 그래서 숨죽여 통곡의 눈물을 흘렸지요. 부모님의 은혜와 은덕은 수미산보다 높고 바다보다 넓고 헤아릴 수 없이 크다는 것을 느끼고 알게 되었습니다. 그리하여 부모님의 은혜에 보답하는 법을 알려 주신 부처님의 가르침을 어기지 않겠다고 다짐하는 원력을 세웠습니다. 오늘 범축스님 덕분에 부모님의 은혜가 소중하고 귀중함을 알게 되었고, 연기존자님과 같이 부모님을 향한 효심이 용솟음쳐 지금 제 가슴은 환희로움이 가득합니다. 사부대중과 불자 여러분, 《부모은중난보경》을 모시고 오신 범축스님과 경을 설해 주신 상적스님께 큰 박수를 보내 드립시다."

그러자 사부대중과 불자님이 모두 박수 치며 일어나 삼배를 올리고 눈물을 훔치며 감격에 젖었다. 상적스님이 말했다.

"늘 화엄경을 강설하지만 이제부터 《부모은중난보경》도 겸하여 강설하겠습니다. 이 경을 필사해서 보급하여 불자님과 모든 백성이 효심과 불심이 가득한 나라로 만들고자 합니다."

그러자 사부대중과 불자님이 박수를 치며 일제히 "대찬성입니다!"라고 말했다. 효심과 불심을 담은 환호성과 봄 향기가 지리산 자락을 가득 메웠다.

이후 구차례 백성들은 《부모은중난보경》을 듣고 실천했다. 그리하여 웃음이 만발하는 고을, 효심과 불심이 가득한 고을로 변했다. 다른 지방까지 소문이 퍼져 화엄사로 《부모은중난보경》을 들으러 오는 불자들이 많았다.

14
화엄사 향적 비구니 이야기

백제 법왕이 기미(599년)에 즉위하고 명을 내려 살생을 금하였으며, 명년(明年)에 서른 명의 여인을 화엄사에 득도(得度)하게 했다. 그들 중 몸에서 좋은 향기로움이 나는 여인이 있었는데, 이름은 연화(蓮華)이고 수계 후에는 향적(香積)이라는 법명을 받았다.

연화가 태어날 때 방안은 꽃향기보다 더 좋은 향기로 가득하였으며, 아기는 울지 않고 방긋방긋 웃었다. 향긋한 향기가 집안 전체에 감도니 연화가 커갈수록 나비와 새들이 모여들었다. 연화는 자라면서 어머니와 함께 화엄사에 가서 법문을 듣고 기도했다. 연화는 문수보살 명호를 염송하기 좋아하고 좌선하기 즐기었으니, 부모님은 혹시 딸이 시집은 안가고 출가할까봐 걱정이 많았다. 연화는 정말 스님이 되고 싶었고, 성장할수록 그 마음이 점점 커졌다.

꽃향기가 진동하는 화창한 봄날, 연화는 정자(亭子)에 하인들을 모아 놓고 부처님 말씀을 들려주었다.

어느 날 부처님이 기사굴산에서 정사(精舍, 스님이 수행하고 있는 절)로 돌아오다가 길에 떨어져 있는 묵은 종이를 보셨다. 부처님은 제자를 시켜 그것을 줍게 하시고 어떤 종이인지 물었다.

비구는 대답하였다.

"이것은 향을 쌌던 종이입니다. 향기가 아직 남아 있는 것으로 알 수 있습니다."

부처님은 다시 나아가다가 길에 떨어져 있는 새끼를 보고 그것을 줍게 하였다. 그리고 어떤 새끼인지 묻자 제자가 다시 대답하였다.

"이것은 고기를 꿰었던 새끼입니다. 비린내가 아직 남아 있는 것으로 알 수 있습니다."

제자의 말을 듣고 부처님이 말씀하셨다.

"사람은 원래 깨끗하지만 인연을 따라 죄와 복을 부른다. 어진 이를 가까이 하면 곧 도덕과 의리가 높아가고, 어리석은 이를 친구로 하면 곧 재앙과 죄에 이르게 된다. 저 종이는 향을 가까이 하여 향기가 나고, 저 새끼는 생선을 꿰어 비린내가 나는 것과 같은 것이다. 사람은 가까이 하는 것에 물들지만 스스로 그렇게 되는 것을 알지 못한다."

연화는 부처님 말씀을 마치고는 다시 말을 이었다.

"화엄사 법당에서 좌선하고 선정을 들어 보니 전생을 알게 되었지요. 나는 화엄사 주변에 살던 사향노루였지요. 예불할 때나 문수보살 정근할 때 좌선할 때 항상 법당 근처에 앉아 동참했어요. 나는 다른 동물과 노는 것 보다는 법당의 향내음과 기도 염불소리가 좋아서 화엄사 도량에 머물기를 즐겼답니다. 스님들도 귀여워 해주었지만 특히 동자승과 아주 친하게 지냈어요. 부처님 말씀대로 누구를 가까이 하느냐에 따라 운명도 바뀌는 것입니다. 나도 전생의 불연(佛緣)으로 금생에 사람 몸도 받고 불법(佛法)을 만나 행복하고 환희로운 마음으로 불보살님께 귀의하고 있답니다. 여러분도 항상 염불하시고 다음 생애는 좋은 조건을 만나 복록(福祿, 복되고 부귀영화로운 삶)을 누리세요."

연화가 말을 끝내자 여자 하인이 말했다.

"아씨 말을 들으니 어떻게 살아야 할지 알겠어요. 전생에 지은 업보로 지금은 하인 신분이지만 더 이상 불평과 한탄을 하지 않겠습니다. 대신 불보살님을 가까이 해서 향을 싼 종이같이 살겠습니다."

다른 하인들도 이구동성으로 부처님 말씀을 명심하며 살아가겠다고 다짐했다.

연화는 항상 집에서 수행정진하며 살았다. 그러다 법왕이 화엄사에 출가할 여인을 선발하라고 하여 연화도 30명의 여인과 함께 화엄사에 출가하여 향적스님이 되었다.

향적스님의 자태는 연꽃처럼 아름다웠고 그 향기는 화엄사 전체를 감싸 안았다. 사부대중은 그 향기 속에서 수행정진했다. 수행의 경지가 오를수록 향적스님의 몸에서는 더욱 묘한 향기가 감돌았다. 누구라도 이 향기를 맡으면 탐욕과 욕망이 사라져 버렸고, 스님의 소리를 들으면 즐거움에 가득 넘쳤으며, 그 모습을 보면 욕심을 버릴 수 있었다.

전생에 화엄동천 살던 사향노루가 화엄사 예불에 동참한 인연으로 사람으로 환생하고 화엄사에 출가하여 수행정진함으로써 사부대중에게 존경받는 비구니가 되었다는 사실은 좋은 인연을 만나는 것이 얼마나 중요하고 소중한 지 중생들에게 가르쳐 준다.

15
화엄사 거인 태평스님 이야기

　백제 법왕이 기미년(己未年, 599년)에 이곳 화엄사에 수많은 승려를 입주케 하여 화엄사상이 찬란하였고, 년년(年年)이 천축(인도)적 화엄종풍이 백제에 드날리고 있었다. 그리고 화엄사에는 거인이라고 불리는 태평(太平)스님이 있었다. 태평스님은 큰 덩치와는 달리 소심하며 천진난만한 스님이었다.
　태평스님의 어릴 적 이름은 무적(無敵)이다. 무적의 어머니가 그를 잉태했을 때 황금산에서 지팡이를 들고 있는 장육장신(丈六長身)의 사람이 품으로 들어오는 꿈을 꾸었다. 무적이 태어나던 날엔 천둥 번개가 치고 강풍이 불었다. 엄청난 산고 끝에 큰 아기가 태어났는데, 그 울음소리는 천둥소리보다 우렁차고 마을 전체가 울릴 정도로 컸다. 무적은 성장 속도가 빨라서 7살에 어른 키와 맞먹을 정도가 되었고, 힘으로는 그를 대적할 상대가 없었다. 먹는 양도 엄청나서 감당하기 어려웠기에 어머니는 무적을 암자의 동자승으로 보냈다.
　동자승 때에도 키가 워낙 크다 보니 암자 스님들은 그를 어른 취급하였고, 궂은일은 모두 그의 차지가 되었다. 무적에게 이런 생활은 일상이 되어버렸다. 무적은 커다란 덩치와 달리 나이를 먹어도 여전히 어린아이처럼 행동했고 먹는 양도 많아 암자에서는 그가 먹는 음식을 감당하기 어려웠다. 그리하여 화엄사에 수많은 승려들이 입주할 때 그를 이곳으로 보냈다.
　화엄스님은 무적이 지능은 떨어지지만 심성이 맑고 밝음을 알아보셨다.

당시 무적은 수계를 받지 못한 상태였다. 화엄사에 오기 전 암자 스님들은 그가 19세가 될 때까지 수계를 하지 않고 부목(負木, 절에서 일하는 사람)처럼 부려 먹기만 했던 것이다. 화엄스님은 무적에게 수계를 주고 법명은 태평(太平)이라고 했다.

태평스님은 두 마디 중 앞의 말을 가르치면 뒤의 말을 잊어버리고, 뒤의 말을 가르치면 앞의 말을 잊어버릴 정도로 우둔했다. 거인이면서 아둔한 바보였던 것이다. 부처님의 제자 중 가장 둔하고 어리석은 주리반탁가와 같았다.

태평스님은 공부보다는 동자승들과 어울리기를 좋아했다. 동자승과 계곡에서 놀 때면 동자승은 거대한 태평스님 어깨에 올라타 물에 뛰어들고 몸에 매달렸다. 놀이터이자 놀잇감이 되어도 태평스님은 마냥 싱글벙글 했고 천진난만하게 웃고 떠들었다.

어느 여름날, 심심한 태평스님이 계곡으로 가던 중 호랑이가 물놀이 하는 동자승에게 살금살금 다가가는 것을 보았다. 스님이 쏜살같이 달려가 호랑이 뒷목을 잡아 주먹으로 얼굴을 한 방 먹이니 호랑이가 정신을 잃어버렸다.

잠시 후 깨어난 호랑이가 태평스님을 노려보았다. 스님이 호랑이를 향해 몇 차례 크게 고함을 치자 화엄동천이 들썩였다. 호랑이는 놀라 도망갔고, 산사의 처소에 있던 사부대중은 맑은 날에 천둥소리가 나는 것에 놀라 도량으로 뛰쳐나왔다. 마을 사람들도 놀라서 집밖으로 나왔다.

동자승과 태평스님이 계곡에서 물놀이 하며 놀다 처소로 들어오니 대중 스님들이 걱정스레 물었다.

"무슨 일이 없는가? 조금 전에 천지가 무너지는 소리가 났는데 말이야."

동자승이 자초지종을 말해 주자 대중 스님들은 태평스님의 천둥 같은 고함소리를 새삼 놀라워하며 박장대소 했다.

대중 스님은 태평스님의 공부를 돕기 위해 많은 노력을 했으나 결코 쉬운 일이 아니었다. 화엄스님은 부처님이 주리반탁가에게 사용한 방식으로 태평스님을 가르치기로 했다. 화엄스님은 태평스님에게 두 구절의 게송을 가르쳐주며 부지런히 외우라고 일렀다.

"내 먼지는 내가 털고 내게 묻은 때는 내가 깨끗이 한다."

그리고 대중 스님들에게 말하기를 "태평 스님이 대중 스님들의 신발을 닦을 때마다 앞에서 이 게송을 들려주라"고 했다. 스님들은 그 말에 따라 태평스님에게 두 구절의 짧은 게송을 되풀이해 들려주었다. 그 일이 거듭되자 태평스님도 마침내 게송을 기억할 수 있게 되었다.
어느 날 태평스님이 고요하게 홀로 선정에 든 후 깨어나 말했다.
"결국 먼지라는 것은 모두 욕망에서 비롯되는 것이다. 눈에 보이는 먼지만이 더러운 것이 아니다. 지혜로운 사람은 먼저 이 욕망의 뿌리부터 다스려야 한다. 만약 그렇지 못하면 그는 부끄러움도 모르고 자기 마음이나 욕망이 날뛰는 대로 살아갈 것이다. 티끌은 욕심이 가득하고 때 없이 화내고 어리석고 거친 마음을 뜻한다. 진정 지혜로운 사람은 자신의 마음이 이런 더러움에 물들지 않도록 할 것이다."
태평스님은 드디어 깨달음의 경지에 도달하여 부처님의 가르침이 환하게 이해가 된 것이다.

태평스님에게서 주리반탁가 존자님의 모습을 엿볼 수 있다. 부처님 말씀을 가장 많이 기억하는 다문제일(多聞第一) 아란존자도 우둔한 주리반탁가보다 늦게 깨달음 얻었다. 그러니 사부대중이여! 많이 안다고 잘난 체하지 말고 어리석다고 비웃지 말라. 깨달음은 순서가 없다.
주리반탁가 존자님은 나한전에 16나한 중 16번째이며 1,600명의 아라한과 함께 지축산(持軸山)에 거주한다.

16
묘덕스님과 호신불 이야기

  화엄사에는 많은 스님이 살다 보니 재주가 있는 스님도 여럿이었다. 그 중 특히 불상 조각을 잘하는 묘덕(妙德)스님이 계셨다. 묘덕스님은 호신불을 만들어 불자님께 보시하고, 불감(佛龕, 불상을 모셔 두는 집 모양 장)을 조성하여 대중 스님에게 보시했다. 불자님에게 보시하는 호신불은 화엄사에 대웅상적광전의 주불인 비로자나불의 모습을 따서 만들었고 불상 밑에는 반드시 화엄법계(華嚴法界)라는 글자를 써 놓았다.

  묘덕스님의 어머니가 꾼 태몽은 이렇다. 어머니가 화엄계곡에서 목욕재계하고 화엄사 법당에서 기도를 마치고 내려오는데 일주문에서 한 노인이 올라왔다. 노인은 바랑에서 목함(木函)을 꺼내 어머니에게 주었고 그 안에는 찬란하게 빛나는 불상이 있었다. 불상의 빛은 어머니의 몸을 감쌌을 뿐 아니라 온 천지를 비추었다.

  태몽처럼 그가 태어나던 날 하늘에서 찬란한 빛이 내려와 집을 비추었다. 태어난 아이의 용모는 단정하고 수려했으며 몸에서 빛이 나고 향기로운 향기가 방에 가득했다. 늦둥이로 태어난 아이는 선광(善光)이라는 이름으로 불리며 귀여움을 많이 받고 자랐다. 어릴 때부터 나무를 조각하는 손재주가 뛰어나 마을 친구나 동네 어른에게 조각품을 만들어 나누어 주어 칭찬도 많이 받았다.

선광은 문수골에서 살았는데, 7살 때의 어느 날 새벽에 어머니가 그를 깨워 동네사람 몇 명과 함께 화엄사에 불공을 드리러 가자고 했다. 문수골에서 금정골로 가는 산길을 올라가 봉우리를 넘어 내려가면 화엄사에 도착한다. 장엄하고 웅장한 화엄사를 처음 본 선광은 저절로 두 손을 모으며 환희심에 젖어 반배하기를 멈추지 않았다. 어머니와 함께 대웅상적광전에서 사시불공을 마치고 나서 원주 스님 방에서 화엄차를 마시고 집으로 돌아왔다.

그 후로 선광은 1년에 두 번씩 사월 초파일 부처님 오신날과 칠월 칠석날에는 화엄사에 불공을 드리러 다녔다. 어머니가 나이 들어 늙어져서 다니기가 불편하여 화엄사에 더는 가지 못하게 되었을 때 선광은 어머니의 마음을 헤아리고 화엄사 삼신불 불감을 만들어 보여 드렸다. 그러자 어머니는 화엄사 부처님과 똑같은 모습에 감격하여 눈물을 흘리며 기뻐하셨다. 어머니는 방에 삼신불 불감을 모시고 늘 기도하며 지내다가 선광이 17살이 되던 해에 돌아가셨다. 이후 선광이는 화엄사에 출가했다.

선광이 살아온 사연을 들은 화엄스님은 그의 어머니가 꿈에 본 노인이 문수보살님임을 알았다.

"문수보살님이 화엄사 부처님과 인연을 맺어 주었으니 화엄사 문수 도량과 꼭 맞는 법명을 지어야겠구나. 문수를 한역하면 묘덕(妙德)이니 이것으로 법명을 결정했다."

묘덕스님은 문수골에서 함께 살았던 친구들이 화엄사에 찾아오자 호신불을 보시했다. 그로부터 1년 후, 다시 찾아온 친구들이 호신불의 영험담을 들려주었는데, "한 친구는 낭떠러지에 굴러 떨어졌는데 다친 곳 없이 멀쩡했고, 한 친구는 강물에 빠져 허우적거리는데 누군가 엉덩이를 떠받치고 강가로 이끌어 주었으며, 또 한 친구는 산적이 휘두른 칼에도 다친 곳 없이 멀쩡하니 산적이 쩔쩔매며 잘못을 빌고 도망갔다"고 말했다.

▶ 호신불

　친구들은 하나같이 호신불이 자기를 지켜주고 있다면서 고맙다는 말과 함께 합장을 했다. 미소를 지으며 이야기를 듣고 있던 묘덕스님은 불교의 경전《불설대승조상공덕경(佛說大乘造像功德經)》중 한 대목을 말했다.

　"선남자 선여인이 청정한 신심을 내어 불상을 조성하면 그 공덕으로 세세생생 업장이 소멸되고 부귀영화를 누리며 무병장수한다. 또 재앙이 침범하지 않고 극락정토에 왕생하는 등 헤아릴 수 없이 많은 복이 있으며 자손에게까지 상속된다."

　친구들은 경귀를 듣고 나서 기쁨이 넘쳐 환한 얼굴로 미소를 지으며 합장하고 화엄사를 떠났다.

　묘덕스님은 친구들의 영험담을 들은 이후부터 더욱 호신불을 만드는 일을 수행으로 여겼다. 스님은 화엄사에 참배하러 온 불자님에게 호신불을 주는 보시바라밀행을 실천하고 용맹정진했다.

▶ 진조스님 방사에 모신 불감 (보현보살 석가모니불 문수보살)

　스스로 기도하고 기원할 수 있는 귀의처로서 대원력에 따라 일체 중생의 기도를 듣고 대자비심과 평등심으로 보살펴주시는 삼계의 큰 스승이신 원불을 조성 봉안하여 그 공덕과 불심을 나누자. 사찰에 시주하여 개인호신불을 모시게 되면 부귀가 따르고 늘 불상의 보호를 받아 건강해지고 업이 소멸되며 건강, 애정, 사업, 재물, 가족화목이 이루어져 모든 장애가 소멸되니 마음에 드는 사찰에 자신만의 호신불을 올려 기도하여 소망을 이루도록 하자.

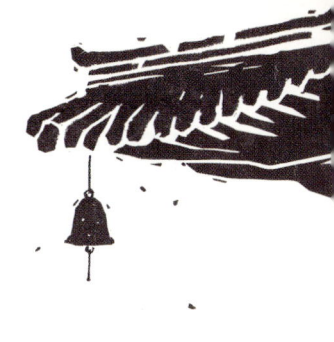

17
봉래암 창건 이야기

　연기존자님이 어머니와 연을 타고 천축에서 오실 때 가져온 마야차를 불자님에게 시음케 하고 난 후 화엄차라고 명명하고 차 종자를 심을 화엄전(華嚴田)을 만드니 차나무가 지리산에 번성했다. 이것이 지리산에 사찰이 있게 된 시초이며 화엄사가 차의 본향(本鄕)이라고 할 수 있다.

　음력 2월 28일은 연기존자님의 기일로 사부대중과 불자님이 매년 대웅상적광전에 모여 다례제를 지내고 추모행사를 한다. 이를 통해 존자님이 백제국에 화엄사상과 차문화를 드날리게 하신 은덕과 비구니이신 어머니를 모시고 효도와 수행정진하는 모습을 귀감으로 되살리곤 했다.

　찻잎을 따는 시기가 되면 스님들은 찻잎 따기 울력으로 화엄전으로 간다. 어느 날 한 스님이 화엄전 뒤 숲 속에서 환한 빛이 나는 것을 보았다. 살며시 다가보니 봉황이 내려와 샘에서 물을 맛있게 먹고 있었다. 아무도 몰랐던 샘이었다. 스님은 며칠간 숨어서 봉황을 지켜보았고 봉황이 날아간 후에 샘의 물맛을 보았더니 감로수처럼 향기롭기가 이루 말할 수 없었다.

　봉황이 나타나면 훌륭한 임금이 지극한 덕으로 백성을 다스려 태평성대가 실현된다고 한다. 하늘이 왕을 인정할 때 어떤 징조나 표상을 내리는데 이것이 바로 상서(祥瑞)이다. 그리고 여러 상서 중 최고의 출현이 봉황이다.

　대중 스님들이 큰방에 모여 대중공사를 하며 이 일에 대한 의견을 나누었다.

▶ 봉천암

"봉황이 내려와 좋은 샘물을 점지해 준 것 같네요. 나라와 사찰의 좋은 징조로 여겨지니 그 자리에 암자를 짓고 샘을 잘 다듬어 봅시다."

그리하여 봉황이 발견된 곳을, 즉 봉황이 내려왔다는 의미로 봉래암(鳳來庵)이라 하고, 샘을 잘 다듬어 감로정(甘露井)이라 명명했다.

대중 스님들은 감로정의 감미로운 물로 화엄차를 끓여 마셨다. 이를 통해 차(茶)와 교(敎)와 염불이 화엄원융(華嚴圓融)하여 불이다교(不二茶敎), 불이다선(不二茶禪), 다선삼매(茶禪三昧), 다교삼매(茶敎三昧), 다경삼매(茶經三昧), 차향삼매(茶香三昧)에 들어 수행정진에 매진했다. 후에 봉래암은 8원 81암자 중 봉천원(奉天院)의 암자로 귀속되었다.

정유재란(丁酉再亂)으로 봉래암이 소실된 후 헌종 12년(1846년)에 후봉(嗅峰)선사께서 이 자리에 본존요사와 산왕각(山王閣)을 중창하시면서 '봉황이 물을 마신 샘이 있었던 암자'라 하여 봉천암(鳳泉庵)이라고 명명했다. 그곳은 운수납자(雲水衲子, 선승)가 용맹정진하는 선원(禪院)의 도량이었다. 또한 봉천암은 차맥(茶脈)을 이어온 곳이기도 하다. 《석천기(石泉記)》를 보면 다음과 같다.

"차를 마시지 않아도 차향삼매(茶香三昧)에 든다. 부엌에서 향을 사뤄 공을 쌓고 찻물이 끓어오름을 보는 것은 기이한 즐거움이다. 한밤중에 짙고 푸른 하늘을 흐르는 달만이 미소 짓는 가풍이다. 새벽예불 범종을 칠 때마다 뱃머리에 닿는 나그네가 꿈길에서 깨어나고 아비지옥이 부서짐을 안다. 묘련(妙蓮)은 정계(淨界) 물방울로 떨어져 물 흐름소리 빼어나다. 대나무 섶에 엉겨 붙어 떨어지는 구슬 입자 물방울 업(業)은 붉은 화롯불 위에서 허허로운 점이다."

18
동물과 대화하는 혜심스님 이야기

백제 무왕 때 화엄사에 혜심(慧心)스님이란 분이 계셨다. 혜심스님은 모든 동물과 마음으로 대화할 수 있었기에 동물들은 스님 처소에 떠나지 않고 항상 곁에 머물렀다.

어느 날 혜심스님 처소 앞에서 어미 까치 한 마리가 자지러지게 울며 살려달라고 애원했다. 스님이 이유를 묻자 까치가 대답했다.

"뱀이 새끼를 잡아먹으려 나무 위로 올라오니 남편이 뱀을 쫓아내고 있습니다!"

스님은 현장으로 가서 지팡이로 나무를 두드리며 호통 쳤다.

"이놈! 게 섰거라! 감히 사찰에서 살생하려고 하느냐. 썩 내려오너라."

스님의 위엄에 기가 죽은 뱀이 나무 아래로 내려오자 스님이 말했다.

"너는 전생에 재물을 쌓아두고도 남에게 베풀지 않은 죄로 뱀으로 태어났거늘 어찌 현생에서도 불보살 도량에서 살생죄를 지어 더 큰 업을 지으려고 하느냐. 다시는 살생하지 말거라."

혜심스님 말씀에 뱀은 전생의 죄를 뉘우치며 이슬과 열매만 먹고 살았다. 그리고 해탈하여 사람으로 환생했고 화엄사 스님이 되었다고 한다.

어느 날엔 혜심스님의 처소에 노루가 찾아와 애걸하며 말했다.

"스님, 저는 가족을 이끌고 먹이를 구하기 위해 내려오던 중에 아내가 그만 덫에 걸려 꼼짝할 수 없게 되었습니다. 제발 구해주세요."

스님은 노루와 함께 가보니 정말 암노루가 덫에 걸려 있고, 새끼는 엄마를 빨리 구해달라는 듯 슬픈 눈으로 간절하게 스님을 바라보았다. 스님이 암노루를 구해주자 노루 가족은 고마움을 표하고 총총히 사라졌다.

이런 일도 있었다. 혜심스님이 해우소(解憂所, 근심을 푸는 곳, 화장실)에 있을 때 밖에서 동물의 꺼져가는 신음소리가 들리기에 나와 보니 암호랑이가 화살에 맞은 채 쓰러져 있었다. 스님이 호랑이를 보자마자 말했다.

"너는 혹시 몇 해 전 암자에서 살다가 나무에서 떨어져 죽은 여행자(女行者)가 아니더냐?"

호랑이가 대답했다.

"예, 맞습니다. 암자에 살적에 식탐이 많아서 불자님이 불공드리러 올 때 가지고 온 공양물을 법당에 올리기 전에 하나씩 몰래 먹곤 했지요. 하나쯤 먹는다고 무슨 일이 있겠느냐는 마음을 가졌지요. 그런데 어느 날 감나무에 올라가 감을 따려고 하는데 가슴이 답답해지더니 숨을 쉬지 못해 정신을 잃고 나무에서 떨어져 죽고 말았습니다."

여행자가 죽은 뒤 저승에서 만난 염라대왕이 크게 꾸짖으며 말했다.

"불보살님 전에 정성스럽게 올릴 공양물을 먼저 함부로 먹는 것이 큰 죄인 줄 몰랐느냐? 너는 축생길로 가 그 죄를 뉘우치거라."

그리고 여행자가 다시 눈을 떴을 때는 이미 호랑이 몸을 받은 뒤였다. 호랑이는 죄를 뉘우치며 살생하지 않았다. 음식은 절에서 제사를 지내고 난 후 헌식대에 놓여 있는 것을 밤에 가서 먹거나 산중의 열매를 먹고 살았다. 그러다 노고단에서 내려오던 중 사냥꾼이 쏜 화살에 맞았던 것이다.

호랑이는 숨을 거두며 말했다.

"스님, 화엄골로 도망치듯 내려오다 보니 여기까지 왔습니다. 저는 더 살지 못할 것 같네요. 부디 저를 천도해 주세요."

화엄사 대중 스님들은 호랑이 사체를 여행자가 살던 암자 주변에 묻어주고 천도해 주었다. 호랑이는 다시 사람으로 환생하여 화엄사 비구니가 되어 열심히 수행했다고 한다.

화엄사에는 채소만 먹고 사는 고양이가 있었다. 어느 날 고양이가 혜심스님 처소 마루에서 슬피 울고 있기에 스님이 이유를 물어 보았다. 고양이가 대답했다.

"쥐를 좀 놀려주려던 것뿐이었는데, 실수로 살생을 하고 말았습니다. 저는 전생에 사냥꾼이었고 심심하면 동물을 화살로 쏘아 죽이곤 했지요. 그러다 어느 날 화엄사에서 우연히 법문을 듣고 감동하여 기쁜 마음으로 산중 집으로 가던 중 호랑이에게 죽임을 당했습니다. 이후 고양이로 태어나 절에 살면서 살생을 하지 않겠다는 다짐을 하고 채소만 먹고 살았는데 이런 일이 생겼습니다."

혜심스님은 쥐를 묻어 주고 천도를 해주었다. 고양이도 곁에서 쥐에게 저지른 잘못을 참회하고 좋은 곳에 태어나라고 기원했다. 고양이는 스님에게 거듭 감사 인사를 드렸다. 그리고 스님이 예불하거나 기도할 때면 항상 법당에 들어와 동참했다.

혜심스님이 계곡에서 앉아 쉬고 있노라면 온갖 산새와 동물이 놀러와 재잘대며 물놀이를 했다. 스님은 그들에게 좋은 법문을 해주고, 항상 끝맺음으로 "발보리심하거라, 발보리심하거라, 발보리심하거라. 대방광불화엄경, 대방광불화엄경, 대방광불화엄경"이라고 말하곤 했다.

혜심스님은 동물들에게 대방광불화엄경을 독송을 하다 보면 그 공덕으로 동물들이 전생의 업장을 소멸하고 해탈하여 인간으로 환생하고, 불법을 만나 수행을 하면 바로 진리를 깨쳐 아라한(阿羅漢)이 될 것이라고 했다. 아마 화엄동천에 사는 모든 중생들은 스님의 말씀처럼 전생에 동물이었다가 대방광불화엄경 독송을 들은 공덕으로 사람으로 환생하여 불법을 만나 화엄사에 출가하여 스님이 되었을 것이다.

그러니 불자님이시여! 모든 생명체를 보면 이렇게 독송하여 주시기 바랍니다. 이러한 행위도 중생제도 하는 것이기 때문입니다.

발보리심하거라, 발보리심하거라, 발보리심하거라.
대방광불화엄경, 대방광불화엄경, 대방광불화엄경.

19
자장법사와 불사리탑 이야기

　자장법사(慈藏法師)의 속성(俗姓)은 김씨로 신라 왕족 진골 출신인 소판무림(蘇判茂林)의 아들로 부처님 탄생일인 음력 4월 8일에 태어났다. 어려서의 이름은 선종(善宗)이다. 일찍이 부모를 여의자 자기 집 전원(田園)을 희사(喜捨, 즐거운 마음으로 자기 재물을 내놓음)하여 절을 만들고 원령사(元寧寺)라고 했다. 그리고 아내와 자식을 버리고 깊은 산속 토굴에서 고골관(枯骨觀, 몸을 백골로 관찰하는 법)을 닦으며 수행했다. 선덕여왕이 친척인 자장법사를 정승 자리에 앉히려 신하를 보냈으나 스님은 거절하며 말했다.
　"내가 차라리 계를 지키고 하루를 살다가 죽을지언정 파계를 하고 백 년을 살기를 원치 않노라."
　스님이 40세가 되자 당나라로 유학을 하며 청량산에 가서 문수보살 소상(塑像) 앞에 기도를 드렸다. 그러자 문수보살님이 꿈에 나타나 이마를 만지면서 "了知一切法(요지일체법) 至性無所有(지성무소유) 如是解法性(여시해법성) 即見盧舍那(즉견노사나)"라는 범게(梵偈)를 일러주었다. 스님은 꿈에서 깨어났으나 범게의 뜻을 해석하지 못했다.
　그러던 중 아침에 홀연히 찾아온 범승(梵僧)에게 물었더니 범승이 그 꿈을 해석하여 말했다.
　"일체법이 자성이 없음을 요달해 알라. 이러한 법의 성품을 알면 곧 노사나불을 보리라."

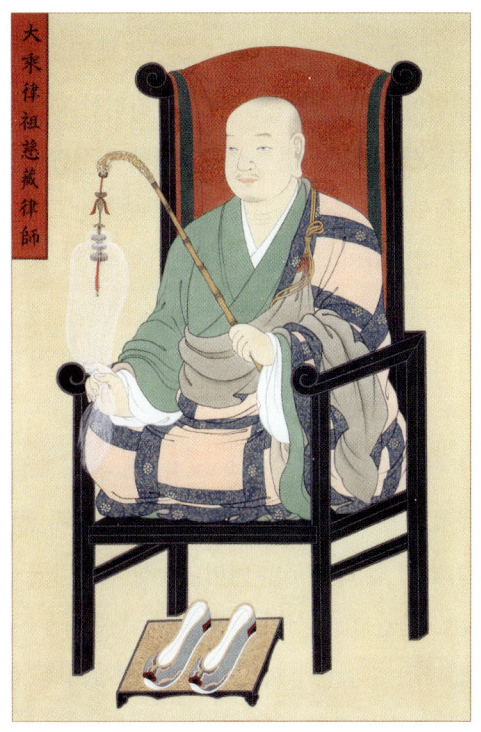

▶ 자장법사

　이것은 화엄경의 대의이다. 화엄대가(華嚴大家)인 법사가 문수보살께 대의를 전수받는 것은 결코 우연한 일이 아니었다. 문수보살님은 법사에게 부처님 가사와 불두골(佛頭骨), 불사리(佛舍利)를 주신 것이다.

　법사께서는 선덕여왕 12년(643년)에 귀국한 후 백제국의 유일한 화엄도량이었던 화엄사가 신라로 귀속된 이후라서 이곳을 찾아와 연기존자님의 천축적 화엄학에 심취했다. 그리고 선덕여왕 14년(645년)에 창건주 연기존자님을 기리기 위해 4사자 3층 사리석탑을 세워 부처님 사리 73과(果)를 봉안했다.
　지리산은 문수보살님이 상주하시는 산이며 연기존자님이 화엄경을 전파하신 곳이다. 그러므로 법사님이 중국 오대산에서 문수보살께 화엄경 대의를 받는 것은 필연이며, 문수보살님이 그를 지리산 화엄사로 이끌어 더욱 화엄사상을 펼치도록 하셨다. 법사님은 계율에 엄정하고 평소 승속에게 계를 많이 설하여 율사(律師)라는 칭호를 듣기도 했지만 그의 주사상은 화엄사상이다. 법사님은 화엄사의 대권당주(大權堂主)이다.

자장법사님이 조성한 조성한 4사자 3층 사리석탑의 형상을 보면 두 가지 사상을 엿볼 수가 있다.

연기존자님이 편단우견 우슬착지(偏袒右肩 右膝著地), 오른 어깨에 옷을 벗어 메고, 오른 무릎을 땅에 붙이고, 머리에 석등을 이고, 왼손에는 찻잔과 구슬(여의주, 불성)을 받쳐 들고 비구니 어머니에겐 진리의 공양을, 부처님께는 차공양을 올리는 모습은 효 사상의 공양탑(供養塔)이다.

사리탑은 12선녀(시간, 공간)와 희노애락(번뇌)의 표정을 한 4사자(지혜), 어머니(비구니, 수행자)가 손에 들고 있는 연꽃 봉오리(불성), 3층(3계) 탑의 모습을 하고 있다. 이 탑은 수행자는 불성(佛性)을 밝히기 위해서 번뇌를 끊고 지혜를 얻어 삼계(三界)의 대도사인 부처님 되기를 원한다는 견성성불(見性成佛) 사상이 깃들어 있는 견성탑(見性塔)이자 성불탑(成佛塔)이다.

이 사리탑은 4사자 3층 사리석탑으로, 일명 효대(孝臺), 효도탑(孝道塔), 효심탑(孝心塔), 효행탑(孝行塔), 모자승탑(母子僧塔)이라고도 부른다.

• 일제강점기 때 사리탑이 사라질 위기가 있었다

4사자 3층 사리석탑은 국보 35호이다. 그런데 1930년대 조각가인 아사카와 노리타카(淺川伯教, 1884~1964년)가 화엄사 4사자 3층석탑을 반출하려다 여의치 않자 한 달간 화엄사에 머물며 네 마리 사자 중에 락(樂)의 표정한 모습 사자상을 복제해 목포에서 제작한 뒤 일본으로 보냈다. 그리고 그 사자상을 진품처럼 일본 도쿄 영친왕 저택 현관에 설치한 뒤 1959년 9월 17일 일본 중의원을 지냈던 호시지마 니로(星島二郎)가 우호적인 한일관계를 희망한다는 의미로 주일한국대사관 측에 기증했다.

호시지마 니로는 석사자상의 문화재적 가치 조사를 위해 이해 9월 말 일본에 파견된 황수영(1918~2011년) 당시 한일회담 전문위원에게 "이 사자상은 을사늑약 때 한반도에서 반출된 것이며 반출한 이가 초대 통감을 지낸 이토 히로부미라는 설이 있다"라고 설명했다. 이런 조사 결과를 바탕으로 황 전문위원은 9월 30일 외무부에 이 사자상이 "국보 35호 화엄사 4사자(四獅子) 3층 사리석탑과 유사한 통일신라시대의 걸작이며 제작 시기는 서기 9세기 초반으로 보인다"라는 보고서를 제출했다. 이어 《고고미술(考古美術)》 61년 2월호에 〈재일석사좌상(在日石獅座像)과 그 방형대좌(方形臺座)〉란 제목으로 이런 사실을 소개했다.

그런데 황 위원에게 황당한 일이 벌어졌다. 아사카와 노리타카로부터 "화엄사 사리탑을 복제해 목포에서 제작한 뒤 일본으로 보냈다"라는 증언을 듣게 된 것이다. 결국 황 위원은 《고고미술》 62년 12월호 '정정(訂正)'란에 '주일 한국대표부에 있는 석사자상은 화엄사 4사자 3층석탑을 모방한 것이며 사실과 다른 이야기를 해서 죄송하다'라는 글을 발표한다.

1962년 이후 이 사자상이 주일 대한민국 대사관 정원에 전시되면서 역사적 사실은 흐지부지 잊혀졌다. 만천하에 복제품으로 드러난 물건이 진품 대접을 받은 것이다. 이런 사정은 2010년 주일 대한민국 대사관 신축 공사 등으로 사자상을 한국으로 돌려보내는 것이 좋겠다는 의견이 나올 때까지 이어졌다. 사자상이 외교통상부를 통해 국내로 들여온 후 문화재청은 2013년 3월 21일 위탁 조건으로 사자상을 화엄사로 보냈다. 사자상은 박물관 지하 보관실에 있다가 2016년 4월 21일에 화엄사 성보박물관 앞으로 옮겨졌다.

▶ 4사자 3층 사리석탑의 락(樂) 모습 복제 사자상

• 사리탑 해체 보수 과정을 살펴보자

 남덕영관(南德靈觀) 주지 스님이 2014년 5월 28일 4사자 3층석탑 사리탑을 보수 정비하고 주변을 정리한다는 목적으로 공사를 시작했다. 사리탑에 변형 및 이격이 발생했는데, 그 원인은 하층기단 속채움의 유실로 인해 동측(측면)과 남측(좌측) 면의 방향으로 변형이 생겼기 때문이다. 그리하여 석탑을 해체한 후에 하층기단을 보수정비하고 부재의 파손을 보수하여 변형된 석탑의 부재를 바로 잡기로 했다. 사리탑을 조성한지 1371년 만인 2016년 9월 17일부터 9월 30일까지 2주간에 걸쳐 해체했다. 그러나 보수 작업은 하지 못한 채 몇 년간 방치되다가 주지 스님의 임기는 끝났다.
 초암덕문(草岩德門) 주지 스님이 2018년 5월 23일, 국립문화재연구소는 전라남도 구례군과 화엄사 4사자 3석탑 보수를 위한 협정을 체결했다. 이에

▶ 4사자 3층 사리석탑

따라 연구소는 이미 해체한 석탑을 조립하고 보수설계, 보존처리 등의 작업을 2021년까지 마쳐 석탑을 일반에게 공개하고, 보수과정 역시 일반에 공개하고 모두 기록으로 남길 것이라고 했다. 2019년 10월 15일에 시작된 4사자 3층 사리석탑 가설시설 보완공사는 2019년 12월 20일에 끝이 났다.

보완공사가 마무리된 2019년 12월 20일 오후 3시, 화엄사 성보박물관에서부터 부처님 진신사리를 이운(移運)하여 각황전에서 고불식을 봉행했다. 전국의 국공립 박물관이 소장하고 있던 부처님 진신사리 총 82과가 2019년 11월 12일 불교계로 돌아왔고, 이 중 불사리 4과를 화엄사로 이운해왔다. 이 사리는 그동안 국립광주박물관이 소장해왔으며 출토된 진신사리는 출토지에서 가까운 사찰의 석탑에 봉안한다는 원칙에 따라 화엄사에 왔다. 이운된 불사리 4과는 국보 35호인 4사자 3층 사리석탑에 사리를 봉안할 것이다. 각황전에 임시 봉안된 사리 친견은 2021년 8월까지 한다.

2020년 2월 20일 사리탑 자리 지면 실측과 초음파 검사를 하면서 정식으로 사리탑 보수작업이 시작 되었다. 2020년 3월 14일부터 보제루에서 사리탑에 넣을 사리함과 사리병을 전시하고 있다. 2020년 3월 3D 스캔 작업을 완료하고 8월 세척작업 및 미세균열 접합 작업을 완료했다.

2021년 8월 부터 본격적으로 조립을 하면서 사리탑 기단부 안에 소탑 봉안 더불어 사리 4과와 사리탑 중수기 및 산중질을 봉안한다. 점검 보안 처리 완료 후에 사리탑을 2022년 일반에 공개한다.

20
원효성사와 화랑 이야기

　화엄학 선배인 연기존자님을 경모(景慕, 존경하고 공손히 섬기고 사모함)한 나머지 사리탑을 세운 자장법사 다음으로 화엄사에 크게 영향을 끼친 스님은 원효성사(元曉聖師)와 의상조사(義湘祖師)이다. 이 두 분 역시 화엄학의 대가(大家)이다. 원효성사와 의상조사는 화엄학의 대선배인 연기존자님이 전파하신 천축 화엄의 근본도량에 찾아와 화엄경을 강설하고 많은 제자를 가르쳤다.
　봉천원에는 원효암이 있었고, 홍교원에는 원효영당(元曉影堂) 3칸 있었던 것은 원효성사께서 화엄사에 살았던 표적(表迹)이라고 할 수 있다. 원효스님은 일찍이 의상스님과 함께 중국으로 유학을 가던 중 깜깜한 동굴에서 달게 마셨던 물이 다음 날 해골물인 걸 알고 구토를 느낀 일을 통해 삼계유심(三界唯心, 삼계의 삼라만상은 모두 자기 마음에 반영된 현상이므로 마음밖에 따로 삼계가 없다), 만법유식(萬法唯識, 모든 현상은 오직 마음의 작용이다)의 도리를 깨치고 유학을 포기하고 귀국했다. 이렇게 스승 없이 스스로 깨달음을 얻은[無師自悟] 스님은 탕탕무애(蕩蕩無碍)하게 살면서 이 땅에 통불교(通佛敎), 즉 어느 한 경전이나 종파에 치우침이 없이 부처님의 교법을 통틀어서 그 강령을 선양하셨다.
　그러므로 화엄경의 입장에 보면 원효스님은 대화엄가(大華嚴家)이며 기타 어느 종파에서 보더라도 그 종지(宗旨)를 선양한 대성사(大聖師)이다.
　스님은 화엄사의 대웅상적광전에서 연기존자님과 마찬가지로 화엄경을 강설하여 후학을 깨우쳐 주셨다. 스님의 화엄사상은 법계의 실상은 어디까

▶ 원효성사

지나 차별이 없고 평등해서 일체가 하나인 영원한 진리의 세계이다. 법계란 시간과 공간을 초월하여 어느 때 어느 것에서라도 누구에게나 항상 열려 있는 세계인 것이다. 스님이 사리탑 옆에 해인당(海印堂)을 창건하고 문수보살을 원불(願佛)로 모시고 매양 문수보살을 염송하며 염주알을 굴리신 것도 연기존자님과 닮은 점이다.

스님은 화개동천에 화랑소(花郞所)를 설치하여 화랑들을 세석평정에서 훈련시키고 화엄사 해회당에서 군사훈련을 마친 화랑들을 소집하여 이러한 화엄사상으로 정신교육을 시켰다.

"봉황이 푸른 구름 속을 날면서 산악(山岳)의 낮음을 내려다보고, 하백(河伯, 강을 관장하는 신)이 큰 바다(大海)에 이르러 시냇물이 좁았던 것을 부끄러워

함과 같이 이 경(經)의 보문(普門, 부처님이 설한 중도)에 들어가야 비로소 지금까지 배운 것이 좁았음을 알게 될 것이다. 그러나 날개가 짧은 새가 산림에 의지해서 자라고 작은 물고기는 여울에 살면서도 본성(本性)에 안주하는 것이 얕고 쉬운 가르침이라 할지라도 또한 그것을 버릴 수 없다."

그리고 스님은 노고단에 올라 시방삼세 불보살과 천지신명에게 삼국통일의 대과업과 화랑들의 무운(武運)을 기원 드린 후에 화랑들에게 화랑오계(花郞五戒)를 복창하게 한다.

"나라에 충성하고, 부모에게 효도하고, 벗을 믿음으로써 사귀고, 살생을 삼가고, 싸움에 임하여 물러서지 않는다. 이것이 화랑정신이다."

이렇듯 화엄사와 노고단은 화랑들의 중요한 성지라 할 수 있다.

멀리 천축에서 직접 전래한 백제국의 화엄학은 범승 연기존자님을 기점으로 하여 자장법사에게 이어지고 원효성사에게로 넘어가서 많은 사서(士庶, 사대부와 서인)를 깨우치다가 의상조사에게 이어졌다.

21
화엄사 문수동자 이야기

연기존자님은 동자승인 화엄스님과 상적스님이 처소에서 무엇을 하는지 궁금했다. 어느 날 방문을 열고 몰래 보았더니, 동자승들은 세숫대야 속 맑은 물을 보면서 합장하고 무어라 중얼중얼 한 뒤 세수를 하고, 다시 승복을 바라보고 합장하면서 중얼중얼 한 뒤 승복을 입는 것이었다.
그 행동을 이상하게 여긴 연기존자님께서 물었다.
"화엄스님과 상적스님은 세숫대야와 승복을 보고 무슨 말을 한 것인가?"
상적스님이 대답했다.
"문수보살 8자 진언입니다."
존자님이 다시 물었다.
"누구도 가르쳐 주지 않았고 대중 스님들도 모르는 진언을 어찌 아는가?"
이에 화엄스님이 대답했다.
"며칠 전 낮에 더워서 화엄계곡에서 물놀이를 하고 있었습니다. 그때 계곡 바위 뒤에서 머리카락을 머리 위에 양쪽으로 묶은 동자가 내려와서는 같이 놀자고 했지요. 함께 놀다가 동자가 재미있는 말을 알려 줄 테니 따라해 보라고 했습니다. 그게 문수8자진언(文殊八字眞言) '옴 앙 비라 훔 카 차 랑'이었습니다. 동자가 세수할 때 맑은 물에다 7번 외우고 세수하고, 옷을 입을 때 7번 외우고 입으면 좋고, 또 항상 외우면 수행하는데 도움이 된다고 해서 정성껏 하고 있어요. 그 동자는 참으로 똑똑한 것 같습니다. 이렇게 어려운 말을 알려 주었으니까요. 헤어질 때 어디서 살고 이름이 무어냐고 물었더니 상희(常喜) 마을에 사는 묘길상이라고 했어요. 그리고 함박을 지으며 두 손을 흔들고 계곡 위로 쌩하고 올라갔지요."

존자님이 미소 지으며 말씀하셨다.

"우리 동자님은 문수보살님을 친견하셨네."

동자승이 머리를 긁적이며 말했다.

"문수보살님이요? 전 동자만 보았는데요."

그 말에 존자님은 크게 웃으셨다.

"문수보살님은 상희세계에 살고 계시고 문수보살님을 묘수, 묘덕, 묘길상이라고 일컫지. 그 동자님이 문수보살님의 화현(化現)이시니 문수보살님을 친견한 것과 다름이 없단다."

동자승은 화엄계곡을 향해 합장하며 "문수보살님! 문수보살님! 문수보살님!" 하고 염송하며 기뻐했다.

• 문수8자진언승상(文殊八字眞言勝相)에 대해서 알아보자

세존이 금강밀적주보살(金剛密跡主菩薩)에게 말씀하셨다.

"이 여덟 자는 가장 수승한 큰 위덕의 진언이 있는 곳이니 부처님이 세상에 있음과 다름이 없다. 능히 모든 여래의 불가사의한 신통력을 나타내며 한량없는 신통변화를 지으니, 이것은 이 다라니의 조그마한 공덕을 간략하게 찬양함이다. 만약 전부 설하면 무량 무수 백천대겁을 두고 설(說)해도 다하지 못할 것이다.

옴 알 비라 훔 카 차 랑

▶ 문수동자

　　선남자 선여인이 이 다라니를 한번 외우면 곧 자기(自己) 가호를 얻고, 두 번 외우면 친구를 가호하며, 세 번 외우면 사는 처소를 가호하여 십지보살도 능히 미치지 못하거든 하물며 소수 중생이랴. 네 번 외우면 처자를 가호하고 다섯 번 외우면 모든 권속을 옹호하며, 여섯 번 외우면 모든 성읍과 중생의 온갖 고난을 옹호한다. 또 옷 입을 때 일곱 번을 외우면 모든 악독과 재난을 없애며, 세수 할 때 맑은 물에다 일곱 번 외우고 나서 씻으면 중생들로 하여금 우러르게 하고, 나쁜 소견 가진 자가 모두 항복하며, 사람들마다 공경하게 되어 악심을 없애고 환희심을 낸다. 날마다 새벽에 물 한 잔 떠서 일곱 번 외우고 마시면 나쁜 과보가 소멸하고 삼업(三業)의 죄도 사라져 장수하게 된다. 항상 외우면 오역사중(五逆四重)과 십악(十惡) 죄가 모두 소멸하여 문수보살을 친견하며 앉거나 눕거나 다니고 먹을 때에 잊지 않고 외우면 모든 중생을 항복받는다."

원효스님이 노고단에서 화랑들의 무운(武運. 무인으로서의 운수)을 기원을 드린 후에 화엄사로 내려오던 중 바위에 잠시 쉬고 있는데 동자가 바가지를 들고 내려와 스님에게 드렸다.

"어찌 물을 갖고 왔는고?"

"저 위에서 놀다가 스님을 보니 목이 마르실 것 같아서요."

"고맙구나. 그런데 어디에서 사는가?"

"유심(唯心) 마을에서 살고 있습니다. 그런데 물맛이 어떤가요, 익숙하지 않나요?"

"우리나라는 금수강산이라 어느 곳을 가든 물맛이 좋지. 화엄동천의 물은 백두의 기운을 머금고 있으니 더욱 맛있단다."

동자가 인사하며 내려가고 원효스님이 그 모습을 물끄러미 바라보았다. 그때 동자가 몸을 돌려 스님을 향해 큰 소리로 "스님, 그 물은 해골 물입니다!" 하고 말한 뒤 씩 웃으며 사라졌다.

원효스님이 손에 들고 있는 바가지를 보니 정말 해골이었다. 스님은 정신이 번쩍 들면서 "동자가 바로 문수동자님 이시구나" 하며 미소를 지었다.

"문수동자님이 유심 마을에 산다면서 내가 잊고 살았던 일과 화엄경의 중요 사상을 다시 한 번 일깨워 주셨구나. 약인욕요지(若人欲了知) 삼세일체불(三世一切佛) 응관법계성(應觀法界性) 일체유심조(一切唯心造). 만일 어떤 사람이 삼세 일체의 부처님을 알고자 한다면 마땅히 법계의 본성을 관하라."

이렇게 화엄경 사구게(四句偈)를 읊은 스님은 문수보살님이 다시 한 번 자신을 일깨워주심에 감격했다. 스님은 그제서야 껄껄 웃었다. 그리고 문수동자가 사라진 곳을 바라보며 거듭 합장하고 환희심을 갖고 화엄사로 돌아왔다.

22
장육전 창건과 화엄석경 이야기

　당나라 유학을 마치고 돌아온 의상스님은 유학길을 포기한 원효스님에게 자신이 화엄학에 통달했음을 자랑하고 싶어서 화엄경에 대해 질문했다. 그런데 원효스님의 막힘없는 답변에 의상스님은 놀라고 말았다. 의상스님은 원효스님이 화엄경에 통달한 이유가 몹시 궁금하여 이렇게 질문했다.
　"사형님, 소승은 당나라로 유학하여 화엄학을 전수받고 인가(認可)를 받은 사람은 저뿐이라 스스로를 해동(海東)의 화엄학의 시조라고 여겼습니다. 그런데 사형님은 어떻게 화엄경에 대해 통달하셨습니까?"
　원효스님이 대답했다.
　"지금으로부터 132여 년 전 백제국 구차례라는 곳에 두류산에서 범승이신 연기존자님께서 천축(天竺, 인도) 화엄경을 강설했다고 합니다. 두류산은 문수보살의 상주설법처(常住說法處)라 해서 지리산이요, 화엄경을 강설했다고 하여 화엄사라고 합니다. 지금은 신라에 귀속되었지요.
　불법을 구하러 당나라로 갔던 자장법사님은 귀국 후 화엄사 화엄학에 심취하셨고, 4사자 3층석탑을 조성하셨습니다. 그리고 나는 연기존자님과 마찬가지로 화엄사의 대웅상적광전에서 화엄경을 강설하여 후학을 깨우쳐 주었고, 화개동천에 화랑소를 설치하여 화랑들을 훈련시켰습니다. 군사훈련을 마친 화랑들을 소집하여 화엄사 해회당에서 화엄사상으로 정신교육을 한 후 노고단에 올라 시방 삼세 불보살과 천지신명에게 삼국통일의 대과업과 화랑들의 무운을 기원하였으니 화엄사와 노고단은 화랑들의 중요한 성지이지요."

이 말을 들은 의상스님은 놀라고 부끄럽지 않을 수 없었다. 스님은 화엄도량으로 부석사를 창건하고 스스로를 해동 화엄학의 시조라 여겼는데, 그보다 1세기 먼저 백제에는 천축(인도)에서 온 화엄의 근본 도량이 있었던 것이다.

의상스님은 자신이 몰랐던 천축적 화엄 도량을 직접 확인하기 위해 지리산 화엄사를 찾았다.

"이곳이 바로 범승이신 연기존자님께서 화엄의 꽃을 피운 곳이니 부처님의 성지에 온 느낌이구나. 여기야말로 해동의 연화장세계로구나."

스님은 감탄하며 자장법사께서 조성한 사리탑으로 올라가 연기존자상에 삼배를 드리며 합장했다.

"연기존자님이시여! 신라국보다 1세기 이상 먼저 백제국에 천축 화엄경을 펼치셨다니 참으로 놀랍습니다. 또한 자장스님과 원효 사형님이 이곳에서 화엄경을 배우고 심취하셨다니 부럽기 그지없습니다. 이제 소승도 화엄사에 찬란한 천축 화엄경을 거듭 해동 땅에 널리 펼치겠습니다."

의상스님은 이렇게 서원했고 감동에 사로잡혀 사리탑에서 7일 밤낮으로 기도했다. 그러자 꿈에 문수보살님이 나타나 말했다.

"자장법사는 부처님 진신 사리탑과 공양탑을 조성했으니 스님은 화엄경을 석판에 새긴 화엄석경을 봉안하고 황금장육입불상(黃金丈六立佛像)을 모시는 장육전(丈六殿) 법당을 창건하시오. 백두산의 혈맥과 사리탑 기운이 내려오는 곳, 길상봉 아래 자리에다 말이오."

꿈에서 깨어난 스님은 몸과 마음이 상쾌함과 환희심으로 넘쳤다. 스님은 곧장 화엄사 사부대중에게 자초지종을 들려주고 장육전 화엄석경 대작불

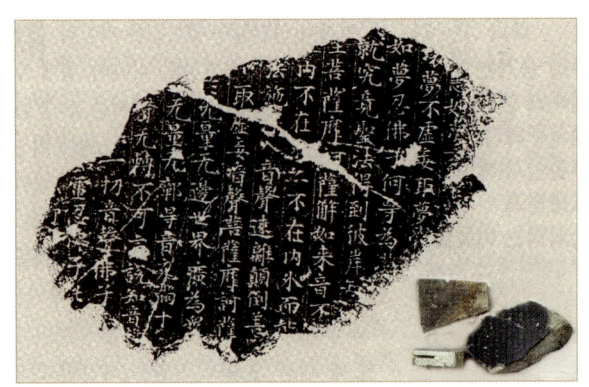

▶ 화엄석경

사를 시작하기로 했다. 그리고 불사 비용을 마련하기 위해 서라벌로 문무왕(文武王)을 만나러 갔다.

문무왕에게 화엄사에 관한 이야기를 하고 불사 동참을 간청 드리니 문무왕은 흔쾌히 불사금을 주었다. 법당 터를 잡고 돌을 나르고 석판을 만들고 화엄경을 사경을 하여 다시 석판에 화엄경을 새기는 등 법당을 짓는 일에 사부대중과 남녀노소 불자님이 어우러져 참여했다. 이렇게 화엄석경과 장육전이 창건되었다.

장육(丈六)이란 부처님의 몸(16자)을 일컬으며 장육금신(丈六金身)이라 한다. 2층 4면 7칸의 사방 벽에 화엄경을 새긴 화엄석경을 두르고 황금장육입불상(黃金丈六立佛像)을 모셨다. 이 화엄경은 팔십화엄(八十華嚴)으로 10조 9만 5천 48자에 달하며, 옥돌에 새겨진 화엄경은 부처님의 화엄사상을 꽃피웠다. 지금도 그 석경(石經) 조각들이 남아 있어 그 당시 연화장세계의 화려함의 극치를 보여주고 있다.

장육전이 창건되어 화엄석경 봉안식과 장육불상 점안식을 봉행하기 위해 원효스님과 의상스님을 비롯해 노덕(老德), 대덕(大德), 장로(長老), 사부대중과 수많은 남녀노소 불자님이 화엄사를 찾았다. 그 가운데 성대하게 낙성식이 시작되었다.

의식 순서에 따라 원효스님의 법문 차례가 되었다. 법을 청하기 위해 두 사미(沙彌, 비구가 되기 전의 수행자) 스님이 나와 원효스님에게 삼배를 한다. 스님은 절을 받고서 법상에 앉으시니 잠시 입정을 하고 나서 법문을 하신다.

"화엄사를 창건한 천축 아유타국에서 오신 연기존자님과 모친 비구니께서는 가야국 허황옥 황후와 같은 왕족 가문이며 백제국에 대방광불화엄경을 전파하셨습니다. 자장법사께서는 부처님 사리탑을 조성하시고, 소승은 해회당에서 군사훈련을 마친 화랑들을 소집하여 화엄사상으로 정신교육을 시키고 노고단에 올라 시방삼세 불보살과 천지신명에게 삼국통일의 대과업과 화랑들의 무운을 기원을 드렸지요. 화엄사와 노고단은 화랑들의 중요한 성지입니다. 그리고 오늘 사제 의상스님께서 장육전 법당에 황금장육불상과 화엄석경을 봉안함으로써 화엄사가 화엄성지로 거듭나게 되었습니다.

화엄경은 세존이 이 경의 교주(敎主)인 비로자나불과 한 몸이 되어 광채를 발하고, 보현보살과 문수보살을 비롯한 수많은 보살들이 장엄한 비로자나불의 세계를 온갖 보살행으로 드러내는 형식으로 전개됩니다. 깨달음을 구하려고 발심(發心)한 중생이 곧 보살이며 비로자나라는 진리를 드러낸 우주 그 자체를 뜻하지요. 이 비로자나불의 세계를 구체적으로 드러내는 것이 바로 화엄경의 보살행입니다.

4법계(四法界)는 이 우주를 현상과 본체의 두 측면에서 관찰하면 네 가지로 파악된다는 것입니다.

첫째 사법계(事法界)는 낱낱의 차별 현상을 말하며 사(事)는 '현상'을 뜻하고 낱낱 현상은 인연으로 화합된 것이므로 서로 구별이 됩니다.

둘째 이법계(理法界)는 모든 현상의 본체는 동일합니다. 이(理)는 '본체'를 뜻합니다.

셋째 이사무애법계(理事無礙法界)는 본체와 현상은 둘이 아니라 하나이고, 걸림 없이 서로 의존하고 있습니다. 마치 물이 곧 물결이고, 물결이 곧 물이어서 서로 걸림 없이 융합하는 것과 같지요. 일체는 평등 속에서 차별을 보이고, 차별 속에서 평등을 나타내고 있습니다.

넷째 사사무애법계(事事無礙法界)는 모든 현상은 걸림 없이 서로가 서로를 받아들이고, 서로가 서로를 비추면서 융합하고 있습니다. 이것이 곧 화엄의 무궁무진한 법계연기(法界緣起)이며, 일체의 대립을 떠난 화합과 조화의 세계이고, 걸림 없는 자재한 세계입니다. 이것이 비로자나불의 세계이고, 화엄의 보살행은 이 사사무애의 세계를 드러내고 있습니다.

마지막으로 화엄경 요의 게송을 하겠습니다.

若人欲了知(약인욕요지) 三世一切佛(삼세일체불)
應觀法界性(응관법계성) 一切唯心造(일체유심조)

만일 어떤 사람이 삼세 일체의 부처님을 알고자 한다면 마땅히 법계의 본성을 관하라."

그리고 원효스님은 법문을 마치고 법상에서 내려왔다. 이어 의상스님이 사부대중과 불자님에게 인사말을 했다.

"화엄사가 천축 화엄 근본도량이며 화엄성지 대가람이 되었으니 소승이 지은 법성게를 부처님 전에 독송해 보겠습니다. 아시는 사부대중은 함께 하시지요."

법성원융무이상 제법부동본래적 무명무상절일체 증지소지비여경
진성심심극미묘 불수자성수연성 일중일체다중일 일즉일체다즉일
일미진중함시방 일체진중역여시 무량원겁즉일념 일념즉시무량겁

구세십세호상즉 잉불잡란격별성 초발심시변정각 생사열반상공화
이사명연무분별 십불보현대인경 능인해인삼매중 번출여의부사의
우보익생만허공 중생수기득이익 시고행자환본제 파식망상필부득
무연선교착여의 귀가수분득자량 이다라니무진보 장엄법계실보전
궁좌실제중도상 구래부동명위불

독송을 마친 의상스님의 얼굴에는 감격의 눈물이 흐르고 있었다. 수많은 사부대중과 불자들도 함께 눈물을 흘렸다. 황금장육불상과 화엄석경에서 방광하니 방광 빛이 장육전 전체와 화엄동천 천지와 사부대중과 불자들의 몸을 감쌌다. 모두 환희심에 젖어 들어 화엄연화장세계에 안주했다. 이렇게 황금장육불상 점안식과 화엄석경 봉안식이 원만히 회향했다.

또 의상스님은 전국에 화엄십찰(華嚴十刹)을 두어 화엄사상 선양에 혼신의 노력을 기울였다. 화엄십찰은 ① 지리산 화엄사(智利山 華嚴寺), ② 태백산 부석사(太白山 浮石寺), ③ 원주 비마라사(原州毘麻羅寺), ④ 가야산 해인사(伽倻山 海印寺), ⑤ 비슬산 옥천사(毘瑟山 玉泉寺), ⑥ 금정산 범어사(金井山 梵魚寺), ⑦ 팔공산 미리사(八公山 美理寺), ⑧ 계룡산 갑사(鷄龍山 岬寺), ⑨ 웅주 가야협 보원사(熊州 伽倻峽 普願寺), ⑩ 삼각산 청담사(三角山 淸潭寺)이다.

천축의 화엄사상은 연기존자님께서 씨를 뿌려 수많은 백제 승려와 백제국에 화엄의 꽃을 피웠고, 신라에는 자장법사에서 원효성사에 이어 의상조사와 삼천 제자의 전법으로 화엄의 종풍(宗風)이 해동에 가득하여 연화장세계를 이루었다.

• 의상조사 일승발원문은 7언 48구 336자로 되어 있다. 이 발원문은 일승 원교인 화엄, 즉 화엄신앙을 토대로 하고 있다. 일승이란 화엄일승을 의미하고, 따라서 일승 발원문이란 화엄 원교에 의거한 발원이라는 뜻이다.

義湘祖師 一乘發願文 (의상조사 일승발원문)

稽首歸依恒沙佛 (계수귀의항사불)	한량없는 부처님께 머리 숙여 귀의하고
頂禮圓滿契經海 (정례원만계경해)	원만한 경전의 바다에도 정례하오며
歸依一切諸賢聖 (귀의일체제성현)	일체의 모든 성현에게 귀의하옵나니
願賜慈光爲證明 (원사자광위증명)	원컨대 자비광명으로 증명해 주옵소서
無始已來至今身 (무시이래지금신)	까마득한 옛날부터 이 몸에 이르기까지
由貪嗔痴動三業 (유탐진치동삼업)	탐욕과 성냄과 어리석음으로 삼업 움직여
知不知作及自作 (지부지작급자작)	알면서도 모르면서도 짓고 또 스스로도 짓고
敎他人作見聞隨 (교타인작견문수)	타인에게 가르쳐 견문 따라 짓게 한
所造惡業五無間 (소조악업오무간)	지은 바, 십악과 다섯 가지 무간의 죄
八萬四千恒沙罪 (팔만사천항사죄)	팔만사천의 모래처럼 많은 죄업
於三寶前盡懺悔 (어삼보전진참회)	삼보전에 두루 참회 하옵나니
願今除滅諸業障 (원금제멸제업장)	원컨대, 지금 모든 업장 소멸케 하옵소서
願我臨終無苦難 (원아임종무고난)	원하옵나니, 임종시에는 고통과 어려움 없이
面見彌陀生極樂 (면견미타생극락)	아미타불 친견하여 극락에 왕생하고
成就普賢廣大行 (성취보현광대행)	보현보살 광대행 성취하여서
盡未來際度衆生 (진미래제도중생)	미래 다하도록 모든 중생 건지게 하옵소서
普願法界諸衆生 (보원법계제중생)	두루 원하옵나니, 법계의 모든 중생
永除煩惱所持障 (영제번뇌소지장)	업장과 번뇌 영원히 벗어나게 하옵시고
勤修十佛普賢境 (근수시불보현경)	십불 보현의 경지 부지런히 닦아
衆生界盡摠成佛 (중생계진총성불)	중생계가 다하고 모두 성불토록 하옵소서
惟願世世生生處 (유원세세생생처)	오로지 원하는 것은 세세생생 어느 곳에서도
不墮三途八難中 (불타삼도팔난중)	삼도팔난 중에 떨어지지 않게 하옵소서
願同善財發大心 (원동선재발대심)	원하옵나니, 선재와 같은 구도심 발하고

願比文殊甚深智 (원비문수심심지)	원하옵나니, 문수보살 깊고 깊은 지혜와 같게 하며
願得觀音大慈悲 (원득관음대자비)	원하옵나니, 관음보살 대자비 얻게 하시고
願修普賢廣大行 (원수보현광대행)	원하옵나니, 보현보살 광대행 닦게 하시며
願證舍那大覺果 (원증사나대각과)	원하옵나니, 노사나불 대각을 증득케 하시며
願度法界諸衆生 (원도법계제중생)	법계의 모든 중생 건지게 하소서
惟願世世生生處 (유원세세생생처)	오로지 원하는 것은 세세생생 어느 곳에서도
三種世間爲三業 (삼종세간위삼업)	삼종세간의 삼업을 위해
化作無量供養具 (위작무량공양구)	한량없는 공양을 구족하게 지어서
充滿十方諸世界 (충만시방제세계)	시방의 모든 세계에 충만하게 하고
頂禮供養諸三寶 (정례공양제삼보)	모든 삼보님에게 정례하여 공양 올리고
及施六道一切類 (급시육도일체류)	육도의 모든 중생에게 공양을 베풀겠나이다
如一念塵作佛事 (여일념진작불사)	한 생각 한 가지 일이 불사를 짓듯이
一切念塵亦如是 (일체염진역여시)	모든 생각도 또한 그러하여지이다
諸惡一斷一切斷 (제악일단일체단)	모든 악을 한번 끊으면 일체 악을 끊고
諸善一成一切成 (제선일성일체성)	모든 선을 한번 이루면 일체 이루네
值遇塵數善知識 (치우진수선지식)	한없는 선지식을 다 만나 뵙고
聽受法門無厭足 (청수법문무염족)	법문 들어 지녀 싫어함이 없고
如善知識發大心 (여선지식발대심)	선지식처럼 큰마음을 발하니
我及衆生無不發 (아급중생무불발)	저와 중생이 발하지 않음이 없네
如善知識修大行 (여선지식수대행)	선지식처럼 큰 행을 닦으며
我及衆生無不修 (아급중생무불수)	저와 중생 큰 행을 닦지 않은 이 없네
具足廣大普賢行 (구족광대보현행)	보현행을 널리 크게 구족하여
往生華藏蓮華界 (왕생화장연화계)	연화세계에 왕생해서
親見毘盧遮那佛 (친견비로자나불)	비로자나 부처님 친견하여
自他一時成佛道 (자타일시성불도)	나와 모든 중생이 일시에 성불할지이다

23
화엄석등 조성 이야기

　의상조사께서 2층 4면 7칸의 사방 벽에 화엄석경을 두르고 황금장육입불상을 모신 장육전 법당을 창건하시고 얼마 뒤의 일이다. 어느 날 주지 스님이 꿈을 꾸셨는데 장육전 앞 땅에서 원 테두리를 따라 빛이 퍼져 화엄사를 비추고 있었다. 주지 스님은 깨어나 앉아 한참 동안 꿈을 되새기며 참으로 희귀한 일이라고 생각했으나 대수롭게 여기지 않았다. 며칠 후에는 대중 스님들도 똑같은 꿈을 꾸었지만 어느 누구도 말을 하지 않았다.

　새벽예불을 마친 후 입승(立繩, 사찰의 규율과 질서를 다스리는 직책) 스님은 어젯밤에 꾼 희귀한 꿈을 생각하며 장육전 법당 앞으로 갔다. 그때 몇몇 스님도 따라갔다. 그런데 장육전 앞의 땅에 빛이 동그랗게 반짝반짝 빛나고 있었다. 입승 스님이 땅을 가리키며 꿈 이야기를 하니 같이 따라온 스님들도 이구동성으로 같은 꿈 이야기를 했다. 입승 스님은 이것이 필시 무슨 계시일 것이라고 생각했다.

　아침 공양이 끝나고 대중공사에서 입승 스님이 장육전 앞 땅에서 원 테두리를 따라 빛이 퍼져 화엄사를 비추고 있는 희귀한 꿈 이야기를 하니 대중 스님들도 같은 꿈을 꾸었다고 했다. 주지 스님도 깜짝 놀라며 말했다.

　"소승도 며칠 전에 그 꿈을 꾸었지만 크게 신경 쓰지 않았는데 대중 스님들도 같은 꿈을 꾸었군요. 대체 무슨 계시일까요?"

　의상스님은 그 꿈이 필시 그 자리에 석등을 조성하라는 계시일 거라 생각하며 대중 스님들에게 말했다.

"등(燈)은 어둠을 밝히는 도구가 아닙니까. 어둠을 물리치는 등불은 무명(無明)을 타파하는 부처님의 지혜에 비유하지요. 등불이 가진 속성인 밝음은 우리에게 진리를 밝혀주는 반야의 지혜인 셈입니다. 또한 등은 공양과 연등을 상징하는 공양구(供養具)로, 어둡고 깜깜한 중생의 마음을 진리로 비추어서 불성을 밝혀줍니다. 자등명 법등명(自燈明 法燈明)은 부처님의 마지막 가르침이 아닙니까. 빛을 밝혀 진리를 찾는 법등처럼 화엄의 등불을 온 누리에 밝히라는 것 같습니다."

주지 스님은 난감했다. 장육전 대작 불사를 마친지 얼마 되지 않았는데 또 다시 석등 불사를 할 수 있을지 알 수 없었다. 그래서 "무슨 계시인 줄은 알겠습니다. 다음에 다시 상의해 봅시다"라는 말로 대중공사를 마쳤다.

같은 날 한적한 오후, 젊은 불자 부부가 주지 스님을 뵙기 위해 찾아 왔다. 주지 스님 처소에 당도한 부부는 삼배를 올린 후 이야기를 시작했다.

"우리 부부가 신기한 꿈을 꾸었지요. 장육전 앞 땅에서 원의 테두리를 따라 빛이 퍼져 화엄사를 비추고 있는데, 그 안에서 보살님이 허공에 나투시며 '자네 집안은 화엄사를 창건할 때부터 지금까지 불사를 할 때마다 시주를 해 왔으며, 평상시에도 늘 부처님 전에 정성껏 공양을 올렸다. 그 공덕으로 지금 자네 집안이 큰 부자가 되었지. 이제 그 은혜에 보답하는 뜻으로 석등을 조성하라'라고 하셨습니다."

주지 스님은 부부의 말을 듣고 환희에 넘치는 마음을 참기 어려웠다. 그래서 거사님 손을 덥석 잡고 말했다.

"소승과 화엄사 대중 스님들도 같은 꿈을 꾸었지요. 오늘 아침 공양 후 꿈에 관한 대중공사를 하고 불사금 때문에 걱정했는데, 이렇게 시주님이 오셨군요. 고맙습니다. 꿈에 보이신 보살님은 문수보살입니다. 문수보살님이 불연(佛緣)이 많은 시주님을 점지하셨군요. 참으로 큰 공덕을 짓게 될 것이니

▶ 화엄석등

자손만대까지 건강하고 부귀영화 수명장수를 누릴 것입니다."

부부도 기뻐하며 말했다.

"화엄사 대중 스님들께도 신기한 일이 있었군요. 화엄사 불보살님 덕분에 우리 집안이 큰 부자가 되었는데 불은(佛恩)에 보답하는 마음으로 기꺼이 석등을 조성할 불사금을 시주하겠습니다."

주지 스님은 "기쁘고 좋은 일을 대중 스님에게 알려 주어야지요" 하며 시자를 불러 운집 목탁을 치라고 했다.

운집 목탁 소리를 들은 대중 스님들이 해회당에 모였다. 다들 궁금해 하고 있을 때 주지 스님과 불자 부부가 함께 들어왔다. 주지 스님은 거사님에게 꿈 이야기를 해달라고 했다. 거사님이 대중 스님들 앞에서 "꿈에 장육전 앞 땅에서 빛이 퍼져 화엄사를 감싸고 문수보살님이 나타나 석등을 조성하라고 말씀하셨습니다" 하고 꿈 이야기를 하자, 대중 스님들은 우레와 같은 박수를 치며 "시주님, 고맙습니다!"라고 했다.

원로 대덕스님이 말했다.

"만약 어떤 사람이 등불을 보시하여 부처님의 사리탑에 공양한다면 열 가지의 공덕을 얻는다고 했습니다. 첫째 육안(肉眼)이 청정해지고, 둘째 청정한 천안(天眼)을 얻으며, 셋째 삼독(三毒, 세 가지 번뇌 ① 욕심 ② 성냄 ③ 어리석음)을 여의고, 넷째 여러 선법을 얻으며, 다섯째 총명해지고, 여섯째 어리석음을 멀리 여의게 되며, 일곱째 어두운 삼악도(三惡道, 세 가지 괴로운 세계 ① 지옥도 ② 축생도 ③ 아귀도)에 떨어지지 않고, 여덟째 존귀한 사람이 되며, 아홉째 여러 천(天)에 왕생하고, 열째 원적(圓寂, 깨달음의 지혜인 보리를 완성한 경지)을 속히 증득한다고 했습니다. 특히 부처님 사리탑이 있는 화엄사에 석등을 조성하는 것은 위와 같은 공덕을 짓는 것과 다름이 없습니다. 여기 계신 부부 단월(檀越)님은 부처님 말씀과 부합되는 시주를 하신 것입니다."

그 말씀에 대중 스님들은 또 한 번 이구동성으로 "시주님 고맙습니다!" 하며 박수를 쳤다.

의상스님과 대중 스님, 불자 부부는 함께 해회당에서 나와 먼저 대웅상적광전에서 삼배를 마쳤다. 그리고 장육전에서 부처님께 삼배한 뒤 법당을 나와 반짝이는 땅을 보고 합장하며 화엄석등이 원만히 조성되기를 기원했다.

조성된 화엄석등은 우리나라 최대 규모로 높이가 6.36m에 이른다. 석등을 장식한 꽃잎의 형태는 우담바라이다. 우담바라는 3천 년 만에 한 번 피는 신비의 꽃으로 부처님 오심이 지극히 드문 일이란 비유로도 사용된다.

꽃의 8잎은 팔정도(八正道)로서 ① 정견(正見, 올바른 견해) ② 정념(正念, 바른

생각 : 사성제의 원리를 명심) ③ 정정진(正精進, 바른 노력) ④ 정명(正命, 바른 생활) ⑤ 정업(正業, 바른 행동) ⑥ 정어(正語, 바른 말) ⑦ 정사유(正思惟, 바른 사유 : 사성제의 뜻을 바로 사유) ⑧ 정정(正定,바른 깨침 : 삼매 三昧, 선정 禪定)을 가리키고, 4개의 화창(火窓)은 사성제(四聖諦)인 고집멸도(苦集滅道)와 부처님의 광명이며, 북의 모습은 진리의 소리이다. 즉 화엄석등은 팔정도로 수행하여 사성제의 진리의 이치를 깨닫고 자비광명을 놓으시며 진리의 소리를 중생들에게 들려주어 마음의 등불인 '자등명 법등명(自燈明 法燈明)'의 세계를 밝혀 주시는 부처님의 참다운 모습을 엿볼 수 있다.

24
4사자 감로탑 조성 이야기

장육전 창건을 주도하고 화엄석등 불사를 마친 뒤 의상스님은 다른 사찰로 가셨다. 화엄사 경내에는 장육전과 화엄석등이 장엄하고 화려한 모습으로 자리 잡았다. 법당에 들어가 황금장육입불상(黃金丈六立佛像)에 삼배한 후 사방 벽에 두루고 있는 화엄석경에 다가간 불자님들 중에는 절을 하고 합장하며 소원을 비는 이도 있고, 화엄석경에 머리를 대고 소원을 비는 이도 있었다. 또 어떤 이는 두 손을 벌려 안아 보고 소원을 빌고, 어떤 이는 화엄석경을 손으로 만지고 대방광불화엄경 독송하면서 사방을 돌고 난 후 합장하고 소원을 비는 것이었다. 장육전 법당에서 불자님은 제각각의 모습으로 불심이 가득한 신심과 믿음을 표현했다.

그동안 불자님은 화엄경을 직접 접할 수 없었지만 장육전이 창건된 이후엔 최고의 경전인 화엄경을 화엄석경으로 접할 수 있게 되었다. 화엄석경을 만지고 환희심으로 바라보며 마음에 담음으로써 불자님이 공덕을 지을 수 있는 바탕이 마련되어 내세(來世)엔 아주 좋은 곳으로 태어날 수 있게 하는 것이다.

화엄경의 공덕과 관련된 일화 중에서 다음과 같은 이야기가 있다.

어느 날 소 한 마리가 천상으로 왔는데 천제(天帝)가 물었다.

"너는 어떻게 해서 하늘나라로 오게 되었느냐?"

그러자 소가 대답했다.

"어느 날 풀을 뜯어먹다 우연히 옆에 떨어져 있는 경전을 치우려고 콧김으로 뒤적뒤적했습니다. 그것이 공덕이 되어 천상에 오게 되었지요."

소가 뒤적인 경전이 바로 화엄경이었다. 콧김으로 화엄경 책장(冊張)을 넘긴 공덕으로 천상에 태어난 것이다. 참으로 대단하지 않은가? 화엄경은 그런 경전이다. 경전을 콧바람으로 뒤적인 소에게 이러한 공덕이 있는데, 하물며 화엄사 화엄석경을 접하는 사람은 얼마나 큰 공덕이 있을까? 그래서 장육전에는 항상 수많은 불자님이 참배를 드리러 왔다.

또 하나의 일화가 있다.

어느 날, 한 선비가 길을 가다가 소낙비를 만났다. 비를 피하려고 어느 가난한 양반이 사는 초가집 처마 밑에 서 있는데 방안에서 글 읽는 소리가 들려 왔다. 선비는 무슨 책인지 궁금해서 주인장을 불렀다.

"읽고 있던 책이 무엇입니까? 유교경전에서 들어 보지 못한 글입니다."

주인장이 "부처님께서 설하신 최고 경전 대방광불화엄경입니다"라고 대답했다. 그리고 화엄경의 의미를 자세히 소개했다.

"대방광불화엄경은 석가모니불이 처음 깨달았을 때의 경지를 설하고 또한 그 경지에 도달하는 방법을 설한 경전입니다. 범축(梵竺, 인도) 스님인 용수보살이 용궁에 갔을 때 세 가지 화엄경이 있었는데, 첫 번째 화엄경은 우주와 같이 너무 커서 가져오지 못했고, 두 번째 화엄경도 너무 커서 가져오지 못했으나, 세 번째 화엄경은 가져올 수 있어서 가져왔다고 합니다. 화엄경은 그 내용이 방대하기 때문에 다 읽기 힘듭니다. 모두 80권으로 되어있지요. 저는 불자라서 사찰에 가서 한 권 씩 빌려 보고 있습니다.

화엄경은 석가모니불과 비로자나불이 하나가 되면서 시작됩니다. 하나의 작은 티끌 속에 무한의 세계가 있고 그 무한의 세계에 수없이 많은 부처님이 있고 그 부처님들의 이름은 수없이 많습니다. 부처님이 깨달은 법은 단 하나이고 변하지 않으며 일체에 평등하게 작용합니다. 그러나 모든 것은 그 업에 의해 다르게 나타납니다. 불법(佛法)을 구하려면 게으르지 말고 부지런해야 합니다. 모든 부처님의 몸은 하나의 법신(法身)입니다.

화엄 경계에서 보면 시방삼세의 모든 부처님은 비로자나 부처님의 화신입니다. 일체 중생도 비로자나불의 화신이지요. 일상생활에서도 부처님의 가르침을 찾을 수 있습니다. 신심(信心)은 근신하는 근본이며 보살은 모든 부처님을 공양하고자 해야 합니다. 일체의 오욕(五欲)은 모두가 허망하고 물거품과 같으니 항상 진실하고 청정한 보살행을 구해야 하지요. 대승을 믿는 마음을 일으키고 최고의 깨달음을 구하는 자는 보살행을 닦아야 합니다.

부처님의 가르침에 대한 청정한 눈을 구하여 팔정도(八正道)의 길을 따라야 합니다. 일체의 차별을 초월한 모습이 부처님의 성품입니다. 진실을 진실이라고 알며, 진실하지 않은 것을 진실하지 아니하다고 알아야 합니다. 하나에 의하여 많음을 알고, 많음에 의하여 하나를 압니다. 모든 것은 의지하는 곳이 없이 다만 인연에 의하여 일어나고 깨달은 이에게는 집착이 없습니다."

선비는 주인장이 들려준 말을 이해할 수 없었다. 그래서 비꼬는 어조로 말했다.

"불교에도 경전이 있군요. 절간에서는 염불이나 기도 하는 줄로만 알았지요."

비가 그치고 주인장은 떠나는 선비의 뒷모습을 바라보며 큰소리로 외쳤다.

"대방광불화엄경의 제목을 세 번만 말해도 공덕이 커서 삼악도를 면한다고 합니다."

선비는 그 소리를 듣고는 대방광불화엄경을 세 번 되새기며 걸어갔다.

선비는 그 후 대청마루에 누워 있을 때면 가끔씩 대방광불화엄경 소리가 맴돌았고 무심코 대방광불화엄경을 말하곤 했다. 몇 년째 그러던 어느 날, 선비는 대청마루에 누워 화창한 봄날의 바람과 꽃을 즐기다가 스르르 잠이 들었다. 잠에서 깨어 보니 아직 날이 밝은 채였다. 딱히 할 일이 없어서 심심하던 선비는 마당을 걸어 집 뒤로 갔다. 그런데 집에 처음 보는 2층 누각이 있었다. 원래 없던 것이 버젓이 보이기에 잠이 덜 깼나 싶어 눈이 비비고 다시 봐도 누각은 그대로였다. 이상하다는 생각을 하며 2층 누각으로 올라가니 하얀 도포를 입은 중년 선비 한 분과 젊은 선비 다섯 분이 앉아 바둑을 두고 있었다.

중년 선비가 말했다.

"거기 서있지 말고 우리와 함께 바둑이나 둡시다."

선비가 "그러지요"라고 말하며 자리에 앉으려는 순간 하늘에서 "대방광불화엄경"이란 소리가 천둥처럼 세 번 울렸다. 선비는 그 소리에 놀라 정신을 잃었다. 다시 정신이 돌아왔을 땐 자신이 어딘가에 누워 있었는데 눈앞이 캄캄했다.

선비는 '대청마루에서 자다가 일어났을 때 밝은 낮이었고 방금 전까지 2층 누각에 있었는데 언제부터 누워 있게 된 것인가. 도무지 기억이 나지 않는구나. 모든 것이 꿈이었단 말인가!' 하고 생각했다. 그리고 좌우를 살펴보니 병풍 너머로 곡하는 소리와 시끌벅적 소리가 들려왔다. 일어나서 병풍을 걷으니 사람들이 놀라서 "귀신이야!" 소리를 지르며 혼비백산 기절초풍 우왕좌왕 했다.

선비의 눈앞에 펼쳐진 광경은 바로 자신의 장례식이었다. 선비는 살아 있는 사람의 장례를 치르는 것이 어이도 없고 화가 나서 큰 소리로 호통쳤다.

"몇 시간 자고 일어났을 뿐인데, 이 무슨 해괴망측한 짓이냐?"

그러자 장손이 말했다.

"3일 전에 저녁 먹을 시간이 되어 대청마루에 누워 계시는 아버님을 깨우는데, 아무 반응이 없었습니다. 숨도 쉬지 않아 돌아가신 줄 알았습니다. 모두 슬픔에 젖어 장례를 치르던 중이었지요. 대체 어떻게 다시 살아나셨습니까?"

가족들과 마을 사람들은 죽었던 사람이 살아난 것을 기뻐했다. 하지만 선비는 지금 꿈을 꾸는 것인지 정말 죽은 것인지 헷갈려서 자식들에게 물었다.

"우리 집에 뒷마당에 누가 언제 2층 누각을 지었는가?"

그 물음에 영문을 모르는 표정으로 장손이 대답했다.

"2층이 누각이 없다는 건 아버님께서 더 잘 아시면서 무슨 말씀을 하시는지요?"

선비는 혼란스러웠다. 그래서 정말 2층 누각이 없는지 확인하기 위해 가족들과 함께 집 뒷마당으로 갔다. 그런데 누각 대신 개집에 어미 개 백구와 태어난 지 3일 된 하얀 강아지 다섯 마리가 눈에 들어왔다. 순간 선비는 소름이 끼쳤다. 누각에 있던 여섯 명의 선비와 같은 숫자였기 때문이다. 그리고 불현 듯 몇 년 전 비를 피했던 초가집의 주인 양반이 생각났다.

다음 날 선비는 조바심을 내며 말을 타고 한달음에 그 집으로 달려갔다. 선비가 자초지종을 이야기하니 주인장이 말했다.

"경전의 제목만 말해도 그 공덕으로 고통의 세계인 삼악도의 길을 막아준다고 하지 않았습니까. 사후에 영혼들은 자신의 업연(業緣)으로 인해 모든 사물이 이승에서의 삶과 같은 모습으로 보입니다. 그렇기에 선비님도 축생이 축생으로 보이지 않고 사람으로 보인 것이지요. 만약 그들과 자신을 같은 부류로 생각하여 동조하고 어울렸다면 영혼이 바로 그 몸으로 들어가 축생으로 태어나게 됩니다. 선비님이 누각에 앉았더라면 강아지가 되었을 거란 말입니다. 그런데 가끔씩 대방광불화엄경을 말한 것에 불보살님이 감응하여 그대를 어여삐 여겨 축생 길을 막아 주셨습니다. 대방광불화엄경의 위력을 이제 아시겠지요."

　　선비는 주인장과 불보살님의 자비와 은공을 생각하며 불교에 귀의했다. 그리고 불심이 돈독한 불자가 되어 화엄경을 구입하여 죽는 날까지 열심히 독경을 했다.

🌸

　　다시 화엄사 이야기로 돌아가자.
　　어느 날, 노전 스님이 꾼 꿈 이야기이다. 대중 스님들이 대웅상적광전 법당에서 새벽예불을 마치고 장육전에서 참배하고 있는데 청사자 네 마리가 경내를 어슬렁어슬렁 돌아다니고 있었다. 대중 스님들이 법당에서 나오니 사자들이 의상스님, 주지 스님, 노전 스님, 입승 스님 앞으로 한 마리씩 다가가 앉아 바라보았다.
　　주지 스님이 "너희들은 사리탑에 있어야 하거늘 어찌 돌아다니고 있느냐?"라고 꾸짖었다. 그러자 사자는 "저희는 사리탑에 있는 사자가 아닙니다. 다른 사자입니다. 자장법사의 전철을 밟지 말라고 알려 드리려고 왔습니다"라고 말했다. 그리고 일어나 허공으로 빛을 내며 사라졌다.
　　노전 스님은 이 꿈을 연거푸 3일간 꾸었다. 예사로운 일이 아니라는 생각에 아침 공양 후 꿈 이야기를 하기로 결심했다. 그러나 대중 스님들은 청사자가 나타나 자장법사에 대해 한 말을 이해할 수 없었다. 결국 주지 스님은 의상스님이 머무는 사찰로 가서 자초지종을 말씀드린 뒤 모시고 오도록 했다.
　　몇 주 후 의상스님이 오셨다. 노전 스님이 꿈 이야기를 자세히 풀어 놓자 의상스님이 고개를 끄덕였다.
　　"자장법사님의 전철을 밟지 말라는 청사자의 말의 의미를 알기 위해선 자장 스님에게 있었던 일을 알아야겠지요. 몇 십 년 전 자장스님이 강릉 수다사(水多寺)에 머물고 계실 때의 일입니다."

그리고 다음과 같은 이야기를 들려주었다.

하루는 자장법사의 꿈에 기이한 스님이 나타나 말했다.

"내일 대송정(大松汀)에서 보자."

스님은 그것을 계시라고 여기고 일어나자마자 그곳에 갔다. 그런데 꿈에서 본 스님 대신 문수보살님이 모습을 보이더니 "태백산에 있는 갈반지(葛盤地)에서 다시 만나자"라고 했다. 스님은 그곳을 문수보살을 친견할 인연지로 생각하고 석남원(石南院)을 창건했다. 그 후 스님은 산정에 탑을 세우려 했으나 어찌 된 일인지 세우면 쓰러지고 또 세우면 쓰러졌다.

스님의 백일기도 끝나는 날 밤, 눈 덮인 산 위로 칡 세 줄기가 뻗어 내려와 적멸보궁 법당자리에 멈추니 그 자리에 탑을 세웠다. 스님은 불사에 전력을 다하면서 문수보살을 기다렸다.

그러던 어느 날, 다 떨어진 방포(方袍, 스님들이 입는 네모진 가사)를 걸친 늙은 거사가 칡삼태기에 죽은 강아지를 담아 가지고 절 앞에 와서 자장스님을 만나기를 청했다. 이를 괘씸하게 여긴 시봉이 일언지하에 거절했다.

"우리 스님이 뉘신 줄 알기나 하고 법명을 함부로 부르는 게요? 배가 고파서 정신이 왔다갔다 하나 본데, 먹을 것을 내줄 테니 잠자코 먹고 돌아가시오."

늙은 거사는 물러서지 않았다.

"웬 말이 그리 많으냐? 어서 가서 내가 자장을 만나러 왔다고 일러라."

시봉은 늙은 거사가 하도 강경하게 말하기에 하는 수 없이 스님에게 말씀을 드리러 갔다. 내용을 들은 스님은 대수롭지 않은 듯 말했다.

"잘 타일러서 보내도록 해라."

돌아온 시봉이 거사를 큰소리로 나무라며 내쫓았다.

이에 늙은 거사는 "아상(我相)을 가진 자가 어찌 나를 보겠느냐" 하고 혼자 중얼거리며 삼태기를 거꾸로 쏟았다. 그러자 그 안에 들어 있던 죽은 강아지가 땅에 떨어지면서 큰 사자보좌로 변했고, 거지노인은 사자를 타고 빛을 발하면서 허공으로 사라졌다.

시봉이 놀라서 스님께 자초지종을 아뢰니 자장스님이 크게 탄식했다.

"참으로 나의 아상이 문수보살님의 친견을 막았구나. 나의 수행이 헛것이라니…."

스님은 법복으로 갈아입고 거사가 사라진 남쪽 산으로 올라갔으나 아무 흔적도 남아 있지 않았다. 스님은 제자들에게 말했다.

"육신으로는 문수보살님을 만날 수가 없어 내 이곳에서 입정에 들어 만나뵙고 참회할 것이니 3개월간 내 몸을 잘 보관토록 해라."

말을 마친 스님은 조용히 바위에 앉아 입정에 들어갔다.

그 후 3개월이 지나도 신체와 안색은 평상시와 다름없는데 스님은 깨어나질 않았다. 대중들은 이제 그만 다비식을 하자는 등 의견이 분분했다. 그렇게 백일이 되는 날 스님 한 분이 찾아와 스승이 열반에 들었는데 왜 다비를 하지 않느냐고 호통을 쳤다. 결국 제자들은 자장스님이 입정에 든 바위에서 다비식을 가졌다. 식이 끝나자 공중에서 자장스님의 목소리가 들려왔다.

"내 몸은 이미 티끌이 되었으니 의탁할 곳이 없구나. 너희들은 계에 의존하여 생사의 고해를 건너도록 해라."

❀

자장법사의 이야기를 들려준 의상스님이 주지 스님을 바라보았다.

"자장스님은 문수보살님의 상주도량인 화엄사에 와서 연기존자님의 천축의 화엄학에 심취하였고 창건주 연기존자님을 기리기 위해 4사자 3층 사

▶ 4사자 감로탑

리석탑을 세워 부처님 사리 73과를 봉안하신 분입니다. 그런데 화엄사를 떠나 다른 사찰에 사시며 아상으로 문수보살님을 친견하지 못하고 몸까지 잃게 되었지요. 스님 꿈에 나타난 청사자는 이러한 전철을 밟지 말라고 경고하고, 아상을 갖고 신분을 차별하지 말고 항상 하심(下心)하라는 문수보살님의 말씀을 대중 스님들에게 알려주려고 한 것 같습니다. 청사자의 말처럼 경각심을 갖고 아상을 버려 수행정진 한다는 의미를 가진 상징적인 탑을 조성하시기로 합시다."

그리하여 화엄석등 옆에 4사자 감로탑이 조성되었다. 4사자의 표정은 인간의 희로애락(기쁨, 성냄, 슬픔, 즐거움)을 표현한 것으로 사람들의 수많은 번뇌를 뜻한다. 사자의 표현은 부처님 말씀, 부처님 법문을 사자후(獅子吼) 또는 감로법(甘露法), 부처님의 지혜를 상징으로 표현한 것이다. 그러므로 이 석탑은 수많은 번뇌에 사로잡힌 사람에게 부처님의 청정한 지혜를 얻게 하여 나고 죽는 윤회에서 벗어나 연화장세계로 이끌어 주는 감미로운 탑이라 할 수 있다.

의상스님도 화엄사를 떠나 다른 곳에서 살 때 아상에 빠진 일이 있었다.
앵림산(鶯林山)의 원효봉에는 원효스님이, 의상봉에는 의상스님이 기거하면서 기도를 하고 있었다. 그런데 의상스님은 천공(天供, 천상계의 공양)을 받아 드셨고, 원효스님은 사람이 해 주는 밥을 드셨다. 웬만한 도력이 없으면 천신들도 천공을 받을 수 없고, 법력이 없는 사람이 천공을 먹으면 죽어 축생으로 태어난다. 그래서 천계(天界) 생활을 하는 의상스님은 자부심이 대단했다.
의상스님은 천공을 받는 자신의 모습을 보여 주려고 원효스님을 초대했다. 원효스님은 "그래, 밥 한 끼 먹어보자!" 하면서 의상스님이 머무는 의상봉 부사의방으로 갔다. 의상스님은 사형인 원효스님을 반갑게 맞았다. 그런데 때가 되어도 천녀가 천공을 가져오지 않는 것이었다. 의상스님은 슬슬 다급해졌다.
"나는 때를 놓치면 공양을 하지 않습니다."
"잠시만 기다려 주십시오. 곧 천녀가 천공을 가져올 것입니다."
하지만 공양할 시각이 훨씬 지나도 천녀는 오지 않았다. 결국 원효스님이 돌아가겠다는 말만 남기고 자리를 털고 일어섰다. 그런데 원효스님이 떠나자 곧바로 천녀가 헐레벌떡 나타났다. 허탈해 하고 있던 의상스님이 호통을 쳤다.
"이제 오면 어떻게 하겠다는 것이냐?"
천녀는 땀을 흘리며 말했다.
"오기는 늦지 않게 왔사옵니다. 하지만 원효스님을 호위하는 신장들이 산을 모두 에워싸고 있어서 도저히 그 틈을 비집고 들어올 수 없었습니다."

이 말에 놀란 의상스님은 원효스님이 떠나가는 하늘을 보았다. 아니나 다를까. 원효스님 뒤로 호법 신장들이 구름처럼 몰려가고 있었다. 이에 의상스님은 자신의 어리석음을 뉘우치며 하늘에서 내려주는 음식을 사양하고 수행에 전념했다고 한다.

모든 수행자는 자장스님, 의상스님 처럼 아상에 빠지는 전철을 범하지 않도록 4사자 감로탑의 의미를 다시 한 번 되새기며 더욱 수행에 용맹정진해야 할 것이다.

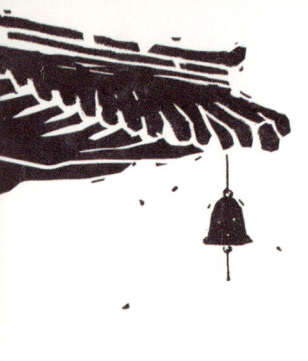
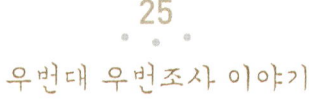

25
우번대 우번조사 이야기

　우번대(愚幡臺)는 관음대(觀音臺)라고도 불리우며, 이 이름은 신라의 고승 우번조사(愚幡祖師)께서 석종대(石鐘臺)에서 수도 과정과 깊은 관련이 있다.

　우번조사께서 젊은 시절에 조용한 지리산 상선암을 찾아 10년 좌선 수도를 결심했다. 9년째 되던 어느 날이었다. 선녀처럼 아름다운 여인이 홀연히 암자 앞에 나타나 추파를 던지며 젊은 스님을 유혹했다. ,
"스님, 화창한 봄날 아닙니까? 저와 함께 나들이를 갑시다."
스님은 고개를 젓고 대답했다.
"소승은 수행정진을 하고 있을 것입니다."
그러자 여인은 더욱 교태를 부리며 추파를 던졌다.
"오늘 하루 정진 안한다고 무슨 일이 생기나요?"
　여인이 웃으며 곁에서 춤을 추었다. 춤을 출 때마다 옷자락이 나풀나풀거리니 묘한 향기가 났고 황홀감에 도취한 스님은 수도승이란 신분을 잊었다. 여인이 밖으로 걸어 나가자 스님도 유혹에 이끌려 따라 나섰다.
"낭자 말이 맞소. 오늘 하루 수행을 안 한다고 큰일이야 나겠소? 봄 향기도 좋으니 우리 한번 어울려 봅시다."
　스님은 보일 듯 말듯 앞서가는 여인을 따라 기화요초(琪花瑤草, 옥같이 고운 풀에 핀 구슬같이 아름다운 꽃)가 만발하고 산새들이 흥겹게 노래하는 산으로 향했다.

"낭자, 같이 갑시다. 무슨 걸음걸이가 그리 빠르오. 천천히 갑시다."

앞서가던 여인이 뒤돌아보며 어서 오라는 손짓과 함께 교태를 부리니 스님은 그 모습에 더욱 반해 정신없이 여인을 따라 갔다. 올라가다 보니 어느덧 길상금강기지(吉祥金剛氣地) 터에 이르렀다. 그런데 손짓하며 앞서가던 그 여인은 갑자기 자취를 감추고는 사라졌다. 스님은 수행자임을 망각하고 사방을 두리번거리며 여인을 찾았다.

"낭자 어디에 있소. 내 애간장을 태우지 말고 빨리 나오시오. 제발 부탁이오. 어디에 숨어 있단 말이오."

마치 사랑하는 여인과 헤어진 듯 애처롭게 하늘을 멍하니 바라보니 여인의 아름다운 모습이 하늘 위에 아른아른 보이는 것 같았다. 스님은 기쁨에 넘쳐 입가에 미소를 지으며 손을 흔들며 말한다.

"여기요 낭자, 빨리 내 곁으로 내려오시오."

그러다 번쩍 정신이 들었다. 어떻게 하늘에 여인이 있을 수 있단 말인가! 다시 정신을 차리고 하늘을 바라보던 스님은 크게 놀랐다. 연화좌에 계신 관세음보살님이 눈앞에 나타난 것이다.

"우번스님, 누구를 그토록 애타게 찾고 있나요?"

"소승이 젊은 혈기를 주체하지 못하고 아름다운 여인을 따라 이곳까지 오고 말았습니다."

"우번스님 나의 얼굴을 자세히 보세요."

스님이 관세음보살님 얼굴을 보니 조금 전 여인과 같았다. 깜짝 놀란 스님은 그만 다리가 풀려 주저앉고 말았다. 관세음보살님이 그의 도심(道心)을 시험하기 위해 여인으로 변신한 것임을 깨달은 스님은 바닥에 엎드려서 두 손을 모아 합장하며 자신의 어리석음을 뉘우쳤다.

"관세음보살님이시여! 수행자 고타마(석가모니불)는 보리수 아래에서 목동

▶ 우번대

스바스티카가 바친 부드럽고 향기로운 풀 위에 앉으시고 '내 여기서 위없는 깨달음을 얻지 못한다면 차라리 이 몸이 부서지는 한이 있더라도 결코 이 자리에서 일어서지 않으리라'라고 하셨습니다. 그때 마왕 파순이 수행자 고타마가 깨달음을 얻어 부처님이 되시는 것을 방해하기 위해 자신의 세 딸을 보내 온갖 교태로 유혹하게 하고 태풍과 폭우를 보내고 창칼과 불화살, 돌을 던지고 악귀를 동원하여 수행을 방해했지만 고타마는 수미산처럼 미동도 하지 않았습니다. 하지만 저는 부처님처럼 정진하지 못하고 유혹에 빠져 자리를 이탈했습니다. 이제 저도 부처님과 같이 정진하겠습니다."

스님은 참회의 눈물을 흘리며 관세음보살님을 향해 무수히 절을 했다. 그리고 일어나 주위를 살펴보니 관세음보살님은 이미 사라지고 없었다.

우번스님은 이 일을 통해 자신의 수도가 크게 부족함을 깨닫고 즉시 길상금강기지(吉祥金剛氣地) 터에 토굴을 짓고 수도정진하기 시작했다. 그리하여 석종대에서 수년 후 깨달음을 얻어 이름난 고승이 되었다. 우번조사께서 도통하는 순간 신비롭고 아름다운 석종 소리가 홀연히 들려왔다. 도통한 토굴

자리를 우번대(愚墦臺)라 불렀다. 또한 관세음보살이 현신한 자리라 하여 관음대라고도 부른다. 그 후 이곳에서 도통한 고승이 많이 배출되어 불도의 영지로 손꼽히고 있다.

❀

• 소승은 몇십 년 전부터 신묘장구 대다라니를 범어로 독송하고 있다. 관세음보살님께서는 지금도 이 신묘장구 대다라니를 가지고 중생들을 구원하고 계신다. 대비심다라니는 능히 삼계 중생들의 삶을 크게 이익 되게 하고, 모든 것을 구하고 원하는 바를 만족시키기 위함이다. 이 범어와 뜻을 소개한다.

신묘장구 대다라니

나무 라트나 트라야야
(삼보님에게 귀명합니다)

나맣 아리야 바로기테 스바라야 보디사트바야 마하보디사트바야 마하카루니카야
(거룩하신 관세음보살님, 대자대비하신 대보살님에게 귀의합니다)

옴 사르바 바에수 트라나 카라야 타스마이 나맣 스크르트바 이맘 아리야 바로기테 스바라 트바
(일체의 두려움 속에서 보호해주시고, 고난 속에서 구호해 주심을 가장 거룩하신 분이신 관세음 보살님의 위력에게 원합니다)

나무 니라칸타
(청색 머리를 하신 분에게 귀명합니다)

나맣 흐르다얌 아바르타이 이샤미 사르바 르타 사다남 슈밤 아제얌 사르바 부타남 바바마르가 비슈따참
(통찰하시고, 돌이켜 보시고, 일체의 의리를 성취시키고 깨끗이 하여, 최고의 경지로, 일체 중생의 세간도 世間道를 청정한 공덕으로 순화 順化하신데 귀의합니다)

타댜타
(즉설주왈 卽設呪曰)

옴 아파로 아로카 마티로카 티크란테 헤헤 하레
(지혜로서 중생들을 관찰하시는 분이여! 해탈에 어서어서 오르게 해주심을 원합니다)

마하보디사트바 스마라스마라 흐리타얌
(대보살님이시여! 깊이 기억하여 통찰해 주옵소서)

쿠루쿠루 카르맘
(악업을 속히 그치게 해주소서)

사다야 사다야 두루 두루 비자얀데 마하비자얀데 다라다라
(항상 앞장서는 최선봉장最先峰將이여, 승리자여, 대승리자여! 항상 기억해 주소서)

다렌드레 슈바라 쟈라 쟈라
(수지자 受持者를 자재 自在로 하시는 분이여! 속히 발심케 해주소서)

마라미마라 아마라 묵트레 혜헤
(부정을 없앤 깨끗한 분이여! 속히 와주소서)

로케 슈바라 라가 비샤 챠나사야
(세상을 마음대로 하는 분이여! 탐욕의 독을 소멸케 해주소서)

드베샤 비샤 챠나사야
(성내는 독을 소멸케 해주소서)

모하 쟈라 비샤 챠나사야
(동요하는 어리석음의 독을 소멸케 해주소서)

후루 후루 마라후루 하라
(두렵고 두려운 번뇌를 제거하여 주소서)

파트마 나바 사라사라 시리시리 스루스루 보디야보디야 붇다야붇다야
(연화처럼 거룩한 분이여! 속히 건져서, 속히 가게 해주시고, 속히 흘려 내려서, 속히 깨달음을 이루어서 속히 성불케 해주소서)

매트래야 니라칸타 카마샤 다르샤남 프라하리 다야 마날
(어여삐 여기는 청색 머리를 하신 분이여! 애욕을 금하도록 용단 勇斷을 내리게 해주소서)

스바하 싣다야 스바하
(성취를 위하여 길상吉祥이 있어지이다)

마하 싣다야 스바하
(대성취를 위하여 대길상이 있어지이다)

싣다 유예 스바라야 스바하
(요가 자재자 自在者의 성취를 위하여 길상이 있어지이다)

니라칸타야 스바하
(청색 머리를 하신 분이시여! 성취케 해주소서)

바라하목카야 심하목카야 스바하
(돼지 머리 모습의 신, 사자 머리 모습의 신이여! 성취케 해주소서)

파트마 하스타야 스바하
(연꽃을 가지신 분이여! 성취케 해주소서)

쟈크라 육타야 스바하
(보륜 寶輪을 가지고 중생을 제도하신 분이여! 성취케 해주소서)

삼카 삽다네 불다나야 스바하
(소라 음성을 내는 분이여! 불도 수행을 성취케 해주소서)

마하 라쿠타 다라야 스바하
(큰 병瓶을 가진 분이여! 성취케 해주소서)

바마 스칸디 디사 스티타 크릿나 지나야 스바하
(오른 어깨편에 있는 검은색 몸집의 최승자 最勝者이시여! 성취케 해주소서)

뱌그리 자르마 니바사나야 스바하
(호랑이 가죽의 옷을 입으신 분이여! 성취케 해주소서)

나무 라트나 트라야야
(삼보님에게 귀명합니다)

나맣 아리야 바로기테 스바라야
(거룩하신 관세음보살님에게 귀의합니다)

옴 시단투 반트라 파다야
(원력을 성취토록 진언구 眞言句 합니다)

보디 스바하
(깨달음을 성취복지 成就福智케 해주소서)

26
도선국사 풍수지리 이야기

 화엄사 삼창주(三創主)이신 도선국사(道詵國師)는 풍수지리에 능하고 미래를 내다 볼 줄 알며 인간의 길흉화복에 직결되는 천문지리에 능한 스님이다. 도선국사의 속성은 김씨로 홍덕왕 원년(826년)에 영암에서 태어났으며 호는 옥룡자(玉龍子)이다. 문성왕 4년(842년) 15살에 월유산(月遊山, 지리산의 다른 이름) 화엄사로 출가했다. 20살 때 동리산 태안사(桐裏山 泰安寺)에 계시는 혜철(惠撤)선사 문하에서 3년 만에 확철대오(廓撤大悟)했으며 천도사에서 구족계(具足戒)를 받고 행각의 길을 떠났다.

 스님이 청학동 어느 석굴에 머물고 있을 때 한 이인(異人) 찾아와 말했다.
 "제가 조그만 재주를 지닌 것이 있으니 훗날 남해정변(南海汀邊, 현 구례군 토지면 사도촌 앞의 섬진강 변)에서 상봉합시다. 배워 두시면 대보살의 세상을 구하고 사람을 제도하는 방편이 될 것입니다."

 스님은 약속한 장소에서 이인을 만났고, 이인은 모래를 모아 산천의 역순의 형세를 만들어 지리(地理)를 설명해주었다. 그런데 이인을 자세히 보려고 하면 자꾸 어디론가 사라져 버리는 것이 아닌가? 스님은 그 이인이 지리산의 주인이신 문수대성의 화현임을 짐작하고 신상에 대해 일체 물어보지 않았다.

 스님은 낮에는 모래벌판에서 지리를 배우고 밤에는 화엄사 처소에서 쉬면서 낮에 배운 것을 일일이 적어서 은밀히 간직해 두었다. 지리학을 배운

스님은 오산의 오산사(鰲山寺, 현 사성암)에서 더욱 연구하고 또 음양오행의 술(術)까지 연찬(硏鑽)하여 마침내 천문지리에 통달했다.

 스님은 제일 먼저 화엄사 풍수지리를 보아야겠다고 생각했다. 산사에 도착하니 화엄사 풍수지리가 훤히 보였다. 스님은 화엄사를 천하제일 사찰의 면모로 만들겠다는 마음으로 화엄사의 중심인 화엄원을 살펴보았다.

 장육전 옆 동백나무 숲 백팔계단을 따라 올라가면 백두산 혈맥의 끝자락인 길상봉의 사리탑과 태극 형태 다사강이 보인다. 이 자리에 백두기(白頭氣)와 태극기(太極氣), 사리기(舍利氣)가 함께 모이니 기운이 도량으로 내려 갈 때 새지 않도록 동백 숲 앞에 비보(裨補)로 산죽림(山竹林)을 만들었다.

 또한 다사강의 태극기운이 화엄사를 향해 들어올 때 엄청난 기운 때문에 망망대해를 항해하는 화엄사의 커다란 배 연화선(蓮華船)이 흔들렸다. 기운의 균형을 잡고 배가 순항할 수 있도록 동5층석탑과 서5층석탑 두 탑을 세우니 편안하고 동요함이 없이 화엄법계로서 자리를 굳건히 했다. 돛대를 상징하는 당간지주(幢竿支柱)도 세웠다. 이는 반야용선으로 불법을 전하여 중생을 피안으로 이끄는 깃발을 의미하는 것이다.

 조선시대 정유재란으로 8원(院) 81암자 규모의 연화장세계 화엄사가 소실 된 후 벽암스님이 중창(重創) 하실 때도 도선국사의 풍수지리에 맞추었다. 이를 통해 화엄법계(華嚴法界)의 연화장세계(蓮華藏世界)를 표현해 놓았다고 할 수 있다.

 일주문, 금강문, 천왕문이 하나의 태극 형상을 이루며, 보제루, 운고각으로부터 대웅전에 이르기까지 또 하나의 태극 형상을 이루고 있다. 이 태극형상은 진리를 상징적으로 표현한 형이상학이라 할 수 있는데, 첫 번째 태극은 세간법(世間法)을 비유함이요, 두 번째 태극은 출세간법(出世間法)을 비유한 것이다. '세간'이란 세상이라는 뜻으로 세속을 이르며, 세상의 사물, 번

▶ 도선국사

뇌에 얽매어 헤어나지 못하고 있는 존재의 모든 현상을 가리킨다. '출세간'이란 세간을 뛰어 넘어 여의고 있는 부처님의 열반법(涅槃法)을 말한다.

또한 보제루 앞과 운고각 옆에 섬진강에 들어온 태극의 기운이 빠져나가지 못하도록 비보 산죽림을 만들었다. 1976년 범종각을 조성하면서 운고각을 보제루 오른쪽으로 옮기고, 뒤에 축대와 낮은 담장을, 새롭게 축대를 보강하고 담장을 높게 쌓으니 길상봉 백두기(白頭氣)와 섬진강의 태극기(太極氣)가 더욱 빠져나가지 못하게 되니 두 기운이 조화로워 화엄사 연화장세계에서 스님들의 수행에 힘을 실어 주었다. 도선국사님의 업적인 풍수지리 비보를 전수받아 실천하신 화엄사 고승 대덕스님 덕분에 화엄사 사부대중이

불도에 전념하여 용맹정진 할 수 있게 되었다.

그러나 안타깝게도 2006년 3월에 도량 정비 불사를 한다며 각황전 옆 백팔계단을 따라 있던 대나무 울타리와 풍수지리학적으로 백두의 기운이 도량으로 내려 올 때 새지 않게 한 비보 산죽림을 잘라 없앴다. 또한 보제루 앞과 운고각 옆에 섬진강에 들어오는 태극의 기운이 빠져나가지 못하도록 만든 비보 산죽림도 없애버렸다.

2008년 5월에는 범종각 뒤 축대를 증축 조성하면서 축대 위에 돌담을 없애니 다시 여기로 기가 흘러 나가고, 2009년 10월 21일에 운고각을 해체하고 신축 불사가 완공되었지만 운고각 쪽으로 터져있어 역시 기가 흘러 나가게 되었다. 이는 사리탑부터 이어져 내려오며 동백 숲부터 범종각, 보제루, 운고각으로 이어지는 비보가 사라진 결과이다. 도선국사님의 풍수지리를 잊어버린 도량 정비 불사로 인하여 화엄사는 기운이 모이는 것이 아니라 사방팔방으로 빠져나가는 도량으로 변했다.

27
화엄사 4분 연기 스님 이야기

1. 창건주 연기존자(緣起尊者)

범승인 연기존자님이 비구니이신 어머니와 함께 연을 타고 황둔동천에 와서 움막을 짓고 살고 계셨다. 어느 날 산 중턱에서 연기가 나는 것을 보고 마을 사람들이 몰려와 존자님의 비범함을 목격하고 법당을 건립하고자 존자님께 간청하여 불사를 진행하기 시작했다. 요사체 겸 설법당인 해회당을 짓고, 다음 해 가을에 대웅상적광전인 법당을 지어서 백제 성왕 22년 갑자세(544년)에 지리산 화엄사가 창건되었다. 절 이름은 화엄경의 두 자를 따서 화엄사라 하고, 두류산은 문수보살님이 계신 산이라서 대지문수사리보살의 이름을 택하여 지리산이라 하여 지리산 화엄사가 창건되었다.

마을 주민들은 존자님의 위덕과 효심과 무궁무진한 대승 법문에 감화를 입어 신심이 지극한 불자가 되었다. 연기존자님은 스님들이 찾아오면 주로 화엄경의 일승(一乘)을 설하니 백제국에 화엄사상이 뿌리를 내리게 되었다.

율종(律宗)과 정토종(淨土宗)이 풍미했던 당시에 화엄사를 창건하고 주석하시면서 인도적 화엄경을 널리 선양했다. 존자님은 화엄경의 전문학자였지만 효심 또한 지극했다. 비구니 어머니와 함께 머나먼 길을 떠나 백제국에 오신 연기존자님은 불교 최고의 경전인 대방광불화엄경을 이 땅에 전하신 대승보살의 화신이다. 연기존자 기일은 음력 2월 28일이다.

2. 의상조사(義湘祖師)

　의상조사의 속성은 김씨로서 신라 진평왕 46년(625년)에 태어나 19세에 황룡사에서 출가했다. 스님은 문무왕 원년(661년)에 당나라로 유학하러 갔고, 중국 화엄종의 제2조인 지엄 화상으로부터 8년간 화엄학을 수학한 후 법성게와 법성도를 완성했다. 지극히 독창적인 의상조사의 화엄일승법계도는 방대한 화엄경의 근본 사상을 210자의 간결한 시로 요약한 것이다.
　당나라 유학을 마치고 돌아온 의상스님은 유학길을 포기한 원효스님에게 자신이 화엄학에 통달함을 자랑하고 싶어서 화엄경에 대하여 질문을 했고, 원효스님의 막힘없는 답변에 놀라고 말았다.
　이후 의상스님은 문무왕 17년(677년) 천축적 화엄사상을 선양하고 있던 화엄사에 주석하면서 화엄사를 해동 천축적 화엄의 근본 도량으로 입증하고 선양하기 위해 2층 4면 7칸의 장육전을 창건하여 사방 벽에 화엄석경을 두르고 황금장육입불상을 모셨다. 스님이 화엄의 연기법문(緣起法門)을 선양하였다고 하여 별호가 연기조사(緣起祖師)이다. 의상조사는 십대제자인 표훈, 지통, 오진, 진정, 진장, 도융, 양원, 상원, 능인, 의적과 삼천 명의 제자를 배출했다.

3. 도선국사(道詵國師)

　도선국사의 속성은 김씨로 흥덕왕 원년(826년)에 영암에서 태어났으며 호는 옥룡자(玉龍子)이다. 문성왕 4년(842년)인 15살에 월유산 화엄사로 출가했다. 20살 때 동리산 태안사에 계시는 혜철(惠哲)선사 문하에서 3년 만에 확철대오했으며 천도사에서 구족계를 받고 행각의 길을 떠났다.

▶ 화엄사 전경

청학동의 어느 석굴에 머물고 있는데 이인이 와서 "제가 조그만 재주를 지닌 것이 있으니 훗날 남해정변에서 상봉합시다. 배워 두시면 대보살의 세상을 구하고 사람을 제도하는 방편이 될 것입니다"라고 했다. 그 후 이인(문수보살)을 만났는데 모래를 모아 산천의 역순의 형세를 만들어 지리를 설명하고 어디론가 사라져 버렸다. 지리학을 배운 스님은 오산의 오산사에서 천문지리에 통달했다.

헌강왕은 스님의 도력을 흠모하여 궁궐로 모시고 법문을 듣기까지 했다. 이때 화엄사를 확장하고 총림대도량의 기틀을 잡았다. 도선스님은 화엄사 중흥조라고 일컬어졌으며, 원소암(圓炤庵)을 짓고 수도하고, 지리산 깊숙한 심원암(深源庵)에서 정진하고 있을 때 산에서 연기를 일으켰다고 하여 연기조사(烟起祖師)라는 별호를 얻었다. 그는 요공국사(了空國師), 선각국사(先覺國師)라고도 하며, 희양현(曦陽縣, 현 광양시) 백계산 옥룡사(白鷄山 玉龍寺)에서 효공왕 2년(898년) 72세로 입적했다.

4. 연기법사(緣起法師)

연기법사님은 황룡사 출신으로 화엄사에 오시게 된 계기가 따로 있는데, 진정(眞定)스님의 효심에 대한 이야기를 듣고 나서이다. 진정스님은 의상조사 제자 중 효심이 지극한 스님이다. 진정스님이 출가 후 3년 만에 모친의 부고를 받고 7일간 선정(禪定)에 들었다. 이를 두고 주변 사람들은 "추모하는 마음이 지극해 견딜 수 없었으므로 정심(定心)으로써 슬픔을 이겼다"라고 말했다.

진정스님이 입정을 마치고 이 사실을 스승에게 여쭈니, 의상조사께서는 진정스님의 모친을 위해 소백산 추동(錐洞)에 들어가서 초가를 짓고 제자 3천 명을 모아 약 90일 동안 화엄대전(華嚴大典)을 강설했다. 그러자 진정스님의 모친이 그의 꿈에 나타나 "네 덕택에 이미 천상에 태어났다"며 현몽했다.

연기법사님은 진정스님의 이야기와 더불어 화엄사 창건주 연기존자님의 비구니 어머니에 대한 효심과 천축적 화엄사상을 설하신 것, 그리고 장육전에 대한 이야기를 접하게 되었다. 두 분 스님의 효심에 감동하여 황룡사에서 화엄사로 온 연기법사는 8원과 수많은 암자의 대가람 위용에 감탄하고, 사리탑인 효대와 장육전의 화엄석경을 보고 환희심에 젖었다. 그동안 마음에 품었던 원력을 화엄사에서 느끼고 화엄경 사경으로 은혜로운 부친의 바람과 일체중생을 성불케 하고자 하는 서원을 세웠다.

"내가 이제 서원하노니 미래가 다하도록 이루어진 이 경전을 훼손되지 말지어다. 설령 삼재가 대천세계를 부순다 하여도 이 경만은 허공과 같이 함께 부서지지 않으리. 중생들은 이 경전을 통해서 부처님을 보고 경문을 들으며 보리심을 내어 물러나지 않으니 보현보살의 인(因)을 닦아 성불하리라."

연기법사님은 경덕왕 13년(754년) 갑오년 8월 1일에 천축적 화엄성지인 이곳에서 화엄경 사경을 시작하여 경덕왕 14년(755년) 2월 14일에 완성했다.

화엄사에는 이렇게 연기존자(鷰起尊者), 연기조사(緣起祖師, 의상조사), 연기조사(烟起祖師, 도선국사), 연기법사(緣起法師) 등 총 네 분의 연기스님이 계셨다. 특히 연기조사(緣起祖師)는 의상조사를 일컫는 말이니 화엄사 창건주로 오인하지 말라.

28
지리산 화엄사 차 이야기

인도 스님이신 연기존자님이 비구니 어머니와 함께 연을 타고 두류산(지리산)에 오셔서 마을 사람들의 도움으로 요사체겸 설법당인 해회당을 짓고, 다음 해 가을에 대웅상적광전인 법당을 지어서 백제 성왕 22년 갑자세(544년)에 지리산 화엄사가 창건되었다.

연기존자님은 화엄사 창건에 도움을 준 마을 사람들에게 고마운 마음을 표현하고자 특별히 차공양을 했는데, 다들 처음 먹어보는 차 맛이었다. 혀끝과 입안에 젖어드는 향내음은 무엇이라 표현할 수 없는 그윽함이 깃들어 있었다.

"존자님, 이 차는 무슨 차입니까?"

"이 차는 마야차(摩耶茶)라고 하는데 빈도가 여기에 올 때 수십 그루의 차나무와 씨앗을 가지고 와 이 산 근방에 심었소. 이 차는 불보살님께 올리는 귀중한 차이외다. 차를 올린 후에 '깨끗한 맑은 차 감로수로 변하여 삼보님께 받잡노니 굽어 살펴 주옵소서'라고 게송하지요. 빈도는 이렇게 게송한 후 차를 마십니다. 이 찻잔 안에 화엄법계의 무진법문이 들어있고 자비광명이 충만히 들어 있소. 자, 여러분도 차를 드십시오."

마을 사람들은 찻잔을 들어 불단에 올려놓고 게송을 읊고는 소원을 빌었다. 그런 다음 찻잔을 불단에서 내린 후 각기 제자리에 앉아서 흡족하게 차를 마셨다.

▶ 지리산 화엄차 밭

존자님이 말씀하셨다.

"빈도가 천축에서 제조해 온 것이 충분히 있어서 여러분께 차공양을 올릴 수 있었소. 빈도의 소원대로 화엄법문을 문수보살 도량에서 선양할 수 있도록 화엄사를 창건한 여러분의 불사 동참 공덕이 말로 다 표현할 수 없이 고맙기 때문이오. 여러분의 마음이 곧 불보살님의 마음이 아니겠소. 이 마야차도 화엄차라고 명명하고자 합니다."

화엄차의 그윽한 차 향기는 화엄사 골짜기를 감돌고 연화장세계에 가득 퍼졌다. 연기존자님은 화엄 법문을 들려주는 것과 차공양으로 마을 사람들의 노고에 보답했고, 마을 사람들은 존자님의 위덕과 효심과 무궁무진한 법문에 감화를 입어 어느덧 신심이 지극한 불자로 변해 갔다. 이렇게 존자님에 의해 차를 마시게 되었으며 존자님이 심은 차가 지리산에 번성했다.

연기존자님이 지리산에 차를 심고 백제 성왕(544년) 때에 사찰을 창건하고 화엄사라 했으니 이것이 지리산에 사찰이 있게 된 시초이며 차의 본향(本鄕)이라 할 수 있다. 연기존자님이 차의 종자를 가져온 것과 사찰을 창건한 것은 같은 시기에 동시에 일어났다. 가람 부근 화엄전(華嚴田)에 차를 심었으며, 문무왕 17년(677년) 의상조사께서 장육전(丈六殿) 법당을 창건하고 장육전(丈六田)을 만들어 차를 심었다.

"선덕왕(善德王) 시절에도 우리나라에 차나무가 자라고 있었다"라는 대목이 있다. 선덕여왕(645년) 때 자장법사께서 화엄사 4사자 3층 사리석탑을 조성하셨는데 이때는 화엄사가 신라에 귀속된 시기였으므로 우리나라(신라) 지리산 화엄사 화엄전에서 차나무가 자라고 있었다는 말이 된다. 신문왕(神文王) 12년(692년) 설총(薛聰)이 쓴 《화왕계문(花王戒文)》에 의하면 "고량진미로써 주린 배를 채우고 차와 술로서 마음을 맑고 새롭게 한다"라는 구절이 있다. 흥덕왕 3년(828년) 왕명에 의해 대렴(大廉)이 지리산에 차나무를 심은 곳이 바로 안지원(安智院)의 장죽전(長竹田)이다.

해동호남도 지리산대화엄사사적(海東湖南道 智異山大華嚴寺事蹟)에 정만우(鄭曼宇)스님 집록(集錄)을 보면 "신라 흥덕왕 3년(828년) 당나라 사신으로 들어갔던 대렴(大廉)에게 차 씨를 가져와서 지리산에 심으라고 명령했다.《신라본기(新羅本紀)》에는 "흥덕왕 3년 당나라에 들어간 대렴(大廉)에게 차종자(茶種子)를 가져오게 해서 왕이 명하여 지리산에 심게 했다"라는 내용이 있다.

1940년 전남 지방의 돈차 산지를 조사한 이에이리 가즈오(家入一雄)는 《조선의 차와 선(朝鮮の茶と禪)》에서 화엄사와 쌍계사에 관해 이렇게 말했다.

"흥덕왕 당시에 지리산 기슭에는 주민이 모이는 일이 드물고 사찰도 화엄사 하나뿐이었다. 화엄사에는 연기, 원효, 의상, 정행 등 훌륭한 고승들이 계셨고 그들이 화엄사에서 분부하여 차를 심었을 것이다. 쌍계사는 대렴의 사후 150년 후에 창건된 절이므로 이곳에서 차를 심었다는 설은 잘못된 것으로 생각된다. 절도 없는 산골짜기에 차를 심을 이유가 뚜렷하지 않기 때문이다."

이것으로 말미암아 화엄사의 차는 화엄전 화엄차(華嚴田 華嚴茶), 장육전 작설차(丈六田 雀舌茶), 장죽전 죽로차(長竹田 竹露茶)라는 이름으로 불리고 지리산 화엄동천(華嚴洞天)은 다향(茶鄕) 근원이 된다.

고적(古蹟)을 고찰해 보면 차는 화엄사와 함께 전해졌으며 후에 선종(禪宗)이 부흥하면서 차나무도 많이 심어졌고 차 생산지의 본향이 되었음을 알 수 있다. 차가 불교 행사 의전(儀典)에 나타나게 된 것과 관련하여 고려 대각국사(大覺國師)의 《제효성문(祭曉聖文)》을 보면 "소중하게 다과(茶菓)를 재식(齋食, 사시마지) 때에 올렸다"라는 구절이 있다. 또한 원감국사(圓鑑國師)께서 혜소국사(慧炤國師)를 위하는 제문(祭文) 가운데에도 동일한 말이 있는데 "계족산(鷄足山) 정혜사사문(定慧寺沙門)이 소중하게 향기로운 차로써 일상생활을 함께 했다"라는 구절이다.

초의선사(草衣禪師)께서는 특히 화엄사 고승 대덕스님이 차(茶)와 교(敎)와 선(禪)과 염불(念佛)이 화엄원융(華嚴圓融)하여 불이선교(不二禪敎), 불이다선(不二茶禪), 다선삼매(茶禪三昧), 다염삼매(茶念三昧), 즉 화엄원융 다선교염(華嚴圓融 茶禪敎念)에 젖어 수행정진하시는 모습에 큰 감명을 받았다.

조선조에 함허(涵虛)스님이 진산 화상을 위하는 글을 보면 "일상에 헌향(獻香)과 헌다(獻茶)를 하라"라는 말씀을 내리시는 등 그 이후로 불교의 일체 의식에 차를 올리는 것이 주된 의전 예의가 되었다. 또 남녀가 결혼 전에 예물로써 차를 보냈는데, 이것은 차나무는 한번 옮겨 심으면 말라 죽으므로 행실에 각별히 주의하라는 뜻이었다.

화엄사에서는 매년 음력 4월 1일에 선사다례재(禪師茶禮齋)를 지내고 있다. 선덕여왕 14년(645년)에 자장법사께서 부처님 진신사리 73과를 모시고 조성한 국보 35호인 화엄사 4사자 3층 사리석탑 앞 공양 석등도 차를 부처님께 올리는 모습이다. 이는 옛 백제, 신라 시절부터 부처님께 차를 올리는 의식이 있다는 것을 알려주고 있다.

- 화엄전(華嚴田) 화엄원(華嚴院) 북동쪽 구층암 봉천암 주변
- 장육전(丈六田) 사리탑 남서쪽부터 각황전 뒤쪽에서 구층암 이르는 곳
- 장죽전(長竹田) 화엄사 안지원(安智院) 터 주변

百濟之茶 始於智利山 薦起尊者 聖王 二十二年 創寺於頭流洞天之陽, 是大智文殊舍利菩薩常主處 擇名二者 智利山改名, 傳法華嚴經 擇經名二者 額曰華嚴寺 此智利山 有寺之始. 薦起尊者以持來茶種 是始摩耶茶, 創寺同時 幷植于附近, 是華嚴田 華嚴茶名 國中一帶 百濟之茶鄉.

新羅 文武王 十七年 義湘祖師 創建丈六殿 幷植于華嚴院吉祥峰附近 是丈六田 雀舌茶名. 此後 興德王 三年 亦命植茶, 大廉 植于安智院附近 此由是 長竹田 竹露茶名 于國中湖南一帶 朝鮮之茶鄉也 老其古蹟則 先以華嚴經傳布地爲始而 後爲禪敎兩宗之興 故茶亦隨而 植之遂爲茶 産本鄉也. 〈智利山 華嚴寺 茶鄉之由來〉

백제의 차는 지리산에서 비롯되었다. 연기존자님이 성왕 22년(544년)에 두류동천 양지바른 곳에 절을 짓고 대지문수보살이 사는 곳이라서 이름 두자를 택하여 지리산이라 개명하고, 화엄경을 전법하신 경 이름 두자를 택하여 현판에 화엄사라고 한 것이 지리산에 절이 서게 된 시초이다. 연기존자님이 가져오신 차 씨는 처음에는 마야차라고 했다. 절을 창건함과 동시에 절 부

근에 차 씨를 심었고 화엄차가 나라 일대에 이름났으니 곧 백제 차의 고향이 지리산이라 할 수 있다.

신라 문무왕 17년(677년)에 의상조사님이 장육전을 창건함과 동시에 화엄원 길상봉 부근에 차를 심었는데 이를 통해 장육전의 작설차가 이름이 났다. 그리하여 흥덕왕 3년(828년)에 차를 심으라는 분부가 내렸고 흥덕왕의 대신 대렴(大廉)이 안지원 부근에 차를 심었다. 그 덕에 장죽전의 죽로차도 나라 안에서 이름이 났으니 호남 일대는 조선 차의 고향이다. 고적을 상고하면 먼저 화엄경을 이 땅에 전파하고 후에 선교양종(禪敎兩宗)이 흥하면서 차 또한 동반하니 이는 지리산이 차를 생산하는 본향(本鄕)이라는 근거가 된다.

1969년 본사 주지로 취임하신 리산도광(离山導光) 대선사께서는 지리산 야생차(智利山 野生茶)을 전통방식(傳統方式)으로 저녁 예불 후 대중 스님과 황전리 불자님들이 큰절에 적묵당(寂黙堂) 공양방에 있는 대형 공양솥을 사용하여 차를 제조(製造)해서 華嚴茶(화엄차), 雀舌茶(작설차), 竹露茶(죽로차)를 방방곡곡에 보급함으로 차의 본향(本鄕)을 알렸다. 2007년 9월 본사 주지 포월종삼(抱月宗三) 스님이 대웅전 뒤로 올라가면 산내 암자인 구층암에 새롭게 현대식 차공방(茶工房)을 설치했으며, 이곳 암주(庵主)인 덕제(德濟) 스님이 현재까지 차(茶)를 제조하고 있다. 이제 구층암는 예부터 전해온 화엄동천에 자리 잡은 지리산 화엄사가 차의 본향임을 더욱 알리는 암자로 거듭났다.

29
석종대 우번암 이야기

석종대(石鐘臺)는 문수도량으로 유명한 곳이다. 백제 무왕때 일화로 이곳을 우번암(牛飜庵)로 부르게 된 사연이 있다.

어느 해 가을 석종대에 토굴에서 정진하고 있는 노승과 동자승이 겨우살이 탁발을 나가는 도중 길가의 밭두렁에서 잠시 쉴 때 동자승이 남의 밭에서 조 3알을 손으로 훑어 주어먹었다. 이를 본 노승은 동자승에게 말했다.

"남의 집 곡식을 훔쳐 먹었으니 이 밭의 주인네 집에서 3년간 일해 빚을 갚으라."

그리고는 동자승을 소로 바꿔버렸다. 소가 된 동자승은 여물 대신 밥을 먹으며 논밭에서 일을 했는데, 다른 소보다 일을 엄청나게 잘한 덕에 주인집은 매년 풍년이었다.

그로부터 3년이 지난 어느 날, 주인이 방으로 들어가려 하는데 외양간에서 누군가 "주인장! 주인장!" 하고 거듭 불렀다. 주인이 주변을 둘러 보았지만 자신을 부른 사람은 보이지 않았다. 그래서 다시 방으로 들어가려고 하는데 또 다시 "주인장! 주인장!" 하고 자신을 거듭 부르는 것이 아닌가. 외양간 쪽에서 소리가 나는 것 같아 그 앞으로 갔다. 그러자 소가 이렇게 말했다.

"이젠 빚을 다 갚았으니 돌아가겠습니다."

소는 인사를 한 뒤 똥을 누면서 산 위로 올라갔는데, 소똥이 방광을 하는

▶ 우번암

것이었다. 그 후 이 마을 이름을 방광리(放光里)라 부르게 되었다.

주인장이 하도 신기해 뒤따라 올라가서 소를 찾으니 보이지 않았으며 마침 한 노승이 있기에 소의 행방을 물었다.

"조금 올라가면 나뭇가지에 소 허물이 걸려 있을 것이니 잘 화장해 주시오. 그리고 토굴 안에 들어가면 동자승이 자고 있을 거요."

주인장이 소 허물을 화장해 주고 토굴 안에 들어가 보니 정말 동자승이 새근새근 자고 있었다. 곁을 지키고 있다가 동자승이 잠에서 깨어났을 때 반갑게 인사를 나누었다.

"동자스님, 저 아래 반석에 앉아 계신 노스님은 뉘시온지요?"

"노스님은 저의 스승님이시고, 이 산의 주인이신 문수대성(文殊大聖)이시며, 저는 시자인 길상동자(吉祥童子)입니다."

그 말에 주인장은 깜짝 놀랐다. 잠시 후 노승이 올라와 방문을 열고 들어오니 주인장이 벌떡 일어나 합장을 하며 말했다.

"문수대성이시여! 조금 전에 몰라 뵈어 죄송합니다. 앉아 주시지요. 삼배를 올리고자 합니다."

주인장은 환희로운 얼굴로 노승에게 삼배를 했다. 그리고 눈물을 흘리며 말했다.

"몸 둘 바를 모르겠습니다. 어찌 이런 일이 있을 수 있나요. 출가 사문도 문수대성을 뵙기는 엄청나게 어렵다고 들었는데, 저는 무슨 인연이 있어서 존귀하고 거룩하신 문수보살님을 친견하게 되었을까요. 모든 것이 꿈만 같습니다."

노승이 차 한 잔을 권하며 말했다.

"그 동안 내 시자를 잘 돌봐주어 고맙네. 소의 허물은 잘 화장 하셨는가?"

"네, 소 허물을 화장하는데 가죽 타는 냄새가 아닌 꽃향기가 났습니다."

노승은 동자승이 소가 된 사연을 들려주고 인과법문(因果法門)과 반야법문(般若法門)을 말해주었다. 동자승이 소가 됐다가 다시 동자승으로 돌아온 뜻으로 후세 사람들이 암자를 짓고 우번암(牛飜庵)이라고 했다.

주인장 처사의 뒷이야기는 이렇다.

처사가 노승과 동자승과의 만남을 뒤로 하고 집으로 왔는데, 낯선 사람들이 제사를 지내고 있는 것이 아닌가. 처사는 중년의 남자에게 물었다.

"왜 남의 집에서 제사를 지내고 있는거요?"

남자가 말했다.

"수십 년 전에 할아버지가 소와 함께 사라졌습니다. 마을 사람들에게 물어보아도 다들 모른다고 했지요. 당시 길바닥에는 드문드문 소똥이 빛나고 있었는데, 천은사를 지나 지리산 상선암 들어가는 길목에서 끊어졌어요. 우리 소가 여기로 들어갔으니 할아버지도 따라 갔다고 생각하여 가족과 마을 사람들이 산을 뒤졌으나 할아버지는 보이지 않았다고 합니다. 몇 달이 지나고 몇 년이 지나도 소식이 없어서 사라진 날을 기일로 해서 할아버지 제사를 지내고 있습니다."

처사는 기가 막혔다. 토굴에서 차를 마시며 법문을 들은 시간을 따져보면 고작 3시간 가량 흘렀으련만 인간세상에서는 수십 년의 세월이 지나간 것이었다. 처사는 자신이 누구인지 밝히자 중년의 남자는 놀라워하며 집안에서 호호백발의 한 노인을 모시고 나왔다. 그 노인은 다름 아닌 처사의 아들이었다. 노인이 된 백발의 아들은 젊은 모습의 아버지를 알아보고 두 손을 꼭 잡고 감격에 겨워 울었다.

"아버지 이게 어찌 된 일입니까? 조금도 늙지 않고 집 나갔을 때의 모습 그대로이시니 참으로 신기합니다. 어서 집 안으로 들어가세요."

가족 모두 인사를 올리고 큰 아들은 아버지에게 가족들을 하나하나 소개해 주었고 함께 기쁨의 눈물을 흘렸다. 처사는 자신이 고작 몇 시간을 토굴에서 보냈을 뿐인데 수십 년이 흘러버린 것이 놀랍다고 이야기했다. 어린 자손들은 호호백발 할아버지가 젊은 증조할아버지에게 어린아이처럼 싱글벙글 좋아하며 "우리 아버지가 살아 돌아왔네" 하며 춤을 추고 부둥겨 안고 즐거워하는 모습에 마냥 신기한 듯 바라보며 배꼽 잡으며 한바탕 웃음을 지었다.

가족들은 다시 한번 환영하는 기쁨의 눈물을 흘렸다. 그리고 동네 사람들에게도 알리고 초대하니 할아버지 기일날이 잔칫날로 바뀌었다. 가족과 동네 사람들이 어우러져 "경사로다 경사일세" 하며 박수를 치며 웃음꽃이 만발하고 희희낙락 하니 온 동네가 들썩이었다. 그 후 젊은 아버지는 호호백발 아들과 중년의 손주들 그리고 많은 증손들과 함께 행복하게 살았다.

30
의천스님 화엄사 참배 이야기

　의천대각(義天大覺) 국사는 고려 중기의 승려로 문종의 넷째 아들이다. 이름은 후(煦)이고 자는 의천이다. 천태종(天台宗)의 중흥조이며 시호는 대각국사(大覺國師)이다. 문종 19년(1065년)에 11세의 나이로 왕사 난원(爛圓)에 의하여 승려가 되어 영통사(靈通寺)에 있었고, 13세에 우세(祐世, 광지개종홍진우세 廣智開宗弘眞祐世)의 호를 받아 승통(僧統, 교종 敎宗의 최고법계로 교단과 승려를 통솔하는 승직)이 되었다. 1085년 송나라로 건너가 두루 선지식을 만나고 자변(慈辯) 대사에게 천태종 강론을 듣고, 천태산 지자(智者)대사의 부도에 예배하며 발원문을 지어 천태종을 본국에 중흥할 것을 맹세했다.
　스님은 천태학의 회삼귀일(會三歸一, 성문·연각·보살인 삼승이 일승에 귀착됨)에 기본을 두고 불교 최고의 사상인 화엄과 선종을 천태종으로 합일화할 것을 꾀했다. 그는 한때 남유(南遊)하여 화엄사에 오니 고려 숙종조에 준소(俊韶) 주지 스님이 대각국사 의천스님을 맞아 화엄사를 함께 중수했다.

　문종대에는 전라남북도와 경상남도의 삼도에서 화엄사에 헌납하는 것을 허락했다. 또 이때 의상조사의 덕을 흠모했던 스님이 이곳에 머물렀다.
　신라 경덕왕(742~764년) 대에 이르러 8원(八院) 81암자로 화엄불국 연화장 세계의 면모를 갖추게 된 대가람에 도착한 의천스님은 장엄하고 광대한 화엄사를 보는 순간 "화엄동천 전체가 전각이 숲을 이룬 것 같구나! 지리산 대

▶ 의천대각국사

화엄사가 바로 화엄연화장세계이구나!" 하고 감탄하며 합장을 하고 반배를 거듭했다.

　스님은 먼저 화엄사의 8원 중 중심 원(院)인 화엄원(華嚴院)에 있는 지붕 전체가 청기와로 된 대웅상적광전에 삼신불(三身佛)이 모셔진 법당 안으로 들어가 삼배를 올렸다. 그리고 앉아서 좌선을 하고 한참 뒤에 일어났다.

　스님은 합장을 하고 비로자나불을 바라보았다.

　"깨달음의 세계(진리)를 몸으로 삼기 때문에 모양과 빛깔이 따로 없고 오고 가는 곳도 없이 진리 그대로인 청정법신 비로자나불(淸淨法身 毘盧遮那佛)이요."

　이어 노사나불을 보았다.

　"열심히 수행하신 공덕으로 복과 덕이 가득하여 모든 중생들을 구제하는 원만보신 노사나불(圓滿報身 盧舍那佛)이요."

그리고 석가모니불을 보았다.

"모든 중생들에게 깨달음의 길을 가르쳐 주시기 위해 이 세상에 모습을 나타내신 천백억화신 석가모니불(千百億化身 釋迦牟尼佛)이요."

삼신불(三身佛)의 의미를 속으로 생각했다.

스님은 화엄경의 사상인 삼신불이 모셔져 있는 법당을 바라보며 다시 삼배를 하고 대웅상적광전에서 나왔다. 그리고 스님이 흠모한 의상조사께서 창건한 장육전을 향해 갔다. 마음은 떨렸으나 발길은 가벼웠다.

장육전 법당 안에 들어간 스님은 삼배를 드린 후 2층 4면 7칸 법당 안에 16자 황금장육입불상(黃金丈六立佛像)과 사방 벽의 화엄석경(華嚴石經)을 둘러보며 의상스님의 원력으로 세워진 법당과 화엄석경을 두 손으로 만지고 얼굴에 대보았다. 사방 벽의 화엄석경을 돌던 스님의 눈가에 눈물이 맺혔다. 의천스님은 황금장육입불상 앞에서 합장하고 의상조사께서 지은 법성게를 낭랑한 목소리로 읊기 시작했다.

> 법성원융무이상 제법부동본래적 무명무상절일체 증지소지비여경
> 진성심심극미묘 불수자성수연성 일중일체다중일 일즉일체다즉일
> 일미진중함시방 일체진중역여시 무량원겁즉일념 일념즉시무량겁
> 구세십세호상즉 잉불잡란격별성 초발심시변정각 생사열반상공화
> 이사명연무분별 십불보현대인경 능인해인삼매중 번출여의부사의
> 우보익생만허공 중생수기득이익 시고행자환본제 파식망상필부득
> 무연선교착여의 귀가수분득자량 이다라니무진보 장엄법계실보전
> 궁좌실제중도상 구래부동명위불

그리고 의상조사님의 진영이 모셔진 전각으로 가서 삼배를 올린 후 의상

▶ 원통전 앞 장육전 계단

조사의 숨결과 교감을 느끼고자 좌선을 했다. 좌선을 끝낸 후 합장하고 진영을 한참 동안 바라보고 나서 의상조사님을 흠모하는 찬송(讚頌)을 올렸다.

華嚴寺禮緣起祖師影 (화엄사예연기조사영)

偉論雄經罔不通(위론웅경망불통) 기신론과 화엄경을 통달 못함이 없으시고
一生弘護有深功(일생홍호유심공) 일생 동안 널리펴고 지키신 공덕이 깊도다
三千義學分燈後(삼천의학분등후) 삼천의 의학에게 법등(불법)을 나눠 주신후
圓敎宗風滿海東(원교종풍만해동) 원교의 종풍이 해동에 가득하네

다음 날 아침 스님은 화엄원 도량을 거닐다 대웅상적광전과 장육전에 들어가 삼배했다. 그리고 장육전 왼쪽 옆에 108계단을 올라 자장법사께서 연기존자님을 기리기 위해 4사자 3층사리석탑을 세워 부처님 사리 73과를 봉안한 탑을 바라보았다. 그 탑은 연기존자님이 비구니 어머니에겐 진리의 공양을, 부처님께는 차공양을 올리는 모습의 효 사상이 담긴 공양탑이다.

스님은 그 탑 앞에서 삼배를 올린 후 합장하고 《불설부모은중난보경(佛說父母恩重難報經)》의 어머니 은혜를 생각했다.

① 회탐수호은(懷耽守護恩) 아이를 배어서 지키고 보호해 주신 은혜
② 임산수고은(臨産受苦恩) 아이를 낳으실 때 고통을 받으시는 은혜
③ 생자망우은(生子忘憂恩) 자식을 낳고 근심을 버리신 은혜
④ 연고토감은(咽苦吐甘恩) 쓴 것은 삼키시고 단 것은 뱉어 먹이시는 은혜
⑤ 회건취습은(回乾就濕恩) 마른 데로 누이시고 젖은 자리 누우시는 은혜
⑥ 유포양육은(乳哺養育恩) 젖을 먹여서 길러주신 은혜
⑦ 세탁부정은(洗濯不淨恩) 깨끗하지 못한 것은 씻어주신 은혜
⑧ 원행억념은(遠行憶念恩) 자식이 멀리 나가니 걱정하시는 은혜
⑨ 위조악업은(爲造惡業恩) 자식을 위한 마음으로 나쁜 업을 짓는 은혜
⑩ 구경연민은(究竟憐愍恩) 끝없는 자식 사랑으로 애태우시는 은혜

스님은 어머니를 위해 봉양하는 연기존자님의 효심과 수행하시는 모습의 거룩함을 기리며 찬송을 올렸다.

寂滅堂前多勝景(적멸당전다승경) 적멸당 그 앞엔 승경도 많고
吉祥峰上絶纖埃(길상봉상절섬애) 길상봉 높은 봉우리 티끌도 끊겼네
彷徨盡日思前事(방황진일사전사) 진종일 서성이며 지난 일 생각하니
薄暮悲風起孝臺(박모비풍기효대) 저문 날 슬픈 바람 효대에 감도네

스님은 연기존자님과 의상조사님의 찬송을 짓고, 문수대성이 계신 지리산 화엄사에서 몇 달간 머물며 8원 81암자를 두루두루 다니면서 화엄연화장세계를 마음껏 즐겼다.

31

관혜법사와 두 제자 이야기

관혜법사(觀惠法師)는 화엄사와 해인사에 계셨으며 당시 희랑법사(希郞法師)와 함께 화엄종사로서 쌍벽을 이루었다. 그런데 관혜법사는 후백제의 초대왕인 견훤(甄萱)의 왕사(王師)가 되어 남악의 화엄사에 머물렀고, 희랑법사는 해인사에 머물면서 고려 태조의 왕사가 되었다. 그리하여 남관혜(南觀惠), 북희랑(北希郞)이라 일컫게 되었다.

관혜스님 문하에는 백제 고지(故地)에서 출생한 견훤과 서라벌의 왕족 출신인 궁예(弓裔)가 있었다. 두 제자는 삭발위승(削髮爲僧)하여 겉모습은 스님의 행색이로되 속뜻은 세속(世俗)이었다. 말하자면 어지러운 통일신라시대 말기에 천하를 바로 잡을 경천위지(經天緯地, 온 천하를 짜임새 있게 잘 계획하여 다스림)의 웅지(雄志)를 품고 큰 스승을 찾아다닌 것이다.

두 제자가 전국을 헤맨 끝에 마침내 화엄동천에 들어왔다. 견훤이 먼저 왔고 며칠 뒤 궁예가 왔다.

'이렇게 거대한 사찰이 있을 수가 있는가?'

두 제자는 8원 81암자를 갖춘 장엄하고 광대한 화엄사의 위용에 어안이 벙벙해져서 저절로 고개를 숙였다. 전각이 숲을 이루듯 정상까지 끝없이 이어진 화엄동천은 그 자체가 사원이었다. 두 제자는 스님의 문하에 들어와 화엄사상의 불법은 물론 세상의 경륜하는 학문과 무술까지 골고루 배웠다.

견훤은 사리탑에 올라가 연기존자님의 석상을 바라보며 원융무애(圓融無礙)한 경지인 화엄의 세계를 신라보다 1세기가 빠르게 백제인에게 전파했다는 사실에 경이로움을 느끼며 뜨거워진 눈시울로 합장했다. 백제국에 꽃 피웠던 천축적인 화엄사상을 신라 스님인 자장율사, 원효성사, 의상조사께서도 배우셨다는 사실에 백제 고지 출신으로서 뿌듯함을 느꼈다. 견훤은 태극 모양인 다사강(현 섬진강)을 바라보며 화엄연화장세계 같은 나라를 세우겠다는 서원을 했다. 또 백제를 중흥시키겠다는 마음을 품었다.

한편 신라 출신인 궁예는 신라인 의상조사께서 삼국인이 한민족임을 실현하는 정신적 통일을 이루려고 하신 뜻을 되새겼다. 궁예는 의상조사께서 화엄사가 해동의 천축 화엄 근본도량임을 입증하기 위하여 2층 4면 7칸의 사방 벽면에 화엄석경을 두르고 황금장육불상을 모신 장육전 법당에 들어가서 삼배하고 합장했다. 그리고 화엄종풍의 무량무변한 지혜는 모든 법에 장애가 없기에 깊은 법계에 들어 자재력(自在力)을 나타내는 화엄연화장세계처럼 나라를 세워 지혜로운 백성들이 사는 행복한 불국정토로 만들겠다는 발원을 했다.

두 제자의 배움이 익어갈 무렵, 견훤과 궁예를 누구보다 잘 알고 있는 관혜법사께서 이렇게 당부했다.

"너희 둘은 재주가 뛰어나서 무술과 학문에서는 누구에게도 뒤지지 않으나 한 나라를 세우기에는 복덕(福德)이 부족하다. 너희가 합심하면 한 나라를 이룰 것이나 만일 각자 행동하면 처음에는 천하를 얻을지 모르나 오래가지 못할 것이다."

스승이 이렇게 훈계하며 두 사람이 합심할 것을 종용하였으나 훗날 견훤은 후백제(後百濟)를 세우고, 궁예는 태봉국(泰封國)을 세우니 신라와 함께 후삼국이 되었다. 그러나 결국 궁예는 그의 상장군 왕건에게 왕위를 잃고 비참한 최후를 맞았고, 견훤은 아들 신검에게 왕위를 빼앗기고 금산사에 석

▶ 관혜법사

달 동안 유폐되었다가 5월 절에서 도망치고 고려 태조 왕건에게 항복하는 신세가 되었다. 스승인 관혜스님의 충고를 듣지 않았기에 둘 다 멸망을 자초한 것이다.

  스님은 신라 말기 어지러운 풍진 속에서 나라를 바로잡고 도탄에 빠진 백성을 구하겠다는 원력을 세우고 심혈을 기울여 영특한 두 제자를 길렀다. 그러나 두 제자가 스승의 뜻을 저버렸으니 스승된 자로서 얼마나 괴롭게 통분했으랴.

  스님은 화엄사에 살면서 화엄일승 사상을 선양하고 후백제국을 위해 온갖 노력을 기울이다 입적했다. 스님은 출가인이면서 스스로 백제의 후손임을 자랑스럽게 여겼다. 또한 옛 조국인 백제를 재건하려다가 시운(時運, 일정한 시대의 운수)을 얻지 못하고 후백제와 운명을 함께했다. 불법의 오의(奧義, 매우 심오한 뜻)에 정통하고 세속의 학문과 무술까지 겸비한 희대의 큰 스승 관혜법사의 거룩한 얼은 웅장한 남악 지리산의 정기와 함께 영원히 이 땅에 남을 것이다.

32
화엄사 말사 사성암 이야기

　연기존자님이 백제 성왕 22년(544년)에 화엄사를 창건한 후, 화엄사에 도인이 계신다는 소문은 날로 널리 퍼져나갔다. 천축의 화엄경을 듣고자 방방곡곡에서 화엄사에 스님과 불자들이 찾아와 인산인해를 이루니 부족한 전각 요사체를 짓고 날로 번창했다.
　존자님은 문수보살을 원불로 삼아 문수대성의 명호를 날마다 십만 송을 하는 것을 일과로 삼았고, 그를 찾는 청신사 청신녀에게 문수보살의 위덕을 자세히 설명해 주었다.
　존자님은 반야봉에 조그만 토굴을 하나 짓고 이름하여 묘향대(妙香臺)라 했다. 문수를 한역하면 묘수, 묘덕, 묘길상 등이 된다. 존자님은 이따금씩 연을 타고 지리산 여러 곳을 두루 살피기도 하고 더러는 며칠씩 묵고 오는 일도 있었다. 화엄사가 화엄동천에 자리 잡은 지 십여 년이 흘렀다.
　존자님이 어느 날 묘향대에 가고자 연을 불렀다. 연이 존자님께 말했다.
　"제가 경치 좋은 곳을 발견했으니 오늘은 묘향대로 가지 마십시오. 저는 이따금 바다가 그리우면 저녁 예불이 끝난 뒤 조용히 다사강(섬진강)으로 날아가 감평만(현 순천만) 바다까지 헤엄치고 놀면서 고향의 향수를 느꼈지요. 그러다 화엄사로 돌아오는 길에 무심코 오산의 넓은 반석에 앉아 쉬었습니다. 그런데 그곳에서 지리산과 화엄동천이 훤히 보이는 것이 아닙니까. 정말로 아름다웠습니다. 오늘은 존자님을 그곳으로 모시고 가겠습니다."

▶ 사성암 유리광전 마애약사여래 모신 전각

연은 존자님을 등에 태우고 날아 오산의 넓은 바위에 내려앉았다. 존자님은 "대단한 경치로다. 지리산과 화엄동천과 마을을 한눈에 볼 수 있다니 정말로 좋은 장소야" 하시고 바위에 앉아 시원한 바람을 맞으며 자비 미소를 짓고 잠시 명상에 들었다. 그리고 깨어나서 이렇게 말씀하셨다.

"이곳에 조그만 석벽굴(石壁窟)이 있구나. 여기서 비바람을 피하고 수행을 할 수 있으니 금상첨화야. 가끔 이곳으로와 반석에 앉아 지리산을 바라보며 문수보살 염송도 하고 좌선도 하며 좋을 것 같구나. 지리산이 문수도량이라면 산 그대로가 바로 문수의 몸이 아닌가. 문수대성의 진신(眞身)을 이곳에서 바라보는 것 같으니 이곳을 길상대(吉祥臺)로 하고 반석을 묘향석(妙香石)이라고 하자꾸나."

그 후 존자님은 가끔 길상대 묘향석에 앉아 지리산과 화엄동천을 환희심으로 바라보며 문수보살을 염송하고, 좌선을 하며 수행정진했다. 또한 화엄사에서 찾아오는 사부대중을 위해 천축의 화엄사상을 더욱 선양했다. 제자들도 가끔 이곳에 와서 수행을 했는데 스님들은 석벽굴을 연기굴이라고 불렀다. 현재는 도선굴이라고 한다.

길상대는 세월이 흘러 오산사(鰲山寺), 오산암(鰲山庵), 선석(禪石)이 있어 선석암(禪石庵)이라고도 했으며, 원효성사, 의상조사, 도선국사, 진각국사 등 성승(聖僧)이 수도를 했다하여 현재는 사성암(四聖庵)이라 한다.

- 사성암에서 수도한 4명의 성승(聖僧)

1. 원효성사(元曉聖師, 617~686년)

원효성사의 속성은 설씨, 이름은 서당(誓幢)이다. 잉피공(仍皮公)의 손자로서 남불지촌 율곡(栗谷) 마을을 지나다 사라수 아래에서 태어났다. 29세에 집을 희사하여 초개사(初開寺)를 세웠고, 의상스님과 당나라 유학도중 무덤의 해골물을 먹고 "마음이 나면 여러 가지 법이 나고, 마음이 없어지면 여러 가지 법이 없어진다 하더니 마음이 없으면 해골도 없는 것이로구나. 부처님 말씀에 삼계(三界)가 마음뿐이라 하셨으니 어찌 나를 속였으랴." 하고 본국으로 돌아왔다. 요석공주와 사이에서 이두 문자를 만든 설총(薛聰)을 낳았고, 파계한 승으로서 속복을 입고 스스로 복성거사(卜性居士)라 칭했다. 무애가(無碍歌)를 부르면서 민중 속에 파고드니 염불을 모르는 사람이 없었다. 금강삼매경(金剛三昧經)을 왕과 고승들 앞에서 강론하여 존경을 얻었다.

스님은 화개동천에 화랑소를 설치하여 화랑들을 훈련시켰다. 군사훈련을 마친 화랑들을 소집하여 화엄사 해회당에서 화엄사상으로 정신교육을 한 후 노고단에 올라 시방 삼세 불보살과 천지신명에게 삼국통일의 대과업과 화랑들의 무운을 기원하였으니 화엄사와 노고단은 화랑들의 중요한 성지라고 할 수 있다. 원효성사는 686년 3월 30일 70세로 혈사(穴寺)에서 입적하셨다.

스님은 지리산 노고단, 화엄사 화엄동천을 훤히 볼 수 있는 오산사(사성암)의 묘향석(妙香石)에서 화엄사의 사리탑을 향해 예배하고, 문수보살 상주 도량인 지리산을 바라보며 문수보살 염송과 좌선을 했다. 또한 아픈 중생을 생각하여 선정에 들어가 약 25미터의 기암 절벽에 손톱으로 마애약사여래불을 새겼다. 마애약사여래불은 왼손에 애민(哀愍, 애처롭고 가엾게 여김) 중생을 위해 찻잔을 들고 있는 모습이다. 약사유리광여래(藥師瑠璃光如來), 대의왕불(大醫王佛)이라고도 한다. 동방정유리세계(東方淨琉璃世界)에 있으면서 모든 중생의 질병을 치료하고 재앙을 소멸시키며, 부처님의 원만행(圓滿行)을 닦는 이로 하여금 무상보리(無上菩提, 더없이 뛰어난 부처님의 깨달음)의 묘과(妙果)를 증득하게 하는 부처님이시다. 그는 과거세에 약왕(藥王)이라는 이름의 보살로 수행하면서 중생의 아픔과 슬픔을 소멸시키기 위한 12가지 대원(大願)을 세웠다.

① 내 몸과 남의 몸에 광명이 가득하게 하려는 원
② 위덕이 높아서 중생을 모두 깨우치려는 원
③ 중생으로 하여금 욕망에 만족하여 결핍하지 않게 하려는 원
④ 일체중생으로 하여금 대승교(大乘敎)에 들어오게 하려는 원
⑤ 일체중생으로 하여금 깨끗한 업(業)을 지어 삼취정계(三聚淨戒)를 갖추게 하려는 원
⑥ 일체의 불구자로 하여금 모든 기관을 완전하게 하려는 원
⑦ 몸과 마음이 안락하여 무상보리를 증득하게 하려는 원
⑧ 일체 여인으로 하여금 모두 남자가 되게 하려는 원
⑨ 천마(天魔)·외도(外道)의 나쁜 소견을 없애고 부처님의 바른 지견(知見)으로 포섭하려는 원
⑩ 나쁜 왕이나 강도 등의 고난으로부터 일체중생을 구제하려는 원
⑪ 일체중생의 배고픔과 목마름을 면하게 하고 배부르게 하려는 원
⑫ 가난하여 의복이 없는 이에게 훌륭한 옷을 갖게 하려는 원

▶ 원효성사   ▶ 의상조사

　이것이 한량없는 중생의 고통을 없애 주는 약사십이대원(藥師十二大願)이다. 약사여래는 이 공덕으로 부처님이 되셨다. 십이대원 속에는 약사여래가 단순히 중생의 병고를 구제하는 일에 그치지 않고 의복이나 음식 등의 의식주 문제는 물론 사도나 외도에 빠진 자, 파계자, 범법자 등의 구제에까지 미치고 있음을 볼 수 있다. 이 십이대원 이외에도 극락왕생을 원하는 자, 악귀를 물리쳐서 횡사를 면하고 싶은 자, 온갖 재앙으로부터 보호받고 싶은 자들이 약사여래의 명호를 부르면서 발원하면 구제를 받을 수 있다고 하였다.

2. 의상조사(義湘祖師, 625~702년)

　의상조사의 속성은 김씨로서 신라 진평왕 46년(625년)에 태어나 19세에 황룡사에서 출가했다. 별호는 연기조사(緣起祖師)이다. 의상스님은 문무왕 원년(661년)에 당나라로 유학을 갔고 중국 화엄종의 제2조인 지엄화상(智儼和尙)으로부터 8년간 화엄학을 수학한 후 법성게와 법성도를 완성했다. 지극히 독창적인 의상조사의 화엄일승법계도(華嚴一乘法界圖)는 방대한 화엄경의 근본 사상을 210자의 간결한 시로 요약한 것이다.

이후 스님은 문무왕 17년(677년) 천축적 화엄사상을 선양하고 있던 화엄사에 주석하면서 화엄사를 해동 천축 화엄의 근본 도량으로 입증하고 선양하기 위해 2층 4면 7칸의 장육전을 창건하여 사방 벽에 화엄석경을 두르고 황금장육입불상을 모셨다. 의상스님은 십대제자인 표훈, 지통, 오진, 진정, 진장, 도융, 양원, 상원, 능인, 의적과 3천 명의 제자를 배출했다.

의상스님도 지리산 노고단과 화엄사 화엄동천을 훤히 볼 수 있는 오산사 묘향석에서 화엄사의 사리탑을 향해 조석으로 예배하고 좌선했다. 후일 고려 숙종은 해동화엄시조원교국사(海東華嚴始祖圓敎國師)라 시호하였다.

3. 도선국사(道詵國師, 827~898년)

도선국사의 속성은 김씨로 흥덕왕 원년(826년)에 영암에서 태어났으며 호는 옥룡자(玉龍子)이다. 어머니는 처녀 시절 겨울에 빨래를 하다가 떠내려 오는 오이를 먹었으며 꿈에 어떤 사람이 나타나 맑은 구슬 1개를 주며 삼키라고 하여 그것을 삼키고 잉태하여 아들을 낳았다. 때문에 아버지가 없어서 어머니 성씨를 따랐다.

어머니는 아버지 없이 태어난 아이라고 주위의 손가락질 받을 것이 두려워 아이를 숲속에 버렸는데 수많은 비둘기들이 보호해주는 것을 신기하게 여겨 다시 데려다 길렀다. 그래서 아기 이름을 '비둘기 숲' 이란 뜻으로 구림(鳩林)이라고 불렀다. 어머니는 아들이 반드시 진리를 깨달을 큰 인물이 될

▶ 도선국사

▶ 진각국사

것으로 확신하고 처음부터 출가하여 스님이 되는 것을 마음으로 허락하고 있었다.

문성왕 4년(842년)인 15세에 월유산 화엄사에 출가했다. 화엄경을 공부했는데 1년도 지나지 않아 벌써 깊은 뜻을 파악하니 강원에서 공부하던 많은 학인들이 모두 놀라하면서 문수보살의 지혜를 얻은 듯 총명하다고 탄복했다.

문성왕 8년(646년) 혜철대사가 당나라의 서당지장 선사로부터 밀인(密印)을 전수받고 나서 곡성 동리산에서 개당(開堂)하여 연설을 하니 배우는 이들이 많이 몰려들었다. 스님은 혜철선사 문하에서 3년 만에 학철대오 했으며 천도사에서 구족계를 받고 행각의 길을 떠났다. 남해정변에서 이인(문수보살)을 만나 모래로 역순의 형세를 만들어 설명한 지리학을 배운 스님은 오산의 오산사(사성암)에서 천문지리에 통달했다.

헌강왕은 스님의 도력을 흠모하여 궁궐로 모시고 법문을 듣기까지 했다. 이때 화엄사를 확장하고 총림대도량의 기틀을 잡았다. 도선스님은 화엄사 중흥조라고 일컬어졌으며, 원소암(圓炤庵)을 짓고 수도했다. 지리산 깊숙한 심원암(深源庵)에서 정진하고 있을 때 산에서 연기를 일으켰다고 하여 연기조사(烟起祖師)라는 별호를 얻었다.

희양현 백계산에 옥룡사란 옛 절이 있었다. 이곳의 그윽한 경치를 좋아한 도선스님은 여기서 평생을 바칠 뜻으로 요사(寮舍)를 깨끗하게 중수하고 수행정진했다. 어느 날 제자를 불러 말하기를 "내가 이제 가야겠다. 인연 따라 왔다가 인연이 다하면 떠나는 것은 만고불변의 이치이니 무엇 하러 더 여기에 있을 것인가?" 하고 홀연히 열반에 들었다. 효공양 2년(898년) 72세로 입적했다. 스님은 요공국사(了空國師), 선각국사(先覺國師)라고도 한다.

4. 진각국사 혜심(眞覺國師 慧諶, 1178~1234년)

진각국사의 속성은 최씨, 자는 영을(永乙), 호는 무의자(無衣子)이며 나주 화순현 출신이다. 완(琓)의 아들이고 어머니는 배씨이다. 어려서 아버지를 여의고 출가하기를 청했으나 어머니가 허락하지 않았다. 하지만 항상 불경을 생각하고 주문을 외웠다.

신종 4년(1201년) 사마시(司馬試)에 합격하여 태학(太學, 국자감 안에 두었던 학과)에 들어갔다. 어머니가 죽자 조계산 수선사(修禪社, 지눌스님에 의해 혁신불교적인 신앙결사 信仰結社의 뜻으로 지은 절 이름)의 지눌(知訥)스님에게 나아가 재(齋)를 올려 죽은 어머니의 명복을 빈 다음 지눌스님 밑에 출가했다. 이때부터 혜심스님은 힘써 정진했으며, 한때 오산 오산사(현 사성암)에 있을 때는 묘향석 위에 앉아 밤낮으로 선경(禪境)을 익혔고, 오경(五更)이면 게송을 읊었는데 소리가 10리 밖까지 들려 듣는 사람들이 이로써 시간을 짐작했다고 한다.

또 지리산 금대암(金臺庵)에 있을 때는 연좌대(宴坐臺) 위에서 좌선을 했는데 눈이 내려 머리까지 쌓여도 오직 좌선에만 몰두했다. 1208년 지눌스님이 혜심스님에게 수선사의 사주 자리를 물려주려 하자 지리산으로 피했다. 그리고 연기존자님께서 지내던 묘향대에 숨어서 오랫동안 용맹정진 선수행을 하며 지냈다.

1210년 지눌스님이 입적하자 왕명에 의해 수선사에 들어가 조계종의 2세가 되었다. 1213년(고종 즉위)에 선사(禪師)를 제수 받고 다시 1216년에는 대선사로 올려졌다. 1234년 6월 26일 문인인 마곡(麻谷)에게 "이 늙은이가 오늘은 너무 바쁘다"라고 말하고 가부좌한 채 앉아서 입적했다.

이때 나이 56세, 법랍 32세였다. 왕은 혜심스님이 입적하자 진각국사(眞覺國師)라는 시호를 내렸다. 그의 문하에는 청진몽여(淸眞夢如), 진훈(眞訓), 각운(覺雲), 마곡 등이 있다.

33 금정암 창건 이야기

금정암은 명종 12년(1562년) 설응선사(雪凝禪師)께서 창건했다. 금정암 오른편 바위에는 산왕대신(山王大神)이라는 글자가 쓰여 있다. 그곳은 한 비구니가 백일기도를 하여 성취를 이룬 자리이며, 이 후 설응선사께서 이곳에 금정암을 창건했다. 금정암에 온 불자들은 불공 후 남몰래 산왕대신 글자 바위 앞에 서서 기도했다. 비구니의 설화가 마을 사람들에게 구전되어 면면히 이어져 내려왔기 때문이다. 그리하여 1997년에는 그 자리에 자그마한 산왕단을 중건했다.

설응스님이 이곳에 암자를 지은 목적은 따로 있다. 암자 뒤를 보면 봉우리 2개가 앞뒤로 보인다. 높고 우뚝 솟은 봉우리는 비로봉(毘盧峰)이고, 그 아래 풍만한 여자 가슴처럼 보이는 봉우리는 유방봉(乳房峰)이다. 비로봉은 양(陽)의 상징이고 유방봉은 음(陰)의 상징이다.

비로자나의 본뜻은 '大日(대일), 즉 태양'이다. "석가모니불을 모든 곳을 두루 비치는 비로자나라 이름하고 그 부처님이 계시는 곳을 상적광(常寂光)이라 한다"라고 해서 석가모니 부처님이 비로자나불임을 명시한다. 부처님의 덕화(德化)가 우주에 충만한 것이 마치 태양이 우주에 가득한 것과 같다.

유방에는 생명을 길러주는 원천수, 생명의 감로수가 있다고 할 수 있다. 젖은 갓 태어난 생명에겐 최고의 양식이며 생명을 자라게 하는 자양분이다. 즉 기초를 튼튼하게 만들어 준다. 음은 주는 것이 자연스러운 기운이다.

▶ 금정암 (1987년)

  비로봉의 양기운과 유방봉의 음기운 합류하는 곳이 금정암이 자리한 곳이다. 남자는 진리의 상징이며 여자는 지혜의 상징이다. 이곳은 시간과 공간의 제약을 넘어선 초월적 근원 자리이다. 빈 듯 하면서도 있고(虛而有), 움직임이 없으면서도 움직일 수 있는 능력을 지닌(寂而感) 곳이다. 따라서 작용이 없는 고요함 속에 이미 능동성을 포함하고 있고, 이 능동성이 현실로 드러날 때 천하의 근본이 될 수 있다.

  불교에서 깨달음을 얻은 후에 그 깨달음을 지키기 위해 오랫동안 수행하는 것을 보림수행(保任修行)이라고 한다. 금정암은 화엄사 중심원(中心院)인 화엄원(華嚴院)에 모셔진 부처님 사리탑을 바라보면서 정진할 수 있는 최고의 보림수행 도량으로 최적화된 곳이다.

  설응스님은 암자 이름을 지을 때도 양(陽)을 의미하는 금(金), 음(陰)을 의미하는 정(井)을 따서 금정암(金井庵)이라고 지으며 말했다.

"이곳은 보림의 도량이므로 도승(道僧)은 살 수 있으나 일반 수좌나 비구는 좌불안석하고 역마살이 발동되어 금방 떠나 버리게 된다. 그러나 비구니는 그 기운을 무난히 받아들여 잘 살 수 있는 암자 도량이 될 것이다."

조선말 고종 때 칠성각을 세웠다. 금정암은 예전에는 안온하고 편안한 암자였으나 지금은 여러 불사로 예전 모습을 찾을 수 없다.

34

사리탑 효대송 이야기

　부휴선사(浮休禪師)의 속성은 김씨이고 법명은 선수(善修)이며 전북 남원 출신이다. 부친의 이름은 적산(積山)이고 어머니는 이씨이다. 어머니가 신승(神僧)으로부터 원주(圓珠)를 받는 태몽(胎夢)을 꾸었고, 어릴 때부터 비린내를 좋아하지 않았다.
　부모님에게 "장차 뜬구름 같은 이 속세를 떠나 출가하려 합니다"라고 하더니, 20세에 양친의 허락을 얻어 지리산으로 들어가서 신명장로(信明長老)의 제자가 되었다. 그 뒤 서산대사 청허휴정(淸虛休靜)의 스승이기도 한 부용영관(芙蓉靈觀)의 밑에서 수도하여 심요(心要, 마음 깊이 있는 가장 중요한 정수 精髓)를 얻었다. 덕유산, 가야산, 속리산, 금강산 등의 이름 있는 사찰에서 수행정진하다가 한양으로 가서 당시 재상 노수신(盧守愼)의 장서를 7년간에 걸쳐 독파하는 등 다른 학문을 계속해서 공부했다.
　스님은 필법(筆法)도 뛰어나 사명당과 함께 누가 더 나은지 말할 수 없을 정도라고 하여 당대의 '이난(二難)'이라 칭송받았다. 종문(宗門)에서도 선지에 밝은 선승으로 인정받았을 뿐 아니라 노수신 등 당대의 최고 수준의 유학자들과도 깊은 교류를 하였다. 또 평생토록 불자들로부터 받은 물건을 하나도 소유하지 않았고 모두 필요한 사람에게 나누어 주었다.
　선조 17년(1584년)에 화엄사에서 대장경(大藏經)을 강설하니 용상(龍象, 석덕 碩德으로 '덕이 높은 스님)과 같은 고승과 고류(高流)들이 모여들어 법을 들었다.

▶ 효대송

그 모임은 왕성하여 화엄의 가르침이 세상에 재흥(再興)했다.

자장법사께서 조성한 사리탑을 보면 연기존자께서 오른 어깨에 옷을 벗어 메고 오른 무릎을 땅에 붙이고 머리에 석등을 이고 왼손에는 찻잔과 구슬을 받쳐 들고 있다. 비구니 어머니에겐 진리의 공양을, 부처님께는 차 공양을 올리는 효 사상의 공양탑인 것이다.

스님은 창건주 연기존자상이 계신 이 사리탑에 올라 역대 고승의 화엄법석이 년년이 왕성하기를, 늘 푸르고 청정하고 오래도록 변함이 없는 소나무와 같이 화엄의 종풍이 온 법계에 가득하기를 원력을 담아서 기원 드리며 화엄송(華嚴松)을 심었다. 화엄송은 일명 효대송(孝臺松)이라고 한다. 효대송의 가지는 사리탑을 향해 존경을 표하고 있다.

또 임진왜란이 일어났을 때에는 덕유산 초암에 은신하고 있던 중 왜적 수십 명을 만났다. 뒷짐을 지고 선 그의 앞에서 왜적들이 칼을 빼 휘두르려 했으나 부휴스님은 태연부동하니 왜적들이 크게 놀라 절한 뒤 물러갔다.

이후 가야산 해인사에 머물렀을 때에는 명나라 장수 이종성이 찾아와서 법문을 듣고 감동하여 며칠 동안 머물렀다. 얼마 뒤 무주 구천동으로 자리를 옮겼고 하루는 《원각경(圓覺經)》을 외우고 있는데, 큰 뱀이 나타나서 계단 아래에 누워 있었다. 경을 다 외운 후 뱀의 꼬리를 밟자 뱀이 머리를 들고 물러났다. 그날 밤 꿈에 한 노인이 절하고는 "화상께서 주신 설법의 힘을 입어 이제 고통의 몸을 여의었습니다"라고 하였다.

35
화엄약수 자정수 이야기

　화엄약수는 신라 문무왕 17년(677년) 장육전 창건 후 불보살님 전에 올릴 청정수가 필요하여 장육전(현 각황전) 왼쪽 부근에 만든 수각에서 나는 물이다. 화엄약수 자리는 섬진강에서 S자 형태로 들어오는 태극기운이 백두산의 마지막 혈맥 정기가 흐르는 길상봉에서 합류하여 하나가 된 부처님 사리탑이 놓인 자락 아래에 있다. 길상봉 땅 속 불사리기(佛舍利氣), 백두정기(白頭精氣), 섬진태극(蟾津太極) 세 가지 기운을 머금고 흐르는 청정수가 수각에 가득 담겨있다. 화엄약수는 불사리기수(佛舍利氣水)이자 백두정기수(白頭精氣水), 섬진태극기수(蟾津太極氣水), 서출동류수(西出東流水, 서쪽에서 동쪽으로 흐르는 물)이니 참으로 신묘한 물이다.

　이 화엄약수와 얽힌 일화를 소개하자면, 화엄사에는 왜소하고 체격이 연약하여 항상 야단을 맞으며 수행하는 스님 한 분이 계셨다. 모든 일에 솔선수범하고 부지런하였으나 체력이 따르지 않았다.
　어느 날 스님은 화엄약수가 나오는 약수터에 앉아서 그런 자신을 미워하며 한탄을 쏟아냈다. 그때 마침 약수를 마시러 오던 대덕 노스님이 스님이 한탄하던 소리를 듣고 말했다.
　"화엄약수를 자정에 맞춰 먹어보시게. 자정수(子正水)는 만물을 변화하게 하는 감로물과 같지. 모든 질병이 치료되고 아무리 힘든 일을 해도 피로감

▶ 화엄약수

이 없고 활력을 얻게 될 것이야. 또 자정수는 정신을 맑게 하고 영력(靈力)을 강화해주는 힘이 있고, 강한 보양(補陽), 보음(補陰)도 지니고 있다네. 백일기도와 함께 자정수를 마시면 좋은 결과가 있을 거야. 그런데 마장(魔障)이 올 것이네. 마장은 허상일 뿐인데 실제처럼 여겨진다는 게 문제야. 제 시각에 맞춰 물을 뜨지 못하면 모두 헛수고가 될 터이니 마장에 주의하고 자정수 백일기도를 잘 해 보시게나."

　노스님은 이렇게 말하고 사라져 갔다. 스님은 그 말씀에 감응을 얻고 눈물을 흘리며 합장을 수없이 했다. 그리고 자정수 백일기도를 성취하리라는 마음을 먹고 그 다음 날 부터 실천했다. 첫날은 부푼 신심과 가벼운 마음으로 자정수를 한 발우 마셨다. 날이 갈수록 실천하기가 힘들었지만 쉽게 무너지지 않았다. 그동안 몸이 약해 당한 설움을 생각하며 용기를 내어 기도에 정진해 갔다.

어느덧 백일기도를 일주일만 남겨두고 있었다. 그 남은 일주일 중 첫째 날, 스님이 물을 뜨려고 할 때 물속에서 뱀이 보였다. 하지만 노스님의 말씀을 기억하며 "허상아 썩 물러가라!" 하고 발우로 물을 떠서 시원하게 마셨다. 둘째 날엔 물속에 죽은 벌레가 바글바글했고, 셋째 날엔 썩은 냄새가 진동하는 동물 사체가 있었다. 넷째 날엔 약수터 위에서 흙을 뿌리는 호랑이가 있었고, 다섯째 날엔 소복을 입은 귀신이, 여섯째 날엔 험상궂은 마군들이 훼방을 놓았다.

그리고 마침내 자정수 백일기도의 마지막 자정이 다가왔다. 스님이 물을 뜨러 갔을 때 화엄약수터에서 환한 빛이 나고 풍악 소리가 울리고 있었다. 그리고 선녀처럼 옷을 곱게 입은 아가씨들이 춤을 추며 스님에게 백일기도 회향을 축하한다며 반가이 맞아주었다. 스님은 기분이 좋아 어쩔 줄 몰랐다. 황홀함에 물을 뜨는 것을 잊어버리고 가무에 홀딱 빠지고 말았다.

그때 허공에서 야단치는 노스님 목소리가 들려 왔다.

"이놈아, 정신 차려라! 백일기도를 망치려고 하느냐?"

순간 스님은 정신이 번쩍 났다.

"허상들아 썩 물러가라! 어찌 기도를 망치려고 하느냐?"

스님이 큰소리로 꾸짖자 노래와 춤을 추던 아가씨들이 사라져버렸다.

스님이 불사리기수, 백두정기수, 섬진태극기수, 서출동류수가 깃든 마지막 자정수를 마시는 순간에 청량함, 상쾌함, 환희심, 충만 등이 밀려오니 말로는 형언할 수 없는 사대육신의 변화를 느껴졌다. 정신이 맑아지고 힘이 솟았다. 힘을 주체하지 못한 스님이 약수 옆 바위를 치는 순간 바위가 옆으로 밀려 뚝 떨어져 나갔으며 그 흔적이 지금도 남아있다.

왜소한 체격에 연약하기만 했던 스님은 자정수 덕분에 최고의 수행자로 거듭났고 사부대중의 존경을 받았으며, 임진왜란과 정유재란 때에는 승병장으로 대단한 활약을 보여주었다.

36
자운선사와 거북선 이야기

불교가 억압당하는 와중에도 임진왜란이 일어나니 승방(僧房)에서 수도(修道)하던 스님들은 호국(護國)의 일념으로 염불만을 외울 수 없다면서 승병(僧兵)을 모아 목탁 대신 창과 칼을 잡았다. 스님들은 위정자를 위해서가 아닌 오직 백성을 위하고 중생을 구하는 마음으로 일어섰다.

이제 화엄사에 전해져 내려오는 승군(僧軍)으로 활약한 자운스님이 거북선을 창안한 이야기를 하고자 한다. 보통 '거북선' 하면 이순신 장군과 이덕홍(李德弘)이 제작을 건의한 '귀갑선(龜甲船)'만 떠올리고 자운스님이 거북선 건조를 건의한 내용을 모르는 사람이 많다.

자운스님의 법명은 윤눌(潤訥), 법호는 현응당(玄應堂), 시호는 자운(慈雲)이다. 고향과 속성은 알 수 없으나 속가의 사형제가 출가하여 고승이 되었고 또 나라에 충성을 다한 충신이기도 하다.

사형제 가운데 맏형은 자운스님, 둘째는 대가희옥(待價熙玉)스님, 셋째는 비능(斐能)스님, 넷째는 급암(汲岩)스님이다. 자운스님은 화엄사에서 출가하여 선교(禪敎)를 겸수(兼修)한 종사(宗師)이고, 임진왜란이 일어나자 전라좌수영에서 수군통제사인 이순신 장군과 함께 군사(軍師)로 수군에 참전했다. 진해 부근의 웅천해전에 첫 출전한 이래로 수군의 정규군과 함께 7년 전란을 승전으로 이끌었다.

자운스님이 큰방에 대중 스님을 모아 놓고 말했다.

"왜군이 조선을 침략하여 노략질하고 백성을 무참하게 살육하니 방관할 수 없습니다. 소승은 이순신 장군을 도와 義僧水軍(의승수군)을 결성하고자 합니다. 여기에 동참할 스님은 내일 아침 공양 후 장육전 앞으로 모이시기를 바랍니다."

다음 날 아침, 출전식을 위해 스님들이 장육전에 모였다. 자운스님은 이들과 함께 장육전 법당에 들어가 불보살님 전에 삼배를 올리고 합장을 한 후 비장한 각오로 발원했다.

"온 법계에 충만하여 아니 계신 곳 없으시고, 만류에 평등하여 시방 법계에 두루 하신 부처님께 사뢰옵니다. 이 세상에서 가장 큰 죄업은 살생이고 남의 것을 뺏는 것이며 평화를 해치는 것이라고 하셨습니다. 왜군이 조선을 침략하여 백성이 무참하게 살육당하고 있습니다. 전란으로 인해 집과 식량이 없어 고통 받고, 병력이 모자라 왜군에 제대로 방어도 하지 못하는 것이 현실입니다. 우리 의승수군은 바다로 들어오는 왜군이 육지를 밟지 못하도록 할 것입니다. 우리가 비록 살생하여 큰 죄업을 지어 지옥에 갈지언정 조선 땅 조선 백성을 위해서라면 목탁 대신 무기를 들고 나가 중생을 구제하겠습니다."

발원을 마친 뒤 삼배를 올리고 의승수군은 장육전에서 나왔다. 그 중에는 자운스님과 함께 해전에서 공을 세우게 될 19세가 된 각성스님도 있었다.

자운스님은 의승수군 대장이 되어 화엄사와 흥국사에서 동참한 스님 300여 명을 거느리고 이순신 장군에게 갔다. 이순신 장군은 자운스님과 의승수군을 보자마자 합장을 하고 스님의 두 손을 꼭 잡으며 말했다.

"이렇게 먼 길을 오느라 고생이 많으셨습니다. 스님과 의승수군을 보니 천군만마를 얻는 것처럼 기쁘고 기운이 넘칩니다."

조선 수군들도 함성을 지르며 열렬히 환호했다.

▶ 거북선의 원형 연

"잘 오셨습니다. 우리와 함께 바다로 들어오는 왜적선을 물리칩시다!"
자운스님이 이순신 장군에게 말했다.
"지리산 화엄사를 창건하신 범승인 연기존자님은 연이란 짐승을 타고 오셨습니다. 몸은 거북과 흡사하며 머리는 용과 같고, 양 날개가 있어 하늘을 날고, 바다와 육지를 자유자재로 왕래하며 능히 사람을 태우고 나르지요."
그리고 장군에게 연(鳶)과 연선(鳶船) 그림을 보여 주었다.
"이 그림 보십시오. 연의 모습을 본떠서 그린 연선입니다. 연선의 용머리는 불교에서 불법을 수호하는 용과 같은 호법신의 상징이라고 할 수 있습니다. 연선은 조선을 지키는 바다의 호법신 같은 상징이 될 것입니다. 나라가 있어야 백성이 살고, 나라가 망하면 백성도 죽습니다. 조선 건국 이래로 불교는 폐찰과 폐불의 탄압을 받으며 겨우 면면이 불맥(佛脈)을 이어 왔습니다. 이러한 불교의 시련도 아프지만 전쟁으로 인하여 고통 받고 있는 중생을 외면할 순 없지요. 우리 백성을 구제하고 왜군을 물리쳐 나라를 지키는 데 용맹한 연선(鳶船)이 도움이 되었으면 합니다."

이순신 장군은 자운스님의 조언에 감동하고, 호국의 정신이 담긴 연선을 보며 크게 감탄했다.

이순신 장군은 거북선을 만드는 데 있어서 경상우수영의 거북머리인 거북선은 이덕홍(李德弘)이 제작을 건의한 귀갑선(龜甲船) 영향을 받았다. 그리고 전라좌수영의 용머리인 거북선은 자운스님이 조언한 연선(鳶船)으로 불교의 호법과 호국적인 역할을 했다. 또한 옥형(玉泂)스님은 군량미 마련에 앞장을 섰다.

화엄사 성보박물관 옆 국일도대선사비명(國一都大禪師碑銘)이라는 벽암스님 비석을 받치고 있는 연(鳶)과 연곡사(鷰谷寺)에 동부도비(東浮屠碑)를 보면 거북선의 원형인 연의 모습을 볼 수 있다. 그리고 자운스님은 지리산 길상봉 아래 문수암과 석종대의 우번굴(牛飜屈)에서 수도생활을 하며 여생을 마쳤다.

37

설홍스님과 석주관 전투 이야기

임진왜란은 임진년에 처음 발생했다 하여 보통 '임진왜란'이라고 하며, 조선 1592년(선조 25년)부터 1598년(선조 31년)까지 진행된 '7년전쟁'이라고도 한다. 임진왜란이 발발하자 화엄사 소요(逍遙), 윤눌(潤訥), 해안(海眼), 각성(覺性) 등 선교(禪敎) 대덕이 모두 하산하여 승장(僧將)이 되어 전쟁에 출전했다.

윤눌대사(자운스님)는 전라좌수영에서 수군통제사인 이순신 장군과 함께 군사(軍師)로 수군에 참전했으며, 각성스님은 19세에 윤눌스님을 따라 해전에서 공을 세웠다. 해안대사는 진주 등지에서 의병을 모집하여 나라에 공헌했다.

명나라는 조선에 4만3천여 명의 병력을 파견했고, 1593년 1월 8일 조명연합군은 평양성을 탈환하고 왜군과 협정에 들어갔다. 1593년 4월 16일 왜군이 한양에서 경상도 일대 해안으로 물러난 이후 지루하게 이어지던 강화회담이 끝내 결렬되었다.

정유년(丁酉年, 1597년) 왜장 고니시 유키나가(小西行長)는 진주에 주둔한 병력 2천여 명으로 전라도를 장악하는 것을 제1차 목표로 설정하고 전라도를 집중 공격했다. 당시 구례 현감 이원춘(李元春)이 석주관 만호(종4품 무관직)를 겸임하여 석주관성을 방어하고 있었다. 8월 7일 고니시 유키나가가 이끄는 왜군이 구례 지역을 점령하고 석주관으로 진격해오자 적의 기세에 눌린 이원춘은 남원읍성으로 후퇴했다. 이때 왕득인(王得仁)은 의병을 모집하여 진주 방면에서 구례로 온 왜군과 싸웠으나 당해내지 못하고 모두 전사했다.

왜군이 구례에 들어와 살인, 방화, 약탈행위를 계속하자 그해 11월 초, 구례 7개 읍내 20대의 젊은 선비들을 주축으로 하여 수백 명의 규모를 갖춘 의병군이 다시 일어났다. 왕득인의 아들 왕의성(王義成)과 각 면으로부터 모여든 이정익(李廷翼), 한호성(韓好誠), 양응록(梁應祿), 고정철(高貞喆), 오종(吳琮) 등이 주축이 된 의병이 석주(石柱)에 모였다.

이른 아침, 석주 의병소에서 보낸 전령이 화엄사에 당도했다. 원주 스님이 전령을 주지 스님 처소로 안내했다. 설홍(雪泓) 주지 스님은 전령이 건네준 격문을 보며 눈살을 찌푸렸다. 그 내용은 아래와 같다.

寄華嚴寺和尙僧雪泓檄文
기화엄사화상승설홍격문

別无他言當此 國家板蕩之時 家親首義 興兵接戰石柱 失窮力盡 天時不利
별무타언당차 국가판탕지시 가친수의 흥병접전석주 실궁력진 천시불리
痛切終天 通切終天 肆余踵義扠殘將 報君恩夏雪父讐而方進石柱之際
통절종천 통절종천 사여종의입잔장 보군은하설부수이방진석주지제
李生員廷翼 韓生員好誠 梁生員應綠 高生員貞喆 吳生員宗 各率奴僕百餘名
이생원정익 한생원호성 양생원응록 고생원정철 오생원종 각솔노복백여명
搜乞山野 又得避難 人數百名 同聲齋會 擊殺倭賊累名而贏糧告之餘卒盡飢
수걸산야 우득피난 인수백명 동성재회 격살왜적누명이영량고지여졸진기
奈何奈何 汝等亦是 王化中一民 應有一死之心幸 率多少緇徒兼負寺穀以助
내하내하 여등역시 왕화중일민 응유일사지심행 솔다소치도겸부사곡이조
一心 勤王以完大事千萬幸福
일심 근왕이완대사천만행복

丁酉年　月　日 石柱義兵所 王義成
정유년　월　일 석주의병소 왕의성
李廷翼 이정익
韓好誠 한호성
梁應綠 양응록
高貞喆 고정철
吳琮 오종

화엄사 화상승 설홍에게 보내는 격문

따로 드릴 말씀은 없소. 이렇게 국가가 정치를 잘못하여 나라의 형편이 어려울 때 가친(家親)이 제일 먼저 의롭게 군사를 일으키시어 석주(石柱)에서 접전(接戰)하였소. 그러나 화살은 떨어지고 힘도 다하였고 천시(天時)도 이롭지 아니하니 뼈에 사무치게 절실하고 애통하오. 너무 서러워 마치 세상이 끝난 듯하오. 슬픔이 극에 달한 저는 아버지의 의로움을 이어 받아서 잔병(殘兵)을 모아 장차 임금의 은혜에 보답하고, 아버지의 원수를 여름에 눈 녹이듯 갚고자 하여 바야흐로 석주로 나아갔소. 이때에 생원(生員)인 이정익(李廷翼), 한호성(韓好誠), 양응록(梁應綠), 고정철(高貞喆), 오종(吳琮) 등이 각기 노복 100여 명을 인솔하고 산야를 찾아다니며 의병이 되기를 빌어서 또 피난민 수백 명을 얻었소. 이들과 함께 왜적 수백 명을 쳐서 죽였으나 남은 양식이 부족하오. 모두 굶고 있으니 이를 어찌하면 좋겠소! 너희들(汝)도 왕화(王化)를 받고 사는 백성이니 응당 한번 죽는 마음을 가지고 얼마간을 인솔하면 다행이겠으며, 치도(緇徒, 승려의 무리)들도 아울러 절에 있는 곡식을 짊어지고 와 한마음으로 근왕(勤王)이 하는 일을 도와서 큰일을 완수한다면 참으로 다행한 일이 될 것이오.

정유년　월　일 석주의병소 왕의성
이정익

한호성
양응록
고정철
오 종

　설홍스님은 격문을 다 읽으시고 대중 스님들과 의논을 해서 알려주겠다는 말과 함께 전령을 돌려보냈다. 시자 스님이 입승 스님에게 알리니 큰방 부전 스님이 운집목탁을 쳤고, 또 8원 81암자 대중 스님들이 다 모일 수 있도록 대종을 쳤다. 8원 81암자에 계시는 대중 스님이 모두 모이려면 시간이 좀 걸린다.
　그날 오후, 큰방에 모인 대중 스님에게 설홍스님은 격문을 읽어 주셨다. 내용을 들은 스님들은 몹시 언짢아했다.
　조선시대는 양반, 중인, 상민, 천민(백정, 노비, 광대, 기생, 무당, 상여꾼, 공장)으로 신분이 나뉘었다. 그런데 이 격문 그 끝부분을 보면 의병 선비가 스님을 천민보다 못하게 여기는 태도가 묻어 있었다. 즉 스님에게 진중한 요청을 하는 것이 아니라 하대하며 일방적으로 명령하고 통보하는 것이었다.
　설홍스님이 말했다.
　"이렇게 무시당하는 것이 어제오늘 일은 아니니 마음에 담아 두지 마십시다. 임진왜란이 발발하자마자 소요스님, 윤눌스님, 해안스님, 각성스님 등 선교대덕(禪敎大德)이 모두 하산하여 승장이 되었지요. 전란에 고통 받고 있는 백성도 중생이요, 임금도 중생이거늘 중생을 구제한다는 마음으로 석주로 가서 의병과 합세합시다."
　대중 스님들은 중생을 구제한다는 목적으로 흔쾌히 출전을 결정했다. 설홍스님이 말했다.
　"내일 아침 공양후 장육전에서 출전식을 할 것입니다. 빠짐없이 참석하기

▶ 설홍대사

를 바랍니다."

다음 날 아침, 출전식을 위해 스님들이 장육전에 모였다. 설홍스님은 출전식을 하고 곧 동참한다는 소식을 알리기 위해 승병 한 명을 먼저 석주로 보냈다. 장육전에 모인 대화엄사 승군단(大華嚴寺 僧軍團)은 불보살님 전에 삼배를 올리고 비장한 각오로 합장을 했다.

설홍스님이 발원했다.

"만유에 평등하사 일체 중생을 제도하옵시는 거룩한 부처님이시여! 저희 화엄사 대중이 승군단을 조직하여 전투에 임하게 되었습니다. 오늘 이 자리에 모인 저희는 전쟁을 종식해 중생이 평화와 행복을 누리도록 대원력으로 목탁 대신 무기를 잡았습니다. 당나라 고종(高宗)이 신라를 치려 할 때 의상조사로부터 그 소식을 전해들은 신인(神印) 대덕께서 화엄사에 밀단법(密壇法)을 개설하여 불설관정복마봉인대신주경(佛說灌頂伏魔封印大神呪經) 문두루품에 의한 비법(秘法)을 써서 기도하여 당나라를 물리치게 했습니다. 이 나라 이 백성을 위하는 호국정신을 이어온 화엄사의 승군단이 발원합니다. 저희가 전투에 임하면 어쩔 수 없이 살생을 하게 됩니다. 비록 살생죄를 지어 지옥에 간다고 하더라도 조국의 생명과 백성의 생명을 내 생명으로 여기고 승군단은 최후의 한 명까지 용전분투(勇戰奮鬪)하겠습니다. 전쟁으로 인해 귀한 생명을 잃은 수많은 백성과 의병, 양쪽 병사들을 위하여 왕생극락을 기원합니다."

발원이 끝나자 대중 스님과 승병들이 다 함께 염불했다.

나무 서방대교주 무량수여래불 나무 아미타불(108번)
아미타불 본심미묘진언 : 다나타 옴 아리다리 사바하(3번)
계수서방안락찰 접인중생대도사 아금발원원왕생 유원자비애섭수
                고아일심 귀명정례
원멸사생육도 법계유정 다겁생래제업장 아금참회계수례 원제죄장실소제
세세상생 보살도(절3번)
원이차공덕 보급어일체 아등여중생 당생극락국 동견무량수 개공성불도
원왕생 원왕생 왕생극락견미타 획몽마정 수기별, 원왕생 원왕생 원재미타
회중좌 수집향화상공양, 원왕생 원왕생 원생화장연화계 자타일시성불도

염불을 끝낸 뒤엔 다시 불전에 삼배를 올리고 대화엄사 승군단 출전식을 마쳤다.

무렴당 계훈선사가 한 마디 했다.

"조선을 침략한 왜군이 패씸하지만 그들도 생명을 가진 중생입니다. 적을

물리칠 때마다 한 생명을 죽이는 것입니다. 그때마다 나무아미타불 염불하세요. 또한 우리 의병 승병이 죽어 갈 때도 마찬가지입니다."

승병들은 합장하며 "네, 그렇게 하겠습니다. 나무아미타불" 하고 장육전을 나섰다.

설홍스님은 계훈선사의 두 손을 꼭 잡고 작별 인사를 고했다.

"우리가 없는 동안 남은 대중 스님들이 화엄사를 잘 지켜주십시오, 꼭 이기고 돌아오겠습니다."

설홍스님은 승대장이 되어 선봉장에 서서 승군단을 이끌었다. 153명의 승병은 군량 103석을 가지고 석주 의병소로 가 구례의병들에 가세했다.

구례의병은 11월 8일 연곡에서 조경남이 이끄는 남원의병과 합동 작전을 벌여 왜군 60여 명을 무찔렀다. 연곡에서 의병에게 일격을 당한 왜군은 보복 공격에 나섰고 11월 중순에서 하순 사이 2차 석주관 혈투가 벌어진다.

화엄사에서 온 의승병 153명과 군량미 103섬을 지원으로 석주관 전투를 앞두고 구례의병은 사기가 드높았다. 군세를 보강한 구례의병은 석주관의 지세를 이용해 게릴라전을 펼쳤다.

구례의병 주력인 5의사군을 좌우군으로 통합 편성해 석주관 성 아래 협곡을 사이에 두고 좌우에 배치해 왜적의 빈틈을 치는 기습 협공을 노렸다. 왕의성이 이끄는 의병부대는 산 정상에 진을 쳤다. 왜병을 계곡으로 유인한 뒤 석주관 성과 그 맞은편 숲 속에 잠복한 5의사군이 먼저 작전을 전개했다. 그리고 화엄사 의승병들과 합세해 좌우에서 적을 기습했다. 산 위에 진을 친 왕의성 의병대는 계곡 아래 적에게 거석을 굴려 내리는 석탄(石彈) 공격을 퍼부었다. 구례의병은 전투 초기에는 대승을 거두는 듯했다.

선조 31년(1598년)에 왜장 가토 기요마사(加藤淸正)가 이끄는 수많은 왜군이 밀려 들어왔고, 적은 압도적인 화력을 앞세워 공세의 고삐를 늦추지 않았다. 의병들은 피 흘리며 분투했으나 역부족이었다. 계곡 좌우에 있던 5의

사군과 의승군 전열이 적의 공세에 무너지기 시작했다. 계곡 주변은 의병과 왜병의 시신으로 뒤덮였다. 2차 의병 가운데 5의사군과 화엄사 설홍스님 외 153명의 승병이 석주진(石柱鎭)을 고수하다가 장렬히 전사했다.

 석주관 성 전투가 벌어졌던 계곡을 지금도 피내(血川, 피아골)라고 부른다. 그나마 산 위에 진을 친 왕의성의 의병부대는 전멸을 면할 수 있었다. 석주관 혈투가 벌어진 시기는 동짓달 추위가 맹위를 떨칠 때였다. 당시 전라좌도 거의 전역을 왜군이 점령해 외부 구원군이 끊겨버린 절망적 상황이었다. 하지만 의병들은 이에 굴하지 않고 처절하게 싸우다 거의 모두 순절했다.

 가토 기요마사는 여세를 몰아 같은 편인 군대에게 피해준 화엄사 승병이 살았던 사찰인 화엄사에 보복 목적으로 침입하여 귀중한 성보를 가져가고 전각을 불태워 8원 81암자가 모두 소실되었다. 그 후 백여 명의 대덕들은 수행의 도량을 잃고 화엄사 뒷산에 토굴을 파서 은신하며 화엄사 복구를 위해 온 힘을 다했다.

38

벽암스님의 중창꽃 이야기

　벽암(碧巖)스님(1575~1660년)은 충북 보은 출신으로 속성은 김씨, 법명은 각성(覺性)이다. 10세 때 설묵(雪默)스님을 스승으로 모시고 출가하여 14세에 스님이 되었으며, 1593년 19세 때 승병에 가담해 자운스님을 따라 해전에서 공을 세웠다. 광해군 때 봉은사에 머물면서 판선교도총섭(判禪敎都摠攝)이 되었고 부휴스님의 법을 이었다. 인조 때 남한산성을 축성할 때 팔도도총섭(八道都摠攝)이 되어 승군을 거느리고 축성 사업을 마친 후 보은천교원조국일도대선사(報恩闡敎圓照國一都大禪師)의 칭호를 받았다.

　화엄사는 신라 경덕왕 때(742~764년)에 이르러 8원 81암자로 화엄불국 연화장세계의 면모를 갖추었으나 선조 31년(1598년) 가토 기요마사가 화엄사에 침입하여 모든 전각을 불태워 8원 81암자가 소실되었다.

　조선 인조 때(1630년)에 이르러 벽암스님은 화엄사를 지키지 못하고 몇 십 년이나 방치한 것을 참회했다. 연화장세계의 가람이 정유재란으로 폐허가 되어 나무와 잡초와 야생화가 무성한 곳에 파묻힌 석등, 석탑 등 석조물들이 초라하게 남아 있었기 때문이다.

　"내가 승병에 가담해 자운스님을 따라 해전에서 공을 세웠다 한들 무엇하랴?"

　벽암스님은 화엄원에 있는 사리탑, 화엄석등, 4사자 감로탑, 도선국사의 비보(裨補)로 조성된 동서5층석탑을 보며 눈물을 흘렸다. 그리고 슬픈 마음

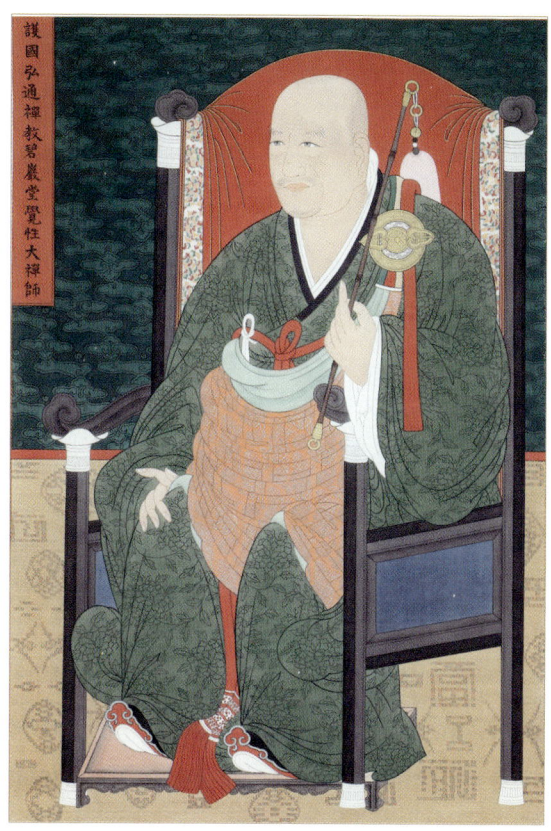

▶ 벽암스님

으로 노고단까지 올라갔다. 그곳에서 둘러보니 화엄동천 8원 81암자는 흔적도 없었다. 스님은 자신이 돌보지 못한 지난 30년 동안 화엄연화장세계였던 대가람이 폐허가 된 것에 또 한 번 가슴이 미어졌다.

화엄사는 범승이신 연기존자님께서 창건한 이래 자장스님, 원효스님, 의상스님, 도선국사 등 수많은 고승 대덕 스님이 중창·중건·중수를 거듭해서 이루어진 곳이다. 벽암스님은 대화엄사 화엄연화장세계를 다시금 일으키고자 했다. 그리고 화엄사 중창불사 원력을 다짐하고 화엄동천을 향해 앉았다.

▶ 영산홍

그런데 눈앞에 작고 앙증맞은 빨간 꽃(영산홍), 하얀 꽃(올벚꽃나무)이 핀 나무 두 그루가 서 있는 것이었다. 스님은 자신 앞에 있는 작은 나무에 예쁜 꽃이 피어 있다는 것을 기이하다 여기고 그것을 화엄사를 중건하라는 불보살님의 계시로 여겼다.

벽암스님은 두 그루 나무를 가지고 가벼운 발걸음으로 화엄골로 내려와 화엄사의 중심원인 화엄원에서 대웅상적광전 법당 터와 장육전 법당 터를 한없이 바라보았다. 그러다 화엄동천 토굴 움막에서 화엄의 맥을 잇고자 수행정진하시는 노덕 대덕 스님과 아랫마을 불자님을 화엄원 도량으로 오시라고 했다.

다들 모이자 벽암스님이 말했다.

"소승은 오늘 찬란했던 화엄사 연화장세계의 터를 더듬으며 노고단까지 다녀왔습니다. 노고단에서 화엄동천의 8원 81암자가 즐비한 전각으로 숲을

▶ 올벚꽃나무

이룬 대화엄사는 보이지 않고 정말 숲만 보였습니다. 미어지는 마음으로 화엄사 연화장세계를 중창하고자 하는 원력을 다짐하였는데 소승이 들고 있는 빨간 꽃, 하얀 꽃이 핀 나무 두 그루가 눈앞에 나타났습니다. 화엄사를 중창하라는 불보살님의 계시라고 생각합니다. 여기에 모이신 노덕 대덕 스님과 여러 스님과 불자님이 소승을 도와 한마음 한뜻으로 대가람 화엄사 중창 불사에 동참하여 진력(盡力)을 다해주시기를 바랍니다."

말을 마친 벽암스님은 합장하며 간절하게 동참을 부탁했다.

화엄원 터에 모인 사부대중은 기쁨의 눈물을 흘리며 스님을 향해 합장하고 반배를 거듭했다. 화엄의 맥, 화엄법등이 다시 찬란해질 것이란 생각에 사부대중 얼굴은 환희심으로 가득 차 보였다.

인조 8년(1630년)에 4사자 3층사리석탑, 화엄석등, 4사자 감로탑, 동서5층석탑 보수와 더불어 화엄사 중건을 시작하여 일주문, 금강문, 천왕문, 덕장전, 만월당, 만월당 해우소, 보제루, 적묵당, 적묵당 옆 화엄문, 적묵당 옆 후원 요사채, 적묵당 뒤 수각(감로각), 적묵당 뒤 2층 총원소, 총원소 옆 대도문, 해구간, 대도문 밖 해우소 등 전각과 법당인 대웅전, 명부전, 삼전, 영전, 나한전 등을 중창했다. 하지만 아쉽게도 장육전은 중건되지 못하고 인조 14년(1636년)에 중창을 끝맺었다.

화엄사 중창불사 원력을 다짐하던 벽암스님 눈앞에 나타난 나무 두 그루 중 영산홍은 화엄석등 옆에 심고, 올벚꽃나무는 지금 지장암(地藏庵) 자리에 심었다. 벽암스님은 중창불사를 끝내고 나무를 바라보며 말했다.

"맑고 하얀 꽃모습의 올벚꽃나무이여! 너의 청정함으로 이 도량을 청정국토를 만들어 주고, 화사하고 찬란한 붉은 꽃의 모습 영산홍이여! 너의 장엄함으로 화엄연화장세계의 도량을 만들어 달라. 나의 원력의 중창꽃이여! 화엄사 중창이 원만히 이루어졌음을 증명하고 증목(證木)이 되어 오래오래 살아남아 아름다운 꽃을 피우며 고운 자태를 영원히 보여주라."

벽암스님의 원력으로 중창된 화엄사는 비록 8원 81암자의 대가람에는 미치지 못하지만 화엄사의 중심 도량인 화엄원에 전각을 중창하여 연기존자님의 화엄사상 화엄법등이 다시금 화엄동천에 되살아나게 했다. 이는 불보살님의 가피와 사부대중의 공덕으로 이루어진 대작불사인 것이다.

영산홍(靈山紅)은 일명 화엄화(華嚴花)라고 한다. 화엄법계의 삼신불(三身佛, ① 청정법신 비로자나불 ② 원만보신 노사나불 ③ 천백억화신 석가모니불)을 표기하여 삼신목(三身木)이라고 하고, 화장법계에 핀 꽃이라 하여 연화홍(蓮華紅)이라고도 한다. 올벚꽃나무는 일명 피안앵(彼岸櫻)이라 하고, 불교의 사홍서원(四弘誓願)을 표기하여 사홍목(四弘木), 청백화(淸白華)라고도 한다.

39
화엄사 현판 억불 이야기

　태조 이성계가 조선을 건국하면서 고려의 문벌귀족 세력을 제거하기 위해 불교를 견제하게 되었다. 정도전이 《불씨잡변(佛氏雜辨)》을 저술하여 억불론을 주장했지만, 무학대사가 조선의 수도를 정하는데 공헌한 바가 있어 고려시대와 마찬가지로 숭불정책이 유지되었다.
　그러나 태종 이방원이 정권을 잡으면서 억불정책이 대대적으로 추진되었다. 서울 외곽 70여개의 사찰을 제외하고 전국 사찰의 재산과 노비를 몰수하고, 태종 7년(1407년)에는 11개 종단을 조계종(曹溪宗), 천태종(天台宗), 화엄종(華嚴宗), 자은종(慈恩宗), 중신종(中神宗), 총남종(摠南宗), 시흥종(始興宗) 등 7종으로 축소했다.
　세종 6년(1424년)에 7개 종단을 다시 선종(禪宗)과 교종(敎宗) 두 종파로 묶었다. 조계종, 천태종, 총남종을 합해 선종으로, 화엄종, 자은종, 중신종, 시흥종의 4종을 합쳐 교종으로 만들었다. 이 두 종파에는 각각 18개의 사찰만을 공인하였고 승려는 도성 출입을 금지했다.
　세조가 즉위하면서 억불정책은 다소 약해지지만 성종은 더욱 엄격하게 불교를 탄압했다. 양반가에서 승려로 출가하는 것을 방지하기 위해 도첩제를 실시했고 부녀자의 출가는 원천적으로 허가되지 않았다. 양반가에서 승려가 되려면 포 100필을 세금을 내야 했고, 일반 백성은 150~200필을 바치도록 했다. 성종 23년(1492년)에는 이러한 도첩제마저 폐지하여 승려가 되는 길을 원천적으로 차단했다. 또한 도첩이 없는 승려는 모두 군역이나 부역에 종사하게 했다.

연산군은 선교양종(禪敎兩宗)을 폐지하고 흥천사와 흥덕사, 대원각사를 모두 폐사시켰다. 승려들은 모두 노비로 만들었으며 흥천사 및 흥덕사는 공해(公廨, 관공서)로 삼았고, 사원의 토지와 노비는 관부에 몰수되었다.

중종은 연산군보다 더욱 심한 억불정책을 추진했다. 조선의 기본 법전 《경국대전(經國大典)》에 나와 있는 승려의 출가를 규정한 도승조(度僧條)마저 삭제한 것은 조선에서 불교를 없애는 폐불을 의미하는 것이었다.

명종 5년(1550년) 12월, 섭정한 문정왕후(文定王后)에 의하여 선교양종이 부활했다. 선종은 봉은사(奉恩寺)를 본사로 하여 보우(普雨)스님이 판선종사도대선사(判禪宗事都大禪師)에 취임하고, 교종은 봉선사(奉先寺)를 본사로 수진(守眞)스님이 판교종사도대사(判敎宗事都大師)에 취임했다. 그러나 명종 20년(1565년) 문정왕후가 죽은 뒤 다시 선교양종제를 폐지했다. 이후 승려에게는 환속이 강요되었고, 깊은 산속에 숨어 작은 암자를 짓고 겨우 명맥만 유지하게 되었다.

정유재란으로 선조 31년(1598년)에 왜장 가토 기요마사가 화엄사에 침입하여 모든 전각을 불태워 8원 81암자가 모두 소실되었다. 벽암스님이 인조 8년(1630년)에 사리탑, 화엄석등, 4사자 감로탑 중수와 더불어 화엄사 중건을 시작하여 대웅전을 비롯해 몇몇 법당, 전각을 중창하였으나 아쉽게 장육전은 중건되지 못하고 인조 14년(1636년)에 중창을 끝맺었다.

중창 후 나라에서 금당에 현판을 내려주었는데 이를 통해 억불의 역사를 엿볼 수가 있다. 화엄사 대웅전 현판은 인조 임금의 숙부이며 광해군의 이복동생이신 의창군이 쓴 글씨이다. 조선시대에 왕족의 글씨를 현판으로 걸어놓으면 불교를 무시하던 유생들이 절을 함부로 대하지 못하게 하는 효과가 있었다고 한다. 그러나 대웅전 현판은 오히려 불교를 무시하고 억불에

▶ 대웅전 현판

복종하라는 뜻을 엿볼 수가 있다.

대웅전 현판은 잘못되었다. 이 법당은 사찰의 중심 법당이며 금당(金堂)이다. 본존불이 어느 부처님인지에 따라 전각 이름을 달리 부른다.

정유재란 전에는 8원 81암자의 대가람을 위용하듯 화엄사의 중심 가람인 화엄원 대웅상적광전은 지붕 전체가 청기와로 되어 있었고, 법당에는 목불(木佛)인 삼신불이 모셔져 있었다. 그 삼신불은 깨달음의 세계(진리)를 몸으로 삼기 때문에 모양과 빛깔이 따로 없고 오고 가는 곳도 없이 진리 그대로인 청정법신 비로자나불(淸淨法身 毘盧遮那佛)과 열심히 수행하신 공덕으로 복과 덕이 가득하여 모든 중생을 구제하는 원만보신 노사나불(圓滿報身 盧舍那佛), 모든 중생에게 깨달음의 길을 가르쳐 주시기 위해 이 세상에 모습을 나타내신 천백억화신 석가모니불(千百億化身 釋迦牟尼佛)이다.

벽암스님은 화엄사를 중창하며 대웅상적광전을 복원하여 삼신불을 모셨다. 비로자나불이 본존불이니 현판을 대웅상적광전이라 써야 하는데, 위정자들은 석가모니불을 본존불로 모신 곳에 사용하는 대웅전이란 현판을 써서 하사했다.

금당 현판이 달라지면 불타관(佛陀觀)이 잘못 해석된다. 대웅상적광전 본존불의 세계는 화엄법계, 화장세계(華藏世界), 연화장장엄세계해(蓮華藏莊嚴世界海)이다. 이곳은 비로자나불이 있는 세계이며, 한량없는 공덕과 광대장엄을 갖춘 불국토이다. 그런데 대웅전이라 한다면 연기존자님께서 화엄경을 전파한 화엄연화장세계 화엄의 의미와 화엄사 창건의 의미가 없어진다. 대웅전 현판을 금당에 다는 것은 화엄세계와 화엄사상을 인정하지 않기에 억불이다.

이렇게 유교 위정자들은 금당에 왕족이 현판 글씨를 잘못 써놓고 불교를 위한 척하며 생색을 냈다. 사부대중이 그 누구라도 현판이 잘못되었다는 말을 하지 못하게 하고 억불의 음모가 깃든 족쇄 같은 현판을 내려준 것이다. 화엄사의 대웅전 현판 글씨는 불교에 대한 무시와 무언의 탄압이 남아 있는 흔적이다. 또한 현재 불교 교리를 배운 불자님들은 화엄사 금당 현판과 본존불이 맞지 않아서 혼란스러움을 초래하는 결과를 낳고 있다.

사찰에는 거룩한 불보살님과 수행자가 거주하는 공간을 매도하는 유교 위정자들이 만든 단어가 남아 있다. 바로 절간이다. 이는 마구간, 외양간, 뒷간과 같은 말이다. 소나 돼지 등 짐승 같은 더러운 것들이 사는 곳이라는 뜻이다. 조선시대 스님은 노비보다 못한 존재들이었다. 그래서 절간이라는 단어를 사용하여 철저하게 불교를 매도했다. 억불로 인해 만들어진 수치스러운 단어이다. 공양간도 마찬가지다. 그런데 불자들도 무심코 이 단어를 사용하고 있다. 이제부터 절간이 아니라 절집으로, 공양간보다 공양방이라고 말하면 좋겠다.

조선시대에 스님들은 부처님의 제자로 존중받지 못하고 짐승보다 못한 취급을 받았다. 그럼에도 불구하고 스님들은 임진왜란과 정유재란에 백성과 나라를 구하려는 호국정신으로 목탁 대신 칼과 창을 잡았다. 또 살생 금계를 깨고 수행자가 업보를 받아 지옥에 떨어지더라도 조선의 백성인 중생

▶ 화엄사 대웅전

을 구하고자 승군으로 자진해서 전투에 임했다. 이렇게 호국정신으로 나라와 백성을 위해 싸운 것이 불교이며 사명대사께서 일본에 가서 조복을 받고 조선을 구한 것도 불교이다.

 억불의 시련을 견디며 불맥(佛脈)을 이어온 선학(先學) 스님이신 선사, 대사, 노덕, 대덕, 장로, 사부대중님께 고마운 마음으로 두 손 모아 합장 예배 드립니다. 현재에 그리고 미래에도 부처님의 가르침을 실천하는 수행자님도 '세세상행보살도 구경원성살바야 마하반야바라밀' 하시기를 바랍니다.

▶ 지리산 화엄사 현판

皇明崇禎九年歲舍丙子仲秋義昌君光書 (황명숭정구년세사병자중추의창군광서)
: '황명숭정구년'은 명나라 연호를 의미하고 조선의 인조 14년에 해당하며,
  '의창군광'은 의창군의 이름이 광(光)임을 표현한 것이다.

智利山(지리산)은 본래 頭流山(두류산)으로 백두산의 정기가 줄곧 흘러 내려와서 이뤄진 산이라 하여 두류산이라 일컫는다. 그런데 연기존자님이 삼매에 들어 보니 문수대성께서 일만 보살 대중에게 설법하고 계신 산이라서 大智文殊師利菩薩(대지문수사리보살)의 이름을 택하여 智利山(지리산)이라 하였는데 백제가 멸망하면서 智利山(지리산) 명칭도 사라지고, 신라시대에는 地理山(지리산)이라고 부르고, 고려시대에는 智異山(지리산)이라고 부르기 시작하면서 지금까지 사용하고 있다. 백제가 멸망하니 덩달아 智利山(지리산) 명칭도 사라진 역사를 간직한 智利山 華嚴寺(지리산 화엄사)이다. 시대에 흐름에 따라 각각 사용하면서 화엄사도 또한 智異山 華嚴寺(지리산 화엄사)가 되고 말았다. 소승은 연기존자님이 智利山 華嚴寺(지리산 화엄사)로 명명한 유지를 받들어 수십 년 전부터 이 한자로 알리고 있다. 이제라도 되찾아 올 필요가 있다고 생각한다.

40
화엄사 사적기 이야기

화엄사 중창불사는 1630년부터 1636년까지 6년을 걸쳐 끝이 났다. 어느 날 적묵당에 대중 스님이 모여 대중공사를 하기 시작했다. 중창을 마무리한 벽암스님이 대중 스님에게 말했다.

"범승이신 연기존자님은 백제국에 와서 화엄사를 창건하시고 부처님의 최고 경전인 대방광불화엄경을 이 땅에 전하신 대승보살의 화신입니다. 자장법사께서는 부처님 가사와 진신사리 등을 가지고 귀국한 후 지리산 화엄사에 와서 연기존자님의 화엄학에 심취하셨고, 창건주 연기존자님을 기리기 위해 4사자 3층사리석탑을 세워 부처님 사리 73과를 봉안하셨지요. 원효스님은 화랑도에게 해회당에서 화엄사상으로 삼국통일 이루고, 의상스님은 2층 4면 7칸의 사방 벽에 화엄석경을 두르고 장육전을 창건하여 정신적 삼국통일과 화엄성지를 완성했습니다. 화엄사는 신라 경덕왕 때 8원 81암자 대가람의 면모를 갖추었지만 정유재란 때 왜장 가토 기요마사에 의해 소실이 되었습니다. 화엄사가 폐허가 된 지 30여 년이 지난 뒤 소승이 6년에 걸쳐 중창했지요. 이렇게 화엄사에 관한 일을 후학에게 남기는 화엄사 사적기를 만들고자 합니다. 대중 스님은 어찌 생각하시는지요?"

입승 스님이 대답했다.

"맞습니다. 찬란하고 웅장한 화엄사 연화장세계가 지금은 비록 초라해졌지만 후학에게 원래 화엄사의 규모를 알려주는 것이 좋다고 생각합니다."

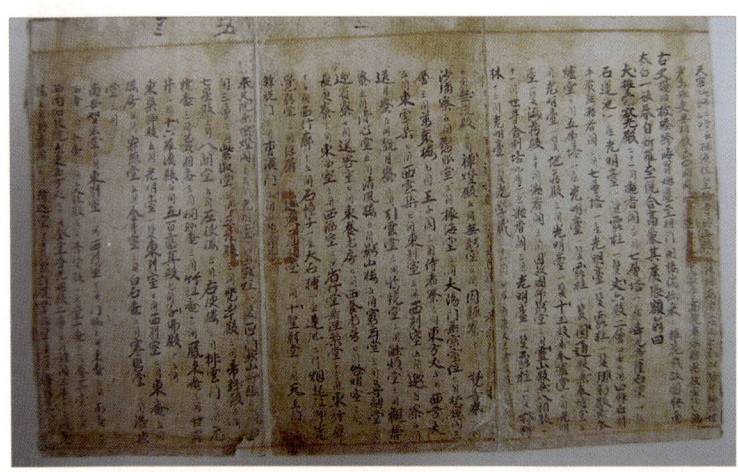

▶ 화엄사 사적기

　대중 스님은 산중(山中) 대덕인 중관당 해안스님에게 화엄사 사적을 부탁했다. 이에 해안스님이 대답했다.
　"소승에게 벅차고 막중한 책임을 맡기시는 군요. 오랜 세월이 흘러서 기억이 잘 나지 않겠지만 노력해보겠습니다. 대중 스님들도 화엄사에 관해 듣거나 알고 있는 이야기가 있다면 저에게 알려 주십시오. 참고하여 사적기를 필사하겠습니다."
　해안스님은 이곳저곳에서 화엄사에 관한 자료를 수집하고 몇몇 스님과 함께 토론하며 사적기 필사를 시작했다. 8원 81암자 전각에 대한 부분은 세월이 십수 년 흘러 기억이 희미하여 전체적인 기록은 하지 못했다. 그리하여 일부 전각 암자만이 기록되었는데 다음에 그 내용 중 일부를 소개한다.

❀

1 화엄원(華嚴院)

　대웅상적광전(大雄常寂光殿) 21칸, 응향각(凝香閣) 3칸, 칠층탑(七層塔) 1좌, 희견보살상(喜見菩薩像) 1구, 석련지(石蓮池) 1마, 광명대(光明臺) 1쌍, 노주(露柱) 1

쌍, 장육전이층(丈六殿二層) 4면 7칸, 사벽석각(四壁石刻) 화엄경, 응향각(凝香閣) 3칸, 칠층탑(七層塔) 1좌, 광명대(光明臺) 1쌍, 노주(露柱) 1쌍, 미륵전겸봉노당(彌勒殿兼奉爐堂) 7칸, 오층탑(五層塔) 1좌, 광명대(光明臺) 1쌍, 노주(露柱) 1쌍, 원통전겸봉노당(圓通殿兼奉爐堂) 5칸, 광명대(光明臺) 1쌍, 지장전(地藏殿) 3칸, 광명대(光明臺) 1쌍, 시왕전겸봉노당(十王殿兼奉爐堂) 7칸, 광명대(光明臺) 1쌍, 해장전(海藏殿) 31칸, 응향각(凝香閣) 3칸, 원교국사영당(圓敎國師靈堂) 3칸, 영산전겸팔상전(靈山殿兼八相殿) 21칸, 세존사리탑(世尊舍利塔) 9층, 응향각(凝香閣) 3칸, 광명대(光明臺) 1쌍, 노주(露柱) 1쌍, 전단림(栴檀林) 13칸, 광명대(光明臺) 1쌍, 광학장(光學藏) 31칸, 축수전(祝壽殿) 13칸, 수륙전(水陸殿) 9칸, 향적전(香積殿) 13칸, 서운루(棲雲樓) 7칸, 무설전(無說殿) 5칸, 선등전(禪燈殿) 5칸, 무영당(無影堂) 5칸, 원융요(圓融寮) 15칸, 범음요(梵音寮) 13칸, 사미요(沙彌寮) 5칸, 벽안당(碧眼堂) 3칸, 진해당(振海堂) 3칸, 대양문겸종실위(大陽門兼宗室位) 7칸, 범종각삼층(梵鐘閣三層) 3칸, 만세루(萬歲樓) 9칸, 왕자각(王子閣) 3칸, 시자요(侍者寮) 3칸, 동서방장(東西方丈) 각5칸, 동서운집(東西雲集) 각7칸, 동서별실(東西別室) 각5칸, 요월요(邀月寮) 5칸, 송월요(送月寮) 5칸, 완월요(翫月寮) 3칸, 인운당(引雲堂) 3칸, 임경당(臨鏡堂) 3칸, 척번당(滌煩堂) 3칸, 관정요(觀靜寮) 5칸, 청심당(淸心堂) 5칸, 청풍루(淸風樓) 5칸, 산영루(山影樓) 5칸, 궁현당(窮玄堂) 3칸, 심검당(尋劒堂) 3칸, 영실요(迎實寮) 7칸, 송객실(送客室) 7칸, 동서양로방(東西養老房) 각7칸, 견명실(堅明室) 3칸, 장경요(長庚寮) 3칸, 동서벽실(東西湢室) 각3칸, 성행당겸열반당(省行堂兼涅槃堂) 13칸, 동서행랑(東西行廊) 각15칸, 석당자(石幢子) 1좌, 대석조(大石槽) 1좌, 연지(蓮池) 2곳, 연기조사선각영당(烟起祖師先覺影堂) 3칸, 부도(浮屠) 1좌, 해동육조영당(海東六祖影堂) 3칸, 십성영당(十聖影堂) 3칸, 천왕문(天王門) 3칸, 해탈문(解脫門) 5칸, 조계문(曹溪門) 3칸

2 봉천원(奉天院)

　봉천원겸연등각(奉天院兼燃燈閣) 13칸, 광명대(光明臺) 1쌍, 노주(露柱) 1쌍, 정문겸산호루(正門兼山呼樓) 13칸, 종각(鐘閣) 3층3칸, 자미당(紫微堂) 3칸, 광전(光殿) 3칸, 도솔전(兜率殿) 3칸, 제석전(帝釋殿) 3칸, 칠성전(七星殿) 3칸, 팔개당(八開堂) 5칸, 좌우경루(左右梗樓) 각3칸, 배운루(排雲樓) 3칸·원효암(元曉庵) 3칸·의상암(義湘庵) 3칸·동손암(桐孫庵) 3칸·죽조암(竹祖庵) 3칸·봉래암(鳳來庵) 3칸〔감로정(甘露井), 십육나한전(十六羅漢殿) 5칸, 오백응진전(五百應眞殿) 9칸, 천불전(千佛殿) 15칸, 동약사전(東藥師殿) 5칸, 광명대(光明臺) 1쌍, 동서별실(東西別室) 각 7칸·동암(東庵) 3칸〔루방(樓房) 5칸, 적조당(寂照堂) 5칸, 금정실(金井室) 3칸〕·백석암(白石庵) 3칸〔한벽당(寒碧堂) 3칸, 호연당(浩然堂) 3칸〕

3 안지원(安智院)

　남 안지법당(南安智法堂) 5칸, 동별실(東別室) 10칸, 서별실(西別室) 10칸, 문루(門樓) 5칸·동암(東庵) 3칸·남암(南庵) 3칸·서암(西庵) 3칸·북암(北庵) 3칸〔문수전(文殊殿) 5칸, 보현전(普賢殿) 5칸〕·동자암(童子庵) 3칸〔양진당(養眞堂) 3칸〕

4 홍교원(弘敎院)

　서남 홍교원겸동서방장(西南 弘敎院兼東西方丈) 70칸, 금당보광전(金堂普光明殿) 2층 5칸, 종각(鐘閣) 3층 3칸, 축리루(祝釐樓) 5칸, 응향각(凝香閣) 3칸, 정진당(精進堂) 15칸, 표하건나강당(驃訶犍拏講堂) 21칸, 해회당(海會堂) 31칸, 원효영당(元曉影堂) 3칸, 동서행랑(東西行廊) 각10칸, 고사(庫舍) 100칸, 마구(馬廐) 70칸, 서층부도(西層浮屠) 1좌, 광명대(光明臺) 1쌍, 노주(露柱) 1쌍, 부도전겸봉노당(浮屠殿兼 奉爐堂) 5칸, 연기요(烟起寮) 30칸, 상전(上殿) 5칸, 서전(西殿) 3칸

5 서유원(西遊院)

　서북 서유원법당(西北 西遊院法堂) 5칸, 동서별실(東西別室) 각 7칸, 상서전(上西殿) 3칸, 하서전(下西殿) 3칸, 공북당(拱北堂) 3칸

6 미타원(彌陀院)

　동북 미타원법당(東北 彌陀院法堂) 5칸, 탑전(塔殿) 5칸, 정중황금탑(庭中黃金塔) 2개(33층·28층), 동서상실(東西上室) 각5칸, 루(樓) 5칸, 극락당(極樂堂) 7칸, 백련당(白蓮堂) 3칸, 청련당(靑蓮堂) 3칸, 보경당(報更堂) 3칸

7 선림원(禪林院)

　북오리(北五里) 선림원법당(禪林院法堂) 5칸, 좌우별실(左右別室) 각7칸, 문루(門樓) 5칸, 주고(廚庫) 7칸, 행랑(行廊) 15칸·용문암(龍門庵) 3칸

8 증림원(證林院)

　증림원법당(證林院法堂) 5칸, 동서상실(東西上室) 각3칸, 횡루(橫樓) 7칸·은무암(隱霧庵) 3칸·은선암(隱仙庵) 3칸·적기암(赤旗庵, 공민왕 때 창건했다. 조선 태조가 황산 荒山에서 왜군과 싸울 때 그 선본대 先鋒隊가 이곳에서 진 陳을 쳤다고 한다)·선정암(禪定庵)·심원암(深源庵)

　여기까지 8원 기록과 더불어 남은 가람 위치를 기록함.

　남십오리(南十五里) 오산사(鰲山寺, 현재 사성암, 도선스님 일찍이 이곳에 살면서 천하지리 天下地理를 통탈했다)·서십오리(西十五里) 백련사(白蓮社)·북이십리(北二十里) 반야봉에 도선(道詵)의 토굴 연기암(烟起庵)

이렇게 해서 해안스님은 인조 14년(1636년)에 필사를 마치고 《호남도구례현지리산대화엄사사적(湖南道求禮縣智異山大華嚴寺事蹟)》을 썼다. 기록한 지 60여 년 후인 숙종 22년(1696년) 중춘일(仲春日)에 백암성총께서 발문(跋文)을 썼으며 숙종 23년(1697년)에 목판본을 간행했다. 경술년(1910년) 춘삼월 포월(抱月)선사께서 병헌사미(秉憲沙彌)에게 화엄사 사적기를 필사하라고 명령했으며 1922년 3월 20일 화엄사 주지로부터 화엄사 사적 편집의 상으로 50원을 받았다.

사적기에 나온 암자에서 설명이 없는 스님의 수도처를 아래에 명시한다.

- 용문암(龍門庵) : 인조 14년(1636년) 벽암(碧巖)선사가 화엄사를 중장후 문도 스님들이 산중(山中) 대덕인 중관해안(中觀海眼) 스님에게 화엄사 사적을 부탁하니 필사를 하였으며, 그 후 중관해안(中觀海眼) 스님이 이곳에서 수도(修道)를 하면서 후진을 양성했다.
- 심원암(深源庵) : 도선(道詵)스님의 수도처이다.
- 백련사(白蓮社) : 고려 원묘(圓妙)국사가 창건했다.

사적기에 전반적으로 많은 내용이 서술되어 있지만 8원 전각과 암자 내용을 위주로 발췌했다.

41
화엄사 은행나무 이야기

백암(栢庵)스님(1631~1700년)의 법명은 성총(性聰)이고 속성은 이씨이다. 남원 출신으로 고려 안호부원군의 10세손으로 아버지의 휘(諱)는 강이고 어머니는 하씨(河氏)이다. 숭정(崇禎) 신미(辛未)년인 인조 9년(1631년) 11월 1일에 출생하여 13세에 순창의 취암사(鷲岩寺)에 출가했다. 순창추암(淳昌鷲庵)에게 법계를 받고 18세에 방장산의 취미스님에게 9년 동안 법을 전해 받았다. 27세에는 곡성에 있는 신덕왕후 강씨의 원당(願堂) 신덕암(神德庵)에 거주했고 30세에 이르러서는 명산을 두루 유람했다.

백암스님는 외전(外典) 뿐만 아니라 시(詩)에도 뛰어나 당시 유명한 사대부였던 김문곡(金文谷) 및 정동명(鄭東溟), 남일곡(南壹谷), 오서파(吳西坡) 등과 교류하였으며, 이들 모두를 공문(空門)의 벗으로 받아들였다.

숙종 7년(1681년) 백암스님이 50살이 되었을 때 임자도(荏子島)에 표류 중이던 큰 배가 정박했다. 그 배에는 명(明)의 평림엽(平林葉,《동사열전》에는 葉平林) 거사가 교열 간행한 《화엄경소초(華嚴經疏鈔)》 외에 《대명법수(大明法數)》, 《화엄경회현기(華嚴經會玄記)》, 《금강경기(金剛經記)》, 《기신론기(起信論記)》 등 4명 대사의 기록들과 함께 《정토보서(淨土寶書)》 등 190권의 책이 실려 있었다. 15년에 걸쳐 5천 판목에 이를 새겨 간행하고 징광사와 쌍계사에 이를 안치했다고 한다.

백암스님은 교종 가운데에서 화엄경을 중요시했고 화엄사에서 강의를 했

▶ 화엄사 은행나무

다. 숙종 18년(1692년)에 대화엄회(大華嚴會)를 베풀자 제방의 학자들이 구름처럼 몰려들기도 했다. 그 기념으로 심은 은행나무가 현재 화엄사 성보박물관 오른쪽 옆 화엄계곡 담장과 마주하고 있다.

숙종 26년(1700년) 쌍계사(雙磎寺) 신흥암(神興庵)에서 7월 25일 자정 무렵 72세로 입적(入寂)했다. 백암스님이 열반에 든 뒤 연일 밤마다 상서로운 빛이 감돌더니, 7일째 되는 날 밤 다비식을 행할 때 그 빛이 확대되어 한줄기 빛이 남북에 뻗쳤다고 한다. 그리고 3일이 지나 유골을 거둘 때 솔가지 위에서 영골(靈骨) 두 조각을 수습해 송광사와 칠불사 등에 나누어 탑을 세우고 봉안했다.

화엄경의 연화장세계란 불교의 가장 이상적인 세계로서 연꽃에서 출생한 세계, 또는 연꽃 중에 함장(含藏)된 세계란 뜻이다. 향수로 된 바다 가운데 핀 커다란 연꽃처럼 연화장세계는 본래 법신불(法身佛)인 비로자나불(毘盧遮那佛)이 천 잎의 연화대에 앉아 천 잎이 각각 한 세계가 되고, 그곳에 화현한 일천 석가모니불이 계시며, 다시 백억 나라에 모두 부처님이 계신 곳이다.

화엄사에서는 이처럼 긴 세월 동안 금빛 찬란한 은행잎 하나하나가 연화장세계와 같이 지리산 화엄사 화엄대도량에서 화엄종풍이 온법계에 충만하기를 기원 드리며 은행나무를 심었다. 이것이 연화장자금행(蓮華藏紫金杏)이며, 일명 비로행(毘盧杏)이라고 한다.

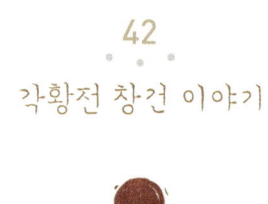

42
각황전 창건 이야기

계파(桂波)선사께서 이 엄청난 장육전 중건 대작불사를 성취하기 위하여 큰 서원을 세웠다.

"모기가 산을 짊어지는 것은 가히 어려운 일이지만 바닷물을 퍼내어 구슬을 취하는 것은 가히 이룰 수 있을 것이니 큰 불사를 이룸에는 몸과 마음을 다하여 먼저 부처님의 가호가 있기를 빌자."

서원을 세우고 기도를 올린 지 백일이 되어 회향을 맞이하게 된 날의 일이다. 계파총섭(桂波總攝, 총섭은 승군을 통솔하는 직권)께서 아침 공양을 마치고 대중 스님에게 자신이 꿈에서 한 신인(神人)을 만난 이야기를 했다. 꿈에서 신인은 이렇게 말했다.

"큰 불사를 이루려면 복 있는 화주승(化主僧)을 내어 큰 시주자를 얻어야 하느니라. 이를 확인하기 위해 물 담은 항아리와 밀가루 담은 항아리를 준비하라. 먼저 물 항아리에 손을 담근 다음 밀가루 항아리에 손을 넣어서 밀가루가 묻지 않은 사람이 장육전 중창 불사의 화주승이다."

대중 스님들은 신인의 말을 실행하기로 하고 사시마지(巳時摩指) 때 대웅전에 두 항아리를 준비했다. 계파스님이 말했다.

"만일 물 묻은 손에 밀가루가 묻지 않는 스님이 있다면 산승(山僧)과 함께 장육전 중건 불사를 각별히 의논할까 하는 바이오."

산내 모든 대중 스님들은 계파스님의 지시대로 차례차례 물 항아리에 손을 담근 다음 밀가루 항아리에 손을 넣었다. 그러나 손에 밀가루가 묻지 않는 스님이 없었다. 천여 명의 대중 스님들 가운데 복 있는 화주승은 끝끝내 나오지 않는 것인가? 다들 실망하고 있을 때 마지막에 시험해 본 공양주 스님의 손에 밀가루가 묻지 않는 것이었다. 대중 스님들은 일제히 공양주 스님을 향해 삼배하고 장육전 중건을 위한 화주승의 중임을 맡겼다.

계파스님이 공양주 스님에게 말했다.

"스님이 10년을 공양주로 일한 복력(福力)이 천여 명 대중 스님 중에서 가장 수승하기에 오늘의 시험에서 이적이 나타난 것입니다. 이는 내가 짐짓 시험한 것이 아니라 지리산의 주인인 문수대성께서 꿈에서 지시한대로 시행한 것이니 그대는 문수대성이 선택하신 화주승입니다. 그러므로 대시주자를 잘 얻어 장육전 중창불사를 이루도록 합시다."

공양주 스님은 공양을 짓는 수행만 했을 뿐 화주에는 전혀 인연이 없어 걱정이 태산 같았다. 밤새 걱정을 하다가 대웅전에 정좌하여 부처님께 기도를 올렸다. 그러자 비몽사몽간에 한 노인(문수보살)이 나타나서 말했다.

"그대는 걱정하지 말라. 내일 아침에 바로 화주를 위해 떠나라. 그리고 제일 먼저 만나는 사람에게 시주를 권하라."

노인은 이 말을 하고 바로 사라졌다. 공양주 스님은 용기를 얻어 대웅전 부처님께 절을 했다.

"화주라는 맡은바 소임을 잘 완수하도록 가호를 내리소서."

그리고 당장 일주문을 나섰다.

얼마 걷지 않아서 그의 앞에 남루한 옷을 걸친 노파가 절을 향해 걸어오고 있었다. 화주승은 노파를 보는 순간 가슴이 철렁 내려앉았다. 그 노파는 자식도 없이 혼자 움막에서 사는데 절에 자주 올라와서 잔심부름을 해주고 누룽지 따위를 얻어가곤 했다. 노파는 공양주 스님과는 아주 친근하게 지내

▶ 계파선사

온 사이였다. 거지 노파에게 어떻게 장육전을 지어달라고 할까? 그러나 화주승은 간밤에 문수대성의 계시를 생각하고 노파 앞에 엎드려 큰절을 올리며 외쳤다.

"오! 대시주이시여! 장육전을 지어주소서."

노파는 처음엔 익히 아는 사이라 농담을 하는 줄로 여겼다. 그러나 계속 절을 하는 스님의 진지한 모습에 말문이 막혔다. 화주승은 노파에게 전후 사정을 이야기하고 시주하기를 간청했으나 노파는 가진 것이 없었다. 노파는 화주승에 정성에 감동하여 눈물을 흘리며 자신의 가난을 한탄했다. 이윽고 화엄사를 향해 합장하며 대 서원을 발했다.

"이 몸이 죽어 왕궁에 태어나서 큰 불사를 이룩하오리니. 문수보살이시여! 가호를 내리소서."

노파는 이 원력을 아뢰며 수십 번 절을 했다. 그런 뒤 돌연 화엄골 소(沼)에 몸을 던지는 것이었다. 눈 깜빡할 사이에 일어난 일이었다. 화주승은 대경실색했으나 노파는 이미 이승 사람이 아니었다. 화주승은 갑작스러운 일에 어찌할 바를 모르고 그 길로 멀리 도망쳤다.

그 일이 있은 후 5년이란 세월이 흘렀다.

화주승이 한양성에 다다른 어느 화창한 봄날의 일이다. 화주승이 창덕궁 앞에서 서성거리다가 유모와 함께 궁밖에 나와 놀던 어린 공주와 마주치게 되었다. 공주는 인경왕후(仁敬王后) 막내딸로 태어났는데, 황후는 숙종 6년(1680년) 음력 10월 26일 2경(二更, 오후 9시~11시)에 경덕궁에서 발병 8일 만에 천연두로 젊은 나이인 20세에 승하했다. 어머니를 여읜 아기 공주는 유모와 나인의 보살핌 속에 자라났다.

공주는 화주승을 보자 반가워하며 달려왔다.

"우리 스님! 우리 스님이에요!"

공주는 화주승의 누더기 옷자락을 쥐고 매달렸다. 공주는 태어날 때부터 왼 손을 꽉 쥔 채로 펴지 못했다. 그런데 화주승이 그 손을 매만지니 신기하게도 공주의 손이 펴졌다. 그리고 그 손바닥엔 장육전이란 석자가 쓰여 있었다. 이 소식을 들은 숙종대왕은 화주승을 내전으로 불러 자초지종을 들었다.

"오! 장하도다. 노파의 깨끗한 원력이 오늘의 공주로 환생했구나. 그 원력을 내 이루어 줘야하고 말고."

왕은 감격한 얼굴로 장육전 중건의 대서원을 발했다.

공주는 화주승을 자신의 처소로 모시고 왔다. 그리고 합장한 뒤 두 손을 꼭 잡으며 말을 했다.

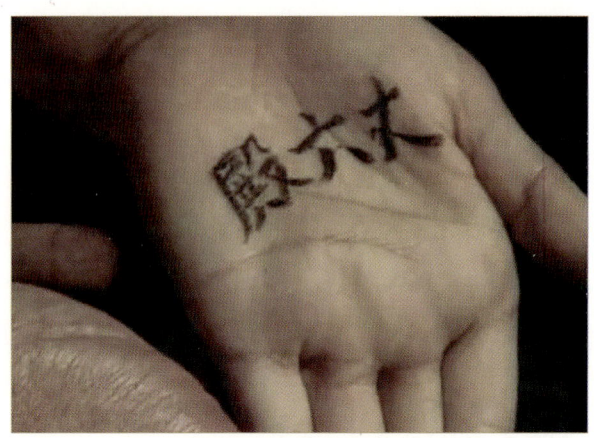

▶ 손바닥에 쓰인 장육전

"저는 궁궐에 태어나서 지금까지 전생 기억을 잊지 않고 있었어요. 화엄사 장육전 중창불사 시주의 원력과 저에게 잘해주신 공양주 스님을 생각하며 만날 날을 손꼽아 기다리고 있었지요. 스님을 뵙게 되니 얼마나 좋은지 몰라요."

공주가 눈물을 흘리자 화주승도 기쁨의 눈물을 흘리며 말했다.

"그때 노파가 소(沼)에 빠졌을 때 소승이 얼마나 놀랐는지 아십니까? 화주는 못하고 생사람을 죽게 하여 무서웠고 화엄사에 돌아갈 염치가 없어 방랑생활을 했습니다. 그런데 몇 달 전부터 이상한 꿈을 꾸었습니다. 노파가 나타나 말없이 손짓하며 따라오라고 하여 문으로 들어가니 눈앞에 궁궐이 펼쳐 보이고 노파는 온데 간데 사라지고 없었지요. 이러한 꿈을 며칠간 꾸었어요. 소승은 노파가 구천을 헤매는구나 생각하고 다시 왕생기도를 정성껏 했지요. 얼마 지나지 않아서 꿈에 똑같은 장소에서 예쁜 여자아이가 함박웃음을 지으며 따라오라고 손짓하기에 문으로 들어가니 같은 궁궐이었습니다. 여자아이는 소승의 손을 꼭 잡고 '잘 오셨습니다. 얼마나 기다렸는지 모릅니다' 하며 환한 미소를 지었지요. 꿈에서 깨어나 생각해 보니 노파 얼굴과 여자아이 얼굴이 비슷한 느낌이 들었습니다. 아마도 노파가 공주로 환생한 것을 알려 주는 꿈이었던 것 같네요. 이젠 마음속에 있던 죄책감의 응어리가 다 빠져나가서 편안하고 좋습니다. 이 일을 화엄사 사부대중에게 알리면 크게 기뻐하실 것입니다."

공주와 화주승은 서로 마주보며 웃었다.

화주승은 이 일을 화엄사 사부대중에게 전해야 한다며 떠날 채비를 하니 공주가 몇 년 만에 만나 뵈었는데 얼마간 더 있다가 가시라고 붙잡았다. 화주승은 공주의 청을 거절하지 못하고 더 머물기로 했다. 그로부터 15일이 지났을 무렵, 공주가 갑자기 원인을 알 수 없이 시름시름 앓더니 죽음의 문턱에까지 이르렀다. 숙종과 스님, 유모, 나인들은 공주를 근심어린 표정으로 바라보았다.

공주가 힘없는 목소리로 간신히 숙종에게 말했다.

"아바마마, 저는 전생에 가난한 노파일 적에 화엄사 스님에게 많은 은혜를 입었습니다. 장육전 중창 불사를 위해 몸을 바쳐 왕궁에 태어나기를 발원하여 금생에 공주로 환생하였으니 저의 뜻을 저버리지 마시고 꼭 불사를 이루어 주세요."

대왕은 공주의 손을 꼭 잡고 말했다.

"너의 소원인 장육전 중창 불사 원력이 꼭 이루어지도록 하겠으니 안심하고 병마를 훌훌 털어버리고 빨리 쾌차하기 바란다."

그러자 공주는 화주승에게 말했다.

"저는 스님과 화엄사 불보살님께 한 시주 원력의 약속을 지켰습니다. 궁궐에서의 인연은 여기까지인가 봅니다. 십여 년쯤 뒤 화엄사 동자승이 되어 장육전 중창 불사를 보고 있을 것입니다."

여기까지 말하고 공주는 숨을 거두었다. 모두 공주의 죽음을 안타까워하며 슬픔에 젖었다. 화주승은 공주를 위해 49재를 지낸 후에 화엄사에서 와서 자초지종을 말했다.

▶ 각황전

  숙종은 공주를 위해 장육전을 중창할 비용 십만 냥을 하사했다. 화엄사에서는 장육전 중창 불사를 준비하기 위해 법당을 설계했다. 그리고 백두산 목재를 운반하기를 몇 년, 바닷물에 담그기를 몇 년, 바람결에 말리기를 몇 년 하다 보니 십여 년 이상의 시간이 흘렀다. 영조의 모친이며 후궁인 숙빈 최씨도 불사에 동참했다. 그리하여 숙종 25년(1699년)에 중창이 시작되어 숙종 28년(1702년)에 완공을 보았다.

  장육전은 무릇 2층 48칸으로써 그 장엄함이 비길 데가 없었다. 이를 연잉군(영조)의 원당(願堂)으로 삼고 1703년에는 삼존불, 사보살상(四菩薩像)을 완성하여 일주일에 걸쳐 경찬대법회(慶讚大法會)를 열었다. 장육전 중건 불사를 회향하자 조정에서는 사액하여 각황전(覺皇殿)이라 했다. 각황은 '부처님을 깨달은 왕'이란 뜻과 '임금님을 일깨워 중건했다'는 뜻을 담고 있다. 예조는 이곳을 한 격 높여서 선교양종대가람(禪敎兩宗大伽藍)이라 했다.

• 채팽윤(蔡彭胤)이 숙종 27년(1701년)에 쓴 장육전 중건 상량문

願堂大施主 延礽君 親王子 甲戌生 李氏 壽命長
원당대시주 연잉군 친왕자 갑술생 이씨 수명장
成造大施主 親王子母 戊戌生 崔氏 壽命長
조성대시주 친왕자모 무술생 최씨 수명장

  장육전을 아들 연잉군(영조)의 수명장수를 발원하는 원당(願堂)으로 삼은 숙종의 후궁(後宮)인 숙빈최씨(淑嬪崔氏)도 조성 대시주로 기록되어 있다. 연잉군은 전생에 농산(聾山) 스님이며, 금산사 목정굴에서 백일 관음 기도 후 입적하며 숙빈최씨 꿈에 아들로 환생한다고 했다.
  또한 원통전 앞 계단과 기단은 신라 문무왕 17년(677년)에 의상조사님이 2층 4면 7칸의 사방 벽에 화엄석경을 두르고 법당 안에 장육황금입불상을 모셨던 장육전에 있던 것이다. 정유재란으로 폐허가 된 후 계단과 기단 일부분이 남아 있었는데, 계파선사께서 각황전과 숙빈최씨를 위한 원통전을 중건하면서 아름다운 장육전 계단을 보존하기 위하여 원통전 앞 계단으로 사용했다.
  삼존불과 사보살상 배치는 불보살님을 정면으로 볼 때는 왼쪽, 오른쪽이지만, 부처님을 중심으로 하면 방향을 반대로 바꾸어 말해야 한다. 중앙에 중방 화엄연화장세계 석가모니불과 협시보살로는 좌보처 오봉성주 칠불조사 대지문수사리보살, 우보처 여래장자 법계원왕 만행무궁 보현보살이다. 왼쪽은 동방 보정세계 다보여래와 협시보살로는 금강계 만다라 현겁십육존 지적보살이며, 탱화는 동방 만월세계 약사유리광불이다. 오른쪽은 서방 극락세계 아미타불과 협시보살로는 좌보처 보문시현 원력홍심 대자대비 구고구란 관세음보살이다.

43

각황전 백두기둥 이야기

계파 성능선사(桂波 性能禪師)께서는 장육전 중건 불사의 대발원의 백일기도로 문수보살님이 선몽을 했다. 그리하여 공양주 스님이 화주승으로 선택되고, 시주자는 화엄사에서 잔심부름을 해주고 누룽지 따위를 얻어가는 거지 노파였다. 시주자는 자신의 가난함을 한탄하고 불보살의 원력으로 왕궁에 태어나기를 서원하며 화엄골 소(沼)에 몸을 던져 공주로 환생했다. 공주는 한쪽 왼 손을 쥔 채로 태어났으며 5년 후 공양주 스님을 만나 손이 펴지니 손바닥에 장육전이라고 쓰여 있었다. 공주의 전생 이야기에 감동한 숙종은 장육전을 중창할 비용 십만 냥을 하사하셨고 숙빈최씨도 동참했다. 숙종 28년(1702년)에 완공한 장육전은 그 장엄함이 비길 데가 없었다. 장육전 중건 불사를 회향하자 조정에서는 사액하여 각황전(覺皇殿)이라고 했다.

자, 이제 장육전(각황전) 중건에 사용한 백두산 기둥 이야기를 해보자.

적묵당에 모인 계파선사와 대중 스님, 도편수(都邊首, 목수의 우두머리), 여러 목수들이 장육전을 중건하기 위해 어떤 나무를 사용하는 것이 좋을지 상의했다. 목재를 구하기 쉽고 공사하기도 편한 가까운 지리산 나무를 사용하자는 의견이 나왔지만 지리산에는 곧고 길게 뻗은 나무가 없으니 공사에 적합하지 않았다.

계파스님이 말했다.

▶ 각황전 백두기둥

"지리산은 본래 백두산의 장엄한 기상이 남쪽으로 흘러내리다가 그 백두대간의 큰 줄기가 다한 곳에 힘을 모아 높이 솟은 산이 바로 두류산(頭流山)입니다. 길상봉(吉祥峰)의 백두 혈맥 기운이 장육전에 감돌고 있었으니 이왕이면 법당 기둥을 백두산 나무로 하는 게 좋을 것 같습니다."

그러자 유나(維那, 사무 寺務를 맡아 지휘하는 소임)스님이 맞장구 쳤다.

"백두산 나무들은 하늘을 찌르듯 곧고 큰 나무가 많으니 장육전 법당을 중건하는데 좋은 재료가 될 것입니다. 백두산 기운이 담긴 나무로 기둥을 세우면 그 기둥도 길상봉에서 내려오는 백두산의 기운을 고스란히 흡수할

▶ 숙종과 공주, 숙빈 최씨와 연잉군(영조) 상상재현

테니 백두산에 있는 것과 별 차이가 없을 것입니다."
대중 스님은 만장일치로 법당 기둥을 백두산 나무로 하기로 결정했다.

숙종은 딸인 공주를 위해 법당을 중건했고, 숙빈최씨는 왕자의 수명장수를 발원하며 동참했다. 그리고 각황전 백두기(白頭氣)와 불보살님의 가피로 숙빈의 아들 영조는 83세까지 장수했다.

숙빈최씨의 소원이 이루어진 이후부터 각황전은 많은 불자들의 기도처가 되었다. 초파일에 화엄사에 온 불자들은 각황전 불보살님께 삼배를 올린 후 법당에 가득한 불보살님의 기운과 기둥에 담긴 백두의 기운을 느끼며 아버지는 어린 딸과 어머니는 어린 아들과 함께 백두기둥을 양쪽에서 감싸 안은 채 손을 잡고 소원을 빌었다. 또한 아직 자녀가 없는 부부는 자녀를 낳기를 바라는 소원을 빌었다. 이곳은 숙종이 공주를 위해 발원하고 숙빈최씨가 아들에게 위해 발원한 것처럼 부녀와 모자, 부부들의 소원 기둥으로 거듭났다. 초파일에 볼 수 있는 아름다운 풍습이 생겨난 것이다.

44. 공주가 환생한 동자승 이야기

장육전 중창 불사 일주일 전, 화주승과 동자승이 장육전 터를 지극한 마음으로 바라 보면서 함께 합장하고 반배한 뒤 스님이 말했다.

"불보살님이시여! 15년 이상이 흘러 이제야 장육전 중창 불사를 하게 되었습니다. 불보살님 죄송합니다. 의상조사께서 창건하신 장육전이 정유재란 때 소실되고, 계파선사님의 원력으로 100일 기도 후 소승이 화주승이 되었습니다. 하지만 문수보살님이 점지한 시주 노파가 죽어 화주를 못하고 방랑 생활을 하였고, 노파는 숙종대왕님의 공주로 환생하여 시주를 약속했습니다. 시주를 약속받고 15일 후 공주는 돌아가셨고 다시 동자승으로 환생하여 지금 제 옆에서 합장 드리고 있습니다."

동자승이 말했다.

"불보살님, 저는 이제야 화엄사에 출가하여 장육전 중창 불사 시주 원력과 불사 모습을 보겠다는 소원을 이루었습니다. 매우 영광스럽게 생각하며 열심히 수행정진하여 큰 스님이 되겠습니다."

두 사람은 장육전 터 도량에 삼배를 올리고 감격의 눈물을 흘렸다.

동자승은 가문이 좋은 부잣집 막내로 태어났는데, 어머니의 태몽은 이러했다. 꿈에 예쁜 여자아이가 화려한 비단옷을 입고 들어와서 절을 한 뒤 남자아이로 바뀌었다. 아이는 자신이 들고 온 비단 보자기를 풀어 안에 있는 승복으로 갈아입고서 "이제 어머니 몸에 의탁하고자 합니다"라고 말했다. 그런 뒤 어머니 몸속으로 들어갔고 방안에는 향기가 가득했다.

어머니는 화들짝 놀라 깨어나서 참으로 기이한 꿈이라고 생각했다. 그 후부터 태교에 더욱 힘썼고 시간이 나면 하인들과 함께 가까운 암자에 가서 지극정성으로 불공을 드렸다. 아기는 태어날 때 큰 울음소리를 한번 내었고 집안 전체에 은은한 빛과 아름다운 향기가 가득했다. 얼굴이 곱고 눈이 초롱초롱 빛나는 이목구비가 수려하고 건강한 사내아이였다. 부모는 아들 이름을 찬동(燦童)이라 지었다.

찬동이는 태어날 때부터 왼쪽 손을 쥐고 펴지 못했다. 부모는 걱정이 태산 같았다. 장애를 고치기 위해 전국 방방곡곡의 좋은 명의(名醫)를 수소문해서 치료를 했지만 소용이 없었다. 찬동이는 부모님의 걱정과 달리 손에 대해 불편함을 느끼지 않고 항상 즐겁게 지냈다. 5살 무렵에 어머니는 다니던 암자에 찬동이를 데리고 갔다. 그리고 아들의 손을 고쳐 달라고 약사여래불 전에 기도했다.

찬동이는 암자에 다녀온 후 좌선하기를 좋아했다. 시도 때도 없이 정자에서, 나무아래에서, 대청마루에 앉아 좌선하는 모습에 부모는 걱정이 많았다. 찬동이가 좌선하고 있을 때 자비로운 미소를 지었고 주위가 빛나니 하인들은 저도 모르게 합장 반배했다. 그러다 정신을 차리고 이구동성으로 말했다.

"찬동 도련님은 스님처럼 좌선을 좋아하니 전생에 불연(佛緣)이 있으신 듯합니다."

찬동이는 문수보살 염송하고 좌선하는 것이 일상생활이 되었다.

찬동이가 10살이 되었을 때 부모님이 계시는 안방으로 들어가 문안 인사를 드리며 비장한 마음으로 말했다.

"이제 소자가 이 집안과 인연이 다 되어 떠날 때가 되었습니다."

그 말은 들은 아버지는 황당해 하다가 노발대발하며 큰 소리로 호통쳤다.

"어디 정신 나간 해괴망측한 말을 하느냐."

찬동이는 흔들림 없이 말했다.

"조금 있으면 소자와 인연이 있는 화엄사 스님이 오실 것입니다. 그 스님이 소자의 손을 만지면 인연의 징표가 나타나 보일 것입니다."

말이 끝나자마자 밖에서 하인의 목소리가 들렸다.

"대감마님, 화엄사에서 스님이 오셨는데요. 뵙고자 청하십니다."

찬동이 말이 들어맞자 부모님은 깜짝 놀라서 떨리는 목소리로 들어오시라고 했다. 스님은 찬동을 보고 반가운 눈빛과 엷은 미소를 지었다. 그리고 둘은 동시에 "오랜만이네요" 했다.

부모님은 의아한 얼굴로 둘을 번갈아 보며 스님에게 앉으시라고 했다. 스님은 오래전 공양주 시절에 장육전 중창 불사에 관한 자초지종 말했다. 그리고 찬동이 손을 만지니 손이 펴지고 손바닥에 장육전이라는 글자가 선명하게 보였다. 이것을 본 부모는 소스라치게 놀라 몸서리를 쳤다.

스님이 말했다.

"꿈속에서 문수보살님이 나타나 '시주자가 올 때가 되었구려. 노파와 공주가 세운 원력의 소원대로 찬동이를 데리고 와서 출가시켜 장육전 중창 불사를 볼 수 있게 하시오'라고 하셨습니다. 찬동이가 바로 시주자 노파이며 숙종대왕의 공주로 태어나 시주를 했고 유언으로 화엄사 스님이 되고자 하였지요. 그 인연으로 여기에 오게 되었으니 허락해 주시지요."

찬동이가 말했다.

"소자는 좌선을 하면서 전생을 알게 되었습니다. 화엄사와 멀리 떨어져 있었지만 선정에 들어 화엄사 불보살님을 참배하러 다녀오곤 했지요. 이제 화엄사로 출가하여 부처님 제자가 되어 수행자의 삶을 살려고 합니다. 낳아 길러주신 은혜는 잊지 않겠습니다. 출가를 허락해 주시기를 간청 드립니다."

스님은 찬동의 부모에게 청나라 순치황제(順治皇帝)가 출가한 이야기를 들려준다.

천축국(天竺國) 어느 절에 노스님 한분이 계셨다. 덕이 높고 수행이 깊은 노스님은 여간해선 아프지도 않았고 대중들의 존경을 한 몸에 받으며 살고 있었다. 어느 날 짓궂은 손자 상좌들이 "노스님 언제 옷을 벗으실 겁니까?" 하고 여쭈면 "뒷산 바위가 무너지는 때에 옷(육신)을 벗으마" 하셨다.

하루는 상좌에게 지필묵을 가져오라 하시고 사람 얼굴을 그린 후에 눈동자는 남겨두며 "40년 후에 이 그림을 걸개로 하여 중원 천하를 돌아다니며 '자기 영 찾으시오' 하고 소리친다면 내가 나타나 눈동자를 그려줄 것이다"라고 말했다. 그런 뒤 목욕재계하고 의복을 단정히 하시고 좌탈입망(坐脫立亡, 앉은 채로 죽음을 맞음) 하시니 갑자기 뒷산 바위가 무너져 내렸다.

40년 후 청나라에는 순치 황제가 황제 자리에 올라 마상에서 피비린내 나는 전쟁을 수행하여 중원 천하를 통일했다. 하루는 황제가 자금성에 앉아 있는데 성 밖에서 문득 "자기 영을 찾으시오" 하는 소리가 들렸다. 무엇에 이끌린 듯 소리가 나는 곳을 보니 어느 스님이 걸개 그림을 들고 있는데 눈이 없었다. 황제가 붓을 들어 눈동자를 그려주자 "40년 만에 스승님을 뵙습니다" 하면서 상좌 스님이 큰 절을 올리고 연유를 말하니 순치는 홀연히 자신의 전생을 깨달았다. "황제는 그 길로 곤룡포를 벗어 던지고 산서성 오대산으로 입산 출가하면서 쓴 시입니다"라고 말하며 시를 읊기 시작했다.

順治皇帝 出家詩 (순치황제 출가시)

天下叢林飯似山 (천하총림반사산) 곳곳이 수행처요, 쌓인 것이 밥이거늘
鉢盂到處任君餐 (발우도처임군찬) 대장부 어디 가서 밥 세 끼니 걱정하랴

黃金白璧非爲貴(황금백벽비위귀)	황금과 백옥만이 귀한 것이 아니라오
惟有袈裟被最難(유유가사피최난)	가사 장삼 얻어 입기 무엇보다 어렵다네
朕乃大地山河主(짐내대지산하주)	내 비록 산하대지의 주인이련만
憂國憂民事轉煩(우국우민사전번)	나라와 백성 걱정 마음 더욱 고뇌이네
百年三萬六千日(백년삼만육천일)	인간의 백년 삶이 삼만육천 날이지만
不及僧家半日閑(불급승가반일한)	승가에서 한나절 쉼만 못하다네
悔恨當初一念差(회한당초일념차)	당초에 부질없는 한 생각의 잘못으로
黃袍換却紫袈裟(황포환각자가사)	가사장삼 버리고서 곤룡포를 입게 됐네
我本西方一衲子(아본서방일납자)	이 몸은 알고 보면 서천국의 스님인데
緣何流落帝王家(연하류락제왕가)	어찌하여 제왕가에 떨어졌나
未生之前誰是我(미생지전수시아)	태어나기 전에 그 무엇이 내 몸이며
我生之後我是誰(아생지후아시수)	태어난 뒤 내가 과연 누구던가
長大成人纔是我(장대성인재시아)	자라나 사람 되어 잠깐 동안 나라더니
合眼朦朧又是誰(합안몽롱우시수)	눈 한번 감은 뒤에 내 또한 누구런가
百年世事三更夢(백년세사삼경몽)	백년의 세상 일은 삼경의 꿈속이요
萬里江山一局碁(만리강산일국기)	만리강산은 한판의 바둑이라
禹疏九州湯伐桀(우소구주탕벌걸)	우임금 구주를 나누고 탕 임금은 걸을 치며
秦吞六國漢登基(진탄육국한등기)	진시황 육국을 통합하고 한 태조가 기틀 닦네
兒孫自有兒孫福(아손자유아손복)	자손들은 제 스스로 살 복 타고나니
不爲我孫作馬牛(불위아손작마우)	자손을 위한다고 말, 소 노릇 그만 마소
古來多少英雄漢(고래다소영웅한)	예로부터 많고 적은 영웅들
南北東西臥土泥(남북동서와토니)	푸른 산 저문 날에 한 줌 흙이로다
來時歡喜去時悲(내시환희거시비)	올 때는 기뻐하고 갈 적에는 슬퍼하니
空在人間走一回(공재인간주일회)	공연히 인간세상 한 바퀴를 돌았구나
不如不來亦不去(불여불래역불거)	애당초 오지 않으면 갈 길 조차 없으리니

也無歡喜也無悲(야무환희야무비)	기쁨이 없었는데 슬픔인들 있을손가
每日淸閑自己知(매일청한자기지)	나날이 한가로움 네 스스로 알 것이니
紅塵世界苦相離(홍진세계고상리)	풍진에 있더라도 온갖 고통 여의리라
口中吃的淸和味(구중흘적청화미)	입으로 맛들임은 시원한 선열미(禪悅味)요
身上願被白衲衣(신상원피백납의)	이 몸에 입는 것은 남루한 가사로다
四海五湖爲上客(사해오호위상객)	사해와 오호에서 자유로운 객이 되어
逍遙佛殿任君棲(소요불전임군서)	부처님 도량 안에 마음대로 노닐세라
莫道出家容易得(막도출가용이득)	세속 떠나 출가하기 쉽다고 하지 마소
昔年累代重根基(석년누대중근기)	속세에 쌓아놓은 선근(善根) 없인 아니 되네
十八年來不自由(십팔년래부자유)	18년간 지내면서 자유라곤 없었으니
山河大戰幾時休(산하대전기시휴)	강산을 뺏으려고 몇 번이나 싸웠더냐
我今撒手歸山去(아금철수귀산거)	내 이제 손을 털고 청산으로 돌아가니
那管千愁與萬愁(나관천수여만수)	천만가지 근심걱정 마음 쓸 것 하나 없네

스님은 순치황제의 출가시를 읊은 후 찬동의 부모를 바라보며 말했다.
"이렇게 순치황제도 전생을 안 후에 시를 짓고서 천하제일의 자리를 버리고 출가했지요. 찬동이도 그리 하지 못할 이유가 없습니다. 부디 찬동이가 출가할 수 있도록 허락해 주십시오."

스님이 간절한 마음으로 합장을 하니 부모는 한동안 말없이 눈물만 흘렸다. 잠시 후 어머니가 찬동의 태몽 이야기를 해주었다.

"태어날 때부터 부처님과 인연이 정해진 것인데 어쩔 수 없네요. 찬동이는 스님과 함께 가거라. 출가하여 열심히 수행정진해서 큰스님 되거라."

아버지는 여전히 못마땅한 얼굴로 말했다.

"잘 가거라. 열심히 수행 하거라."

스님과 찬동이는 하직 인사하고 가벼운 발걸음으로 화엄사에 왔다. 그리

▶ 재위 때 순치황제

▶ 수행자 순치

고 계파스님과 사부대중에게 인사를 드렸다. 계파스님이 반갑게 맞이하며 말했다.

"대시주자이시여! 이제야 화엄사에 오셨구려!"

대중 스님들도 역시 찬동이를 반가이 맞이했다. 계파스님이 다시 말했다.

"찬동 시주자는 장육전 중창 불사 원력을 위해 두 번이나 환생해 다시 화엄사 불보살님 품으로 돌아 왔습니다. 십여 년에 걸쳐 준비한 재목도 이제 모두 마련되었으니 화엄사 창건주 연기존자님 기일에 맞춰 사부대중과 함께 중창 불사를 시작해 봅시다."

사부대중은 큰 박수로 찬성을 표현했다. 찬동이는 대웅전에서 삭발하고 수계를 받았다. '화엄사에 시주한 자'라고 하여 시화(施華)라는 법명을 받고 화엄사 스님으로 거듭났다.

장육전 중창불사 고불식을 연기존자님 기일인 음력 2월 28일에 장육전 터에서 진행했다. 숙종 25년(1699년)에 시작하여 숙종 28년(1702년)에 법당을 완성하고, 1703년에 삼존불(① 석가모니불 ② 아미타불 ③ 다보불) 사보살(① 문수보살 ② 보현보살 ③ 관세음보살 ④ 지적보살)을 완성하니 무릇 2층 48칸으로서 그 장엄함은 비길 데가 없었으며 일주일에 걸쳐 경찬대법회(慶讚大法會)를 열었다.

장육전 중건 불사를 회향하자 조정에서는 사액하여 각황전(覺皇殿)이라 하고 예조는 한 격 높여서 올려 선교양종대가람(禪敎兩宗大伽藍)이라 교지를 내렸다. 숙빈최씨도 아들을 위해 불사에 동참한 대시주이며 또한 각황전을 연잉군(영조)의 원당(願堂)으로 삼았다.

시화스님은 각황전 법당에서 기도하고, 강원에서 교(敎)를 배우고, 선방에서 참선도 하며 수행정진 하여 연기존자님께서 전해준 화엄경을 통달하여 화엄종사(宗師)로서 매양 선교(禪敎)를 강설하여 많은 승속(僧俗)을 깨우쳐 주었다.

45
화엄사 홍매화 이야기

　신라 문무왕 17년(677년)에 의상조사께서 2층 4면 7칸의 사방 벽에 화엄석경을 두르고 황금장육입불상을 모셨던 법당인 장육전이 폐허가 된 후 계파 성능선사가 장육전 중건 불사의 대발원의 백일기도를 하니 문수보살님이 선몽을 했다. 이를 시작으로 화주승, 거지 노파, 공주의 인연을 통해 숙종이 장육전 중창 비용을 하사하고 장육전이 완성되자 사액을 내려 각황전이라고 했다. 각황(覺皇)은 부처님을 깨달은 왕(성인 중에 성인)이라는 뜻과 숙종 임금에게 불교 사상을 일깨워 중건하였다는 뜻이 담겨 있다.

　이 각황전 불사를 숙종 25년에 시작하여 4년 만에 완공하고(1699~1703년) 더불어 원통전도 중건하니 이를 기념하기 위해 계파스님이 홍매화를 심고 나서 말했다.

　"벽암스님은 화엄사 중창불사를 시작하실 때 도량을 청정국토로 만들라는 뜻에서 올벚꽃나무를 심고, 붉은 꽃의 영산홍은 장엄함으로 화엄연화장세계의 도량을 만들어 달라는 뜻으로 심으셨다. 나 또한 붉고 붉은 홍매화의 짙은 향기가 화엄도량, 화엄동천, 온누리에 부처님의 진리향기를 담아 중생의 마음에 스며들어 삼독심(三毒心, 貪瞋癡, ① 욕심 ② 성냄 ③ 어리석음)을 잠재우고 무명도 없애며 반야지혜를 얻어 깨달음을 얻기를 바란다. 장육매여! 화엄연화장세계에서 수행자와 불자와 중생들에게 너의 화사하고 아름다운 자태로 환희심을 발하여 신심 발심 보리심을 일으키는 중책을 맡기고자 한다."

▶ 각황전과 홍매화

계파스님은 사랑스럽게 홍매화를 쓰담으며 자비미소를 지었다.

홍매화의 붉은 꽃빛은 시주할 돈이 없어 애태우며 간절한 마음으로 헌신 공양한 노파의 마음이런가. 환생한 공주의 마음이런가. 언제나 위태로운 왕자를 보며 애태운 숙빈최씨의 마음이런가. 홍매화는 그들의 피 끓고 애타는 마음의 빛깔처럼 붉고 또 붉었다. 홍매불자(紅梅佛子)는 향긋한 향기를 불보살님 전에 올리고 아름다운 자태를 참배객에게 보여주어 환희심을 불러일으켰다. 고색창연한 가람 화엄연화장세계와 화엄동천에 홍매화 향이 가득했다.

이 홍매화는 일명 장육매(丈六梅)라고도 한다. 또는 각황매(覺皇梅), 화엄연화장세계에 있다고 하여 화엄매(華嚴梅), 각황전 삼존불(三尊佛, ① 아미타불 ② 석가모니불 ③ 다보불)을 표기하여 삼불목(三佛木)이라고도 한다.

46
각황전 큰 목탁 조성 이야기

앞서 우리는 계파 성능선사께서 장육전 중건 불사를 위한 백일기도를 통해 문수보살님이 선몽을 한 것을 시작으로 거지 노파가 공주로 환생하여 손바닥에 장육전이란 글씨를 보고 그 공주를 위해 장육전 중창 비용을 하사한 숙종의 이야기와 공주가 찬동으로 환생하고 스님이 되는 과정을 들었다. 이제 각황전의 경탁 위에 놓인 큰 목탁에 대해 이야기하려고 하며 조성된 계기는 이렇다.

장육전 중창 낙성식과 봉불식을 연기존자 기일인 음력 2월 28일에 거행했다. 법당 안과 도량에 사부대중과 불자님이 동참하여 인산인해를 이루었다. 입승 스님 사회로 낙성식의 시작을 알리자 노전 스님이 큰 목탁 채를 들고 목탁을 다섯 번 쳤다. 장육전(각황전) 중건 불사에 대한 경과를 보고하고 순서에 따라 의식을 치르며 장육전 중창 낙성식 및 봉불식 회향을 마쳤다.

장육전(각황전) 법당의 경탁 위에는 엄청나게 큰 목탁이 놓여 있었다. 이를 본 불자들이 하나 같이 놀라 입을 다물지 못할 정도였다.

"들고 치지도 못할 만큼 큰 목탁을 왜 만드셨나요?"

불자들의 궁금증에 노전(爐殿, 불공등 법요의식을 맡는 소임) 스님이 대답했다.

"큰 목탁을 보고 불자님과 시주님이 놀라셨을 듯합니다. 이 큰 목탁은 지리산에서 자란 나무로 조성한 것이며 화엄사를 찾아오시는 불자님과 마을

▶ 길상탁

사람을 위해 만든 것입니다. 큰 목탁은 염원목탁(念願木鐸)이며 복탁(福鐸)입니다. 장육전(각황전) 경탁에 놓은 큰 목탁 앞에서 합장하고 반배한 뒤 목탁을 천천히 세 번을 치고 다시 반배하시면 됩니다."

그리고 목탁을 세 번 치는 이유를 설명한다.

"첫 번째는 언제나 혼침(昏沈)과 산란에서 깨어나 일심(一心)으로 살아야합니다. 그와 같은 삶이라면 나도 살고 남도 살리고, 나도 깨닫고 남도 능히 깨달을 수 있게 할 것입니다.

두 번째는 속이 빈 목탁 안에서 울리는 소리는 공심(空心)이며 불음(佛音)입니다. 탐욕과 분노, 어리석음의 탐진치(貪瞋癡)인 삼독(三毒)이 비어 있으므로 공한 마음입니다. 삿됨이 없고 허망됨이 없고 무명도 없는 불음(佛音)이 우러나올 때, 모든 중생의 업장을 녹이고 모든 중생에게 청정과 해탈을 심어 줍니다.

세 번째는 귀중한 불구(佛具, 사찰에서 쓰는 온갖 기물)를 접하고 칠 기회는 흔치 않습니다. 목탁을 치는 것도 불연을 맺어주는 것이며 복덕과 공덕을 쌓게 하는 것입니다. 다시 말하자면 복탁입니다."

▶각황전 법당 안 경탁 위에 있는 큰 목탁

노전 스님의 말을 끝나자 불자님과 마을 사람 남녀노소는 간절한 마음으로 큰 목탁을 진중하게 쳤다. 그리고 목탁을 세 번 어루만지고 합장하며 환희로운 마음으로 장육전(각황전) 법당에서 나왔다.

이 큰 목탁은 그 소리로 번뇌가 쉬고 청정심으로 반야지혜를 얻어 부처님의 가피로 공덕과 복덕을 얻는 염원목탁이요, 복탁이요, 행운과 소원을 들어주는 길상탁(吉祥鐸)이며 소원탁(所願鐸)이다.

47
축지법 하는 초월스님 이야기

　새벽 3시 고요적적한 새벽을 깨우는 청아한 도량석(道場釋) 목탁소리가 온 도량과 화엄동천에 울려 퍼진다. 도량석 소리에 적묵당에는 불이 켜지고 학인 스님들은 일어나 새벽예불에 갈 준비를 하며 각 처소에 계신 스님들도 채비를 한다. 도량석이 끝나니 대웅전에서 독송하는 아침종송에 맞춰 적묵당 부전 스님도 마루에 있는 소종을 치며 아침종송을 똑같이 따라 한다.

　아침종송이 끝나갈 무렵에 대중 스님들은 법당에 들어와 삼배하고 앉는다. 종송이 끝나고 부전 스님이 목탁을 치면서 천수경을 독송하면 대중 스님도 따라한다. 동시에 운고각에서는 사물인 법고를 치기 시작하면서 차례대로 목어 운판을 치며 범종을 28번 치는데 천수경 독송이 끝나는 것에 맞춰 동시에 멈춘다. 대웅전에서 새벽예불을 알리는 동종을 치면 적묵당에서도 부전 스님은 동종 소리에 맞춰 소종을 치고 법당에 들어온다. 동종 소리가 끝나면 예불이 시작된다.

　선창하는 스님이 게송을 하면 부전 스님은 게송에 맞춰 경쇠를 친다.

　　　我今淸淨水(아금청정수) 제가 지금 아주 맑은 물을
　　　變爲甘露茶(변위감로다) 감로차로 변화시켜
　　　奉獻三寶前(봉헌삼보전) 삼보전에 올리오니
　　　願垂哀納受(원수애납수) 원컨대 자비로서 어여쁘게 받으소서

願垂哀納受(원수애남수) 원컨대 자비로서 어여쁘게 받으소서

願垂慈悲哀納受(원수자비애남수) 원컨대 큰 자비로서 어여쁘게 받으소서

선창하는 스님이 지심귀명례가 끝날 때 대중 스님들은 뒤를 이어 지심귀명례 후창을 한다.

지심귀명례 삼계도사 사생자부 시아본사 석가모니불
지심귀명례 시방삼세 제망찰해 상주일체 불타야중
지심귀명례 시방삼세 제망찰해 상주일체 달마야중
지심귀명례 대지문수사리보살 대행보현보살
　　　　　대비관세음보살 대원본존 지장보살 마하살
지심귀명례 영산당시 수불부촉 십대제자 십육성 오백성
　　　　　독수성 내지 천이백 제대아라한 무량자비성중
지심귀명례 서건동진 급아해동 역대전등 제대조사
　　　　　천하종사 일체미진수 제대선지식
지심귀명례 시방삼세 제망찰해 상주일체 승가야중
유원 무진삼보 대자대비 수아정례 명훈가피력 원공법계제중생
자타일시성불도

대중 스님은 모두 합장하고 노전 스님이 발원문을 독송한다. 천하태평법륜전 대목에서 목탁소리에 맞춰 모두 반배한 후 삼배를 하고 반배한 후 합장한다. 노전 스님은 삼배를 하지 않고 계속 발원문을 독송을 한다.

行禪祝願文 (행선축원문) 나옹화상 발원문

朝夕香燈獻佛前 (조석향등헌불전)	부처님께 조석으로 향과 등불 올리옵고
歸依三寶禮金仙 (귀의삼보예금선)	삼보님전에 귀의하고 부처님께 예배하옵나니
國界安寧兵革消 (국계안녕병혁소)	나라가 편안하고 전쟁이 없어지고
天下太平法輪轉 (천하태평법륜전)	온세상이 태평하고 부처님법 펴지이다
願我世世生生處 (원아세세생생처)	원하옵건대 세세생생 나는 곳 어디에서나
常於般若不退轉 (상어반야불퇴전)	항상 반야를 향해 가며 물러나지 아니하고
如彼本師勇猛智 (여피본사용맹지)	석가모니 부처님같이 용맹지를 갖추옵고
如彼舍那大覺果 (여피사나대각과)	노사나 부처님 같이 큰 깨달음 얻으며
如彼文殊大智慧 (여피문수대지혜)	문수보살님과 같이 큰 지혜를 구족하고
如彼普賢廣大行 (여피보현광대행)	보현보살님과 같이 크나큰 행을 갖추며
如彼地藏無邊身 (여피지장무변신)	지장보살님과 같이 끝없는 몸을 지니고
如彼觀音三二應 (여피관음삼이응)	관음보살님 같이 32가지 응신을 갖추고
十方世界無不現 (시방세계무불현)	시방세계에 곳곳마다 몸을 나눠
普令衆生入無爲 (보령중생입무위)	널리 중생들을 무위에 들게하며
聞我名者免三途 (문아명자면삼도)	나의 이름을 듣는 이는 삼악도를 면하고
見我形者得解脫 (견아형자득해탈)	나의 모습을 보는 이는 해탈을 얻게 하오리
如是敎化恒沙劫 (여시교화항사겁)	이와 같이 교화하기를 영원토록 계속하여
畢竟無佛及衆生 (필경무불급중생)	마침내 부처도 중생도 없게 하겠나이다
山門肅靜節悲優 (산문숙정절비우)	산문은 고요하고 슬픔 근심 끊어지고
寺內災殃永消滅 (사내재앙영소멸)	도량안의 재앙이 영원히 소멸되며
土地天龍護三寶 (토지천룡호삼보)	토지신과 천룡이 삼보를 보호하시고
山神局司補禎祥 (산신국사보정상)	산신과 도량신들은 상서롭게 도우소서
蠢動含靈登彼岸 (준동함령등피안)	꿈틀거리는 미물까지도 피안에 오르게 하시고

世世常行菩薩道(세세상행보살도) 날 적마다 항상 보살도를 행하시니
究竟圓成薩婆若(구경원성살바야) 마침내는 큰 서원을 이루도록 하여지다
摩訶般若波羅密(마하반야바라밀)
南無釋迦牟尼佛(나무석가모니불)
南無釋迦牟尼佛(나무석가모니불)
南無是我本師 釋迦牟尼佛(나무시아본사 석가모니불)

모두 신중단을 향해 반야심경을 한다. 반야심경이 끝나면 상단을 향해 부처님께 반배한 후 대중 스님들은 서로 마주 보고 반배하고 다시 부처님 전에 반배하는 것으로 새벽예불이 끝난다.

초월(超月)스님은 항상 대웅전에서 새벽예불을 하고 각황전 법당에서 불보살님께 삼배를 드리고 나면 처소로 돌아가지 않고 아침 공양전까지 보이지 않는 스님이었다. 초월스님은 육조 혜능(慧能)스님을 흠모하여 육조단경(六祖檀經)을 소의경전(所依經典) 삼아 수행했다. 초월스님이 흠모한 혜능스님의 이야기이다.

혜능스님은 당 태종(太宗) 정관 12년 중국 최남부 지방에서 빈농의 아들로 태어났다. 속성은 노(盧)씨이며 3세 때 아버지를 잃고 소년 시절부터 나무 장사를 하여 늙은 어머니를 효성으로 봉양했다.

그는 어느 날 시장에 나무를 팔러 갔다가 탁발승이 독경하는 소리를 들었다. 깊은 관심을 가지고 듣던 중 응무소주 이생기심(應無所主 而生其心, 응당히 머무르는 바 없이 그 마음을 낼지니라)이라는 구절에 마음이 끌리고 홀연히 느끼는 바가 있었다.

그가 독경한 스님에게 "무슨 경입니까?"라고 물으니 스님이 "금강경입니다"라고 답했다. 그는 금강경 배우기를 간청하며 자기가 조금 전 듣고 느낀

▶ 예불하는 모습

심경을 이야기 하니 탁발승은 황매산 오조(五祖) 홍인(弘忍)대사를 찾아가라고 소개해 주었다. 탁발승은 젊은이의 발심을 기특하게 여겨 금 열 냥을 건네 노모를 봉양할 수 있도록 도와주었다. 그가 옷과 음식을 사 어머니를 편히 모신 뒤 홍인대사를 찾아가 뵈옵고 예배했다.

홍인대사가 물었다.

"네가 어디서 왔으며 무엇을 구하러 왔는가?"

그가 대답했다.

"영남 신주에서 오직 깨달음의 법을 구하러 왔습니다."

"영남인은 오랑캐인데 어떻게 부처가 될 수 있는가?"

"사람은 남쪽 북쪽이 있지만 불성에 어찌 남북이 있겠습니까?"

홍인대사는 몇 마디 나눈 말로 젊은이가 비범한 큰 그릇인 줄 알았다. 하지만 다른 학인들의 눈치를 염려하여 큰 소리로 꾸짖으며 방앗간에 가서 일이나 하라고 몰아내었다.

그날부터 그는 노씨 성을 가진 행자라는 의미의 노 행자로 불리며 방아를 찧어 스님들을 공양했다. 노 행자가 방아를 찧기 시작한 지 8개월이 지난 어느 날, 홍인대사가 방앗간을 둘러보게 되었다. 대사는 힘이 부족하여 돌을 등에 지고 열심히 방아를 찧는 노 행자에게 말했다.

"혹 나쁜 사람이 너를 해칠까 염려하여 더 말하지 않은 것인데, 네가 그 뜻을 알았느냐?"

그 질문에 노 행자가 대답했다.

"예, 저도 스님의 뜻을 짐작했습니다."

하루는 홍인대사가 문하대중을 모아 놓고 일대의 놀라운 포고를 했다.

"대중은 들으라. 세인(世人)들은 생사가 큰일인데 너희들은 복이나 구하고 있지 태어나고 죽는 괴로움에서 벗어나는 진리는 구하지 않는구나. 너희들은 스스로의 지혜를 돌아보고 본심의 지혜로운 마음을 게송으로 표현하여 나에게 가져 오라. 만일 진리를 깨달았다면 그대에게 초조 달마대사 이래의 가사와 발우 그리고 법을 전하여 육대조사(六代祖師)로 삼겠노라."

그 당시 대중들 사이에서 오조의 법을 이어받아 육조가 될 자라고 지목을 받고 있던 이가 있었는데, 바로 신수(神秀)대사이다. 신수대사는 다음과 같은 게송을 지어 대중들이 다니는 복도 벽 위에다 이름을 밝히지 않고 붙였다.

　　身是菩提樹(신시보리수)　몸은 보리의 나무이고
　　心如明鏡臺(심여명경대)　마음은 밝은 거울과 같으니
　　時時動拂拭(시시근불식)　항상 부지런히 털고 닦아
　　勿使惹塵埃(물사야진애)　티끌 먼지 묻지 않게 하라

이것을 본 홍인대사는 아직 진리를 깨닫지 못한 게송임을 알았다. 그러나 대중에게는 이 게송을 따라 수행하라고 했다. 노 행자는 여전히 방아만 찧다가 어느 사미승이 외우는 신수대사의 게송을 들었다. 노 행자는 역시 그

것이 아직 깨달음의 진의(眞意)를 증득하지 못한 게송임을 알았다. 그리고 그날 밤 글을 잘 모르는 노 행자는 동자승에게 부탁하여 자기가 부르는 게송을 신수의 게송 옆에 써 달라고 했다.

菩提本無樹(보리본무수) 보리는 본래 나무가 없고
明鏡亦非臺(명경역비대) 밝은 거울도 역시 바탕이 아니로다
本來無一物(본래무일물) 본래 한 물건도 없는데
何處惹擬埃(하처야진애) 어느 곳에 티끌 먼지가 물으리오

노 행자의 게송을 본 대중은 놀랐다. 그리고 "겉모습만 보고 사람을 알 수 없다. 우리가 육신 보살을 알아보지 못했다"라고 수군거렸다. 홍인대사도 노 행자의 게송을 보았다. 그러나 신발로 문질러 지우며 "이 게송은 아무 것도 아니다"라고 대수롭지 않게 말하고 조실방으로 들어가 버렸다.

그리고 다음 날 홍인대사는 방앗간에 가셔서 허리에 돌을 달고 방아를 찧는 노 행자에게 물었다.

"쌀을 얼마나 찧었느냐?"

이에 노 행자가 대답했다.

"쌀은 찧은 지 오래되었사오나 키질을 아직 못하였나이다."

이 말을 듣고 홍인대사는 주장자(拄杖子)로 방아를 3번 내려치고 거처로 돌아갔다. 노 행자가 그 뜻을 알아차리고 삼경에 찾아가니 홍인대사가 부촉(咐囑)했다.

"네가 이제 제 6대조가 되었다. 잘 두호(斗護)하고 지키어 널리 중생을 제도하라."

노 행자는 무명의 나무장사로 출가한 지 8개월 만에 동토 초조 달마대사의 정법상승인(후계자)의 의발(衣鉢, 가사와 발우)과 법을 오조 홍인대사에게 전

수받아 육조 혜능대사가 되었다.

　신라 성덕왕 때 의상조사의 제자인 삼법(三法)스님은 대비(大悲)스님과 함께 중국에 불법을 최초로 전수한 달마대사의 법통을 이은 육조 혜능의 가르침을 받고 싶었다. 그런데 혜능스님이 이미 입적하셨다는 소식을 듣고 몹시 슬퍼했다. 그러다 혜능선사의 《육조단경》〈유통부촉〉편에 "내가 멸한 뒤 5~6년 후 내 머리를 가지러 오는 사람이 있을 것이다"라는 예언 부분을 읽고 등신불이 된 혜능선사의 머리를 모셔오겠다고 결심했다.

　삼법스님은 김유신 장군의 부인에게 2만 금을 빌려 중국에서 혜능선사의 머리를 훔쳤고 경주 영묘사에 모시게 되었다. 그리고 꿈에 나타난 혜능선사의 계시에 따라 강주(진주)의 지리산에 한겨울에도 칡꽃이 피는 곳 화개를 찾아 머리를 깊이 봉안하고 그 자리에 암자를 세웠다. 암자가 소실 된 후에는 진감(眞鑑)선사가 이 터에 다시 암자를 창건하고 육조 혜능의 정상을 봉안한 그 위에 육조진전(六祖眞殿)을 건립했다.

　다시 초월스님의 이야기로 돌아가자. 입승 스님은 초월스님이 새벽예불을 한 후 자꾸 사라지는 이유가 궁금해서 물었다.

　"스님은 대체 어디를 다녀오시나요?"

　이에 초월스님이 웃으며 말했다.

　"혜능스님의 머리를 모신 쌍계사 육조정상탑에 참배를 다녀옵니다."

　그 말에 입승 스님은 어안이 벙벙해졌다.

　"화엄사에서 쌍계사까지는 걸어서 반나절이나 걸리는 거리입니다. 헌데 스님은 늘 아침 공양전에 돌아오시지요. 그렇게 빨리 다녀오셨다는 걸 믿지 못하겠습니다."

　그러자 초월스님이 말했다.

　"그러면 내일 소승과 함께 다녀오시지요."

입승 스님은 알겠다고 했으나 의심이 풀리지 않았다.

다음 날 새벽예불을 마치고 나온 초월스님이 입승 스님에게 말했다.

"제 손을 꼭 잡으시고 눈을 뜨지 마세요."

그리고 쏜살같이 달리는 것이었다. 입승 스님은 자신의 두발이 허공에 떠 있는 듯 했다. 또한 바람이 얼굴을 스치고 지나가는 소리에 두려움이 밀려왔다. 한식경(30분)이 조금 넘었을까? 초월스님이 눈을 뜨고 앞을 보라고 했다. 입승 스님은 크게 놀랐다. 정말 육조정상탑에 도착해 있었던 것이다. 두 스님은 삼배를 올리고 일각(15분) 동안 좌선을 끝낸 후 다시 삼배 예를 올리며 참배를 마쳤다.

그리고 돌아가는 길, 초월스님의 손을 잡고 눈을 감은 입승 스님은 화엄사로 가는 광경이 너무 궁금했다. 그래서 눈을 살짝 떠보니 사물이 휙휙 뒤로 비껴갈 정도로 빠르게 달려가고 있었다. 깜짝 놀라서 다시 눈을 감아 버렸다.

"이제 눈을 뜨셔도 됩니다."

초월스님의 말에 입승 스님이 눈을 뜨니 일주문이었다. 입승 스님은 겸연쩍은 얼굴로 말했다.

"정말 짧은 시간 안에 육조정상탑에 다녀오셨군요. 돌아오는 길에 궁금해서 살짝 눈을 떴다가 무서워서 혼났습니다. 이 손을 놓치면 큰일이다 싶어서 스님 손을 더욱 꽉 잡았네요."

"어쩐지 잡힌 손이 아프더이다."

스님들은 웃으며 함께 걸어 올라갔다.

입승 스님은 초월스님이 축지법을 쓰는 것을 비밀로 하기로 약속했다. 그리고 평소처럼 적묵당으로 들어가 아침 공양을 했다.

48

화엄사 연분홍매 이야기

　상월(霜月)스님(1687~1766년)의 법명은 새봉(璽篈)이며, 자는 혼원(混遠)이다. 편양언기(鞭羊彦機)선사의 법손(法孫)으로 속성은 손씨이며 전남 순천에서 태어났다. 11세에 조계산 선암사 극준(極峻)스님에게 가서 15세에 출가하여 세진문신(洗塵文信)에게 구족계를 받았다. 18세에 화엄사에서 설암추봉에게 참학(參學)하여 도를 통하고 법을 이었다. 선지식을 찾아다니며 공부하고 숙종 39년(1713년)에 고향에 돌아오니 사방에서 학자가 모였다.

　상월스님은 항상 이렇게 말했다.

"학자가 반관(返觀, 되돌아보다) 하는 공부가 없다면 날마다 1천 말을 외운다 하더라도 아무런 이익이 없다."

"하루라도 착실히 공부하지 않으면 밥이 부끄러우니라."

　상월스님은 화엄사와 선암사, 대둔사를 왕래하며 수행했는데, 문자보다는 계율(戒律)과 진해(眞解, 진리를 아는 것, 즉 깨달음)를 더욱 존중했다. 이는 화엄의 정신을 생활화한 것이라고 볼 수 있다. 영조 24년(1748년)에 선교양종도총섭국일도대선사(禪敎兩宗都摠攝國一都大禪師)가 되었다.

　상월스님은 매일 일불(一佛, 아미타불)과 오보살(五菩薩, ① 문수 ② 보현 ③ 관세음 ④ 지장 ⑤ 미륵)의 명호를 5천 번, 염불을 천 번 염송했다.

▶ 화엄사 연분홍매

　상월스님은 해동에 화엄경을 전해준 창건주 연기존자상이 계신 사리탑에서 역대 고승의 화엄법석이 년년이 내려와서 자신도 화엄의 정신을 이어받게 됨을 감사했다. 그리고 그 은혜에 보답하고자 하는 징표로 당간지주 뒤에 분홍매화 두 그루를 심었다. 그 매화를 일명 상월매(霜月梅)라고 하며, 매일 염불하신 그 뜻을 기려 염불매(念佛梅)라고도 부른다.

　2007년에 보제루 앞과 운고각 뒤 석벽담장을 조성하고 계단을 교체하면서 당간지주 뒤에 있던 분홍매 한 그루는 잘라버리고 한 그루는 청풍당 앞으로 옮겨 심었다. 또 2012년에는 청풍당 왼쪽으로 측면 2칸, 앞면 5칸 요사체와 정자(亭子), 저장고의 지하시설을 증축하기 위해 분홍매를 석옹각(石甕閣) 옆으로 옮겨 심었다. 2013년에는 차일혁 경무관 공덕비를 세우는 일로 8월 9일에 분홍매를 천수천안 관정요(觀靜寮) 앞으로 옮겨 심었다.

연기존자님께서 천축적 화엄경을 펼친 이후 자장법사, 원효성사, 의상조사와 10대 제자 외 수많은 고승이 화엄법석을 열었다. 그 원력을 기념하기 위해 심은 나무들 중에서도 연분홍매는 이리 저리로 옮겨 다니는 파란만장한 나날을 겪었다. 참으로 처량한 상월매, 염불매이다.

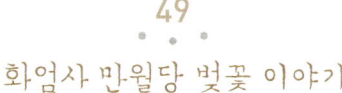

49
화엄사 만월당 벚꽃 이야기

　명안(明眼)스님(1646~1710년)의 속성은 장씨, 자는 백우(百愚), 호는 석실(石室) 또는 설암(雪巖)이다. 진주 출신으로 아버지는 근수(謹守)이며, 어머니는 신씨이다. 12세 때 출가하여 지리산 덕산사(德山寺) 성각(性覺)의 제자가 되었고, 15세 때 엄비(掩鼻)로부터 구족계를 받았다. 그 뒤 또 청매(靑梅)의 법손인 무영(無影)스님에게 가서 10년 동안 선(禪)과 교(敎)를 함께 닦았다.

　현종 13년(1672년) 가을에 무영스님이 죽자 전국의 명산대찰을 편력(遍歷, 여러 경험을 함)하면서 수행했다. 그러던 중 백암스님이 편지를 보내 명안스님을 화엄사로 불렀다. 스님은 화엄사 보적암(寶積菴)에서 백암성총선사를 모시고 4년 동안 교를 배우면서 화엄원융의 뜻을 전해 받았다.

　화엄사에서 주지로 소임을 맡았고, 단화동천에 있는 절 연곡사의 소요당(逍遙堂)에도 머물렀다. 명안스님은 1690년 화엄경의 입법계품을 판각했고, 1705년 《심경약소연주기(心經略疏連珠記)》를 편찬했다. 그리고 교를 사교행위도(四敎行位圖)로 나누어서 소승교(小乘敎), 통교(通敎), 별교(別敎), 원교(圓敎)로 교판했다. 그리고 대승원교(大乘圓敎)에 대해 "비록 위차(位次)가 있다고 하나 그 모두는 원교에 포함된다. 원교행인(圓敎行人)은 마치 산 위를 날아가는 새와 같다"라고 하여 화엄원교의 종지(宗旨)를 천명했다.

　만년에는 오직 염불왕생문(念佛往生門)에 귀의하여 정토(淨土)에 태어나고자 했다. 그의 문집인 《백우집(百愚集)》의 염불가(念佛歌)를 보면 행주좌와(行

▶ 만월당 벚꽃

住坐臥)는 물론 옷을 입고 밥을 먹고 심지어 꿈속에서도 나무불을 염해 정토 왕생하기를 원한다는 내용이 있다. 그의 정토신앙이 어떠했는지 알 수 있는 대목이다.

　1709년 지리산의 칠불암(七佛庵)에 주석하면서 70여 명의 동지를 모아 서방도량(西方道場)을 결성했고, 같은 해 겨울 회계의 왕산사(王山寺)로 옮겼다가 이듬해 4월 13일 서쪽을 향해 세 번 절하고 입적했다. 세수 64세, 법랍 52세이다. 법을 이은 제자는 14명이고 그 중에서도 청윤(淸胤)과 태휘(太暉)가 고족(高足, 제자들 가운데 학식과 품행이 특히 뛰어난 제자)이다. 저서로는 유고를 모아 문인들이 편찬한 《백우수필(百愚隨筆)》 1권이 있다.

　명안스님은 화엄사 주지 소임 맡아 경영할 무렵 만월당 옆에 벚꽃나무를 심었다. 하얀 벚꽃 잎과 같이 맑고 깨끗한 청정 무진법계처럼 화엄사에 화엄정신이 무궁무진해지길 기원하며 세운 원력의 나무이다.

만월당 오른 쪽부터 첫 번째 벚꽃나무는 화엄정신 깃든 나무라는 뜻으로 화엄앵(華嚴櫻)이며, 두 번째 벚꽃나무는 화엄연화장세계에 있다고 하여 연화앵(蓮華櫻)이고, 세 번째 벚꽃나무는 하얗고 깨끗하다고 하여 청정앵(淸淨櫻)이라고 한다.

석실명안(石室明眼) 선사의 염불가(念佛歌)

行住坐臥 南無佛 (행주좌와 나무불)	가고 머물고 앉고 누워도 나무불
著衣喫飯 南無佛 (착의끽반 나무불)	옷을 입고 밥을 먹어도 나무불
語時默時 南無佛 (오시묵시 나무불)	말할 때나 침묵할 때나 나무불
睡時夢時 南無佛 (수시몽시 나무불)	잘 때나 꿈꿀 때나 나무불
念念歸於 一念佛 (염염귀어 일념불)	한 생각으로 돌아가니 일념불
一念圓成 三昧佛 (일념원성 삼매불)	일념이 이루어지니 삼매불
三昧得見 無生佛 (삼매득견 무생불)	삼매를 얻었으니 무생불
始知衆生 本成佛 (시지중생 본성불)	처음부터 중생도 본성불
臨終面見 彌陀佛 (임종면견 미타불)	죽을 때 친견해 보는 미타불
摩頂授記 證心佛 (마정수기 증심불)	부처님이 된다네 증심불

50
보제루 화장 편액 이야기

화엄사 보제루에는 '화장(華藏)'이란 편액(扁額)이 걸려 있다. 이는 추사 김정희가 쓴 글씨이다. 이 편액을 통해 화엄사의 백파선사와 추사 김정희의 친분관계를 엿볼 수 있다.

백파선사는 1767년(영조 43년) 4월 11일 전북 고창 무장현(현 무장면)에서 태어났다. 속성은 전주 이씨이고 법호는 백파(白坡)이며, 법명은 긍선(亘璇)이다. 부친은 송계 이종환으로 선조(宣祖)의 부친인 덕흥대원군(德興大院君)의 10세손이며, 모친은 김해김씨이다. 1778년(12세)에 고창 도솔산 선운사(禪隱寺)에 출가하여 시헌(詩憲)장로를 은사로 하여 득도했고, 연곡(蓮谷)화상을 계사로 하여 사미계를 받았다. 그 뒤 평안북도 초산(楚山)의 용문암(龍門庵)에서 수행하다가 심지(心地, 마음의 본바탕)가 열려 오도(悟道)했다.

24세 때인 1790년 3월에는 지리산 영원암(靈源庵)으로 가서 화엄의 대가인 설파상언(雪坡尙彦)의 수계산림(受戒山林)에 참여하여 서래종지(西來宗旨, 불교의 주된 가르침)를 배웠고, 스승이 입적하기 한 해 전에 구족계를 받았다. 이후에 영구산 구암사(靈龜山 龜庵寺)에서 설파의 법손인 설봉회정(雪峰懷淨)의 법통을 이어 받고 백파당(白坡堂)이라는 당호(堂號)를 받았다. 이때 구암사 명칭을 따 실호(室號)를 구산(龜山)이라 했다.

26세 때인 1792년 장성(長城) 백양산 운문암(白羊山 雲門庵)에서 개당(開堂)

하여 선강(禪講)을 하자 모여든 학인들이 항상 100여 명에 이르렀다고 한다. 이후 20여 년 동안 팔도에서 모여든 후학을 지도하여 선문(禪門) 중흥의 종주(宗主)로서 명망이 높았다.

45세 때인 1811년에 "불법의 진실한 뜻이 문자에 있지 않고 도를 깨닫는 데 있건만 스스로 법에 어긋난 말만 늘어놓았다"라고 참회하면서 초산 용문동으로 들어가 5년 동안 수선결사운동(修禪結社運動)을 전개했다. 그 후 다시 충청도 운문사(雲門寺)에서 선법을 세상에 높이 드러내니 당시에 호남선백(湖南禪伯)이라고 불렸다. 이때 선의 지침서인 《선문수경(禪門手鏡)》을 저술하였는데, 이 책은 당시 선사들 사이에서 일대 논쟁의 대상이 되었다.

64세 때인 1830년에 다시 구암사로 돌아와서 선강법회를 열어 후학들을 지도하였고, 1840년부터는 화엄사(華嚴寺)의 선사 영당 옆에 작은 암자를 짓고 수행정진하며 좌선하다가 1852년(철종 3년) 4월 24일에 입적했다. 세속 나이는 86세, 법랍은 75년이었다.

법계는 휴정(休靜)의 4대 종파의 한 법손인 편양문파(鞭羊門派)이며, 화엄사상과 선을 겸수하는 가풍을 지닌 지안(志安)의 문손(門孫)에 속한다. 법맥은 청허휴정(淸虛休靜) - 편양언기(鞭羊彦機) - 풍담의심(楓潭義諶) - 월담설제(月潭雪霽) - 환성지안(喚醒志安) - 호암체정(虎岩體淨) - 설파상언(雪坡尙彦) - 백파긍선으로 이어진다.

저서로는 《정혜결사문(定慧結社文)》, 《선문수경(禪門手鏡)》, 《육조대사법보단경요해(六祖大師法寶壇經要解)》, 《태고암가과석(太古庵歌科釋)》, 《식지설(識智說)》, 《오종강요사기(五宗綱要私記)》, 《선문염송사기(禪門拈頌私記)》, 《금강경팔해경(金剛經八解經)》, 《선요기(禪要記)》, 《작법귀감(作法龜鑑)》 등이 있고, 문집으로는 《백파집(白坡集)》이 있다.

추사 김정희는 당대의 청나라 지식인들을 경탄시킨 뛰어난 학자이자 금석학을 연구하여 독창적인 서체인 추사체(秋史體)를 개발한 김정희의 학문에서 큰 비중을 차지하는 것은 바로 불교학이다. 용산의 저택 경내에 화엄사(華嚴寺)라는 가족의 원찰(願刹)을 두고 어려서부터 스님들과 교유하면서 불전(佛典)을 섭렵했고, 당대의 고승들과도 친교를 맺었는데 특히 백파(白坡), 초의(草衣) 두 대사와의 친분이 깊었다. 그리고 많은 불경을 섭렵하여 고증학적인 안목으로 날카로운 비판을 하기도 했다.

당시 스님들과 주고받은 서간(書簡)을 비롯해 영정(影幀)의 제사(題辭)와 발문(跋文) 등이 그의 문집에 실려 있다. 말년에 수년간 과천 봉은사(奉恩寺)에 기거하면서 선지식의 대접을 받았다. 이와 같이 그의 학문은 여러 방면에 걸쳐서 두루 통했다. 그렇기 때문에 청나라의 이름난 유학자들이 그를 가리켜 해동제일통유(海東第一通儒, 우리나라에서 제일로 세상일에 두루 통달한 유학자)라고 칭찬했다. 그 자신도 이 미칭(美稱, 아름답게 이르는 말)을 사양하지 않을 만큼 자부심을 가졌다. 그는 민족 문화의 거성적 존재였다.

추사 김정희는 벽파선사가 입적하셨다는 소식을 듣고 조문하러 와서 화엄사 적묵당에 모신 빈소에 들어가 삼배를 올렸다. 추사는 율(律)과 화엄과 선의 정수를 모두 갖춘 거장으로, 평소 교우가 깊었던 벽파선사의 초상화를 그리고 그를 '해동의 달마'라고 격찬한 바 있다.

주지 국운(國運)스님이 추사를 보고 합장했다.

"멀리 화엄사까지 오시느라 노고가 많으셨습니다. 귀양에서 돌아 온지 얼마 되지 않으셨는데 큰스님 빈소까지 오실 줄은 몰랐습니다."

국운스님의 극진(極盡)한 대접을 받으며 추사가 말했다.

"백파스님과 저의 인연은 달마상이 계기가 되었습니다. 저는 평소 달마상 그리기를 즐겼는데 달마상을 그릴 때마다 많은 사람들이 '백파 상을 그렸다'라고 했지요. 백파스님을 만난 적도 없고 그저 보리달마를 그린 것이

▶ 보제루 화장 편액

었지만 사람들은 믿지 않았어요. 궁금한 마음에 스님을 친견하기 위해 구암사로 찾아간 저는 크게 놀라고 말았습니다. 제가 그린 보리달마가 그림 속에서 뛰쳐나와 실제의 모습으로 현존해 있는 것이 아닙니까? 이때부터 저는 백파스님을 '해동의 달마'라고 부르며 각별한 교우관계를 맺게 되었습니다."

　빈소에 모인 사부대중은 추사와 백파스님의 친분 이야기를 듣고 합장을 했다. 그리고 다시 빈소를 향해 앉아 함께 염불을 했다. 추사는 화엄종주 백파 대율사께서 입적한 연화장세계 사찰인 화엄사에서 조문한 것을 기념하여 '화장(華藏)'이란 글씨를 썼다. 그리고 국운스님이 글씨를 편액으로 만들어 보제루 안에 달았다.

　추사는 홍선대원군 이하응을 제자로 두기도 했다. 추사는 세상을 떠날 때까지 석파(石坡, 이하응의 호)와 교류하였는데, 추사의 가르침은 난초그림뿐만 아니라 글씨에까지 미쳤기에 석파는 추사 서파(書派)의 빼놓을 수 없는 후계자라 할 수 있다. 추사는 자신의 제자이자 34세나 연하인 석파의 난초그림이 자기보다 훨씬 낫다고 찬사한 일도 있었다.

▶ 세존사리탑

　석파가 화엄사를 방문했을 때의 일이다. 그가 경내를 다니며 참배를 한 후 보제루 안에서 쉬고자 들어갔을 때 어간문 위 편액에 '화장'이란 글씨를 보고 깜짝 놀랐다. 자신의 서체와 똑같았기 때문이다. 어찌 이런 일이 있을 수 있을까? 석파는 자신이 쓴 적 없는 글씨가 화엄사 보제루에 있다는 사실에 어리둥절했다.

　석파는 주지 스님에게 불편한 심기를 드러내며 물었다.

　"저 글씨의 서체는 제 것과 똑같습니다. 누가 썼는지요?"

　"화엄종주 백파 큰스님이 입적하셨다는 소식을 듣고 추사가 오셨지요. 장례를 다 치르고 가시면서 조문한 기념으로 글씨를 썼으며 전 주지 국운스님이 보제루에 달아 놓았습니다. 사부대중은 추사가 썼다고 알고 있습니다."

　주지 스님이 대답하자 석파가 크게 웃었다.

　"스승이신 추사께서 나의 서체로 화장이란 글씨를 남겨 두셨군요."

　석파는 감격한 얼굴로 편액에 합장했다.

　석파는 추사가 석파 서체로 화장이란 편액을 썼다는 사실을 알게 된 뒤 "그러면 나는 추사체로 써야겠다"라고 하면서 세존사리탑(世尊舍利塔) 편액을 추사체로 썼다고 한다. 이 편액은 견성당(見性堂) 방안에 사리탑 방향으로 난 창문 위에 걸어 놓았는데 견성당을 2015년 1월 21일 신축하기 위해 해체하면서 화엄사 성보박물관에 보관하고 있다.

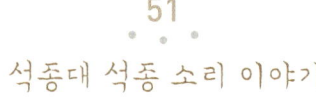

51
석종대 석종 소리 이야기

석종대(石鐘臺) 우번암(牛飜庵)에서 누구나 기도를 드려 성취하게 되면 길상동자가 치는 석종(石鐘) 소리를 듣게 된다고 한다.

진응(震應)스님(1873~1941년)의 법명은 혜찬(慧燦)이다. 속성은 진씨로 전남 구례군 광의면 대전리에서 진원복(陳元福)의 4남으로 1873년 12월 24일에 태어났다. 1897년 2월 화엄사에서 대교사(大敎師) 법계를 받아 화엄사 강백을 했다. 진응스님이 1899년 27세에 이르러 경안(經眼, 불교 경전을 이해할 수 있는 능력)을 얻고자 하여 19세의 하용화(河龍華)스님과 같이 석종대 우번암에서 기도정진 하기로 했다.

진응스님은 지리산은 문수보살님이 상주하시는 산이기에 문수보살 기도를 하기로 결정했다. 기도에 정진하니 염불삼매에 들게 되어 일주일 만에 새벽에 길상동자가 치는 석종 소리를 듣기 시작했다. 진응스님이 용화스님에게 "석종 소리가 들린다"고 말하였지만, 용화스님은 들리지 않았다. 용화스님이 답답하여 "어디에서 들리는가?" 하면서 진응스님 머리에 귀를 대어보아도 들리지 않았다. 진응스님은 문수보살 진신이 있는 곳에서 기도했기에 석종 소리를 빨리 들을 수 있었던 것이다.

석종 소리는 예불 시작을 알릴 때 동종(銅鐘)을 치는 의식과 같이 내리고 올리고 3번 치는 소리였다. 석종 소리를 듣고 나면 해가 중천에 떠 있었는

▶ 진응스님   ▶ 용화스님

데, 이는 삼매에 들어 시간을 초월했기 때문이다. 진응스님은 이렇게 2주 동안 석종 소리를 들어 경안을 얻었다. 문수보살님의 가피를 입어 반야지혜로 경안을 얻은 진응스님은 최고의 대강백으로 거듭났다.

용화스님은 우번대(우번암)가 우번조사가 수행할 당시 관세음 보살님이 현신한 곳이기에 그곳에서 관음기도를 하기로 결정했다. 용화스님은 진응스님이 자신보다 먼저 석종 소리를 먼저 들었을 때는 조바심이 나고 잠시 서운한 감정이 들었다. 하지만 다시 차분한 마음으로 용맹정진하여 기도한 정성으로 2주만에 저 멀리 관세음보살이 상주하는 중국의 보타낙가산에서 남순동자가 치는 석종 소리를 들었다. 진응스님과 같이 똑같은 현상을 겪으면서 일주일간 석종 소리를 들었고, 관세음보살님의 가피로 경안을 얻었다.

길상동자 석종 소리와 남순동자 석종 소리는 서로 간의 파열음이 없으며 두 스님의 염불삼매를 침범하지 않았다. 석종 소리는 오직 스님의 기도 염불삼매의 시간과 공간에서만 느낄 수 있는 것이었다.

진응스님은 경안을 얻고 근현대 불교의 강맥(講脈)은 쌍벽(雙璧)으로 남진응(南震應) 북한영(北漢永)이라 일컫게 되었다. 1908년 8월 20일 화엄사에 신학문 교육기관인 사립(私立) 신명학교(新明學校)를 설립하여 1909년 4월 신명학교 교원으로 취임하여 11월 15일부터 1910년 6월까지 신명학교 교장을 맡아 인재 양성에 혼신의 힘을 다했다. 1917년 화엄사 염송대회(拈頌大會) 종주(宗主)를 맡았으며 임제정종(臨濟正宗)의 조사선(祖師禪) 가풍을 선양했다. 화엄사에서 1942년 1월 31일 오후 1시 30분에 입적하니 세수 69세, 법랍 54세였다.

1913년에 7월 포월(抱月)스님에 의해 본산(本山)운동이 시작되었고, 1924년에 본격적으로 진응문하인(震應門下人)과 병헌(秉憲)스님의 주도 아래 그 뜻을 이루었다. 종래(從來, 지금까지 내려온 그대로의 것)의 30본산은 구례 화엄사를 추가함으로써 31본산이 되었고, 1924년 화엄사는 선암사로부터 독립하여 본산으로 승격이 되었다. 그리하여 제13본산 화엄사 용화 운호(雲鎬)스님이 본산 초대 주지가 되었다.

이후 세월이 한참 흘렀다. 용화스님은 입적할 무렵에야 제자 백운스님에게 냉가슴을 앓던 속내를 드러내며 신신당부했다.

"주지로 일하느라 하도 속을 썩어 이제는 종소리가 들리지 않는구나. 하지만 다음 생에도 반드시 출가할 터이니 자네가 나를 거둬주게."

백운스님은 지금껏 용화스님의 유품을 간직하고 있다가 2020년 6월 19일 오후 6시40분 입적했다. 법랍 77세, 세수 87세이다.

52
구층향대 미타염불만일회 이야기

고종 광무 5년(1901년) 3월에 포월(抱月)스님 주도로 남호(南湖), 호운(浩雲), 홍주(興珠)스님과 승속(僧俗) 60인이 구층향대(九層香臺, 현 구층암)에서 백련사(白蓮社)를 결사했다. 한때 고려 후기에 원묘국사께서 화엄사 서유원(西遊院)에 백련사를 창건하여 염불수행발원과 발징화상(發徵和尙, ?~796년)이 건봉사(乾鳳寺)에서 행했던 미타염불만일회(彌陀念佛萬日會)의 유풍을 크게 떨쳐 일으켰다.

발징화상은 신라의 스님으로 신라 경덕왕 17년(758년) 건봉사에 미타만일회를 설치했다. 발징스님는 지성으로 염불수행하여 신라 원성왕 12년(796년)에 같이 정진하던 도반 31명과 함께 허공으로 올라 극락정토로 갔다. 또한 화엄사 선학(先學)인 상월새봉(霜月璽芬)선사는 일상수행법의 하나로 매일 1불(佛)과 5보살(菩薩)의 명호를 5천 번씩, 그리고 염불을 1천 번씩 일일이 염주로 그 수를 헤아리며 외웠다. 포월스님은 범패에 출중한 스님이기에 발징화상과 같이 구층향대에서 미타염불만일회를 부흥코자 했다.

1748년 영조 4년, 대휘(大輝)화상이 작성한 《범음종보(梵音宗譜)》는 범패 계보를 다음과 같이 서술하고 있다.

- 1대 국융(國融: 세종 1418~1450년 때 활약) → 2대 응준(應俊) → 3대 혜운(惠雲) → 4대 천휘(天輝) → 5대 연청(演淸) → 6대 상환(尙還: 임진왜란 1592년 이후

활약) → 7대 설호(雪湖) → 8대 운계당법민(雲溪堂法敏: 효종 1650~1659년 때 활약) → 9대 현영(絢暎: 보성 징광사: 두 제자: 유민 有敏·유평 有平), 혜감(惠鑑: 화엄사 활약) → 10대 혜감 제자 : 채청(采淸: 보성, 봉갑사), 찬오(贊悟: 남평, 불회사), 성각(性覺: 능선, 개천사), 축찰(竺察: 해남, 대흥사), 대휘(大輝: 장릉, 보림사), 이진(怡眞)·풍식(豊湜: 보성 징광사), 시명(始明: 해남, 미황사), 체운(體雲: 흥국사), 융학(融學)·재방(再芳: 순천 선암사), 각선(覺禪: 구례, 화엄사), 도인(道認: 순천, 대광사), 연기(演機: 고흥, 금탑사)

화엄사의 범패 전승자의 면면을 살펴보면 다음과 같다.

- 10대 각선(覺禪) → 11대 계환(戒還) → 12대 홍해(洪海)
- 10대 대휘(大輝) → 역관(頴寬: 화엄사) → 덕홍(德洪) → 취봉오한(鷲峰悟幻) → 인암정오(忍庵正悟) → 긍암장로(肯庵長老) → 포월영신(抱月永信) → 월해(月海), 경산(鏡山) → 진응(震應), 진음(震音), 운송(雲松) → 수산(水山)

포월스님은 구층향대에 모인 대중에게 말했다.

"원효스님께서는 방방곡곡 다니면서 '나무아미타불' 염불을 전했습니다. 그리하여 어린이, 걸인, 나무꾼, 독짓는 사람, 사냥꾼의 무리, 할 것 없이 아미타불의 이름을 알게 되었고 미타신앙이 대중의 생활 속에 자리 잡아 집집마다 염불소리가 끊이지 않았지요. 발징화상이 미타염불만일회를 만들었습니다. 발징화상은 염불수행정진한 31명과 함께 허공에 올라 극락정토로 갔다고 합니다. 고려 말 나옹(懶翁)스님의 게송 중에 염도염궁(念到念窮)은 누이에게 염불을 권하는 노래입니다. '나무아미타불 염불이 지극하면 여섯 가지 감각기관에서 방광을 하리라' 즉 아미타불이 될 수 있으리란 것입니다. 이는 선의 염불관, 자성미타(自性彌陀)를 노래한 것입니다. 화엄경에서도 '사람이 명을 마치는 최후 찰나에 모든 근(根)이 무너지고 모든 권속도 떠나가며 모든 권세도 물러가지만, 오직 이 원왕(願王)만은 서로 떠나지 아니하여 일체시(一切時)에 그 사람을 인도하여 일찰나(一刹那) 중에 극락세계에 왕생케 한다'라고 했습니다."

포월스님이 말을 끝내자 남호(南湖)스님이 말했다.

"다른 모든 수행과 마찬가지로 염불수행에 있어서도 가장 중요한 것은 믿음입니다. 믿음은 앞에서 말한 대로 자신의 본성이 곧 부처임을 믿는 것이고, 염불을 통해 그것을 발견할 수 있음을 믿는 것입니다."

호운(浩雲)스님이 말했다.

"정토수행법으로 신(信), 원(願), 행(行)의 삼자량(三資糧)이 있습니다. 이 삼자량은 비유컨대 먼 길을 여행하자면 자재와 양식이 필요하고, 만약 이 두 가지가 빠지면 절대 목적지에 도달하지 못하는 것과 같다 하겠습니다. 이 삼자량이 서로 연관되어 있어 신(信)으로 말미암아 원(願)에 나아가게 되고 원으로 말미암아 행(行)이 일어나게 되는 것입니다. 신이 부족하면 원과 행도 모두 성립되지 않습니다. 신, 원, 행은 정토의 삼자량이며 어느 것 하나 부족하면 절대 왕생하지 못합니다. 그러므로 발원은 정토법에 있어서 매우 중요한 위치를 차지하고 있는 것입니다."

홍주(興珠)스님이 말을 이었다.

"수행인이라면 다음의 열 가지를 반드시 기억해야 합니다.

첫째, 정토삼부경은 석존의 진실한 말씀이요, 결코 허광(虛誑)한 것이 아님을 믿어야 한다.

둘째, 우리들이 살고 있는 예토(穢土) 밖에 확실히 정토가 있는 줄 믿어야 한다.

셋째, 아미타불이 48원을 발하여 정토를 건립한 사실은 천만 진실이고 확실한 일이어서 지금도 현존하고 있음을 믿어야 한다.

▶ 구층암

넷째, 정토에 태어나건 예토에 태어나건 모두 자심(自心)이 능히 조종한 것이어서 정토에 인(因)을 심으면 정토에 과(果)를 얻고 예토에 인을 심으면 예토에 과를 얻는 것이요, 우연히 이루어진 것이 아님을 믿어야 한다.

다섯째, 부처님의 명호를 염할 때의 정념이 확실히 저 부처님의 마음과 합치하여 감응을 발생하며 임종 때 그가 접인 왕생함을 입게 되는 줄 믿어야 한다.

여섯째, 우리들이 비록 악업이 한량없으나 저 나라에 태어난 후에는 훌륭한 환경과 불보살의 끊임없는 가르침으로 악념(惡念)이 영원히 다시 일어나지 않고 악보(惡報)가 영원히 성숙하지 않을 것임을 믿어야 한다.

일곱째, 자력(自力)과 불력(佛力)이 모두 불가사의 하지만 불력의 크기가 우리들의 것보다 백천만억 배나 초과하니 비록 자력이 보잘것없더라도 능히 왕생할 수 있음을 믿어야 한다.

여덟째, 부처님께서는 불가사의한 해탈법문이 있어서 한 티끌 속에서 능히 한 세계를 건립할 수 있다. 가령 시방세계 중생이 모두 그 곳에 태어나더라도 모든 처소나 기구(器具)가 좁거나 모자라는 법이 없음을 믿어야 한다.

아홉째, 한마디 부처님의 명호를 부를 때마다 저 부처님께서는 모두 들으시고 섭수하시는 줄을 믿어야 한다.

열째, 염불인(念佛人)이 명(命)이 다할 때에 저 부처님이 반드시 와서 접인하여 반드시 극락국에 왕생케하시고 다시는 육도 윤회에 떨어지지 않게 하시는 줄을 믿어야 한다."

마지막으로 포월스님이 다시 말했다.

"모든 것을 일일이 설명할 순 없으나 부처님께서 설하신 경은 모두 진실한 말씀이며 모두 깊이 믿어야 할 말씀이니 절대 의심을 내서는 안 될 것입니다. 의심은 도에 장애가 되어 원(願)과 행(行)이 생기(生起)할 수 없게 합니다. 만약 신심이 있으면 자연히 그 국토에 태어나기를 원(願)하게 되고, 그 나라에 태어나기를 원하면 자연히 법을 의지하여 행(行)을 일으키게 되는 것입니다."

이렇게 염불 수행과 정토수행법에 대한 스님들의 말씀이 끝났다. 구층향대에 모인 포월, 남호, 호운, 홍주스님과 승속 60인들은 미타염불만일회 입제식을 하고 염불 수행정진에 들어갔다.

53 각황전 보수 문수보살 이야기

    1924년 화엄사가 독립 본산으로 승격이 되고 제13본산 화엄사 용화스님이 본산 초대주지가 되었다. 그리고 1927년 8월 박 사시화(朴 四時華), 김 청정화(金 淸淨華) 등이 시주로 각황전 보살상(관세음, 보현, 문수, 지적)을 개금했다.

    주지 만우(曼宇)대사께서 화엄사 주지로 있던 1934년에는 당사(當寺)와 군민(君民)이 각황전 해체보수를 계속 진행했다. 총 공사비용은 약 13만 원으로, 본부(本府)의 보조가 9만 원가량이고 나머지 잔액은 지방관청 또는 일반 선남녀(善男女)의 희사(喜捨)에 의지하게 되었다.

    만전을 기하고 공사를 진행하려고 한 날은 마침 1935년 4월 1일(음 2월 28일)이었다. 이 날은 화엄사 개산조(開山祖) 연기존자님의 재일(祭日) 날로 본말사 일동이 모여서 불전(佛前)에 각황전수리진행봉고식(覺皇殿修理進行奉告式)을 행했다. 봉고식 전날 한 노스님이 화엄사에 방부(房付)를 드리고 불사에 참석했다. 노스님은 그날부터 각황전 주변을 돌면서 일을 거들고 불사가 마장 없이 회향하기를 간절히 바랐다.

    불자 박필종(朴弼種) 씨는 이 중수를 축하하기 위하여 일금 3백 원을 희사했다. 5월 1일부터 약 15일간에 베풀어서 화엄사 대중 고덕(高德)을 청해서 대장경열독회(大藏經閱讀會)를 개최하니 비탄에 빠졌던 화엄사는 광명변조(光明遍照)의 서광(瑞光)을 잇게 되어 도민(道民)과 함께 기뻐했다. 이 일을 듣고 매일 화엄사에 참배하는 사람이 수백 명에 이르게 되었다.

불사가 진행되던 어느 날, 한밤중에 갑자기 비바람에 폭풍이 몰아쳤다. 무언가 날아가는 소리까지 들리니 대중 스님들은 각황전 기둥이 넘어질까 걱정이 태산 같았다. 밖은 칠흑같이 깜깜하고 몸을 가눌 수 없을 만큼 바람이 요란하게 휘몰아쳐서 각황전에 접근할 수도 없었다. 아무것도 할 수 없는 대중 스님들은 적묵당 앞에서 각황전을 바라보고 발을 동동 구르면서 어쩔 줄 모르고 있었다.

그때 주지 스님이 말했다.

"우리가 할 수 있는 것은 기도밖에 없으니 대중 스님들은 적묵당 방 안으로 들어갑시다."

큰 방에 들어온 대중 스님들은 각황전 법당 쪽을 향해 앉아 지극정성으로 불보살님께 기도를 드리며 밤을 지새웠다. 그런데 화엄사에 방부를 들인 노스님이 보이지 않았다.

다음 날 아침에 대중 스님들은 각황전으로 향했다. 그런데 기둥마다 서까래가 'X' 모양으로 묶어 받쳐 있고 각황전이 멀쩡한 것이었다. 대중 스님들은 어안이 벙벙한 상태로 합장을 하고 각황전을 살펴보니 태풍이 지나간 흔적 없이 깨끗했다. 어찌 이런 일이 있을 수가 있을까? 비바람이 치는 밤에 누가 이런 신통방통한 일을 해놓았을까? 대중 스님들은 감탄하고 놀라워했다.

"화엄사는 문수보살님의 상주 도량이라 분명히 문수보살님의 신통력으로 각황전이 무사한 것 같습니다."

주지 스님이 말하자 대중 스님들은 일제히 합장하고 각황전을 바라보며 문수보살 염송을 수십 번하고 있었다. 그리고 간밤에 사라졌던 노스님은 각황전 앞에서 염송하는 대중 스님들의 뒷모습을 적묵당 앞에서 바라보며 빙그레 미소 짓고 계셨다.

▶ 각황전

낙성 봉불식 전날, 노스님은 지붕에서 일하던 사람이 떨어진 순간 재빨리 달려가 두 손으로 받았다. 그 광경을 본 사람들은 너무 놀라 말문이 막혔다. 노스님이 그토록 빠르게 움직여 젊은이를 쉽게 받아냈다는 것을 도저히 믿을 수 없었기 때문이다. 떨어진 사람도 사람을 받은 스님도 다친 곳 하나 없이 멀쩡했다.

노스님이 말했다.

"각황전 불사가 아무 탈 없이 진행되어 내일 중수(重修) 회향할 수 있다니 참으로 좋구나!"

그리고 자비로운 미소를 지으며 여유롭게 각황전 앞 계단을 내려가 처소로 향했다.

1938년 4월 18일, 국비 12만 원이 든 각황전 중수 낙성 봉불식에 신남(信男) 신녀(信女) 1만 명이 참석하여 성대하게 거행되었다. 그런데 이날 노스님은 참석하지 않았다. 사부대중이 스님을 찾았지만 온데간데없이 사라진 뒤었다. 원주 스님이 노스님 방사에 가보니 편지가 놓여 있었다.

"각황전 중수 불사가 원만하게 회향이 되었으니 이제 내 집에 들어가 편히 쉴 수 있겠구려."

원주 스님은 편지를 대중 스님들에게 보여 주었다.

"그 노스님이 바로 문수보살님이셨구나! 각황전 중수 불사가 원만하게 이루어지기를 바라며 화현하여 오시어 산사에 머물면서 마장을 막아 주시고 화엄사 도량을 지켜 주시었구나!"

스님들은 감격하여 각황전에 모신 문수보살에게 삼배를 올리고 합장하며 그 자비로운 은혜를 생각했다.

이 일을 통해 사부대중은 지리산이 문수보살 상주 도량임을 더욱 확신했다. 또한 화엄사 각황전 중수 낙성 봉불식을 할 때까지 3년여 간의 시간 동안 문수보살과 함께 산사에 살았다는 것에 대해 더욱 기쁨이 넘쳤고, 각황전이 문수보살의 가호로 중수되었다는 사실에 환희심이 용솟음 쳤다.

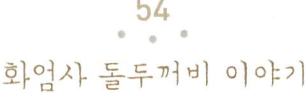

54

화엄사 돌두꺼비 이야기

　조선총독부는 1911년 6월 3일자로 사찰령을 발표하고 이어서 7월 8일 사찰령시행규칙을 공포함으로써 불교계를 30본사 체제로 확정지었다. 총독부는 1912년 화엄사의 본산 승격 요청을 기각했다. 1913년 7월 포월스님에 의해 본산 운동이 시작되었으며, 1917년 10월 주지 박포월과 정병헌, 진진응의 이름으로 '지리산화엄사사격원유(智異山華嚴寺寺格原由)'라는 문서를 제출하여 화엄사의 연원과 사격을 설명하였다. 그러나 총독부는 화엄사의 본사 승격 청원서를 기각하고, 1919년 8월 28일자로 선암사의 사법을 인가하였다. 이에 화엄사는 동년 9월 28일자로 주지 진진응의 이름으로 화엄사가 선암사의 말사가 되는 사안에 대하여 재고해 줄 것을 탄원했다.

　화엄사의 본사인 선암사에서는 1921년 광주 무등산 약사암 주지 김학산을 화엄사 주지로 임명했다. 2월 2일 김학산이 화엄사로 부임하려 하자 화엄사는 김학산을 주지로 수용할 수 없다는 태도로 거부했다. 김학산은 7일까지 세 차례에 걸쳐 화엄사에 들어가려 했고 앞을 지키고 있던 서른 분의 스님과 충돌을 빚었다. 이 불미한 사태로 9일에 김학산이 목숨을 잃는 사태가 발생했다. 총독부에서는 사무관 오다소고(小田省吾)를 파견하여 진상을 조사하게 했다.

　1924년 다시금 본산 추진 운동이 진응문하(震應門下)와 병헌(秉憲)스님의 주도 아래 본격적으로 이루어졌고 마침내 그 뜻을 이루었다. 총독부가 사찰령 시행규칙 제2조 본말사 주지 임명 조항을 수정하여 구례 화엄사를 추가함으로써 30본산이 31본산이 되었다. 그리하여 1924년 11월 20일, 화엄사는 선암사로부터 독립 본산으로 승격되었다. 그리하여 제13본산 화엄사 용화운호(龍華雲鎬)스님이 본산 초대주지가 되었다.

1942년 포월스님이 주지로 다시 취임했다. 어느 날 포월스님과 대중 스님들은 일본 패전과 패망을 바라는 마음으로 진법을 만들면 어떨까 하는 토론을 했다.

"남원 실상사는 지리산과 덕유산의 지기(地氣)가 만나는 곳이며, 두 지기가 천왕봉을 넘어 일본 후지산으로 빠져나갑니다. 실상사 보광전에 있는 동종(銅鐘) 당좌에는 일본 지도가 그려져 있는데, 이는 동종에 새겨진 일본 지도를 매일 타종하여 일본으로 흘러 들어가는 지기를 교란하려는 의도였다고 하네요. 이 동종을 치면 일본이 망한다는 소문이 돌아 주지 스님이 문초를 당했다고 합니다."

화엄사에도 이렇게 일본과 관계된 것이 있는지 찾아보고 내일 다시 적묵당에 모이기로 했다.

다음 날 입승 스님이 이런 말을 했다.

"고려 말엽 우왕 때(1385년 경) 왜구의 침입이 극심했고 광양만과 다사강에도 왜구들이 자주 출몰하였답니다. 한번은 왜구들이 하동 쪽에서 강을 건너려는데 진상면 섬거에 살던 수만 마리의 두꺼비들이 지금의 다압면 섬진마을 나루터로 몰려들어 진을 치고 울부짖었고, 그 통에 왜구들이 놀라 도망치는 바람에 마을 사람들이 무사할 수 있었습니다. 그때부터 섬진강(蟾津江)이라 부르게 되었지요. 그러니 우리도 화엄사 각황전 앞에 돌 두꺼비를 만들어 놓는 게 어떨까요? 섬진강에서 태극 형태로 화엄사 안으로 들어오는 태극의 기(氣)와 길상봉 백두의 기(氣)가 담긴 돌 두꺼비를 일본 방향으로 바라보게 해서 두 기운으로 인해 일본이 패망하게 하는 것입니다."

▶ 화엄사 돌두꺼비

이 말에 대중 스님들은 감동하여 일제히 힘차게 손뼉을 쳤다.

"빨리 돌 두꺼비를 조성합시다."

"하지만 갑자기 돌 두꺼비를 조성해 놓으면 총독부에서 이상하게 생각하지 않을까요?"

"그럼 돌 두꺼비 등을 긴 네모 형태로 만들어서 헌식대(獻食臺)처럼 위장을 하면 어떨까요?

"좋습니다. 그렇게 합시다."

대중 스님들은 의견을 모으고 다음 날부터 당장 돌 두꺼비를 조성하기 시작했다.

화엄사에서 무엇을 만든다는 소문은 곧 총독부에도 들어갔다.

"무엇을 만드시오?"

총독부에서 나온 사람의 질문에 주지 스님이 대답했다.

"산사 가까이 사는 새나 다람쥐 등을 먹이기 위해 헌식대를 만들고 있습니다. 우리도 식량이 부족해 힘들게 살고 있지만 부처님의 가르침대로 생명을 소중히 여기며 더불어 사는 삶을 실천하기 위해서지요. 그대도 불교를 믿고 있으니 헌식대를 조성하는 것을 이해하실 수 있겠네요."

총독부 사람은 고개를 끄덕이고 "그런 깊은 뜻으로 헌식대를 만들고 계시는군요. 잘 조성되기를 바랍니다"라고 말한 뒤 화엄사를 떠났다. 화엄사 대중 스님들은 위장을 잘했다는 생각에 안도했다. 그리고 서로를 격려하며 일본을 멸망시킬 돌 두꺼비 조성에 온 힘을 쏟았다.

며칠 후 사리탑에서 방광을 하니 사부대중은 화엄사를 감싼 자비광명 속에서 모두 함께 합장하고 예배하며 환희심에 젖어 부처님을 찬탄했다.

"우리나라에 좋은 일이 있을 징조이군요."

주지 스님은 사부대중과 마을 사람에게 이야기했다. 그리고 정말 몇 년 후 우리나라는 일제 강점기를 벗어나 해방을 맞이했다.

돌 두꺼비가 진정으로 영험이 있었는지는 모르지만 원력으로 돌 두꺼비를 조성한 후에 해방이 된 것은 사실이다. 이를 단순히 우연의 일치로 치부해도 될까? 아무튼 화엄사의 돌 두꺼비는 사부대중이 일본의 패망과 대한 독립을 간절히 바라는 마음으로 만든 것임을 우리 모두 잊지 말아야 할 것이다.

돌 두꺼비는 본래 4사자 감로탑에 있었다. 그러다 2006년 3월에 주지 종삼스님이 도량정비 한다고 하여 돌 두꺼비를 청풍당 담벼락에 옮겨 놓았다. 2018년 12월 20일에는 화엄사 성보박물관으로 옮겼다.

55
상원암 경허선사 이야기

1900년에 청하(淸霞)선사께서 4사자 3층 사리석탑 옆에 있는 견성당(見性堂)에 월유선원(月遊禪院)을 개설하였고, 상원암(上院庵)도 복원하고 선방을 개설했다. 이때 경허(鏡虛)선사께서 참석하여 '화엄사상원암복설선실정완규문(華嚴寺上院庵復設禪室定完規文)'을 썼다.

다음에 그 내용을 소개한다.

화엄사 상원암을 복원하고 선실을 시설하며 정하는 완규문

대개 선(禪)이란 그 이치가 바른 지름길이며 높고도 요원(遼遠)하여 삼승(三乘, ① 성문 ② 연각 ③ 보살)을 멀리 뛰어났기에 선을 배우는 이가 본지풍광(本地風光)을 깨달아 사무치면 옛 부처와 어깨를 나란히 함이니 그 법이 긴요하고 묘함이라. 무엇이 이것에 지날 게 있으랴. 그러므로 달마대사(達磨大師)가 당토에 들어온 이래 우리 동토에 이르기까지 도를 얻어 부처 지위에 오른 이의 수가 한량 없었다.

근세에 이르러 그 도가 황폐하여 전해지지 않고 설사 발심한 이가 있다 하여도 처음에 참구(參究)하는 법을 결택하는 데 힘쓰지 않아서 마침내 혼침(惛沈, 혼미하고 침울한 마음 상태)과 망상 가운데 떨어지고 소용돌이 속에서 일생을 마치게 되고 그 이치를 조금도 체득하지 못한다. 다른 행업자(行業者)나외호자(外護者)가 가리지 않고 그저 비탄만 하니 오호라 가히 구원할 수가 없도다.

이 절은 화엄사를 창건할 때부터 일찍이 선실(禪室)로 이용해 왔는데 터가 신령한 승지(勝地)라서 도를 얻은 이가 많았는데 중간에 폐지된 것은 특별한 운수(雲水, 선승) 소관(所管)으로 돌릴 것이 아니라 화주하는 사람이 없었기 때문이다.

광무(光武) 4년 늦은 봄에 청하 장로(淸霞 長老)가 내왕하면서 여기에 선회(禪會)를 신설하려 하자 장로의 청정한 도심과 광대한 원력으로 산중의 대덕이 모여 결정하여 성취한 것이다.

그런데 두려운 것은 이 뒤에 암자의 주지가 부처님 교화의 무거움과 고인(古人)이 절을 처음 창건한 본래 뜻과 이제 장로의 선회를 다시 시설한 은은한 뜻을 생각하지 않고 사욕을 따르며 혹은 그의 편의에 따라 선실을 폐지하거나 선객을 받아들이지 않는 것이니 이것은 부처 종자를 끊는 사람이며 반야를 비방하는 사람이라 인과(因果)가 분명할 것이니 가히 두렵지 않겠는가.

유교 경전에 이르기를 "너는 양(羊)을 사랑하고 나는 예의를 사랑한다" 하였으며, 경에 이르기를 "한 생각 맑은 마음이 항하사 수와 같은 보배탑을 조성하는 것보다 낫다" 하였으며, 또 이르기를 "최상승(最上乘) 법문을 듣고 비방하여 삼악도(三惡道)에 떨어진 이라도 항하사 수와 같은 많은 부처님께 공양 올린 것보다 낫다" 하였다. 또 옛사람이 이르기를 "듣고 믿지 않더라도 오히려 부처될 인연을 맺고 배워서 이루지 못하더라도 오히려 인천(人天)의 복을 덮는다" 하였으니 일체 도법에 반야의 힘이 수승(殊勝)하기 때문이다.

이것으로 미루어 보건대 참선하는 사람이 비록 졸음과 망상에 빠져 뜻을 얻지 못하더라도 오히려 삼승(三乘) 학인으로서 훌륭하게 도업을 성취한 이보다 수승한 것이다.

원컨대 모든 이 암자에서 주지하는 이는 이 글을 재삼 읽고서 선풍을 계승

▶ 경허선사

하여 드날리는 것이 옳도다.

　대개 불자가 되어 부처님의 교화를 힘써 행하지 않고 자기의 사심 때문에 승회(勝會)를 폐지한다면 천신지기(天神地祇)의 숨은 벌과 드러난 벌이 있을지니 가히 두렵지 않겠는가. 대저 이와 같은 두려움이 있음에도 정신 차려 봉행하지 않는다면 난들 어찌하리오.

광무 4년 경자 섣달 상순
호서로 돌아가는 석경허 근지

56
도를 이룬 노장 호은스님 이야기

어느 해 겨울, 지리산 화엄사 선방에서 통도사에 계신 성월(性月)스님을 모시고 선객 20여 명이 모여 용맹정진하고 있었다. 그리고 절에 왔다가 수좌들이 공부하는 모습을 부럽게 바라보는 이가 있었으니 바로 호은(湖隱)스님이다. 스님은 일찍이 출가하였으나 절의 재물과 사무를 맡아 처리하는 사판승(事判僧)으로 절 일을 거들다가 장가들었고 어느 덧 나이도 많이 먹었다.

수좌들이 부러웠던 호은스님은 조실 성월스님을 찾아가 말했다.

"스님, 저도 공부가 하고 싶습니다."

"파거불행(破車不行)이요 노인불수(老人不修)라. 부서진 수레는 가지 못하고 노인은 공부하기 어렵다 하지 않았는가?"

"늙긴 했어도 부서진 수레까진 아닙니다."

이 이야기가 선방 수좌들에게 전해지자 모두 가가대소(呵呵大笑, 소리를 내어 크게 웃음)했다. 그러나 호은스님을 선방에 받아들이는 건 별개의 문제였다. 모두가 이런 이유를 들며 반대하며 말했다.

"그런 영감님이 들어오게 되면 선방의 위신이 문제가 됩니다."

그러자 호은스님이 말했다.

"선방에서 받아주지 않으면 밖에서라도 공부를 하겠습니다. 시간만은 정확히 지키겠습니다."

하지만 그 또한 맞지 않는 말이다.

선(禪)을 한다는 것은 모두 방하착(放下着, 마음속의 집착을 내려놓는 것)하고 오직 일념으로 정진해야만 조사관(祖師關, 조사의 경지에 이르는 관문)을 뚫을 수 있는 것인데 마누라 곁을 떠나지도 못하고 열쇠 꾸러미를 주렁주렁 메고 다니는 노인이 무슨 공부를 한다는 말인가?

이러한 반대에 호은스님이 답했다.

"선방 수좌들은 아직 인생의 맛을 제대로 보지 못해서 그럽니다. 사람이 늙으면 방이 차고 이부자리가 부실하면 잠이 잘 오지 않습니다. 또 하룻밤에 3~4차례씩 오줌을 누게 되니 요강이 없어도 안됩니다. 뿐만 아니라 잘 때 곁에 사람이 없으면 허전하여 마음이 놓이지 않습니다. 이 열쇠 꾸러미 떼어주는 것은 어렵지 않으나 애들한테 주고 보면 살림이 헤퍼서 10년 갈 것이 5년 가기도 힘듭니다. 그러니 저는 집은 멀더라도 왔다 갔다 하면서 공부할 터이니 입방(入房)만 허락하여 주십시오."

이리하여 성월스님은 호은스님에게 마지막 공부의 기회를 주었다.

젊은 수좌들은 자신들이 반대했음에도 불구하고 입방을 허락한 일을 성월스님에게 항의했다.

"저런 늙어빠진 대처승과 어찌 함께 공부합니까?"

"이놈들아, 대처승과 공부를 할 수 없다면 가족이 있고 살림을 하는 불자들과는 어떻게 공부를 하겠느냐?"

"불자는 불자이고 중은 중이 아닙니까?"

"중이 불자고 불자가 중이니라. 그런 분별심 때문에 공부가 도통 되지 않는 거야. 중이 깊은 산골에 들어와 있는 것은 도를 기르기 위한 것이지 승속(僧俗) 염정(染淨)을 가리기 위해서가 아니다."

엄중 단호한 성월스님의 말씀에 다시 그 이야기를 꺼내는 사람이 없었다.

호은 노장은 그날로부터 4분 정진을 하는데 하루 1초도 어김없이 들어가고 나오길 반복했다. 젊은 수좌들이 노인을 싫어하는 관계로 아침에 절에 올 때 도시락을 싸가지고 와서 먹었다. 또 선방에서 쉬는 시간이면 사중(寺中) 일을 보아주기도 하여 절 입장에선 부담 없는 일꾼을 하나 얻은 것 같아 퍽 좋았다. 이렇게 두어 달 동안을 비가 오나 눈이 오나 하루도 빼놓지 않고 다니니 대중들도 마음속으로 깊이 느끼는 바가 있었다.

"그 노장님 참 대단하시네."
"우리들과는 비교가 안 돼."
모두가 칭찬 일색이었다.

하루는 대중 스님들이 성월스님을 모시고 법담을 주고받게 되었는데 혜암 스님이 물었다.

"선문에 이르기를, 처음 공부하는 사람은 소를 타고 소를 찾는다 하였습니다. 그렇게 해서는 아니 된다고 하신 말씀이 있으니 이게 무슨 뜻입니까?"

질문에 대중은 찬물을 끼얹은 듯 고요해졌고 누구도 대답하지 못했다.

그런데 옆에 있던 성월스님은 한술 더 떠 말했다.

"소를 찾는 것은 그만두고 타고 있는 소를 이리 가지고 오너라. 말 떨어지기가 무섭게 대답하지 못하면 모두 잡아 개를 주리라."

이 문제를 제안하신 혜암스님도 말문이 막혀서 땀을 뻘뻘 흘리면서 묵묵부답이었다. 그런데 이때 호은 노장이 벌떡 일어나서 손뼉을 치며 스님 앞으로 나아갔다.

"탄 소를 잡아 대령했으니 눈이 있거든 똑바로 보시오."

이 광경을 본 대중들은 기가 탁 막혀 버렸다.

조실 성월스님이 대중들에게 법상을 차리게 하고 높이 올려 삼배하게 하니 일자무식이었던 노장 호은스님이 툭 터진 소리로 법당이 쩌렁쩌렁 울리도록 한 소리를 읊었다.

忽聞騎牛驚牛聲(홀문기우멱우성) 소를 타고 소 찾는다 말을 홀연히 듣고
頓覺卽是自家翁(돈각즉시자가옹) 찾는 소가 곧 자기 주인공임을 단박에
                         알아차렸네
非去非來法性身(비거비래법성신) 가는 것도 오는 것도 아닌 것이 법성신이고
不增不減般若峰(부증불감반야봉) 늘지도 않고 줄지고 않는 것이 반야봉이로다

이 얼마나 시원하고 통쾌한 소리인가. 호은스님은 그길로 집으로 가서 마누라 손을 잡고 감사의 말을 했다.

"이 모두가 당신이 항상 곁을 지켜 주며 공부하는 데 도움을 준 덕분이오."

그리고 그의 아들과 며느리에게 열쇠 꾸러미를 맡겨 살림을 물려준 다음 훌륭한 선객이 되어 신참 선자(新參禪者)들을 지도하다가 안변 석왕사 내원암의 조실이 되었다.

57
문수대 문수보살 이야기

문수대(文殊臺)는 신라시대 원효스님이 수행하신 곳이다. 암자가 터만 전해지고 있다가 두 젊은 스님이 토굴을 짓고 수행하면서부터 문수대라는 이름을 얻게 되었다. 경봉(景峰)스님은 현종 13년(1847년)에 보적암(寶積庵)에서 수많은 대중에게 강설을 했다. 이 무렵 문수대라고 이름 붙여진 사연을 보적암 대중에게 들려주었다.

어느 날 두 스님이 원효스님이 수행했던 지리산 한 터에서 초암(草庵)을 짓고 용맹정진하자고 약속했다. 시간이 흘러 겨울이 다가오자 두 스님은 겨울을 날 정도의 식량을 등에 지고 산에 올랐다. 눈이 내리면 산길이 끊어져 식량을 조달하러 화엄사를 오르내릴 수 없기 때문이다. 두 스님은 잠을 자지 않고 화두를 붙들었다. 식사시간을 빼고는 하루 종일 참선 정진하는 것이 하루 일과였다.

그러던 어느 날이었다. 머리는 산발하고 눈물 콧물 흘린 자국으로 얼굴이 지저분한 노인이 나타났다. 노인은 두 스님과 같이 수행할 것을 간청했다. 두 스님들은 거절할 수밖에 없었는데, 우선 먹을 식량이 두 사람 몫뿐이고 방도 비좁아 여의치 않아서였다.

그러나 노인이 재차 간절하게 부탁하니 난감하기 짝이 없었다. 눈 쌓인 험한 산으로 노인을 내쫓는 것은 살생하는 것과 마찬가지였다. 또 한편으로

▶ 문수대

생각해 보니 노인이 나무를 하고 밥도 해준다고 하니 하루에 먹을 것을 세 끼에서 두 끼로 줄이면 될 것도 같았다. 결국 두 스님은 노인을 받아들였고 함께 용맹정진에 들어갔다. 스님이 졸면 노인이 나무 막대기로 스님을 치고, 노인이 졸면 스님이 그의 등을 치며 서로서로 졸음을 이겨 나갔다.

그렇게 한겨울이 지나갈 무렵, 노인이 두 스님에게 "그럼 수행 잘하시오"라고 한마디 하고 옷 속에서 짧은 지팡이를 꺼내 허공에 던졌다. 그러자 지팡이는 푸른 사자로 변하였고, 노인은 사자의 등에 탄 뒤 남해 바다 쪽으로 사라졌다.

경봉스님은 웃으며 말했다.

"물론 그 노인은 문수보살이 두 스님의 정진을 돕기 위해서 화현하신 것이지. 보살은 법당에만 있는 것이 아니라 이렇게 뜻이 간절한 사람 앞에 나타나 도우신다. 거룩한 모습이 아니라 우리보다 조금 낫거나 천한 모습으로 말이다."

58
반야봉 금강굴 이야기

반야봉 어디쯤에 비의처(秘義處, 쉽게 드러나지 않는 은밀한 곳)로 유명한 금강굴이 있다고 전해져 내려오고 있다. 그곳은 《능엄경(楞嚴經)》에 최초로 주석서를 달아 번역한 능엄경의 달통자 개운(開雲)조사가 들어가 수도한 곳으로 알려져 있는데, 개운조사는 사람이 오는 기척만 나도 바람처럼 사라져 보기 힘들었다.

탄공(呑空)선사가 말했다.

"개운조사가 무진년(戊辰年, 1988년) 가을에 182세로 지리산에서 소나무 가지를 잡고 선 채로 입적하셨다."

탄공선사는 그의 유일한 도반이던 임덕기(林德基) 스님과 함께 지리산에서 개운조사를 직접 다비해 드렸다.

우번암에서 수행하신 용화스님은 시봉이었던 백운스님에게 금강굴에 대해 이렇게 말했다.

"오래 전 마을 밑에 사는 불심이 깊은 노파가 젊은 시절에 도법을 배운 오빠와 금강굴을 가본 적이 있다는 이야기를 했었네. 나는 노파와 함께 금강굴을 찾아가면서 나중에 혼자 찾아가려고 노파 몰래 중간마다 나무에다 위치를 표시해서 해두었지. 그리고 며칠 후 다시 금강굴에 찾아갔더니 입구까지 표시는 있는데 굴이 보이지 않는 거야. 눈을 의심하며 여러 번 찾아봤지만 헛수고였다네."

용화스님은 자신의 혜안이 부족함을 한탄하며 우번암에 와서 몇 십 년 수행을 해도 그곳을 찾을 수 없었다고 했다. 백운스님은 우번암 시절을 회상하며 화엄사 학인 스님들에게 용화스님의 이야기를 들려주었다.

묘향대를 중건한 도광 대선사가 금강굴 사연을 듣고 3대대의 협조를 얻어 일개 대대 병력을 동원해 반야봉을 이 잡듯 뒤진 사실은 달궁이나 반선에 살고 있는 사람들이라면 어린 아이도 알고 있을 만큼 유명한 이야기이다. 그 이후로도 수백 명의 스님들이 비의처인 금강굴을 절실히 찾았고, 지금도 찾아 나서고 있다.

전해지고 있는 금강굴의 위치와 모양은 이러하다.

금강굴의 모양은 통로가 감추어져 있는 반야봉 아래 있는 큰 지하 궁전이다. 굴속에는 물줄기가 흐르고 그 주위에 산삼 뿌리가 심어져 있다. 또 금강굴이 발견되는 않는 것은 절묘한 위치 때문인데, 금강굴은 울창한 숲에 가려진 험한 개울을 건너고 사람 키의 두 배나 되는 직벽(直壁) 위에 있는데, 밑에서 보면 굴 위의 바위가 처마처럼 덮여 있어 위에 올라서야만 보인다고 한다. 금강굴 주변에는 무협지에 등장하는 진법(陣法)이 설치되어 있다. 따라서 금강굴은 속인의 눈에는 절대 띄지 않는 다른 차원의 세계이다.

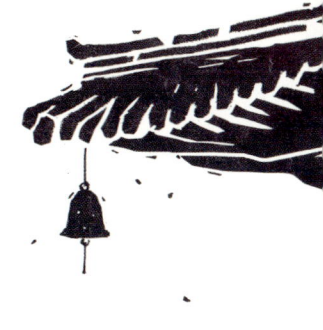

59
구층계곡 용바위 이야기

화엄사 대웅전 뒤로 올라가면 구층암이 있다. 구층암 해우소 옆으로 내려가면 의상암(구 길상암) 아래에 작은 연못이 있고, 그 앞 주변 대나무 숲 속에 급경사지에서 자라는 들매화(野梅)가 있다. 원래 4그루가 있었으나 한그루만 남았다. 수령은 470년 정도 되며 높이 7.8m, 가슴높이 줄기둘레 1.5m이다. 나무의 모양이 단아하며, 수세와 수형이 매우 아름답다. 접붙임을 한 번도 하지 않아 꽃은 듬성듬성 핀다. 2007년 10월 8일 천연기념물 제485호로 지정했다.

부용영관(芙蓉靈觀)대사께서는 화엄사 주지로 살면서 원교종풍(圓敎宗風) 선교양종(禪敎兩宗)의 대가람의 위세를 더욱 발전시키고 계승했으며, 그의 법을 이은 제자로는 조선시대의 불교를 중흥시킨 서산(西山)대사 휴정(休靜), 부휴선수(浮休善修) 선사 등이 있다.

어느 날 부용스님이 포행을 하시면서 이곳에 이르러 들매화를 보고 그 순백한 아름다움과 자연스러움에 매료되어 "나와 네가 다르지 않구나" 하시며 들매화를 부용매(芙蓉梅)라고 했다. 또한 일명 화엄사 연화장 세계에 있다 하여 연화매(蓮華梅), 구층단계 구품연대(九品蓮臺)인 구품매(九品梅)라고도 부른다.

부용매를 지나 내려가면 바위가 길게 구층계곡(九層溪谷, 구 봉천계곡 奉天溪谷)과 연결되어 있다. 그리고 계곡물이 흐르는 크고 둥근 바위(용바위)가 있는

▶ 용 바위

데 어찌된 일인지 바위 중간이 삼각형으로 잘려 있다. 바위 중간이 잘린 것에 대해서는 다음의 일화가 전해오고 있다.

 이곳 구층암은 본래 8원 중 봉천원(奉天院)의 자리이다. 구층암은 예전에 황둔용이 화엄사의 수호신이 되겠다고 다짐하고 몸은 봉래암(현 구층암)에서부터 머리는 봉천계곡(현 구층계곡)을 향해 바위가 되었다. 구층암는 용의 등 위에 있는 자리이며 엄청난 기운이 화엄동천에 뻗치니 최고의 수행처라고 할 수 있다.

 불가에서는 백상(白象)을 일승법(一乘法)으로 표현하며, 용상(龍象)을 법왕(法王)의 자리, 깨달음을 얻는 부처님 자리라고 한다. 용상방(龍象榜)은 선방과 강원방 벽면에 직위에 따라 각자 소임을 정한 뒤 법명을 쓴 명지패(名紙牌)를 붙여 소임자가 누구인지 알 수 있게 한다. 이를 통해 도를 이룬 조실스님과 같이 누구나 수행을 열심히 하면 용상인 법왕자리에 오를 수 있다.

연화장세계 화엄사는 선조 31년(1598년) 정유재란으로 인해 왜장 가토 기요마사가 화엄사에 침입하여 모든 전각을 불태워 8원 81암자가 소실되었다. 인조 8년(1630년)에 벽암스님이 화엄사를 중건하기 시작했고, 인조 14년(1636년)에 대웅전을 비롯해 몇몇 법당과 전각 중창을 끝맺었다.

인조 25년(1647년)에는 지리산화엄사구층대(智異山華嚴寺九層臺)를 중창했다. 일반 스님들은 구층대 도량의 넘치는 기운을 주체하지 못하며 평정심을 갖기 어렵다. 도를 이룬 스님이 기운을 다스려야만 대중들이 함께 여법히 수행할 수 있는 수행처라고 할 수 있다. 잠시 도승이 떠나 없을 때는 구층대 스님들이 그 기운을 감당하지 못하여 기고만장(氣高萬丈, 우쭐하여 뽐내는 기세가 대단함)해지고 큰절 스님들을 못살게 굴기도 했다.

이에 큰절 대중 스님들이 대중공사를 열었다. 큰절과 구층대 스님의 화합을 위해 구층계곡 용바위로부터 나오는 기를 차단하자는 결론을 내렸고, 그 결과로 용의 목 부분을 절단했다. 그로부터 도승이 구층대에 없어도 구층대 스님들은 얌전해지고 평정심을 갖고 수행정진할 수 있게 되었다. 구층계곡에 있는 용바위인 황둔용 기운이 사라진 슬픈 사연이다.

• 서산대사 청허당집(淸虛堂集)에 실린 시

過華嚴寺(화엄사를 지나며)

山川當落照(산천당락조) 산천(山川)에 낙조(落照) 질 즈음
秋草臥龍龜(추초와용구) 가을의 풀밭에 용과 거북이 누웠네
古殿月應弔(고전월응적) 낡은 대웅전에는 달이 서럽고
破窓風亦悲(파창풍역비) 부서진 창에는 바람 또한 슬프네

60
구층암 천불전 부처님 이야기

천불전은 구층암이 있기 전부터 있었던 전각이다. 그러나 현재 천불전 법당은 아니다. 지리산 화엄사의 8원 81암자 대가람 중 봉천원에 속한 암자 봉래암(鳳來庵, 현 봉천암으로 구층암까지 포함)이 있을 때 '천불전 15칸'이란 내용이 화엄사 사적기에 기록되어 있다. 그 천불전은 현 구층암 법당 자리에 있었다.

8원 81암자 대가람 화엄사가 정유재란에 소실되고 인조(1630~1636년) 때 벽암스님과 문도(門徒)에 의해 중창되고, 인조 25년(1647년)에 봉래암 터에 중창한 상량문을 보면 호좌봉성현지리산화엄사구층대(湖左鳳城懸智異山華嚴寺九層臺)라고 했다. 그때 현 천불전도 중창되었으며 여러 번 보수했다.

1981년 정월 구층암 암주 종인(宗仁)스님이 긴 세월 동안 불상이 도난당해 천불이 되지 못한 것을 안타까워하며 잃어버린 수만큼의 불상을 채워 조성하여 천불을 모셨다. 본래 천불전은 법당 가운데 계단 형식의 사각단(四角壇)이 있고 그곳에 불상을 모셨다. 또 사방 벽에도 계단 형태로 불상을 모셨다. 사각단의 부처님을 친견한 뒤 사방 벽에 부처님을 돌아가며 친견하는 법당이라 할 수 있다. 그런데 종인스님은 천불전 법당을 전면단(前面壇) 계단 형태로 하여 천불을 모셨다. 동헌태현(東軒太玄) 큰스님을 모시고 점안식을 했다.

현재의 1대겁(大劫)은 우주가 생기고(成), 우주가 유지하고(住), 우주가 부서지고(壞), 우주가 없어져 텅 비고(空), 4단계의 각각 20소겁이 모여 80중겁으로 이루어진 그 1대겁을 현겁(現劫)이라고 한다. 이 대겁 동안에 수많은 현인(賢人)이 나와 중생을 구제하므로 현겁(賢劫)이라 한다.《삼천불명경(三千佛名經)》에 의하면 과거 천불의 때를 장엄겁(莊嚴劫)이라 하고 현재의 현겁에도 천불이 나며 미래 천불의 세계를 성수겁(星宿劫)이라 한다.

천불전은 현재 현겁(賢劫)에 나타난 구류손불(拘留孫佛), 구나함모니불(拘那舍牟尼佛), 가섭불(迦葉佛), 석가모니불(釋迦牟尼佛)의 4불과 현겁 5불째인 미륵불(彌勒佛)을 위시하여 최후 누지불(樓至佛)까지 현겁 천불을 모신 전각이다.

사람들은 국란이 있고 세상이 힘들어 도탄에 빠져있을 때 누군가에게 의지하고 싶은 심정이 있다. 그래서 천지신명이나 부처님께 기도한다. 다음의 이야기를 살펴보자.

옛날에 구층대(구층암) 암주 스님은 천불전에서 예불을 끝내고 나면 항상 법당 안의 뒷편으로 가서 부처님을 친견했다. 그러던 어느 날 불상이 없어진 것이 스님 눈에 띄었다.

"이를 어쩔꼬? 부처님이 도난당했다."

스님은 망연자실하며 울면서 참회의 108배를 드렸다.

"죄송합니다. 부처님을 지키지 못하였습니다."

그런데 며칠 동안 법당 안 뒷편에 모셔진 불상만 하루에 하나씩 없어지는 것이었다. 더는 당할 수 없다는 생각에 암주 스님은 범인을 잡기 위해 법당에 잠복했다. 얼마나 시간이 흘렀을까? 한 어린아이가 천불전에 들어가 불상을 옷 안에 숨겨 나오는 것이었다. 스님이 잽싸게 달려가 아이를 붙잡았다.

▶ 구층암 천불전

"어찌 감히 거룩한 부처님을 훔쳐 가느냐?"

야단치는 스님에게 아이가 겁에 질린 얼굴로 대답했다.

"저희 어머니가 아프십니다. 우리 집은 멀어서 부처님을 매일 뵈러 올 수 없어요. 그래서 부처님을 집에 모시고 어머니 병이 낫게 해달라고 기도를 드리려고 했습니다. 부처님은 중생과 함께 하신다면서 왜 우리 집엔 오지 않으시나요? 법당에 부처님이 저렇게 많이 계신데 말이에요."

그 말을 들은 암주 스님은 한 방 맞은 느낌이 들었다.

"그래 맞다. 부처님은 늘 중생과 함께 하고 제도를 하시지. 천불전에 부처님이 이렇게 많이 계시는데 몇 분이 없어진들 무슨 일이 생기겠는가?"

스님은 불상을 예쁜 나무상자에 모셔 넣었다. 그리고는 상자를 들고 아이와 함께 천불전 법당에 들어가 불단에 올려놓고 삼배했다.

"천불이시여! 부처님 한 분이 중생을 제도하러 가십니다."

암주 스님은 이렇게 말하고 불상을 아이에게 주었다. 그리고 자비로운 미소를 지으며 말했다.

"부처님과 함께 잘 지내며 기도를 열심히 하려무나."

아이는 환하게 웃었다.

"고맙습니다. 스님의 은혜 잊지 않겠습니다."

그 후에도 암주 스님은 불상이 없어진 빈자리를 보면 도난당했다고 생각하지 않고 "부처님이 중생을 제도하러 가셨군요" 하고 합장했다. 그리고 법당에 나오면서 "언제쯤 태평성대가 오려나. 그래야 부처님께서 출타하지 않으실 텐데"라고 했다. 이 이야기는 암주 스님이 바뀔 때마다 다음 암주 스님에게로 전해졌다.

불상은 없어졌다가 한동안 잠잠하고 또 없어지곤 했다. 이렇듯 천불전 부처님은 태평성대일 때는 법당에 안주(安住)하시고 국란을 당하고 백성이 도탄에 빠질 때는 세상 속으로 들어가 중생을 제도(濟度)하러 가셨다.

6·25 동란에 인민군이 화엄사에 주둔하고 있을 때의 일이다. 사천왕의 신통력으로 밤중에 탱크 소리, 포 쏘는 소리, 비행기 소리, 총소리가 쉼 없이 화엄골에 울려 퍼지니 인민군들은 혼비백산하여 도망갔다. 그런데 그들은 천불전 불상을 가지고 갔다고 한다. 인민군을 도와주던 남측 사람들이 어려움이 있을 때 호신불을 지니면 자신을 지켜준다고 했기 때문이다. 공산주의들에게 종교는 미신이요, 마약 같은 존재라 여겨진다. 그러나 막상 죽음의 상황이 닥쳐오면 누구든 살고 싶은 욕망을 갖는 것이 인지상정(人之常情)이다.

• 현재현겁천불의 명호

現在賢劫千佛(현재현겁천불)

1	나무구류손부처님	2	나무구나함모니부처님	3	나무가섭부처님
4	나무석가모니부처님	5	나무미륵부처님	6	나무사자부처님
7	나무명염부처님	8	나무모니부처님	9	나무묘화부처님
10	나무화씨부처님	11	나무선숙부처님	12	나무도사부처님
13	나무대비부처님	14	나무대력부처님	15	나무숙왕부처님
16	나무수약부처님	17	나무명상부처님	18	나무대명부처님
19	나무염견부처님	20	나무조요부처님	21	나무일장부처님
22	나무월씨부처님	23	나무중염부처님	24	나무선명부처님
25	나무무우부처님	26	나무제사부처님	27	나무명요부처님
28	나무지만부처님	29	나무공덕명부처님	30	나무시의부처님
31	나무등요부처님	32	나무홍성부처님	33	나무약사부처님
34	나무선유부처님	35	나무백호부처님	36	나무견고부처님
37	나무복위덕부처님	38	나무불가괴부처님	39	나무덕상부처님
40	나무라후부처님	41	나무중주부처님	42	나무범성부처님
43	나무견제부처님	44	나무불고부처님	45	나무작명부처님
46	나무대산부처님	47	나무금강부처님	48	나무장중부처님
49	나무무외부처님	50	나무진보부처님	51	나무화일부처님
52	나무군력부처님	53	나무향염부처님	54	나무인애부처님
55	나무대위덕부처님	56	나무범왕부처님	57	나무무량명부처님
58	나무용덕부처님	59	나무견보부처님	60	나무불허견부처님
61	나무정진덕부처님	62	나무선수부처님	63	나무환희부처님
64	나무불퇴부처님	65	나무사자상부처님	66	나무승지부처님
67	나무법씨부처님	68	나무희왕부처	69	나무묘어부처님
70	나무애작부처님	71	나무덕비부처님	72	나무향상부처님
73	나무관시부처님	74	나무운음부처님	75	나무선사부처님
76	나무선고부처님	77	나무리구부처님	78	나무월상부처님
79	나무대명부처님	80	나무주계부처님	81	나무위맹부처님
82	나무사자후부처님	83	나무덕수부처님	84	나무환석부처님
85	나무혜취부처님	86	나무안주부처님	87	나무유의부처님
88	나무앙가타부처님	89	나무무량의부처님	90	나무묘색부처님
91	나무다지부처님	92	나무광명부처님	93	나무견계부처님
94	나무길상부처님	95	나무보상부처님	96	나무연화부처님
97	나무나라연부처님	98	나무안락부처님	99	나무지적부처님
100	나무덕경부처님	101	나무범덕부처님	102	나무보적부처님
103	나무화천부처님	104	나무법자재부처님	105	나무선사의부처님
106	나무명문의부처님	107	나무락설취부처님	108	나무금강상부처님

109	나무구이익부처님	110	나무유희신통부처님	111	나무리암부처님
112	나무명천부처님	113	나무미루상부처님	114	나무중명부처님
115	나무보장부처님	116	나무극고행부처님	117	나무금강순부처님
118	나무주각부처님	119	나무덕찬부처님	120	나무일월명부처님
121	나무일명부처님	122	나무성숙부처님	123	나무청정의부처님
124	나무위람왕부처님	125	나무복장부처님	126	나무견유변부처님
127	나무전명부처님	128	나무금산부처님	129	나무사자덕부처님
130	나무승상부처님	131	나무명찬부처님	132	나무견정진부처님
133	나무구족찬부처님	134	나무리외사부처님	135	나무응천부처님
136	나무대등부처님	137	나무세명부처님	138	나무묘음부처님
139	나무지상공덕부처님	140	나무감신부처님	141	나무사자협부처님
142	나무보찬부처님	143	나무중왕부처님	144	나무유보부처님
145	나무안은부처님	146	나무법차별부처님	147	나무상존부처님
148	나무극고덕부처님	149	나무상사자음부처님	150	나무락희부처님
151	나무룡명부처님	152	나무화산부처님	153	나무룡희부처님
154	나무향자재왕부처님	155	나무보염산부처님	156	나무천력부처님
157	나무덕만부처님	158	나무룡수부처님	159	나무인장엄부처님
160	나무선행의부처님	161	나무무량일부처님	162	나무지승부처님
163	나무실어부처님	164	나무지거부처님	165	나무정의부처님
166	나무무량형부처님	167	나무명조부처님	168	나무최승등부처님
169	나무단의부처님	170	나무장엄신부처님	171	나무불허보부처님
172	나무각오부처님	173	나무화상부처님	174	나무산주왕부처님
175	나무선위의부처님	176	나무편견부처님	177	나무무량명부처님
178	나무보천부처님	179	나무멸과부처님	180	나무지감로부처님
181	나무인월부처님	182	나무희견부처님	183	나무장엄부처님
184	나무주명부처님	185	나무산정부처님	186	나무도피안부처님
187	나무법적부처님	188	나무정의부처님	189	나무시원부처님
190	나무보취부처님	191	나무주의부처님	192	나무만의부처님
193	나무상찬부처님	194	나무자덕부처님	195	나무무구부처님
196	나무범천부처님	197	나무화명부처님	198	나무신차별부처님
199	나무법명부처님	200	나무진견부처님	201	나무덕정부처님
202	나무월면부처님	203	나무보등부처님	204	나무보당부처님
205	나무상명부처님	206	나무작명부처님	207	나무무량음부처님
208	나무위람부처님	209	나무사자신부처님	210	나무명의부처님
211	나무무능승부처님	212	나무공덕품부처님	213	나무해혜부처님
214	나무득세부처님	215	나무무변행부처님	216	나무개화부처님
217	나무정구부처님	218	나무견일체의부처님	219	나무용력부처님
220	나무부족부처님	221	나무복덕부처님	222	나무수시부처님
223	나무경음부처님	224	나무공덕경부처님	225	나무광의부처님
226	나무선적멸부처님	227	나무재천부처님	228	나무정단의부처님
229	나무무량지부처님	230	나무묘락부처님	231	나무불부부처님
232	나무무주부처님	233	나무득차가부처님	234	나무중수부처님
235	나무세광부처님	236	나무다덕부처님	237	나무불사부처님

238	나무무변위덕부처님	239	나무의의부처님	240	나무약왕부처님
241	나무단악부처님	242	나무무열부처님	243	나무선조부처님
244	나무명덕부처님	245	나무화덕부처님	246	나무용득부처님
247	나무금강군부처님	248	나무대덕부처님	249	나무절멸의부처님
250	나무무변음부처님	251	나무대위광부처님	252	나무선주부처님
253	나무무소부처님	254	나무리의혹부처님	255	나무전상부처님
256	나무공경부처님	257	나무위덕수부처님	258	나무지일부처님
259	나무상리부처님	260	나무수미정부처님	261	나무정심부처님
262	나무치원적부처님	263	나무리교부처님	264	나무응찬부처님
265	나무지차부처님	266	나무나라달부처님	267	나무상락부처님
268	나무불소국부처님	269	나무천명부처님	270	나무운덕부처님
271	나무심량부처님	272	나무다공덕부처님	273	나무보월부처님
274	나무장엄정계부처님	275	나무락선부처님	276	나무무소부처님
277	나무유희부처님	278	나무덕보부처님	279	나무응명칭부처님
280	나무화신부처님	281	나무대음성부처님	282	나무변재찬부처님
283	나무금강주부처님	284	나무무량수부처님	285	나무주장엄부처님
286	나무대왕부처님	287	나무덕고행부처님	288	나무고명부처님
289	나무백광부처님	290	나무희열부처님	291	나무룡보부처님
292	나무의원부처님	293	나무묘보부처님	294	나무멸이부처님
295	나무법당부처님	296	나무조어부처님	297	나무희자재부처님
298	나무보계부처님	299	나무리산부처님	300	나무정천부처님
301	나무화관부처님	302	나무정명부처님	303	나무위덕적멸부처님
304	나무애상부처님	305	나무다천부처님	306	나무수염마부처님
307	나무천위부처님	308	나무묘덕왕부처님	309	나무보보부처님
310	나무사자분부처님	311	나무최존승부처님	312	나무인왕부처님
313	나무전단운부처님	314	나무감안부처님	315	나무보위덕부처님
316	나무덕승부처님	317	나무각상부처님	318	나무희장엄부처님
319	나무향제부처님	320	나무승혜부처님	321	나무리애부처님
322	나무자상부처님	323	나무묘향부처님	324	나무견개부처님
325	나무위덕맹부처님	326	나무주개부처님	327	나무인현부처님
328	나무선서월부처님	329	나무법자재부처님	330	나무사자월부처님
331	나무관찰혜부처님	332	나무정생부처님	333	나무고승부처님
334	나무일관부처님	335	나무보명부처님	336	나무대정진부처님
337	나무산광부처님	338	나무덕취왕부처님	339	나무공양명부처님
340	나무법찬부처님	341	나무시명부처님	342	나무전덕부처님
343	나무보어부처님	344	나무구명부처님	345	나무선계부처님
346	나무선중부처님	347	나무견고혜부처님	348	나무파유암부처님
349	나무선승부처님	350	나무사자광부처님	351	나무조명부처님
352	나무보성취부처님	353	나무리혜부처님	354	나무주월광부처님
355	나무위광부처님	356	나무불파론부처님	357	나무광명왕부처님
358	나무주류부처님	359	나무금강혜부처님	360	나무길수부처님
361	나무선월부처님	362	나무보염부처님	363	나무라후수부처님
364	나무락보리부처님	365	나무등광부처님	366	나무지적멸부처님

367	나무세최묘부처님	368	나무자재명부처님	369	나무십세력부처님
370	나무희력왕부처님	371	나무덕세력부처님	372	나무최승정부처님
373	나무대세력부처님	374	나무공덕장부처님	375	나무진행부처님
376	나무상안부처님	377	나무금강지산부처님	378	나무대광부처님
379	나무묘덕장부처님	380	나무광덕부처님	381	나무보망엄신부처님
382	나무복덕명부처님	383	나무조개부처님	384	나무성수부처님
385	나무선화부처님	386	나무집보부처님	387	나무대해지부처님
388	나무지지덕부처님	389	나무의의맹부처님	390	나무선사유부처님
391	나무덕륜부처님	392	나무보광부처님	393	나무리익부처님
394	나무세월부처님	395	나무미음부처님	396	나무범상부처님
397	나무중사수부처님	398	나무사자행부처님	399	나무난시부처님
400	나무웅공부처님	401	나무명위덕부처님	402	나무대광왕부처님
403	나무금강보엄부처님	404	나무중청정부처님	405	나무무변명부처님
406	나무불허광부처님	407	나무성천부처님	408	나무지왕부처님
409	나무금강중부처님	410	나무선장부처님	411	나무건자부처님
412	나무화국부처님	413	나무법의부처님	414	나무풍행부처님
415	나무선사명부처님	416	나무다명부처님	417	나무밀중부처님
418	나무광왕부처님	419	나무공덕수부처님	420	나무리의부처님
421	나무무구부처님	422	나무견관부처님	423	나무주법부처님
424	나무주족부처님	425	나무해탈덕부처님	426	나무묘신부처님
427	나무수세어언부처님	428	나무묘지부처님	429	나무보덕부처님
430	나무범재부처님	431	나무실음부처님	432	나무정지부처님
433	나무력득부처님	434	나무사자의부처님	435	나무정화부처님
436	나무희안부처님	437	나무화치부처님	438	나무공덕자재당부처님
439	나무명보부처님	440	나무희유명부처님	441	나무상계부처님
442	나무리욕부처님	443	나무자재천부처님	444	나무범수부처님
445	나무일체천부처님	446	나무락지부처님	447	나무가염념부처님
448	나무주장부처님	449	나무덕류포부처님	450	나무대천왕부처님
451	나무무박부처님	452	나무견법부처님	453	나무천덕부처님
454	나무범모니부처님	455	나무안상행부처님	456	나무근정진부처님
457	나무득상미부처님	458	나무무의덕부처님	459	나무담복화부처님
460	나무출생무상공덕부처님	461	나무선인시위부처님	462	나무제당부처님
463	나무대애부처님	464	나무수만색부처님	465	나무중묘부처님
466	나무가락부처님	467	나무세력행부처님	468	나무선정의부처님
469	나무우왕부처님	470	나무묘비부처님	471	나무대거부처님
472	나무만원부처님	473	나무덕광부처님	474	나무보음부처님
475	나무광당부처님	476	나무부귀부처님	477	나무사자력부처님
478	나무정목부처님	479	나무관신부처님	480	나무정의부처님
481	나무지차제부처님	482	나무맹위덕부처님	483	나무대광명부처님
484	나무일광요부처님	485	나무정장부처님	486	나무분별위부처님
487	나무무손부처님	488	나무밀일부처님	489	나무월광부처님
490	나무지명부처님	491	나무선적행부처님	492	나무부동부처님
493	나무대청부처님	494	나무덕법부처님	495	나무엄토부처님

496	나무장엄왕부처님	497	나무고출부처님	498	나무염치부처님
499	나무연화덕부처님	500	나무보엄부처님	501	나무고대신부처님
502	나무상선부처님	503	나무보상부처님	504	나무무량광부처님
505	나무해덕부처님	506	나무보인수부처님	507	나무월개부처님
508	나무다염부처님	509	나무순적멸부처님	510	나무지칭부처님
511	나무지각부처님	512	나무공덕광부처님	513	나무성유포부처님
514	나무만월부처님	515	나무명칭부처님	516	나무선계왕부처님
517	나무등왕부처님	518	나무전광부처님	519	나무대염왕부처님
520	나무적제유부처님	521	나무비사거천부처님	522	나무화장부처님
523	나무금강산부처님	524	나무신단엄부처님	525	나무정의부처님
526	나무위맹군부처님	527	나무지염덕부처님	528	나무력행부처님
529	나무라후천부처님	530	나무지취부처님	531	나무사자출현부처님
532	나무여왕부처님	533	나무원만청정부처님	534	나무라후라부처님
535	나무대약부처님	536	나무청정현부처님	537	나무제일의부처님
538	나무덕수부처님	539	나무백광명부처님	540	나무류포왕부처님
541	나무무량공덕부처님	542	나무법장부처님	543	나무묘의부처님
544	나무덕주부처님	545	나무최증상부처님	546	나무혜정부처님
547	나무승원적부처님	548	나무의행부처님	549	나무범음부처님
550	나무해탈부처님	551	나무뢰음부처님	552	나무통상부처님
553	나무혜류부처님	554	나무심자재부처님	555	나무대지왕부처님
556	나무대우왕부처님	557	나무리타목부처님	558	나무희유신부처님
559	나무실상부처님	560	나무최존천부처님	561	나무불몰음부처님
562	나무보승부처님	563	나무음덕부처님	564	나무장엄사부처님
565	나무용지부처님	566	나무화적부처님	567	나무화개부처님
568	나무무상의왕부처님	569	나무덕적부처님	570	나무상형색부처님
571	나무공덕월부처님	572	나무월등부처님	573	나무위덕왕부처님
574	나무보리왕부처님	575	나무무진부처님	576	나무보리안부처님
577	나무신충만부처님	578	나무혜국부처님	579	나무최상부처님
580	나무청정조부처님	581	나무혜럽부처님	582	나무묘음성부처님
583	나무무애광부처님	584	나무무애장부처님	585	나무상시부처님
586	나무대존부처님	587	나무지세부처님	588	나무대염부처님
589	나무제왕부처님	590	나무제력부처님	591	나무위덕부처님
592	나무월현부처님	593	나무명문부처님	594	나무단엄부처님
595	나무무진구부처님	596	나무위의부처님	597	나무사자군부처님
598	나무천왕부처님	599	나무명성부처님	600	나무수승부처님
601	나무대장부처님	602	나무복덕광부처님	603	나무범문부처님
604	나무출제유부처님	605	나무지정부처님	606	나무상천부처님
607	나무지왕부처님	608	나무지해탈부처님	609	나무금계부처님
610	나무라후일부처님	611	나무막능승부처님	612	나무모니정부처님
613	나무선광부처님	614	나무금제부처님	615	나무종덕천왕부처님
616	나무법개부처님	617	나무용맹명칭부처님	618	나무광명문부처님
619	나무미묘혜부처님	620	나무미의부처님	621	나무제위덕부처님
622	나무사자계부처님	623	나무해탈상부처님	624	나무혜장부처님

625	나무사라왕부처님	626	나무위상부처님	627	나무단류부처님
628	나무무애찬부처님	629	나무소작이변부처님	630	나무선음부처님
631	나무산왕상부처님	632	나무법정부처님	633	나무무능영폐부처님
634	나무선단엄부처님	635	나무길신부처님	636	나무애어부처님
637	나무사자리부처님	638	나무화루나부처님	639	나무사자법부처님
640	나무법력부처님	641	나무애락부처님	642	나무찬부동부처님
643	나무중명왕부처님	644	나무각오중생부처님	645	나무묘명부처님
646	나무의주의부처님	647	나무광조부처님	648	나무향덕부처님
649	나무령희부처님	650	나무일성취부처님	651	나무멸에부처님
652	나무상색부처님	653	나무선보부처님	654	나무대음찬부처님
655	나무정원부처님	656	나무일천부처님	657	나무락혜부처님
658	나무섭신부처님	659	나무위덕세부처님	660	나무찰리부처님
661	나무중회왕부처님	662	나무상금부처님	663	나무해탈계부처님
664	나무락법부처님	665	나무주행부처님	666	나무사교만부처님
667	나무지장부처님	668	나무범행부처님	669	나무전단부처님
670	나무무우명부처님	671	나무단엄신부처님	672	나무상국부처님
673	나무민지부처님	674	나무무변덕부처님	675	나무천광부처님
676	나무혜화부처님	677	나무빈두마부처님	678	나무지부부처님
679	나무대원광부처님	680	나무보수부처님	681	나무정근부처님
682	나무구족론부처님	683	나무상론부처님	684	나무불퇴지부처님
685	나무법자재불허부처님	686	나무유일부처님	687	나무출니부처님
688	나무득지부처님	689	나무상길부처님	690	나무모라부처님
691	나무법락부처님	692	나무구승부처님	693	나무지혜부처님
694	나무선성부처님	695	나무망광부처님	696	나무유리장부처님
697	나무선천부처님	698	나무리적부처님	699	나무교화부처님
700	나무보수순자재부처님	701	나무견고고행부처님	702	나무중덕상명부처님
703	나무보덕부처님	704	나무일체선우부처님	705	나무해탈음부처님
706	나무감로명부처님	707	나무유희왕부처님	708	나무멸사곡부처님
709	나무일체주부처님	710	나무담복정광부처님	711	나무산왕부처님
712	나무적멸부처님	713	나무덕취부처님	714	나무구덕부처님
715	나무최승월부처님	716	나무선시부처님	717	나무주본부처님
718	나무공덕위취부처님	719	나무지무등부처님	720	나무감로음부처님
721	나무선수부처님	722	나무집명거부처님	723	나무사해탈의부처님
724	나무승음부처님	725	나무리타행부처님	726	나무선의부처님
727	나무무과부처님	728	나무행선부처님	729	나무수묘신부처님
730	나무묘광부처님	731	나무락설부처님	732	나무선제부처님
733	나무불가설부처님	734	나무최청정부처님	735	나무락지부처님
736	나무변재일부처님	737	나무파타군부처님	738	나무보월명부처님
739	나무상의부처님	740	나무우안중생부처님	741	나무대견부처님
742	나무무외음부처님	743	나무수천덕부처님	744	나무혜제부처님
745	나무무등의부처님	746	나무부동혜광부처님	747	나무보리의부처님
748	나무수왕부처님	749	나무반타음부처님	750	나무복덕력부처님
751	나무세덕부처님	752	나무성애부처님	753	나무세행부처님

754	나무호박부처님	755	나무뢰음운부처님	756	나무선애목부처님
757	나무선지부처님	758	나무구족부처님	759	나무화승부처님
760	나무대음부처님	761	나무법상부처님	762	나무지음부처님
763	나무허공부처님	764	나무사음부처님	765	나무혜음차별부처님
766	나무월염부처님	767	나무성왕부처님	768	나무중의부처님
769	나무변재류부처님	770	나무선적부처님	771	나무불퇴혜부처님
772	나무일명부처님	773	나무무착혜부처님	774	나무공덕집부처님
775	나무화덕상부처님	776	나무변재국부처님	777	나무보시부처님
778	나무애월부처님	779	나무집공덕온부처님	780	나무멸악취부처님
781	나무자재왕부처님	782	나무무량정부처님	783	나무등정부처님
784	나무불괴부처님	785	나무멸구부처님	786	나무불실방변부처님
787	나무무요부처님	788	나무묘면부처님	789	나무지제주부처님
790	나무법사왕부처님	791	나무대천부처님	792	나무심의부처님
793	나무무량부처님	794	나무무애견부처님	795	나무세공양부처님
796	나무보산화부처님	797	나무삼세공부처님	798	나무응일장부처님
799	나무천공양부처님	800	나무상지인부처님	801	나무진계부처님
802	나무신감로부처님	803	나무불착상부처님	804	나무리분별해부처님
805	나무보견명부처님	806	나무리타보부처님	807	나무수일부처님
808	나무청정부처님	809	나무명력부처님	810	나무공덕취부처님
811	나무구족덕부처님	812	나무단엄해부처님	813	나무수미산부처님
814	나무화시부처님	815	나무무착지부처님	816	나무무변좌부처님
817	나무애지부처님	818	나무반타엄부처님	819	나무청정주부처님
820	나무생법부처님	821	나무상명부처님	822	나무사유락부처님
823	나무락해탈부처님	824	나무지도리부처님	825	나무다문해부처님
826	나무지화부처님	827	나무불수세부처님	828	나무희중부처님
829	나무공작음부처님	830	나무불퇴몰부처님	831	나무단유애구부처님
832	나무위의제부처님	833	나무제천류포부처님	834	나무수사행부처님
835	나무화수부처님	836	나무최상시부처님	837	나무파원적부처님
838	나무부다문부처님	839	나무묘국부처님	840	나무치성왕부처님
841	나무사자지부처님	842	나무월출부처님	843	나무멸암부처님
844	나무무동부처님	845	나무차제행부처님	846	나무음성치부처님
847	나무교담부처님	848	나무세력부처님	849	나무신심주부처님
850	나무상월부처님	851	나무각의화부처님	852	나무요익왕부처님
853	나무선위덕부처님	854	나무지력덕부처님	855	나무선등부처님
856	나무견행부처님	857	나무천음부처님	858	나무복덕등부처님
859	나무일면부처님	860	나무부동취부처님	861	나무계명부처님
862	나무주계부처님	863	나무보섭수부처님	864	나무견출부처님
865	나무안사나부처님	866	나무증익부처님	867	나무향명부처님
868	나무위람명부처님	869	나무염왕부처님	870	나무밀발부처님
871	나무무애상부처님	872	나무지묘도부처님	873	나무신계부처님
874	나무락실부처님	875	나무명법부처님	876	나무구위덕부처님
877	나무대자부처님	878	나무상자부처님	879	나무요익혜부처님
880	나무감로왕부처님	881	나무미루명부처님	882	나무성찬부처님

883	나무광조부처님	884	나무지수부처님	885	나무견명부처님
886	나무선행보부처님	887	나무선희부처님	888	나무무멸부처님
889	나무보명부처님	890	나무구족명칭부처님	891	나무락복덕부처님
892	나무공덕해부처님	893	나무진상부처님	894	나무단마부처님
895	나무진마부처님	896	나무과쇠도부처님	897	나무불괴의부처님
898	나무수왕부처님	899	나무정마부처님	900	나무중상왕부처님
901	나무애명부처님	902	나무복등부처님	903	나무보리상부처님
904	나무대위력부처님	905	나무선멸부처님	906	나무범명부처님
907	나무지희부처님	908	나무신상부처님	909	나무여중왕부처님
910	나무종종색상부처님	911	나무애일부처님	912	나무라후월부처님
913	나무무상혜부처님	914	나무약사상부처님	915	나무지세력부처님
916	나무염혜부처님	917	나무희명부처님	918	나무호음부처님
919	나무부동천부처님	920	나무묘덕난사부처님	921	나무선업부처님
922	나무의무류부처님	923	나무대시부처님	924	나무명찬부처님
925	나무중상부처님	926	나무해탈월부처님	927	나무세자재부처님
928	나무무상왕부처님	929	나무멸치부처님	930	나무단언론부처님
931	나무범공양부처님	932	나무무변상부처님	933	나무리타법부처님
934	나무응공양부처님	935	나무도우부처님	936	나무락안부처님
937	나무세의부처님	938	나무애신부처님	939	나무묘족부처님
940	나무우발라부처님	941	나무화영부처님	942	나무무변변광부처님
943	나무신성부처님	944	나무덕정진부처님	945	나무진실부처님
946	나무천주부처님	947	나무락고음부처님	948	나무신정부처님
949	나무파기라타부처님	950	나무복덕의부처님	951	나무불순부처님
952	나무순선고부처님	953	나무취성부처님	954	나무사자유부처님
955	나무최상업부처님	956	나무신청정부처님	957	나무행명부처님
958	나무룡음부처님	959	나무지류부처님	960	나무재성부처님
961	나무세애부처님	962	나무제사부처님	963	나무무량보명부처님
964	나무운상부처님	965	나무혜도부처님	966	나무순법지부처님
967	나무허공음부처님	968	나무선안부처님	969	나무무승천부처님
970	나무주정부처님	971	나무선재부처님	972	나무등염부처님
973	나무보음성부처님	974	나무인주왕부처님	975	나무부사의공덕광부처님
976	나무수법행부처님	977	나무무량현부처님	978	나무보명문부처님
979	나무득리부처님	980	나무세화부처님	981	나무고정부처님
982	나무무변재성부처님	983	나무차별지견부처님	984	나무사자아부처님
985	나무법등개부처님	986	나무목건연부처님	987	나무무우국부처님
988	나무의사부처님	989	나무법천경부처님	990	나무단세력부처님
991	나무극세력부처님	992	나무멸탐부처님	993	나무견음부처님
994	나무선혜부처님	995	나무묘의부처님	996	나무애정부처님
997	나무참괴안부처님	998	나무묘계부처님	999	나무욕락부처님
1000	나무루지부처님				

61 구층암 천불전 토끼와 거북이 이야기

봉천원(奉天院)은 지리산 화엄사 8원 81암자 중 하나이다. 이곳 봉래암(鳳來庵)에는 감로정(甘露井), 십육나한전(十六羅漢殿) 5칸, 오백응진전(五百應眞殿) 9칸, 천불전 15칸, 동약사전(東藥師殿) 5칸, 광명대(光明臺) 1쌍, 동서별실(東西別室) 각 7칸이 있었다. 구층암의 본래 이름은 봉래암이다. 그 주위로 여러 암자들이 창건되니 이 절을 묶어 봉천원이라고 부르게 되었다.

봉래암은 동물과 깊은 연관이 있다. 봉래암(봉천암)은 봉황이 내려온 곳이고, 봉래암 중간 도량(구층암)은 용을 타고 있는 자리이며, 구층암 현판 옆에 사자상이 있다. 또한 천불전 법당 옆 벽 기둥 위에는 토끼와 거북이가 형상화되어 있는데, 토끼가 거북이 등에 올라타 있는 모습이다. 천불전은 여러 차례 중건, 중수를 하면서도 토끼와 거북이 상을 계속 만들어 왔다. 이를 통해 토끼와 거북이 모습 속에 담긴 불교의 심오한 뜻을 표현하고자 했다.

거북이 상은 눈먼 거북이가 나무판자를 만난다는 '맹구우목(盲龜遇木)'을 표현한다. 수명이 무량겁(無量劫)인 눈먼 거북이가 바다 밑을 헤엄치다가 숨을 쉬기 위해 백 년에 한 번씩 물 위로 올라오는데, 그때 우연히 그곳을 떠다니던 구멍 뚫린 나무판자에 목이 끼는 것은 확률적으로 도저히 불가능한 일이다. 이는 인간이 죽은 후 다시 태어날 때 인간의 몸을 받을 확률은 눈먼 거북이가 백 년을 물 속에서 살다가 숨 한번 쉬기 위해 물 위로 떠오르는 순간 나무토막 하나를 만나는 것처럼 어렵다는 것을 의미한다. 그야말로 인신난득(人身難得) 아닌가. 우리가 몸을 받아 태어난 것은 참으로 소중한 일이다.

《천수경(千手經)》에 '백천만겁난조우(百千萬劫難遭遇)'라는 구절이 있는데, 이는 백천만겁이 지나도록 부처님 법을 만나기 어렵다는 뜻이다. 또 부처님께서 말씀하신 '4난(難)'이 있다.

① 인신난득(人身難得)으로 사람 몸 받기 어렵고,
② 남자난득(男子難得)으로 사람으로 태어나도 남자 되기가 어렵고,
③ 불법난봉(佛法難逢)으로 불법을 만나기 어려우며,
④ 위승난행(爲僧難行)으로 불법을 만나더라도 스님 되기가 어렵다.

《법화경(法華經)》의 4난은 이러하다.

① 치불난(値佛難)은 부처님 만나 뵙기가 어렵고,
② 설법난(說法難)은 기연(機緣)이 닿지 않으면 부처님도 설법하기 어렵고,
③ 문법난(聞法難)은 부처님 법을 얻어 듣기가 어려우며,
④ 신수난(信受難)은 부처님을 믿고 받아들이기가 어렵다.

토끼 상은 토끼처럼 잘난 척 하지 말 것을 가르친다. 즉 불교의 4만(四慢)으로 4가지 교만한 마음을 말한다.

① 증상만(增上慢)은 최상의 교법과 깨달음을 얻지 못하고서 이미 얻은 것처럼 교만하게 우쭐대는 일이다.
② 비하만(卑下慢)은 남보다 훨씬 못한 것을 자기는 조금 못하다고 생각하는 일이다.

▶ 천불전 토끼와 거북이

③ 아만(我慢)은 자신을 높여서 잘난 체하고 남을 업신여기는 마음이다.
④ 사만(邪慢)은 덕이 없는 사람이 덕이 있다고 생각하는 것이다. 즉 하심(下心)으로 자신을 낮추고 남을 높이는 마음을 가지라는 것이다.

천불전의 토끼와 거북이의 형상은 토끼처럼 서두르지도 말고 거북이처럼 느리지도 말라는 중도의 표현을 엿볼 수 있다. 거문고 줄이 지나치게 팽팽하면 제소리가 나지 않고, 줄이 너무 느슨해도 제소리가 나지 않으니 거문고 줄을 적당하게 맞추어 다룰 때 아름다운 소리가 난다. 공부하는 것도 그와 같으니 너무 지나쳐도 안 되고 그렇다고 게을러서도 안 된다. 중도를 지키는 것이 으뜸이니 중도를 지켜나가면 머지않아 번뇌를 끊는 사람이 될 수 있다.

양극단으로의 치우침을 경계하는 중도의 가르침은 인생에도 적용할 수 있다. 지나치게 긴장하며 자신을 옭아매지 않고, 또 너무 관대하거나 방치하고 늘어지지도 않을 때 무리 없는 충실한 삶을 실현할 수 있다.

62
구층암 모과기둥 이야기

　일현(一玄)스님의 주선으로 1936년 여름부터 1937년 3월까지 구층암 법당 및 요사(寮舍) 전부를 훼철(毁撤)하여 중건했다. 불사비용은 이리(裡里, 현 전북시 익산에 있었던 도시)에 사는 불자님의 시주금으로 충당했다.

　중건하는 도중인 1936년 8월 27일 오후 태풍 3693호가 한반도 서남해안에 상륙하면서 전국에 걸쳐 막대한 피해를 끼쳤고 이로 인한 사망·실종자는 무려 1,232명에 달했다. 이 태풍은 근대 기상 관측이 시작된 이래 한반도에 가장 많은 인명피해를 끼친 태풍이다. 이 태풍으로 화엄사 탑전 견성당이 붕괴되었는데, 1937년에 만우(曼宇)스님이 이를 중건했다.

　이때 구층암에 있는 모과나무 세 그루도 쓰러졌다. 일현스님은 몇 백 년 동안 화엄사 구층대(九層臺) 도량에서 부처님께 달콤하고 향긋한 향공양을 드리고, 수많은 납자(衲子, 선승)와 함께 수행했던 목향불자(木香佛子)인 모과나무를 그냥 버릴 수가 없었다. 그래서 구층암 본체요사(本體寮舍) 기둥 2개와 대중요사체(大衆寮舍體) 기둥 1개로 삼기로 하고 모과나무에 대패질조차 아니 하고 살아있던 모습 그대로 기둥을 세웠다. 구층암의 모과나무는 살아서는 부처님께 향공양을 올리고, 죽어서도 등신불처럼 등신목(等身木)이 되어 도량에 상주하고 있다.

　모과 등신목을 보고 있으면 경허선사의 말씀이 생각이 난다.

▶ 구층암 모과기둥

　1884년 10월 초순의 어느 날, 당시 서산의 연암산 천장암에 머물고 계시던 경허선사가 설법을 위해 동학사에 왔다. 그날 동학사 산중의 대중들이 모두 한 자리에 모여 법회를 열었다.
　동학사의 강백 진암스님이 먼저 설법을 시작했다.
　"나무는 비뚤어지지 않고 곧아야 쓸모가 있으며, 그릇도 찌그러지지 아니하고 반듯해야 쓸모가 있습니다. 이렇듯 사람도 마음이 불량하지 않고 착하고 정직해야 합니다."
　이후 경허선사의 차례가 되었다.
　"비뚤어진 나무는 비뚤어진 대로 쓰고, 찌그러진 그릇은 찌그러진 대로 쓰면 됩니다. 즉 불량하고 성실치 못한 사람도 그 나름의 착함과 성실함이 있습니다. 이 세상 만물은 모두 귀한 것, 모두가 부처님이요, 관세음보살입니다."

그 자리에 모여 있는 대중들은 경허선사의 설법을 듣고 감동했다. 잘났든 못났든 차별하지 않고 모두 귀하고 소중한 존재라는 것은 지금은 비록 까마득하게 보일지언정 수행을 하면 누구든지 성불할 수 있음을 일깨워주는 것이기 때문이다. 사부대중은 경허선사의 자비로운 법문에 감읍(感泣, 감격하여 눈물을 흘림)하지 않을 수 없었다.

모든 것에 불성(佛性)이 있으니 밖으로 드러난 것은 상에 불과하리라. 어찌 보면 구층암 모과나무는 형상에 집착하는 마음을 단박에 깨버리는 것 같다. 모과 등신목은 몸도 마음도 다 내려놓고 기둥에 기대어 그저 쉬라고, 쉬어 가라고 자리를 내어준다. 살아생전에 향공양 많이 올렸으니 이젠 우리가 차향을 올리겠네. 마음껏 드시게나.

63 사리탑 방광 이야기

　신라 선덕여왕 14년(645년)에 자장법사님이 부처님 진신사리 73과를 모시고 사리탑과 공양탑을 세웠다. 자장법사와 사부대중, 불자님이 모여 연기존자님이 비구니 어머니에겐 진리의 공양을, 부처님께는 차공양을 올리는 모습의 공양탑 낙성식을 봉행하고 있을 때였다. 갑자기 사리탑에서 방광하기 시작했다. 빛은 화엄골 전체뿐만 아니라 구차레를 덮을 정도로 뻗어 나왔고, 사부대중과 불자들은 사리탑과 그 빛을 바라보며 합장한 채로 감탄과 환호성을 질렀다. 하늘에서는 풍악 소리가 화엄사와 구차레 전역까지 울려 퍼졌다. 낙성식은 끝났지만 방광 빛은 화엄동천을 7일간 감쌌다.

　의상조사께서 백제 화엄종풍에 큰 감화를 입고 삼국인이 한민족이라는 정신적 통일과 화엄의 성지이며 근본 도량이라는 것을 입증하기 위하여 장육전을 창건했을 때에도 방광이 있었다. 문무왕 17년(677년)에 2층 4면 7칸의 사방 벽에 화엄석경을 두르고 황금장육입불상을 모신 장육전을 창건하여 낙성식을 할 때였다. 장육전의 화엄석경과 법당에서 방광하였으며 사리탑도 축복을 하듯 7일간 방광했다.

　또 경덕왕 대(742~764년)에 이르러 8원 81암자로 화엄불국 연화장세계의 면모를 갖추게 되었는데, 사리탑에서 방광한 빛이 대가람 전체를 감싸며 7일간 지속되었다.

벽암 각성대사께서 인조 8년(1630년)에 동5층석탑 중수와 더불어 화엄사 중건을 시작하여 대웅전을 비롯해 몇몇 법당과 전각을 중창했지만 아쉽게 장육전은 중건되지 못하고 인조 14년(1636년)에 끝맺었다. 중창 대작불사 낙성식이 끝난 후 사리탑에서 화엄동천 전체를 감싸며 7일간 방광을 했다.

계파선사께서 장육전을 중창 25년(1699년)에 시작하여 숙종 28년(1702년)에 완공을 보았다. 2층 48칸 규모로 그 장엄함은 비길 데가 없었다. 장육전 중건 불사를 회향하자 조정에서는 사액하여 각황전이라 하고, 예조는 한 격 높여서 올려 선교양종대가람이라 했다. 각황전 낙성식을 할 때 사리탑에서 방광을 했으며 7일간 지속했다.

일제 강점기 때에도 방광한 일이 있었다. 어느 날 화엄사 아래 마을에 살던 사람이 한 밤중에 무심히 노고단을 바라보았는데 환한 빛이 화엄골 전체에 두루 퍼지고 있었다. 화엄사에 불이 난 줄 알고 마을 사람들을 깨워 부랴부랴 화엄사로 올라갔다. 하지만 화엄사가 불이 난 것이 아니라 사리탑에서 방광하고 있었다. 그는 화엄사 전체에 가득한 빛을 보고 놀라움을 금치 못하며 스님들을 깨웠고, 그렇게 화엄사 도량에 사부대중이 모이게 되었다. 부처님 사리탑의 방광 빛이 화엄사를 감싼 자비광명 속에서 함께 합장하고 예배하며 환희심에 젖어 부처님을 찬탄했다. 이때 주지 스님은 사부대중과 마을 사람들에게 나라에 좋은 일이 있을 징조라고 말했다. 그리고 얼마 후 일제 강점기를 벗어나 해방을 맞이했다.

1960년 비구와 대처승 간의 투쟁이 심할 때에도 방광이 있었다. 당시 화엄사도 대처승에게 안전지대는 아니었다. 일타스님은 이 도량을 지키고자 부처님 사리탑에서 7일 기도를 시작했다.

▶ 사리탑

"부처님께서 이곳을 정법의 땅으로 보호하실 것이다."

저녁예불이 끝나면 화엄차 한 잔을 사리탑에 올리고 새벽예불을 드릴 때까지 석가모니불을 부르며 간절하게 기도를 했다. 살구 목탁 소리가 구례읍까지 울려 퍼졌다.

회향일인 7일째 새벽, 일타스님이 염불삼매에 빠져 들었을 때였다. 스님들이 올라와서 환희에 젖어 외쳤다.

"부처님의 감응으로 큰 방광이 사리탑에서 솟아 멀리 천은사 쪽으로 높이 높이 뻗어 갔습니다!"

아침이 되자 화엄사 아랫마을 사람들이 올라와 스님에게 예배하며 말했다.

"새벽에 탑 주위에서 하늘로 치솟는 방광이 한 시간 이상 계속되었습니다. 저희들도 스님을 모시고 이 절을 지키겠습니다."

이렇게 화엄사는 대처승과 싸움이 없는 조용한 절로 바뀌었다.

그리고 그날 낮에 토종벌이 사리탑으로 몰려들어 새까맣게 탑을 감싸는 기이한 일이 벌어졌다. 바가지로 벌들을 받았더니 3통 분량이나 되었다. 그 꿀벌에게서 얻은 많은 꿀은 스님들에게 드렸다. 기도 끝의 방광은 화엄사를 무쟁(無諍)의 수도처로 만들었고, 토종벌들은 꿀 보약을 공양으로 올린 것이다.

1978년 가을에도 방광이 있었다. 명선 주지 스님은 대중방인 적묵당이 겨울철에는 방바닥이 따뜻하지 않기에 가을 무렵에 온돌장 보수공사를 하게 되었으며 학인 스님은 방사를 영산전(현 봉향각)에 정하고 기거하게 되었다. 며칠이 지난 어느 날, 학인 스님이 자다가 부스스 눈을 뜨니 환한 빛이 방문에 가득했다. 스님은 그것이 달빛이 아님을 직감하고 방문을 열고 나갔다. 그 빛은 부처님 사리탑에서 원통전을 비추고 그 빛은 서오층탑에 비추고 또 그 빛은 영산전을 비추고 있었다. 이는 방사가 좁아도 열심히 수행정진하는 학인 스님이 지혜로움과 청정마음을 가질 수 있도록 하려는 부처님의 자비광명이었다. 무한히 자비로운 부처님의 광명을 받은 학인 스님은 깊은 환희심에 젖었다.

64
사천왕 신통 이야기

 1948년 10월 28일 순천으로부터 구례로 내몰린 반도군은 화엄사를 근거지로 하여 국군과 대치했다. 반도군은 약 400여 명으로 김진회(金智會)라는 인물이 지휘하는 것으로 추정되었다. 이때 반도군은 구례에서 우익 지도자 13명을 총살하고, 쌀 100여 가마와 현금 약 35만 원, 그리고 경찰서에서 훔친 탄약 수천 발을 가지고 산으로 도주했다.
 2여단과 12연대로서 구성된 전투사령 부대는 김백일(金白一) 중령 지휘 하에 지루한 소탕전에 나섰다. 부대는 1948년 11월 1일부터 구례읍 내에 사령부를 옮겨놓고 높이 1,500미터의 노고단 일대에서 연일 일대 소탕전을 전개했고, 5일에 각자 원대(原隊)로 복귀할 계획이었다. 반도군이 들어왔던 구례읍은 여전히 계엄령 하에 있으나 대체로 치안이 확보되어 가고 있었다. 국군은 그동안 화엄사 일대의 반도군 주력을 격퇴한 다음 포로 200여 명을 잡았고 나머지는 현지 총살을 단행했다.
 1950년 6·25 동란이 터진 후 화엄사 주지 동월병선(東月秉善)스님은 빨치산들에게 죽임을 당했다. 빨치산의 조선인민유격대 남부군 사령관 이현상은 박병삼이란 이를 애지중지했는데 그가 지리산에서 내려오다 경찰에 잡혔고, 어린 박병삼을 동월병선스님이 구해내지 않았다는 게 이유였다.
 6·25 동란을 전후하여 내원암과 보적암이 파괴되었다. 화엄사 만월당은 서고(書庫)처럼 많은 경전과 책들이 있었는데 인민군들은 경전을 찢어 불쏘

▶ 천왕문

시개로 사용하거나 볼일 보고 난 휴지로 사용했다. 또 경내에서 좋지 않은 행동을 많이 했다. 화엄사는 유린당했고 스님들은 산속에서 땅굴을 파고 숨어 살았다.

　1951년 2월 11일(음력 1월 6일) 한밤중에 탱크 소리, 포 쏘는 소리, 비행기 소리, 총소리가 쉼 없이 화엄골에 울려 퍼지니 인민군들은 혼비백산 노고단 방향으로 도망갔다. 화엄사 스님들은 국군이 도움을 주러 온 것이라고 생각했다. 그런데 동이 트고 화엄사로 와보니 국군도, 탱크도 보이지 않았다. 하도 이상하여 마을로 내려가 주민들에게 간밤에 무슨 소리를 듣지 못했냐고 물었지만 아무도 들은 이가 없었다. 그 소리는 화엄사 스님과 인민군에게만 들렸던 것이었다.

　스님들은 손뼉을 치면서 말했다.

　"사천왕께서 신통력으로 인민군을 쫓아내신 거로구나! 불법을 수호하시

▶ 화엄사 사천왕

는 사천왕님께서 인민군의 만행을 차마 두고 볼 수 없었던 거야."

마을 주민들도 스님들의 말을 듣고 감탄했다. 스님과 주민들은 화엄사 천왕문에 계시는 사천왕님께 사찰을 지켜주어 고맙다며 수없이 절했다. 그리고 법당과 불보살님께 참배하고 며칠 동안 대청소를 하여 화엄 도량을 깨끗하게 했다. 얼마 후 국군 상부에서 빨치산 본거지를 소각하라는 작전명령을 내렸다. 이때 작전을 주도한 것이 제11사단이다. 이 과정에서 상원암, 보운암, 만월당이 소실되었으나 화엄사는 가까스로 화를 모면했다.

1951년 5월 10일 군경 합동 작전회의에서 또다시 화엄사를 소각하라는 명령이 하달되었다. 군사작전을 용이하게 펼치기 위해서였다. 이때 차일혁(車一赫) 부대장은 관할 지역이 아닌데도 화엄사 지역을 책임지고 있는 다른

부대장을 대신하여 화엄사에 들어가 말했다.

"화엄사를 소각하는 데는 한나절이면 족하지만, 세우는 데는 천년의 세월도 부족하다."

그러고 나서 대웅전 앞에서 문짝들만 뜯어내 소각하는 상징적 행위로 그 명령을 수행했다. 덕분에 화엄사가 살아남을 수 있었다.

전쟁이 끝난 후 마을 주민들은 음력 1월 6일이 되면 사천왕이 신통력을 보여준 날을 잊지 않고 기념했다. 화엄사 천왕문에서 헌공을 하니 소원이 성취되었고, 그 소문이 일파만파 퍼져 전국에 알려졌다.

도광 큰스님이 화엄사 주지로 취임한 뒤 1970년도부터 정초 7일 신중기도(음력 3일~9일)를 봉행했다. 천왕문에서 음력 1월 6일에 봉행하는 사천왕 헌공(獻供)도 새벽예불 후와 사시 때 두 차례 정식으로 거행했다. 그러나 몇십 년 후 흐르다 보니 지역 인구 감소가 감소하여 새벽예불 후 한 차례만 봉행하게 됐다.

1999년부터는 종걸 주지 스님이 중간에 사천왕 헌공하는 것이 번거롭다며 신중기도가 끝나는 음력 9일 새벽예불 후 봉행하면서 지금까지 그렇게 하고 있다. 사천왕 헌공은 음력 1월 6일로 다시 복귀해야 한다.

65 금오스님 승가공동체 이야기

 태전금오(太田金烏)스님은 전남 강진 출생으로 16세에 금강산 마하연에서 도암긍현(道庵亘玄)선사를 은사로 득도했다. 1956년 봉은사를 나와서 1968년 입적할 때까지 10여 년 간 화엄사, 동화사, 법주사 등 주요 사찰에서 제자들과 함께 살며 비구승들의 수행가풍을 되살렸다. 단지 참선수행만 강조한 것이 아니라 비구승들의 의식과 생활양식을 정립했다. 바로 승가공동체이다. 금오스님은 가족도 재물도 없이 대중과 함께 더불어 사는 무소유의 승가공동체를 사찰을 돌며 정립하고자 했다. 이것이 금오스님이 애초 '수좌 전용 사찰' 18곳을 주장한 근본적인 이유였다.

 대중생활, 원융살림, 참선수도의 승가 전통을 회복하기 위한 금오스님의 행보는 1958년 화엄사 주지로 오면서 본격적으로 시작됐다. 한국의 조계종을 흔히 조사(祖師) 불교라고 한다. 이는 뛰어난 선지식을 모시고 제자들이 산문(山門)을 이루고 사는 선(禪)수행 가풍을 일컫는다. 폐쇄적인 문중(門中) 중심주의라는 비판도 있지만 스승과 제자 간의 도제식 교육, 농사를 통한 자급자족 등은 선종 수행가풍에 잘 맞는 방식이다.

 그러나 대처승 종단 아래서는 이러한 조사선(祖師禪) 가풍을 제대로 이어가기가 쉽지 않았다. 많은 대중을 거느리기 위해서는 넓은 가람과 경작지가 필요한데 비구승들이 갈 수 있는 토굴은 스승과 시봉하는 제자 한두 명만 살 수 있었다. 다시 말해 조사를 중심으로 회상(會上)을 꾸리는 승가공동체 실현

▶ 금오스님과 대중 스님 (1957년)

이 불가능했다. 대중생활, 총림 고유의 사찰운영은 정화한 뒤에야 가능했다.

봉은사를 떠난 금오스님은 실상사 약수암에 잠시 머물렀다. 그리고 대처승이 있던 화엄사로 오셔서 정화하기 시작했다. 제자로 들어온 탄성스님, 월주스님 등이 소임을 맡고 있었고, 월서스님을 비롯해 7명의 제자가 입산했다. 금오스님이 이처럼 한꺼번에 많은 제자를 삼은 것은 처음 있는 일이었다. 본사인 화엄사의 도량 규모가 이처럼 많은 제자를 받아들일 수 있는 배경이 된 것이다.

제자들이 기억하는 화엄사의 생활은 전통적인 선종 사찰 생활의 전형을 보여준다. 그리고 참선 수행이 가장 우선이었다. 이와 관련하여 혜정스님은 이렇게 말했다.

"한번은 울력을 하는데 한 수좌가 빠져 있어 데리러 갔더니 참선 정진 중이었습니다. 이를 금오스님께 말씀드렸더니 아주 좋아하시면서 '그러면 가만히 두거라' 하셨습니다. 잘못을 하면 공개적으로 굵은 회초리로 사정없이 내려치는 통에 못 견디고 도망간 이들도 많았는데 참선하는 이는 기특하게 여기시는 것이지요. 당신이 정진에 철저하다보니 제자들도 자연스럽게 참선을 최고로 여길 수밖에 없었습니다."

생활은 자급자족 농경이다. 상좌들은 한결같이 화엄사에서 낫을 들어 풀을 베고 나무를 베어 장작을 마련했다. 그리고 엄한 도제식 교육이 이루어졌다. 먼 길을 걸어 먹을 양식을 구해오게 하거나, 양식을 앞에 놓고도 못 먹게 하는 등 인내심을 길러주는 교육을 시켰다. 엄한 교육을 견디면 살아남고 이를 버티지 못하면 하산(下山)하는 동양전통식 교육이었다. 스승과 제자 단 둘이 있는 토굴에서는 시행하기 어려운 교육이 본격적으로 이루어진 것이다.

아무것도 소유하지 않고 참선만 하는 수행자는 무서운 것이 없다. 이미 삶과 죽음을 넘어섰고 세속의 분별도 넘어선지 오래이다. 학식이 크고 넓으며 인품이 훌륭한 스님은 여러 사람의 존경을 받고 향기가 가득하다. 하지만 선사에게는 그 조차 분별일 뿐이다. 어디에도 거칠 것이 없다. 이것이 임제선(臨濟禪)의 문화다.

금오스님은 일 년에 한두 번씩 모든 대중을 탁발하러 내 보냈다. '무연중생 불능제도(無緣衆生 不能濟度)'라는 말이 있다. 인연이 없는 중생은 제도할 수 없다는 의미이며 이는 부처님 시대부터 강조되어 왔다. 그래서 부처님도 칠가식(七家食, 일곱 집의 밥을 얻어 식사함)을 하며 여러 중생과 인연을 맺으셨던 것이다.

금오스님도 그런 인연 만들기를 위해 납자들을 탁발 길로 내보냈는데 차비를 제법 주어 보내니 탁발은 큰 의미가 별로 없었다. 그런데 우리들은 스님의 염불보시와 재가인의 재물보시가 어우러지는 탁발을 하며 참 많은 걸 몸으로 배웠다. 공양의 의미를 제대로 배운 셈이다. 무엇보다 하심(下心)의

도를 배울 수 있었고 재물, 그것도 삼보정재(三寶淨財)의 청정함을 배울 수 있었다.

금오스님의 곧은 기개를 보여 주는 일화 중 하나인 화엄사 입구에 여관이 세워졌을 때의 일이다. 금오스님이 여관 주인을 찾아가 말했다.
"사찰 앞에서 이 무슨 해괴망측한 일인가? 여관이 세워지면 여자들이 왔다 갔다 할 것이고 노래와 가무가 끊임없이 이어질 것인데, 정신이 똑바로 박힌 사람이라면 어찌 이와 같은 일을 할 수 있는가? 사찰 앞에 여관을 짓는 것은 어떠한 이유에도 허용할 수 없네."
그리고 상좌들을 시켜 여관 팻말을 치우도록 했다. 경찰이 와서 책임을 물으려 했지만 금오스님은 부처님 계신 곳을 함부로 기만했다는 죄를 물어 호통을 쳤다. 이 일을 듣고 달려온 경찰 서장은 금오스님에게 사과했다.
수행자는 물질은 물론 권세도 부도 없다. 하지만 역설적으로 가진 것이 없기에 세속의 그 어떤 힘보다 강하다. 수행을 제대로 하고 계율이 철저한 수행자를 억누를 힘은 세상에 없다. 금오스님은 사찰을 수행공동체로 회복하는 한편 땅에 떨어진 수행자의 위상까지 올려놓았다.
이처럼 화엄사에서 금오스님은 당신이 정화를 통해 이루고자 했던 사찰 운영 원칙, 수행자들의 생활을 제대로 복원시켰다. 그러나 생계가 걸린 대처승들은 순순히 물러나지 않고 소송으로 끝없이 스님을 괴롭혔다.
금오스님은 속리산 법주사(法住寺)에서 문도(門徒)들을 한 자리에 모아놓고 상수(上首)제자인 월산(月山) 스님에게 제반사(諸般事)를 맡긴다는 부촉(咐囑)을 남기고 1968년 세수 73세, 법랍 57세로 열반에 들었다.

66
화엄사 중창주 도광대선사 이야기

　리산도광(离山導光)스님은 1922년 3월 7일 전남 담양군 금성면 외추리 470번지에서 태어났고, 부친은 기춘(基春)인 우화거사(于華居士), 모친은 장대각화(張大覺華) 보살님의 2남 2녀중 막내이며 속명은 김오남(金午南)이다. 태몽으로는 보름달을 보았다고 한다. 독실한 불교신자였던 부모님의 영향을 받아 어려서부터 자연스럽게 부처님 가르침과 가까워졌다. 16세 되던 해에 범어사로 출가해 동헌태현(東軒太玄)스님을 은사로 모시고 불법을 배우고 익혔다.

　도광스님이 용성(龍城)스님을 시봉할 때의 일이다. 하루는 용성스님이 도광스님을 앉혀놓고 물었다.

　"마조(馬祖)가 백장(百丈)의 코를 잡아 비트니 기러기가 어디메로 날아갔느냐?"

　도광스님이 대답했다.

　"육자대명왕진언 옴마니반메훔 천고대비만고월(千古大悲萬古月)이여, 조명무한이인천(照明無限利人天)입니다."

　이때 문득 깨달은 바가 있었고, 도광스님은 팔도를 만행하면서 명산대찰을 찾아 공부의 깊이를 더했다.

　도광스님은 대중포교에도 많은 노력을 기울인 어른이다. 1952년 도천(道

川)스님과 함께 전남 담양에 보광선원을 창건해 전강(田剛)선사를 모시고 참선대중을 외호(外護)했다. 정화불사 후에는 중앙종회의원과 감찰위원을 역임했다. 종무행정의 반듯한 처리와 대중외호(大衆外護)로 1972년에는 조계종 종정상을 수상하기도 했다.

1969년 화엄사 주지 소임 시절에는 구층암 각황선원(覺皇禪院)과 봉천암에 용맹선원(勇猛禪院)을 개설해 전국의 수좌들이 구름처럼 몰려들어 생사자재법(生死自在法)을 구하기 위한 정진열풍이 불었다. 스님 스스로도 화두를 놓지 않았으니 많은 도량에서 수행정진했다. 천성산 내원선원, 지리산 칠불선원, 영축산 극락선원, 백양사 운문선원, 가야산 해인선원, 범어사 금당선원, 문경 봉암사 선원, 파계사 성전 선원, 화엄사 탑전선원, 지리산 반야봉 묘향대 등이 대표적인 도량이다.

"도광이는 어디 내놔도 중이다. 변함이 없어. 항상 꾸밈없이 정진하는구나."

은사 동헌스님이 상좌인 도광스님을 칭찬하던 말이다. 도광스님은 은사스님을 깍듯하게 모신 효상좌로 유명할 뿐 아니라 계율을 청정하게 지키는 한편 대중외호에도 모자람이 없는 스님으로 널리 알려져 있다.

도광스님은 동헌스님이 말년에 화엄사 산내 암자 구층암에 머물고 있을 때는 시봉하는 시자가 있었음에도 불구하고 매일같이 큰절과 암자를 오가며 은사스님의 안부를 물었을 정도로 효심이 깊었다. 바깥출입을 삼가고 있는 동헌스님 곁에 무릎 꿇고 앉아 "스님 어디 불편한데는 없으십니까?"라며 공손하게 묻는 도광스님의 모습은 경건하기까지 했다고 한다. 혹시 절밖에 일이 있어 다녀온 후에는 꼭 은사스님을 찾아 어떤 용무로 다녀왔는지 자세하게 설명했다.

당신이 예순 살을 넘은 나이로 사중(寺中)에서 어른으로 대접을 받던 스님이었지만 은사스님에게는 늘 상좌로서 예의를 다했다.

"부모님은 나를 낳아 이 세상과 인연이 되게 하셨고, 은사스님은 내가 부처님 법을 배울 수 있도록 해 준 어른이시다."

이렇게 은사와 부모에 대한 효는 당연하다는 생각을 지녔던 분이 도광스님이다. 스님은 설날이 되면 새벽예불과 새해 통알(通謁)을 끝내고 바로 사부대중을 이끌고 구층암으로 동헌 큰스님에게 세배 드리러 올라가곤 했다.

도광스님은 화엄사 주지 소임을 맡으며 3대 원력을 지니고 있었다. 바로 '청소년 포교', '스님교육사업', '가람수호'이다. 스님은 3대 원력을 반드시 실천해야 한다고 보고 이를 실현하기 위해 전심전력을 다해 노력했다. 도광스님의 이 같은 원력과 발원은 한국불교의 변화와 발전을 위한 방침을 담고 있는 것이라고 할 수 있다.

먼저 '청소년 포교'는 미래 한국을 일궈나갈 청소년들에게 부처님 가르침을 전달하고 익히게 하기 위한 발원이다. 젊은 학생들의 포교가 중요함을 인식했던 도광스님은 구례 중고등학교 대상으로 1983년 4월 2일 화엄사 불교학생회(화엄회)를 창립했다. 진조스님이 지도법사로 2006년까지 담당했다.

'스님교육사업'은 백년대계는 교육에 있음을 느낀 도광스님의 원력을 보여주는 대목이다. 스님은 자체적으로 강원(講院)을 설립해 도제를 양성하는 한편 중앙승가대와 동국대, 그리고 외국에 나가있는 유학승들이 공부에 전념할 수 있도록 후원을 아끼지 않겠다는 뜻을 보였다.

'가람수호'는 앞서 부처님 가르침을 펴는 도량을 여법하게 외호하여 불법이 영원토록 전해져야 한다는 간절한 원력이 스며있다.

도광스님의 이 같은 세 가지 원력은 한국불교의 중흥을 위해 인재양성과 가람수호가 무엇보다 중요한 과제라는 것을 우리에게 보여주고 있다.

▶ 도광대선사

도광스님은 평소 계율을 잘 지키는 것이 수행자의 첫 걸음임을 강조했다. "최근 선문(禪門)이 지계(持戒)를 소홀히 하는 경향이 있는데 그래서는 안 됩니다."

스님은 수행자로서 몸가짐을 깨끗이 하고 마음공부에 전념했다. 변함없는 자세를 몸소 보임으로써 후학들이 스스로 공부에 전념하게 했다.

스님은 인욕보살로 불리며 후학들을 정성을 다해 지도했다. 어떤 일이 있어도 절대 성내는 일이 없었던 스님의 좌우명은 '자비인욕(慈悲忍辱)'이었다. 이 같은 좌우명을 갖게 된 까닭을 묻는 질문에 도광스님은 이렇게 답했다.

"자비에는 적이 없습니다. 나는 항상 이것을 좌우명으로 삼아 늘 후학을 경계하되 인욕자비로 하심공경(下心恭敬)합니다. 이렇게 하면 어떠한 악함도 착한 것으로 되돌릴 수 있습니다."

일타스님은 도광스님의 인욕보살행을 높이 사며 비문에 이렇게 찬(撰)하고 있다.

"설상 같은 계행과 온공겸양(溫恭謙讓)하고 검약탈속(儉約脫俗)하신 청백가풍(淸白家風)은 승단청규의 규범이었고, 자비와 인욕고행 그리고 지중한 보살심은 가는 곳마다 화합과 성숙을 꽃피웠으며, 반석 같은 원력과 정진력은 후래(後來)의 귀감이었다."

도광스님은 스님들에게뿐 아니라 재가불자에게도 자비심을 근본으로 하여 감화를 주었다. 스님은 자신을 친견하기 위해 찾아오는 이는 신분고하를 막론하고 따뜻한 말과 행동으로 대하며 덕을 전했다. 도광스님은 "모든 사람을 대할 때 어떻게 해야 합니까?"라는 후학들의 질문에 이렇게 답했다.

"사부대중을 제접(齊接)할 때는 속진(俗塵)을 초월하고 남녀노소와 빈부귀천의 분별하는 마음이나 귀찮게 여기는 마음을 추호도 갖지 말며 항상 포근한 자비로 대하면 된다."

이런 까닭에 스님을 존경하고 따르는 불자들이 많았다. 스님이 주지 소임을 보았던 화엄사가 지금의 사격(寺格)을 갖추고 대가람으로 발전한 배경에는 도광스님의 자비심이 있었다.

도광스님은 엄정한 계행으로도 널리 알려졌다. 사찰 밖 출입을 할 때는 부정한 음식을 경계하기 위해 꼭 참기름과 버섯을 준비해 걸망에 넣어 다녔을 정도이다. 왜 그렇게 하느냐는 후학들의 질문에 이렇게 대답했다.

"부정한 음식인 오신채를 먹지 말라. 만약 오신채를 먹고 절에 들어오면 수행에 방해가 된다. 그 냄새는 아귀(餓鬼)가 제일 좋아하니 먹은 사람 입에 대고 그 맛을 볼 때 아귀의 탐닉하는 마음, 산란한 마음이 들어오니 수행하는데 방해가 된다. 맑은 정신 대신 부정한 마음이 꽉 차게 되니 어찌 견성성불(見性成佛) 할 수 있겠는가?"

　노스님들이 대부분 그러했듯 도광스님 역시 울력에 빠지는 일이 없었다. 아침 공양후엔 목장갑을 낀 손으로 도량을 비질하는 도광스님의 모습을 볼 수 있었다. 어른 먼저 앞서니 대중들이 모두 마당을 쓸며 하루를 열었던 도량이 바로 화엄사이다.

　도광스님은 세상 나이로 환갑을 넘기고 또 다시 본사인 화엄사 주지로 세 번째 소임을 보면서 "여건이 되는대로 모든 공직에서 물러나 오래전부터 숙원이던 지리산 반야봉에 있는 비의처로 유명한 금강굴에서 참선공부에 전념하겠다"라는 원력을 밝히기도 했다.
　도광스님은 1984년 9월19일 새벽 5시30분에 세상과의 인연을 마치고 세수 63세, 법랍 48세로 열반에 들었다. 스님 영결식은 1984년 9월 23일 오전 10시에 화엄사에서 1천여 명의 사부대중이 동참한 가운데 엄수됐다.

67
문수예참 대강백 백운스님 이야기

　백운스님은 부친 송종수, 모친 전재임 사이에서 1934년 태어났다. 속명은 송백운, 법호는 지흥(知興), 법명은 백운(白雲)이다. 5살 때 부친이 계셨던 강진 화방사(華芳寺)에서 유년시절을 보냈다. 단명할 수 있다는 말에 목숨을 연장할 방편으로 절에 보냈으며 정식출가는 아니었다. 하지만 학교 공부를 위해 속가에 내려오기 전인 9살 때까지 당대 큰 스님들의 무릎을 베고 고승들의 옛 전설을 들으며 자랐으니 숙연(宿緣)이라 하지 않을 수 없다.

　1944년 만암대종사의 맏상좌이신 석산스님을 은사로 백양사에서 출가했다. 백운스님은 만암스님, 인곡스님과 인연이 깊다. 부친이 만암스님의 조카이고 인곡스님의 사촌형이다. 1947년 광주서광중과 광주사범을 졸업했다.

　백운스님은 6·25 한국전쟁이라는 격랑 속에 제2대 국회의원 출마를 준비하던 선친이 '사상이 다르다'는 이유 하나만으로 빨갱이에게 학살당하고, 그 여파로 세 번이나 인민군들에게 잡혀 갔다. 하지만 그때마다 초등학교 동창이나 후배들이 발 벗고 나서서 스님을 살려 주었다.

　만암 대종사와 용성 대종사의 친선약조에 의해 만암 대종사는 범어사 강사로 계셨던 석산스님을 다시 백양사로 돌아오게 했다. 그리고 1952년 백운스님이 대신 동산 대종사의 상좌로 입실했다. 동산스님은 백운스님이 항상 마음에 그려 보았던 큰스님의 모습이었다. 첫해부터 시봉을 해 3년을 모셨다.

▶ 백운스님

백운스님이 이런 말을 한 적이 있다.

"동산 큰스님이 아니었다면 지금까지 '공(空)'에 빠져 헤어 나오지 못했을 수도 있었습니다."

고요한 범어사에 있다 보니 마음이 편안했다. 백운스님은 자신이 웬만큼 공부가 되었다고 여겼고 어느 날 동산스님에게 이러한 생각을 전했다. 그러자 동산스님이 말했다.

"안 된다. 너는 지금 선 수행인이 가장 경계해야 할 무기공(無記空, 성성적적한 상태가 아니라 혼침혼미한 상태)에 빠졌다. 화두가 들려야만 한다!"

동산 큰스님은 제자를 아끼는 마음으로 백운스님을 볼 때마다 화두가 잡혀있는지 점검했다. 백운스님의 화두는 그로부터 20일이 지난 후에야 다시 들렸다. 잠깐 누웠다가 목침에서 떨어지는 순간 화두를 들었는데, 너무도 확실하게 잡혔다. 천수경 독경 소리, 처마 아래서 울리는 풍경 소리, 나뭇잎을 스치는 바람 소리까지도 모두 "어찌 무(無)라 했는가?"라는 소리로 들렸다. 이야기를 들은 동산스님은 그제야 웃으며 말했다.

"이제 공부 좀 하겠구나."

백운스님은 80살이 넘어서도 동산 큰스님의 은혜를 잊을 수 없다며 감사의 마음을 품었다.

백운스님은 1952년 범어사 강원에서 수학하시고 1955년 통도사 강원에서 수학했다. 그 후 1958년 해인사 강원의 전신인 마산대학에 입학하여 월운, 지관스님과 동문수학하고 1962년 학업을 마쳤다. 영동 중화사, 김해 장유암의 주지를 역임했다. 1971년부터 1988년까지 18년간 대강백으로 여러 강원에서 후학들을 가르쳤다. 도광대선사의 요청으로 1971년부터 1978년까지 화엄사 강주를 역임했다.

백운스님은 연기존자님처럼 문수보살님을 원불로 삼아 문수대성의 명호를 염송 일과로 삼았고, 탑전 견성당에 상주하며 강의했다. 그러면서도 항상 문수대성의 명호를 염송했고, 스님을 찾아온 청신사 청신녀에게 문수보살의 위덕을 자세히 설명하여 주었다. 또한 불자님과 지리산 석종대 우번암에서 문수기도를 함께 하곤 했다. 백운스님이 우번암이 진응(震應)스님께서 1899년 27세에 문수기도를 하고 경안을 성취했던 곳이라는 이야기를 하면 다들 더욱 신심을 내어 기도에 정진했다.

화엄사 승가대학이 방학하면 백운스님은 우번암에서 용맹정진했다. 스님이 기도 정진하던 도중 방바닥 열기가 점점 약해져서 장작을 넣으려고 부엌으로 갔을 때의 일이다. 호랑이가 추위를 피하려고 부엌에 들어와 자고 있는 것이 아닌가! 스님은 깜짝 놀라 방으로 돌아왔다. 이렇게 호랑이는 며칠 동안 밤마다 부엌으로 찾아왔다.

백운스님은 지리산에는 없다는 호랑이가 나타난 것이 신기하여 사진으로 찍으려고 화엄사에서 카메라를 챙겨왔다. 그런데 이날부터 호랑이는 우번암에 다시 나타나지 않았다.

"호랑이는 영물이구나. 사진을 찍겠다는 생각으로 카메라를 챙겨왔더니만 나타나지 않는 것을 보면 내 마음을 알아챈 게 분명하다. 지리산에서 호랑이를 보았다고 한들 누가 믿겠는가?"

백운스님은 재차 "호랑이는 정말 영물이로구나" 하면서 헛웃음을 지었다.

백운스님은 과거에 늑막염으로 죽을 고비를 넘겼고, 한 번은 회충이 위장을 뚫고 올라와서, 또 한 번은 교통사고로 인해 죽음을 맞이할 뻔했는데 매번 용케 살아났다. 그래서 스님은 건강을 위하여 점심 공양이 끝나면 천왕문 옆 마당에서 매일 학인 스님과 축구를 했다. 골대는 보제루 축대 앞, 만월당 터 왼쪽 마당에 대나무를 양쪽에 꽂고 위로는 새끼줄을 양쪽으로 연결한 허술한 골대이다. 또한 지장암, 구층암, 금정암에서 휴양하시는 분, 고시 공부를 하고 있는 분들과 함께 암자 대표팀을 만들어 4팀이 리그전을 하기도 했다.

화엄사 인근의 청천초등학교에서는 구례군 마산면 면민 체육대회가 열렸는데 이는 황전리, 냉전리, 마산리, 갑산리, 사도리, 광평리 사람들이 모여 펼치는 대규모 마을 축제이다. 이때 화엄사와 산내암자 대중이 합쳐 화엄사팀으로 만들어 축구, 씨름, 여러 종목에 참가한곤 했다.

또한 백운스님은 차(茶)를 즐겨 마셨다. 지방에 법문이 있으며 물을 마시지 않기 때문에 항상 차를 3병쯤 담아서 출타했다. 상좌들은 차꽃을 따서 견성당 마루에 말리고 사발 그릇에 보관한 차꽃차와 여러 종류의 차를 사랑하고 즐겼다. 한편으로 스님은 다성(茶聖) 초의선사의 정통 다맥을 이었다. 초의선사의 다맥은 범해각안, 원응계정, 응송영희, 지홍백운스님으로 이어지면서 초의선사의 다법(茶法)과 유품을 전수받았다.

1978부터 1979년까지 범어사 강주를 맡았고, 1980년 송광사 구산대종사의 부탁으로 강원을 개설했으며, 1982부터 1988년까지 다시 범어사 강주를 맡아 후학을 지도했다.

당대의 선지식이었던 동산스님의 영향을 받은 백운스님은 참선을 제대로 해야 문자를 파고드는 공부도 제대로 할 수 있다는 선교쌍수(禪敎雙修)의 입장이었다. 사제(師弟)인 홍교스님은 이렇게 말했다.

"백운스님은 대학 교수들도 혀를 내두를 정도로 박람강기(博覽强記, 여러 가지 책을 널리 많이 읽고 기억을 잘함) 하셨다. 중국, 한국, 일본의 불교사를 꿰뚫으면서 어떤 강의든지 원고 없이도 줄줄 막힘없이 해 내신 대단한 분이셨다."

백운스님은 범어사에서 불자들을 대상으로 하는 불교대학에서 10년 넘게 강의하면서 한국불교사, 중국불교사, 인도불교사, 승만경, 법화경, 선문촬요 등을 두루 가르쳤다. 불자들의 불교 이해와 수행력 향상이 곧 한국불교의 발전으로 이어진다는 생각을 했던 것이다.

백운스님은 한국 불교사에 자취를 남긴 선사들의 이야기를 소설이나 전기 형식으로 엮어내셨는데 저서로는 《양치는 성자》, 《원효성사》, 《초의선사》, 《백파선사》, 《진묵대사》, 《성월 대선사》, 《부설거사》, 《만암대종사》, 《인곡대종사》, 《동산대종사》, 《혜암종정》, 《오세동자》, 《연선도인》, 《임제록 연의》, 《완당 김정희》 등이 있다.

조계종 대강백(大講伯)이자 부산 미륵사 회주인 지홍당 백운스님은 10년 전부터 상좌가 있는 전남 담양 용흥사에 주석하며 정진하다 임종게를 남기고 2020년 6월 19일 오후 6시40분 입적했다. 법랍 77세, 세수 87세이다. 지홍당 백운 대강백의 영결식은 22일 오전 10시 전남 장성 백양사에서 범어·백양사 문도 원로장으로 엄수했다.

임종게 (臨終偈)

白日朋友昭昭雲 (백일붕우소소운) 하얀 낮에는 밝은 구름 벗을 삼고
青夜親舊深溪水 (청야친구심계수) 푸른 밤에는 맑은 냇물 벗이 되어
斷是非自然諸樣 (단시비자연제양) 시비 벗어난 자연의 온갖 모습이여
丁寧汝使我心樂 (정영여사아심락) 정녕 그대는 나를 즐겁게 하는구나

문수보살을 흠모하는 마음이 컸던 백운스님은 한문과 한자 붓글씨로 쓴 독송집 《문수예참(文殊禮懺)》을 완성하여 몇 부를 복사해 상좌 스님들에게 나누어 주었다. 우번암에서 '문수기도 사시마지'를 할 때면 문수예참으로 하는데, 다음과 같다.

- 文殊禮懺 (문수예참)

정구업 진언
수리 수리 마하수리 수수리 사바하

오방내외 안위제신 진언
나무 삼만다 못다남 옴 도로도로 지미 사바하

개경게
무상심심미묘법 백천만겁난조우 아금문견득수지 원해여래진실의

개법장 진언

옴 아라남 아라다

문 수 사 리 발 원 경

신구의청정 제멸제구예 일심공경례 시방삼세불 보현원력고 실도견제불
일일여래소 일체찰진례 어일미진중 견일체제불 보살중위요 법계진역연
이중묘음성 선양제최승 무량공덕해 불가득궁진 이보현행력 무상중공구
공양어시방 삼세일체불 이묘향화만 종종제기악 일체묘장엄 보공양제불
아이탐애치 조일체악행 신구의불선 회과실제멸 일체중생복 제성문연각
보살급제불 공덕실수희 시방일체불 초성등정각 아령실권청 전무상법륜
시현열반자 합장공경청 주일체진겁 안락제군생 아소집공덕 회향시중생
구경보살행 체무상보리 실공양과거 현재시방불 원미래세존 속성보리도
보장엄시방 일체제불찰 여래좌도량 보살중충만 령시방중생 제멸제번뇌
심해진실의 상득안락주 아수보살행 성취숙명지 제멸일체장 영진무유여
실원리생사 제마번뇌업 유일처허공 연화불착수 변행유시방 교화제군생
제멸악도고 구족보살행 수수순세간 불사보살도 진미래제겁 구수보현행
약유동행자 원상집일처 신구의선업 개실령동등 약우선지식 개시보현행
어차보살소 친근상불리 상견일체불 보살중위요 진미래제겁 실공경공양
수호제불법 찬탄보살행 진미래겁수 구경보현도 수재생사중 구무진공덕
지혜교방편 제삼매해탈 일일미진중 견부사의찰 어일일찰중 견부사의불
견여시시방 일체세계해 일일세계해 실견제불해 어일언음중 구일체묘음
일일묘음중 구족최승음 심심지혜력 입무개묘음 전삼세제불 청정정법륜
일체미래겁 실능작일념 삼세일체법 실위일념제 일념중실견 삼세제여래
역보분별지 해탈급경계 어일미진중 출삼세정찰 일체시방진 장엄찰역연
실견미래불 성도전법륜 구경불사이 시현입열반 신력변유행 대승력보문

자력부일체 행력공덕만 공덕력청정 지혜력무애 삼매방편력 체득보리력
청정선업력 제멸번뇌력 괴산제마력 구보현행력 엄정불찰해 도탈중생해
분별제업해 궁진지혜해 청정제행해 만족제원해 실견제불해 아어겁해행
삼세제불행 급무량대원 아개실구족 보현행성불 보현보살명 제불제일자
아선근회향 원실여피동 신구의청정 자재장엄찰 체성등정각 개실동보현
여문수사리 보현보살행 아소유선근 회향역여시 삼세제여래 소탄회향도
아회향선근 성만보현행 원아명종시 제멸제장애 면견아미타 왕생안락국
생피불국이 성만제대원 아미타여래 현전수아기 엄정보현행 만족문수원
진미래제겁 구경보살행

금강정초승삼계경설 문수사리보살 비밀심진언 오자 다라니
아라아좌나 옴아훔 (108번)

죄무자성종심기 심약멸시죄역망 죄망심멸양구공 시즉명위진참회
살생중죄금일참회 투도중죄금일참회 사음중죄금일참회 망어중죄금일참회
기어중죄금일참회 양설중죄금일참회 악구중죄금일참회 탐애중죄금일참회
진애중죄금일참회 치암중죄금일참회

백겁적집죄 일념돈탕제 연화분고초 멸진무유여

참회 진언
옴 살바못자 모지 사다야 사바하

참회이 귀명례삼보 귀의삼보 진언
나모라 다나다라 야야 옴 복캄

정삼업 진언
옴 살바바바 수다살바 달마 살바바바 수도함

건단 진언
옴 난다난다 나지나지 난다바리 사바하

개단 진언
옴 바아라 놔로 다가다야 삼마야 바라베 사야훔

정법계 진언
나자색선백 공점이엄지 여피계명주 치지어정상 진언동법계 무량중죄제
일체촉예처 당가차자문
나무 삼만다 못다남 남

거 불
나무 오봉성주 문수보살
나무 칠불조사 문수보살
나무 청량회상 불 보살

보소청 진언
나무 보보제리 가리다리 다타 아다야

유 치
나무 일심봉청 시거사위 생유십징 래자금색 채함만덕 항마제외 통변난사
화만진방 용주삼제 도성선겁 이칭용종 존왕여래 현증보리 부왈 마니보적

여래 미래성불 우호 보현여래 이장호권실지장 영철호진여지제 실위 일체
삼세제불지성모 권위 오봉성주 칠불조사 대비대원 대성대자 시아원사
대지문수사리보살마하살 유원자비 연민유정 강림도량 수차공양

향화청
확주사계성가람 만목문수접화담 언하부지개활안 회두지견구산암
고아일심 귀명정례

헌좌 진언
묘보리좌승장엄 제불좌이성정각 아금헌좌역여시 자타일시성불도
옴 바아라 미나야 사바하

욕건만나라선송 정법계 진언
옴 남

다 게
이차청정향운공 봉헌문수대성전 감찰아등건성례 원수자비애납수

진언권공
향수나열 재자건성 욕구공양지주원 수장가지지변화 앙유삼보 특수가지
나무시방불 나무시방법 나무시방승

무량위덕 자재광명 승묘력변식 진언
나막 살바다타 아다 바로기제 옴 삼바라 삼바라 훔

시 감로수 진언

나무 소로바야 다타아다야 다냐타 옴 소로소로 바라소로 바라소로 사바하

일자수륜관 진언

옴 밤밤밤밤

유해 진언

나무 삼만다 못다남 옴 밤

예 참

지심정례공양 진묵겁전조성정각 항사계내유화군미 이칭용종지존 부호법왕지자 체주법계 통변난사 화만진방 삼세불모 오봉성주 칠불조사 확주사계 성가람 만목문수 접화담 언화무지 개활안 회두지견 구산암 대비대원 대성대자 시아원사 대지문수사리보살마하살

지심정례공양 시거사위 생유십징 래자금색 체함만덕 항마제외 통변난사 화만진방 용주삼제 도성선겁 이칭용종 존왕여래 현증보리 부왈 마니보적여래 미래성불 우호보현여래 이장호권실지장 영철호진여지제 실위일체 삼세제불지성모 권위 오봉성주 칠불조사 대비대원 대성대자 시아원사 대지문수사리보살마하살

지심정례공양 대방광불화엄경 화장장엄세계해 호위명난 체작침추 연핵교리 이오군생 화피진계 용수삼세 청량회주 삼세불모 대비대원 대성대자 시아원사 대지문수사리보살마하살

지심정례공양 대방광불화엄경 화장장엄세계해 선지식자 시아사부 선지식자

시아안목 선지식자 시아진량 선지식자 시아지승 사라림중 광설법계 수다라문
대성문수 사리동자 묘봉산상 서보경행 덕운비구 해문국중 법우윤물 해운비구
능가도변 해안취락 선주비구 자재성중 설류자법 미가장자 주림성중 정시법계
해탈장자 마니취락 신안부동 해당비구 여시내지 장엄루각 광시법계 미륵보살
요신우수 회시법문 문수보살 공덕지혜 구족장엄 보현보살 일생능원 광겁지과
선재동자 여시 오십삼제위선지식 겁중소유제불현 실개승사진무여 함이청정신
해심 청문호지소설법 무량무변 자비성자
유원 무진삼보 대자대비 수차공양 원공법계제중생 자타일시성불도

보공양 진언
옴 아아나 삼바바 바아라 훔

보회향 진언
옴 사마라 사마라 미만나 사라마하 자가바라 훔

원성취 진언
옴 아모카 살바다라 사다야 시베 훔

보궐 진언
홈 호로호로 사야모케 사바하

정 근
나무 오봉상주 칠불조사 시아원사 문수보살
문수보살 법인능소 정업다라니
옴 바계타 나막 사바하 (108번)

대사본위칠불사 적거오정호청량 적광진경도처가 정묘색신인연현
시고아금공경례

애 청 섭 수 게

귀명제망극삼제 무진삼보수민념 섭수국토항태평 칠불조사대성주
문수보살수민념 섭수시주증복수 모니보적대자존 문수보살수민념
섭수제자증복혜 과성선겁대성주 문수보살수민념 원수획득무생지
묘길상존대성주 해회성중수민념 섭수차회소유중 원제위의악인장
칭의도중수인시 진사혹장개득제

발 원 문

이차선근원성불 성이괴제과환원 생로병사고해중 광도윤회제유정
미달진리소생처 원획치정한판왕 정수삼학득순숙 상항이타불퇴전
소유일체제여래 구경보살제성문 이진구법득견고 제보리처항공경
구수미예지묘법 복욱원포시방계 약성구경정각시 항상봉헌어공양
능작의주귀투자 겸공경앙구덕인 여시정각지식처 원아항시이친근
복덕공고약수미 혜성명랑일월조 명칭원포사허공 여사삼종상원성
수연백재유백추 무병형용득증장 결정출생대승종 여사오종상원성
소유회독래도차 혹재지상혹거공 상여중생기자심 주야의시수묘법

육 바 라 밀 게

현세제물여환화 수시능사역개공 여시보시수소득 보시바라개원만
견지금계이구염 구족청정무소범 이어금계지취착 지계바라개원만
차신지수여화풍 사법화합본성공 종종가해무진애 인욕바라개원만
정진무애결정수 해태구장불능침 신심구족여시력 정진바라개원만

여환여화제등지 용맹무포지정수 유여금강지삼매 선정바라개원만
공무상원삼탈문 삼세평등일미진 체달제각여여리 지혜바라개원만
일체여래지소설 광명치성위신력 보리용식정진력 아금소원능성취

회 향 문

귀명길상지용식 전연진실심심의 아금독송시중생 동획길상금강지
원이차공덕 보급어일체 아등여중생 당생극락국 동견무량수 개공성불도

(축 원)

앙고 오봉상주 칠불조사 시아원사 문수사리대성 불사자비 위작증명 허수낭감
상래소수공덕해 회향삼처실원만

거 사바세계 남섬부주 해동 대한민국 (　　) 청정수월도량
원아금차 지극지정성 금월 금일 문수기도 사시마지 헌공 발원제자
시회합원대중등 노소 비구 비구니 사미 사미니 행자 우바새 우바이 동남
동녀 백의단월 각각등 보체

앙몽 오봉성주 칠불조사 대비대원 대성대자 시아원사 대지문수사리보살마하살
가피지묘력
각기 무시광대겁래 지우금일 일체소작지죄업 일심참회 업장소멸 십악삼독
실개소멸
각기 불법문중 신심견고 반야돈발 영불퇴전 팔정도행 삼학행 십바라밀행 삼십칠
보리도법행 용맹정진 오십이위 속득등위 아누다라삼먁삼보리 속성정각 보살
수행 상구보리 하화중 광도인천지대원

재고축
원아금차 지극지정성 금월 금일 문수기도 사시마지 헌공 발원제자
시회합원대중등 노소 비구 비구니 사미 사미니 행자 우바새 우바이 동남
동녀 백의단월 각각등 보체

앙몽 오봉성주 칠불조사 대비대원 대성대자 시아원사 대지문수사리보살마하살
가피지묘력
각기 동서남북 출입제처 상봉길경 불봉재해 불봉흉사 불봉악인 관재구설 수화풍
삼재팔란 사백사병 화재재환 우환질병 마장작란 거리횡액 천지인신액 제액제살
일체재앙 일체풍파 즉시소멸 신무일체 병고액란 심무일체 탐연미혹 영위소멸
악인원리 선인상봉 귀인상봉 악귀불침 선신가호 만사여의 환희원만 형통지대원
각기 심중소구발원 일일유 천상지경 시시무 백해지재 수산고홀 복해왕양지대원

삼고축
원아금차 지극지정성 금월 금일 문수기도 사시마지 헌공 발원제자
시회합원대중등 노소 비구 비구니 사미 사미니 행자 우바새 우바이 동남 동녀
백의단월 각각등 보체

앙몽 오봉성주 칠불조사 대비대원 대성대자 시아원사 대지문수사리보살마하살
가피지묘력
각기 사대강건 육근청정 신강철석 안과태평 신수대길 수명장수 심약태산
천재설소 만복운흥 자손만대 가내화목 자리이타 실천적과 무량공덕 후손번창
부귀영화 세세생생 영원부단 심중소구소원 만사여의 환희원만 형통지대원

단명자 수명장원 무복자 복덕구족 빈궁자 영득복장 농업자 오곡풍성

어업자 수산만선 상업자 재수대통 공업자 안전조업 임업자 조림삼삼
원예자 미려개화 사업자 사업성취 경영자 이익번영 교육자 학문전수
학업자 일문천오 유학자 학업성취 무가자 속득자택 무아자 즉득자녀
불화자 가내화평 가출자 속득환가 불효자 효도효행 미혼자 속득배필
구직자 취업성취 병고자 즉득쾌차 광식자 심영회귀 빙의자 책귀천도
무병자 신병퇴치 악행자 개과천선 악연자 원출타방 제판자 즉득승소
구속자 즉시석방 불화부부 금실심호 시험자 원만합격 관운자 관운대통
공직자 청렴결백 직장자 진급성취 채무자 채무청산 매매자 계약체결
장병자 왕방무애 파병자 무사귀국 운전자 무사운행 항공자 안전운항
선장자 안전순항 과학자 위최업적 공학자 기술능숙 연예인 인기정상
체육인 최고정상 예술자 유최작품 장인자 조최보품 건축자 조강미양
제의자 작호의상 미용사 미화외모 출판자 서책다매 식당자 매출급증
한식자 주호진미 요리사 주미요리 제빵사 주미면포 제과사 주미과자
의약사 포의요타 간병사 자애충만 봉사자 선근증장 제산업 최고흑자
심중소구소원 일체만사 여의원만 수분성취지대원

참선자 의단독로 염불자 삼매현전 간경자 혜안통투 주력자 업장소진
참회자 죄업소멸 서원자 속득성원 성현자 다단진근 출가자 속득정각
제불자 견성성불 천도자 제령왕생 구도자 속득진리 불사자 무장성취
속득성취 개개승승 각기 금년내내 평생내내 심중소구소원 만사여의
환희원만 성취지대원

억 원

금월 금일 문수기도 사시마지 헌공 천도발원재자 시회합원 대중등 노소 비구
비구니 사미 사미니 행자 우바새 우바이 동남 동녀 백의단월 각각등 복위

영가위주 각 상서 선망부모 광겁부모 사존부모 다생부모 다생사장 선대조상
조고조비 누대종친 오종육친 원근친척 일가친척 인아친척 형제자매 숙백질손
고모이모 고종내종 외종이종 일체권속등 각열위 열명영가

차사최초 창건이래 지어중건중수 조불조탑 불량등촉 화주시주 유공덕주
도감별좌 채공 공양주 조연양공 불모금어 사사시주 백의단월 불전내외
일용범제집물 대소결연등 각열위 열명영가

차 도량내외 동상동하 유주무주 운집고혼 침혼체백 일체 애혼 고혼 원혼
제령불자등 각열위 열명영가

차사 상주 선수행자 부지명위 법은계사 승속양가등 내지 국사 왕사 종사 선사
법사 대사 율사 장로 노덕 대덕 주지 사부대중등 각열위 열명영가

차 오대양 육대주 의산의주 의초부목지정령 인간음계 수부산림 비명액사
첩첩산중 호랑액사 산적피살 폭포낙사 수중고혼 생매장사 순장애혼 고려장조
인신제물 공사원혼 축성지운 공사중사 노역엄사 노활종사 엄치수종 기아지사
인매운명 겁탈참사 독약피수 석격직사 구타참사 포획명수 절벽낙사 광식운명
난의이사 빙의명사 급살애혼 마적피사 난사운명 천파수사 수화분표 고문치사
옥중운명 사형이운 사약절명 참수지조 화형이운 능지처참 육시고혼 도륙참사
위국절사 호국승병 구국의병 순국열사 애국지사 충의장졸 육해공군 전몰장병
순직군경 전쟁참사 폭탄참사 인민학살 고엽제진 잠함내몰 도병손명 징병전몰
징용명종 위안부진 정신대조 생체험사 독기학살 질식사망 원폭참사 원전피진
연탄독기 중독사망 설산낙사 폭설참사 기한동뇌 구종횡사 형헌이종 산란이사
황사백골 간토굴지 족답마멸 범동손상 운명애혼 함원포함 위산위수 수륙공계

산하지기 일월성신 공중고혼 육상고혼 지하고혼 화산참사 지진참사 산붕압사
탄광붕사 해일참사 태풍참사 폭우참사 폭염사망 전뢰지사 애혼제령 독기폭사
유조폭엄 건물옥택 붕괴압사 만경창파 승선월항 파선함몰 해중고혼 비행도중
항공참사 애혼제령 기차지철 철도참사 지상애혼 운행도중 교통사고 손상운명
거리노중 객사고혼 탐험지사 여행지조 전두격폐 뇌졸지엄 심장마비 의료사고
각암명진 마마진사 전염병진 질역유리 병진애혼 결항치사 승목자진 음독운명
자살고혼 유괴참사 납치지운 타살원혼 허공배회 중은중신 태중낙태 태아원혼
태중사산 태아애혼 해산중운 모자녀령 해산후사 산모애혼 제혼제령 함령험세
수라도중 아귀도중 축생도중 방생도중 어조지류 일체애혼 고혼등중 내지
철위산간 오무간옥 일일일야 만사만생 만반고통 수고함령등중 각열위열명영가
겸급 구류십법계 보여군생 사생칠취 삼도팔란 사은삼유 유정무정 태란습화
이십오유 삼십육부 일체애혼 일체고혼 일체원혼 진허공 변법계 무진제령불자등
각열위열명영가

영가여!
이차인연 천도기도공덕으로 무시이래 일체소작지죄업 일심참회
실개소멸 일체애착 일체원한 해탈석결하여
나무 지장원찬 이십삼존 제위여래불 남방화주 대원본존 지장보살
가피지묘력으로 대성인로왕보살님의 반야용선 인도로써
나무 서방정토 극락세계 구품도사 아미타불
좌보처 보문시현 원력홍심 대자대비 구고구란 관세음보살
우보처 염불삼매 섭화중생 대희대사 대세지보살님을 친견하여
함탈삼계지고뇌 초생구품지낙방 획몽제불 감로관정 반야낭지 활연개오
돈오 무생법인지대원

연후원

항사법계 무량불자등 동유화장장엄해 동입보리대도량 상봉화엄불보살
항몽제불대광명 소멸무량중죄장 획득무량대지혜 돈성무상최정각
광도법계제중생 이보문수막대은 세세상행보살도 구경원성살바야
마하반야바라밀

참고로 축원 중에 소승이 만든 내용도 많이 포함 되어있다.

　문수보살 상주처인 지리산에 자리 잡은 종석대 우번암에서 문수보살님께 사시마지 기도를 문수예참으로 불공을 한다. 소승에게 전해진 귀중한 문수예참이 세월의 흐름과 함께 사라지지 않도록 이야기로 담아 보았다. 문수보살님의 지혜와 원력을 좋아하는 불제자에게 문수예참이 도움이 되었으며 한다.

　참고로 소승이 젊은 시절 석종대 우번암은 억새풀 지붕으로 초가집 같은 초암(草庵)이었다. 강의가 없는 날을 택해 사형과 함께 심부름하러 다녔다. 은사님께서 초암이 오래되어 거주하기가 불편하다고 하시며 헐고, 1977년 오른 편으로 우번암을 다시 지을 때 소승을 비롯해 사형, 사제, 학인 스님과 문짝을 하나씩 등에 메고 석종대를 지나 우번암에 갔었다. 현 우번암은 소승이 젊은 시절에 중건한 것이다. 강원(講院)이 방학하면 은사님께서 우번암에 계실 때면, 소승은 심부름으로 종종 다녀왔으며 은사님과 함께 문수예참으로 사시마지 불공을 했던 시절이 생각이 난다.

68
대웅전 신중님 이야기

도광스님이 1969년 11월 20일 취임하여 화엄사에 왔을 때 모든 전각이 퇴락 일로에 있었다. 그리하여 12월 12일에 화엄사 각황전에서 사부대중과 불자님이 동참하여 천일기도 입제식을 봉행했다. 걸망에 검은 고무신으로 전국 각지에 원력을 세워 화주 수행하니 그의 인욕, 자비, 외호심에 사부대중이 감화되어 발심 출가자, 구참납자(舊參衲子)가 구름같이 모여들었다.

1970년 구층암 백련결사(白蓮結社)로 각황선원(覺皇禪院)을 개설하고, 1971년 4월 21일 수도공사와 대웅전 불사, 천왕문 중창, 대웅전 축대 개수, 일주문 중창 등의 회향식을 가졌다. 덕분에 화엄사의 대찰로서의 면모가 일신되었다. 회향식은 전라남도가 마련한 곡우제(穀雨祭)와 겹쳐 한층 축제의 분위기가 고조된 가운데 진행되었다. 불자들과 수많은 전남도민이 참석하여 회향식이 성황을 이루어졌다.

도광스님의 원력으로 각황선원이 개설되고, 1971년 5월 9일에는 우룡스님을 강주로 모시고 화엄사 강원이 개설되어 선교양종(禪敎兩宗)의 종지(宗旨)가 재현되었다. 스님은 사부대중을 제접할 때는 남녀노소와 빈부귀천의 없이 항상 포근한 자비를 베푸신 분이었다.

그러던 어느 날, 화엄사 대웅전에서 뜻하지 않은 일이 벌어졌다. 법당 뒤에서 '쿵' 하는 소리를 내며 누군가 정신을 잃고 쓰러졌다. 법당에 참배하러

▶ 대웅전 신중님

들어왔던 불자님이 발견하고는 황급히 스님에게 알렸다. 쓰러진 이는 바로 법당의 화주 노보사님이었다. 스님들은 그를 급히 구례 지정병원에 입원시켰고 가족이 와서 큰 병원으로 모시고 갔다. 큰스님과 소임자 스님이 병원에 갔으나 노보사님은 의식불명 상태였다. 소임자 스님들은 화엄사에 돌아와 노보사님이 완쾌되기를 불보살님 전에 기원했다.

그리고 몇 년이 지난 어느 날, 화주 노보사님이 화엄사를 찾아왔는데, 반신마비의 몸이었다. 노보사님은 서운한 마음을 가감 없이 드러냈다.

"왜 한 번도 병원에 오지 않으셨습니까?"

"보사님을 뵈러 갔을 때는 의식불명 상태였지요. 대중 스님들이 보사님을 위해서 쾌유 기도를 많이 했습니다."

큰스님의 인자한 얼굴에 노보사님의 서운함은 눈 녹듯 사라졌다. 그는 큰스님 손을 붙잡고 흐느껴 울었다.

"죄송합니다 스님, 죄송합니다 부처님, 죄송합니다 신중님."

노보사님이 왜 대웅전 법당 뒤에서 쓰러졌는지 궁금했던 소임자 스님이 물었다.

"그때 무슨 일이 있었습니까?"

"대웅전으로 함께 가시지요. 자초지종을 말하겠습니다."

법당에 들어선 노보사님은 참회의 눈물을 흘리며 삼배를 했다.

"죄송합니다 부처님, 죄송합니다 신중님."

그리고 스님들과 함께 법당 뒤로 가니 노보사님은 당시 일이 떠오르는 지 부르르 떨며 힘겹게 입을 열었다.

"제가 총원소(惣院所) 앞 해우소까지 일을 보러 가기가 힘들다 보니 법당 뒤에 요강을 숨겨두고 사용했지요. 그날도 볼일 보고 일어섰는데 눈앞에 엄청나게 키가 크신 신중님이 철퇴를 들고 눈을 부릅뜨고 계셨습니다. 그리고 '여기가 어디라고 신성한 법당을 더럽히고 있느냐?' 하고 철퇴로 세 번 내리치는 걸 맞고 정신을 잃었습니다. 거룩한 부처님 모신 법당에 못된 짓을 했으니 벌을 받는 것은 당연하지요. 누구를 원망하겠습니까? 의식불명으로 죽을 목숨이었던 제가 살아난 것도 스님들이 기도해준 덕분인 듯합니다. 정말 고맙습니다. 그 은혜 잊지 않고 염불하며 열심히 살겠습니다. 화엄사에는 신중님이 살고 계시지요. 여법하게 수행하며 살아야 합니다."

노보사님은 대웅전에서 불보살님과 신중님에게 참회 기도를 올렸다. 그리고 그다음 해부터 정초 7일 신중기도에 동참하는 불자님들이 많아졌다.

• 화엄성중(華嚴聖衆)은 화엄신중, 화엄신장이라 한다. 신중은 삼보(三寶, ① 불보 ② 법보 ③ 승보)를 수호하는 신의 무리이다. 신 가운데 장군(將軍)이라 신장(神將)이라고도 하고, 성스러운 무리라 하여 성중은 혹은 화엄성중이라고도 한다. 부처님의 가르침을 수호하기 위하여 악한 기운을 물리치고 선한 기운을 도와주는 수호신이다. 신중 탱화를 모시고 있는 단을 신중단(神衆檀)이라 한다. 불교의 신의 수는 104위(位)이다. 불교에서는 인도 재례의 토속신뿐 아니라 불교가 전파되는 과정에서 여러 지역의 토속신까지도 불교신앙에 수용하여 불법의 수호신으로 편입되었고 104위 화엄성중이 되었다.

• 상계 •

1	여래화현 원만신통 대예적 금강성자	2	소멸중생 숙재구앙 청제제금강
3	파제유정 온황제독 벽독금강	4	주제공덕 소구여의 황수구금강
5	주제보장 파제열뇌 백정수금강	6	견불신광 여풍속질 적성화금강
7	자안시물 지파재경 정제재금강	8	피견뢰장 개오중생 자현신금강
9	응물조생 지아성취 대신력금강	10	처어중회 방편 경물권보살
11	지달정경 복수 정업색보살	12	수제중생 현신 조복애보살
13	청정운음 보경 군미어보살	14	동방 염만가 가대명왕
15	남방 바라이 야다가대명왕	16	서방 바람마다 가대명왕
17	북방 미거라다 가대명왕	18	동남방 탁기라 야대명왕
19	서남 반나라나 나대명왕	20	서북방 마하 마라대명왕
21	독북방 아좌라나 타내명왕	22	하방 바라반다 라대명왕
23	상방오니 새자거라 바리제대명왕		

• 중계 •

24	사바계주 호령독존 대범천왕	25	삼십삼천 지거세주 재석천왕
26	북방호세 대약차주 비사문천왕	27	동방호세 건달바주 지국천왕
28	남방호세 구반다주 증장천왕	29	서방호세 위대룡주 광목천왕
30	백명이생 천광파암 일궁천자	31	성주숙왕 청량조야 월궁천자
32	친복마원 서위역사 금강밀적	33	색계정거 존특지주 마혜수라천왕
34	이십팔부 총영귀신 산지대장	35	능여총지 대지혜취 대변재천왕
36	수기소구 영득성취 대공덕천왕	37	은우사부 외호삼주 위태천신
38	증장출생 발명공덕 견뇌지신	39	각장수음 인과호엄 보리수신
40	생제귀왕 보호남녀 귀자모신	41	행일월전 구병과란 마리지신
42	비장법보 주집군룡 사가라용왕	43	장유음권 위지옥주 염마라왕
44	중성환공 북극진군 자미대제	45	북두제일 양명 탐랑태성군

46	북두제이 음정 거문원성군	47	북두제삼 진인 녹존정성군
48	북두제사 현명 문곡유성군	49	북두제오 단원 염정강성군
50	북두제육 북극 무곡기성군	51	북두제칠 천관 파군관성군
52	북두제팔 통명 외부성군	53	북두제구 은광 내필성군
54	상태 허정 개덕진군	55	중태 육순 사공성군
56	하태 곡생 사록성군	57	이십팔수 주천열요 제대성군
58	이릉장수 은섭일월 아수라왕	59	청정속질 보혜광명 가루라왕
60	열위후성 섭복중마 긴나라왕	61	승혜장엄 수미견고 마후라가왕

• 하계 •

62	이십오위 만사길상 호계대신	63	일십팔위 내오정법 복덕대신
64	차일주처 보덕정화 토지신	65	장엄도량 수호만해 도량신
66	수호섭지 일체필추 가람신	67	보부법계 주변함용 옥택신
68	광대영통 출입무애 문호신	69	적집무변 청정복업 주정신
70	검찰인사 분명선안 주조신	71	만덕고승 성개한적 주산신
72	이진탁열 보생환희 주정신	73	서제부정 보결중생 청칙신
74	성취묘경 선전무이 대애신	75	운우등윤 발생만물 주수신
76	중묘궁전 광명파암 주화신	77	견리자재 밀염승일 주금신
78	탁간서광 생아발요 주목신	79	생성주지 심지만덕 주토신
80	보관세업 영단미혹 주방신	81	증고제액 십이유생 토공신
82	운행사주기 진한서연 직방위신	83	파암장물 능랭능열 일월시직신
84	광흥공양 치수량불 광야신	85	원리진구 구함만덕 주해신
86	법하유주 윤익군품 주하신	87	보홍운당 리구향적 주강신
88	위광특달 분치열후 도로신	89	엄정여래 소거궁전 주성신
90	포화여운 묘광형요 초췌신	91	성취묘향 증장정기 주가신
92	표격운당 소행무애 주풍신	93	수제업보 시리다반 주우신
94	어주섭화 행덕항명 주주신	95	도인혜명 영지정로 주야신
96	무량위의 최상장엄 신중신	97	친근여래 수축불사 족행신
98	장판수요 사명신	99	밀정 자량 사록신
100	좌종주동 장선신	101	우축주동 장악신
102	행벌병이 위대신	103	온황고채 이위대신
104	이위삼재 오행대신		

69

화주 보사님 법화경 영험 이야기

　1977년 5월 25일 초파일 부처님 오신 날, 각황전 법당 안 뒤에 모셔 두었던 영산회 괘불탱화(靈山會 掛佛幀畵)를 대웅전 앞 도량에 60여 년 만에 모셨다. 괘불탱화는 높이 11.95m, 폭 7.76m이며, 저마(苧麻, 모시풀) 바탕에 채색한 영산회상도(靈山會上圖)이며 효종 4년(1633년) 5월에 지영(智英), 탄계(坦戒), 도우(道佑), 사순(思順), 행철(行哲), 나흡(懶洽) 등의 금어(金魚, 불화를 그리는 최고 경지에 이른 스님의 칭호) 스님들이 조성했다. 사부대중은 웅장하고 장엄한 괘불탱화 모습에 환희로움을 느끼며 넋을 잃고 석가모니불을 힘차게 염불했다.

　화엄사에는 대웅전에서 화주 소임을 맡은 공덕행이라는 노보사님이 계셨다. 그는 괘불탱화를 보며 눈시울이 붉어지더니 눈물을 주르르 흘리고 기쁜 마음으로 절을 한 뒤 대웅전으로 갔다. 그는 키가 작고 단정한 외모를 가진 대웅전 화주 노보사님으로, 법당을 깨끗이 청소하고 정갈하게 돌보았고 불법 수행에도 열심이었다.

　노보사님은 불자가 오면 친절하게 안내하고 화주를 잘하셨다. 또 참배객이 없으면 법당 책상 위 초록색 표지에 황금색 글자로 쓰인 《묘법연화경》을 늘 수지 독송했다. 법당 일이 끝나면 하얀 장갑을 끼고 법화경전을 부처님 모시듯 귀중하게 들고 와서 보사님 방의 작은 책상 위에 놓았다. 그 책상 위엔 작은 촛대와 여러 경전도 함께 놓여 있었다. 보사님은 세수하고 나서 몸을 단정히 한 뒤 묘법연화경을 수지 독송했다.

이렇게 보사님은 여법하게 화엄사 대웅전 법당에서 화주하고, 틈틈이 법화경을 수지 독송하고, 법당 일을 끝내고 본인 처소에서도 법화경을 수지 독송하며 살았다. 그리고 세월과 함께 더욱 연로해져 법당 일이 버거워져 그만 두고 수원으로 가셨다.

몇 년 후 원주 스님이 헐레벌떡 진조스님에게 달려와 전화를 받으시라고 했다.

"수원에서 전화가 왔어요. 대웅전에서 화주하시던 공덕행 보사님 가족인데 어머니가 돌아가셨다며 진조스님께 상의할 일이 있다고 하십니다."

진조스님이 전화를 받아 보니 공덕행 보사님이 돌아가시면서 내가 죽거든 화장해서 화엄사 대웅전 뒤에 뿌려달라는 말을 했다고 한다. 가족들은 화엄사가 멀기에 수원에서 가까운 강에 뿌리려고 했다. 그런데 강을 향해 길을 걷다 보면 제자리로 돌아오길 세 번 반복하자 무서운 생각이 들었다고 한다. 환한 대낮에 이 무슨 조화인가? 가족들은 덜컥 겁이 나서 화엄사에 전화해야겠다는 생각을 했고, 아는 스님이라곤 진조스님뿐이라서 찾았다고 했다. 진조스님은 얼른 보사님 유골함을 모시고 오라고 했다.

저녁 무렵 보사님의 유골함이 도착했다. 진조스님은 보사님 가족을 반갑게 맞이하시고, 가사 장삼을 입고 대웅전 뒤에서 염불하며 유골을 뿌려드렸다. 진조스님이 물었다.

"왜 어머니 말을 거역하셨나요? 그분이 어떤 분인지 모르셨습니까?"

큰 아들이 대답했다.

"몰랐습니다. 뭔가에 홀린 듯 강으로 가던 발걸음이 제자리로 돌아왔지요. 도대체 왜 이런 일이 생긴 걸까요?"

얼떨떨한 얼굴의 가족들에게 진조스님이 다시 말했다.

"어머니 뜻을 계속 거슬렀다면 그 일은 종일 반복되었을 것입니다. 보사님은 화엄사에 사실 때 수행자 못지않게 부처님을 시봉하고 일승경전 법화경을 법당에서나 방에서나 항상 수지 독송하며 살아온 분이십니다. 그래서 그 영가께서 사람을 다룰 수 있는 능력이 있고 가족들을 화엄사로 오게끔 한 것입니다."

가족들은 보사님의 능력에 감응하고 눈물을 흘렸다. 그리고 보사님 영정을 명부전 법당 영단에 안치한 뒤 자신들의 어리석은 생각으로 어머니 말씀을 거역한 죄를 뉘우쳤다. 그리고 살아생전 어머니께서 계셨던 대웅전으로 들어가 부처님께 삼배를 올리고 기쁜 마음으로 수원으로 돌아갔다. 이처럼 부처님 법화경전의 영험을 체험한 가족은 신심이 돈독한 불자로 거듭나게 되었다.

蓮華經 略纂偈 (법화경 약찬게)

一乘妙法蓮華經 寶藏菩薩略纂偈 南無華藏世界海 王舍城中耆闍窟 常住不滅釋迦尊
일승묘법연화경 보장보살약찬게 나무화장세계해 왕사성중기사굴 상주불멸석가존

十方三世一切佛 種種因緣方便道 恒轉一乘妙法輪 與比丘眾萬二千 漏盡自在阿羅漢
시방삼세일체불 종종인연방편도 항전일승묘법륜 여비구중만이천 누진자재아라한

阿若矯陳大迦葉 優樓頻那及伽倻 那提迦葉舍利弗 大目健連伽旃延 阿㝹樓馱劫賓那
아야교진대가섭 우루빈나굼가야 나제가섭사리불 대목건련가전연 아로루타겁빈나

矯梵婆提離婆多 畢陵伽婆縛狗羅 摩訶狗紺羅難陀 孫陀羅與富樓那 須菩提與阿難
교범바제이바다 필릉가바박구라 마하구치라난타 손다라여부루나 수보리자여아난

羅候羅等大比丘 摩訶婆闍婆提及 羅候羅母耶輪陀 比丘尼等二千人 摩訶薩眾八萬人
나후라등대비구 마하바사바제급 나후라모야수다 비구니등이천인 마하살중팔만인

文殊師利觀世音 得大勢與常精進 不休息及寶掌士 藥王勇施及寶月 月光滿月大力人
문수사리관세음 득대세여상정진 불휴식급보장사 약왕용시급보월 월광만월대력인
無量力與越三界 跋陀婆羅彌勒尊 寶積導師諸菩薩 釋提桓因月天子 寶香寶光四天王
무량력여월삼계 발타바라미륵존 보적도사제보살 석제환인월천자 보향보광사천왕
自在天子大自在 娑婆界主梵天王 尸棄大梵光明梵 難陀龍王跋難陀 娑竭羅王和修吉
자재천자대자재 사바계주범천왕 시기대범광명범 난타용왕발난타 사가라왕화수길
德叉阿那婆達馱 摩那斯龍優婆羅 法緊那羅妙法王 大法緊那持法王 樂建達婆樂音王
덕차아나바달다 마나사용우바라 법긴나라묘법왕 대법긴나지법왕 악건달바악음왕
美乾闥婆美音王 婆稚佉羅乾陀王 毘摩質多羅修羅 羅喉阿修羅王等 大德迦樓大身王
미건달바미음왕 바치가라건타왕 비마질다라수라 나후아수라왕등 대덕가루대신왕
大滿迦樓如意王 韋提希子阿闍世 各與若干百千人 佛爲說經無量義 無量義處三昧中
대만가루여의왕 위제희자아사세 각여약간백천인 불위설경무량의 무량의처삼매중
天雨四花地六震 四衆八部人非人 及諸小王轉輪王 諸大衆得未曾有 歡喜合掌心觀佛
천우사화지육진 사중팔부인비인 급제소왕전륜왕 제대중득미증유 환희합장심관불
佛放眉間白毫光 光照東方萬八千 下至阿鼻上阿迦 衆生諸佛及菩薩 種種修行佛說法
불방미간백호광 광조동방만팔천 하지아비상아가 중생제불급보살 종종수행불설법
涅槃起塔此悉見 大衆疑念彌勒問 文殊師利爲決疑 我於過去見此瑞 卽說妙法汝當知
열반기탑차실견 대중의념미륵문 문수사리위결의 아어과거견차서 즉설묘법여당지
時有日月燈明佛 爲說正法初中後 純一無雜梵行相 說應諦緣六度法 令得阿耨菩提智
시유일월등명불 위설정법초중후 순일무잡범행상 설응제연육도법 영득아뇩보리지
如是二萬皆同名 最後八子爲法師 是時六瑞皆如是 妙光菩薩求名尊 文殊彌勒豈異人
여시이만개동명 최후팔자위법사 시시육서개여시 묘광보살구명존 문수미륵기이인
德藏堅滿大樂說 智積上行無邊行 淨行菩薩安立行 常不經士宿王華 一切衆生喜見人
덕장견만대요설 지적상행무변행 정행보살안립행 상불경사숙왕화 일체중생희견인

妙音菩薩上行意 莊嚴王及華德士 無盡意與持地人 光照莊嚴藥王尊 藥王菩薩普賢尊
묘음보살상행의 장엄왕급화덕사 무진의여지지인 광조장엄약왕존 약왕보살보현존

常隨三世十方佛 日月燈明燃燈佛 大通智勝如來佛 阿閦佛及須彌頂 師子音佛師子相
상수삼세시방불 일월등명연등불 대통지승여래불 아촉불급수미정 사자음불사자상

虛空住佛常明佛 帝相佛與梵相佛 阿彌陀佛度苦惱 多摩羅佛須彌相 雲自在佛自在王
허공주불상명불 제상불여범상불 아미타불도고뇌 다마라불수미상 운자재불자재왕

壞怖畏佛多寶佛 威音王佛日月燈 雲自在燈淨明德 淨華宿王雲雷音 雲雷音宿王華智
괴포외불다보불 위음왕불일월등 운자재등정명덕 정화숙왕운뢰음 운뢰음숙왕화지

寶威德上王如來 如是諸佛諸菩薩 已今當來說妙法 於此法會與十方 常隨釋迦牟尼佛
보위덕상왕여래 여시제불제보살 이금당래설묘법 어차법회여시방 상수석가모니불

雲集相從法會中 漸頓身子龍女等 一雨等樹諸樹草 序品方便譬喩品 信解藥草授記品
운집상종법회중 점돈신자용녀등 일우등주제수초 서품방편비유품 신해약초수기품

化城喩品五百第 授學無學人記品 法師品與見寶塔 提婆達多與持品 安樂行品從地涌
화성유품오백제 수학무학인기품 법사품여견보탑 제바달다여지품 안락행품종지용

如來壽量分別功 隨喜功德法師功 常佛經品神力品 囑累藥王本事品 妙音觀音普門品
여래수량분별공 수희공덕법사공 상불경품신력품 촉루약왕본사품 묘음관음보문품

陀羅尼品妙莊嚴 普賢菩薩勸發品 二十八品圓滿敎 是爲一乘妙法門 支品別偈皆具足
다라니품묘장엄 보현보살권발품 이십팔품원만교 시위일승묘법문 지품별게개구족

讀誦受持信解人 從佛口生佛衣覆 普賢菩薩來守護 魔鬼諸惱皆消除 不貪世間心意直
독송수지신해인 종불구생불의부 보현보살내수호 마귀제뇌개소제 불탐세간심의직

有正憶念有福德 忘失句偈令通利 不久當詣道場中 得大菩提轉法輪 是故見者如敬佛
유정억념유복덕 망실구게영통리 불구당예도량중 득대보리전법륜 시고견자여경불

南無妙法蓮華經 靈山會上佛菩薩 一乘妙法蓮華經 寶藏菩薩略纂偈
나무묘법연화경 영산회상불보살 일승묘법연화경 보장보살약찬게

70
각황전 사리나무 용기둥 이야기

각황전에는 용 그림이 그려진 나무 기둥이 있는데, 바로 사리(舍利)나무이다. 장육전 중건 불사에 얽힌 이야기를 보자.

장육전 기둥을 세울 때의 일이다. 적묵당에 대중 스님들이 모여 장육전 기둥을 무슨 나무로 할 것인지 의논하고 있었다. 계파선사가 말했다.

"백두산 기운이 담긴 나무로 장육전의 기둥을 세우면 그 기둥도 길상봉에서 내려오는 백두산의 기운을 고스란히 흡수하니 백두산에 있었던 것과 별 차이가 없을 것입니다."

그 자리에 모인 대중 스님들은 만장일치로 법당 기둥을 백두산 나무로 하기로 결정했다.

또 다시 계파선사가 말했다.

"백두산 나무도 좋지만, 지리산 도량에 장육전을 중건하면서 지리산 나무 기둥이 하나도 없다는 것이 마음이 편치 않습니다. 그러니 기둥 하나 만큼은 지리산에서 자란 나무로 하는 게 어떨까요? 장육전 왼쪽 문으로 들어오면 볼 수 있도록 그 자리에 신성한 사리나무를 세웁시다."

화엄사 대중 스님들은 그 말씀도 일리가 있다고 생각했다. 그리하여 또 만장일치로 사리나무 하나를 장육전 기둥으로 사용하게 되었다.

▶ 각황전 사리나무 용기둥

　느티나무는 예로부터 목재가 치밀하고 나이테가 아름다워 건물의 기둥은 물론이고 불상과 고승의 사리함(舍利函) 등 각종 불구를 제작하는데 선호(選好)된 나무였다. 목재 사리함은 주로 무늬가 아름다운 느티나무로 만들었다. 느티나무의 한자인 괴목(槐木)에는 영적인 의미가 포함이 되어 있다.

　사찰에서는 사리함을 만드는 느티나무를 사리(舍利)나무라고 불렀는데, 불자나 절 밖의 일반인 사이에서는 와전이 되어 발음이 비슷한 싸리나무로 불려졌다. 어느 사찰에 싸리나무로 만든 기둥이 있다고 하면 이는 잘못된 표현이다. 싸리나무는 콩과 나무로 아무리 크게 자라도 높이 2~3m, 굵기 2~3cm에 불과한 작은 나무이다. 그러니 사찰에 있는 기둥은 싸리나무가 아니라 사리나무인 것이다.

　각 사찰에서는 윤달을 맞아 말 그대로 삼도삼사(三道三寺)를 순례한다. 이는 세 곳의 사찰을 돌며 삼독(三毒, ① 탐욕 ② 성냄 ③ 어리석음)의 번뇌를 없애고 부처님과의 인연을 두텁게 하고 더욱 정진하고자 하는 불교 수행의 일종이다. 불자들은 삼도삼사 순례를 통해 평소 소홀했던 자기 수행과 이웃을 위한 보시행 등 공덕을 쌓는 좋은 기회로 삼고 행복한 삶을 살기 위해 유서 깊은 고찰을 순례한다.

　《동국세기(東國世紀)》에 "윤달에는 달이 다 가도록 불탑을 돌며 불공을 드린다. 이렇게 하면 극락에 간다"라고 쓰여 있다. 예로부터 윤달은 가외달, 덤달, 공달이라고 해서 재액(災厄)이 없는 달로 알려져 왔다. 하늘과 땅의 신이 사람을 감시하지 않아 송장을 거꾸로 세워도 탈이 없다는 이른바 신들과 온갖 잡신들이 쉬는 달이다. 그래서 평소 꺼려하던 가정의 대소사들(이사, 산소 이장, 수의재봉)을 해도 무탈한 달이라고 믿어 왔다.

　윤달에 각황전에선 조금 특별한 모습을 볼 수 있다. 많은 중년 보사님과 노보사님이 불보살님 전에 삼배를 올린 후에 사리나무 용 그림 기둥을 안고 세 번 돈다. 그다음 가방 속에서 실 꾸러미를 꺼내 기둥 둘레만큼 재어 자르고 고이 접어 둔다. 그리고 다시 다른 기둥을 안고 같은 행동을 총 세 번 반복한다. 보사님들은 나름대로 몇 기둥을 택해 돌고, 그것을 마친 뒤엔 무언가 성취한 듯 환한 미소를 지으며 불보살님 전에 삼배를 올린다.

　보사님들은 왜 이런 일을 할까 궁금하던 차에 한 노보사님에게 여쭤보니 자신도 어느 불자에게 전해들은 것이라며 다음 이야기를 들려주었다.

🌸

　사후에 사람들이 염라대왕 앞에서 심판을 받고 있었다. 염라대왕이 생전에 어떤 일을 많이 했는지 물어 보았다. 한 명은 집에서 살림만 했다고 대답하고, 다른 한 명은 천지신명만 찾았다고 하고, 또 다른 한 명은 화엄사 각황전 사리나무 용 기둥을 잰 실을 보여 주었다.

염라대왕이 용 기둥을 잰 사람에게 말했다.

"그대는 참 장하오. 각황전 불보살님의 기운이 서려 있는 사리나무 용 기둥을 안았으니 용이 승천하는 것처럼 그대는 천상으로 가시지요."

옆에 두 사람은 부러워하며 물었다.

"우리는 어떻게 하면 천상에 갈 수 있나요?"

이에 염라대왕이 대답했다.

"그대들은 선근(善根)은 좋으나 덕이 부족합니다. 살려 보내 줄 테니 이 사람과 같이 해보시오."

이승으로 돌아온 이들은 저승에서 바로 천상으로 간 사람이 한 것처럼 화엄사 각황전을 참배하면서 사리나무 용 기둥을 돌고 실로 둘레를 쟀다. 윤달마다 이 일을 한 이들은 이후 몇 십 년을 더 살다가 저승으로 갔다고 한다.

이러한 일화가 불자님들 사이에서 오래전부터 전해 내려오고 있다. 사리나무 용 기둥을 안고 재는 일은 평소에도 좋지만 윤달에 하면 특히 좋다고 하니 참고하시길 바란다.

71
참회의 북 가죽 화엄법고 이야기

화엄사의 운고각은 1918년 금정암에 있는 세월(世月) 비구니가 영산전(현 봉향각) 앞에 중건한 것이다. 그런데 세월이 흐르다 보니 법고(法鼓) 가죽이 낡아 앞부분이 찢어져서 그 탓에 소리가 잘 나지 않았다. 이 법고가 새로운 가죽으로 바뀌 아름다운 소리를 되찾게 된 사연이 있다.

화창한 봄날, 한 신사가 화엄사 보제루 안에 앉아 있었다. 그는 흰 양복을 입고 있었고 얼굴은 주름 하나 없이 팽팽하고 윤기가 흘렀으며 몸은 탄탄한 멋쟁이였다. 마침 진조스님이 그 앞을 지나가고 있었는데 신사가 스님을 불렀고, 함께 이야기를 나누게 되었다. 스님이 나이를 묻자 신사는 70살이라고 했다. 겉보기엔 50살쯤 되어 보이는 정정한 노신사였다. 신사가 말했다.

"저는 젊었을 때부터 가업을 이어받아 도축업을 하고 있습니다. 제가 5년 전에 길에서 한 노스님을 만났는데 저더러 업장이 많으니 절에 한 번 가는 것이 신상에 좋을 거라고 하셨습니다. 하지만 저는 무교라서 그냥 무시하며 지냈지요. 그런데 요 며칠 전부터 노인 한 분이 계속 꿈에 나타나서 '업장이 많으니 참회의 기회가 있을 것일세. 화엄사에 가면 자네가 할 일이 있으니 가보시게'라고 하시더군요. 궁금해서 화엄사에 왔습니다."

진조스님은 노신사에게 인생살이를 물었고 그가 대답했다.

"제가 도축업을 하다 보니 항상 좋은 것을 많이 먹었지요. 그러다 보니 힘

▶ 구 화엄법고(2012년)

을 주체하지 못해 시간이 날 때마다 전국을 돌아다니며 연애를 했습니다. 수십 년 동안 여자 천 명을 만나겠다는 마음으로 연애했고, 이제 30명만 더 만나면 천 명을 채우게 됩니다."

노신사는 신이 나고 자랑스러운지 그렇게 말하고 함박웃음을 지었다. 보제루에서 휴식하고 있던 몇몇 사람들이 이 노신사의 이야기를 듣고 어처구니없는 표정으로 수군거렸다.

"어떻게 그런 일이 가능하지? 참 대단한 노장일세."

노신사의 이야기를 가만히 듣고 있던 진조스님이 말했다.

"도축을 하는 일도 살생죄입니다. 가축이 도축장에 들어갈 때 두려움에 떨고 죽기 싫어합니다. 가축도 사람과 같은 두려운 감정을 느끼지요. 그래서 죽을 때 원망과 원한이 가득한 채로 비명 액사하는 것입니다. 도축된 가축을 위해서 천도하는 마음을 가져 보신 적 있는지요? 그 애혼을 위해 위령제를 꼭 지내야 합니다. 업보는 금생에 자기가 직접 받거나 자식이 받기도 하지만 멀리 후손에게 영향을 미치기도 합니다. 무병장수하기 위해선 살생을 금하고 육식을 삼가야 합니다. 또 적극적으로 죽어가는 생명을 구해주는 방생을 많이 하면 나와 자손이 건강하고 행복한 삶을 사는 과보를 받게 됩니다. 즉 살생을 하면 죄를 받아 불행해지고, 방생하면 건강하고 장수하여 복덕을 누립니다."

이어서 수많은 여인과 연애하는 것에 대해서도 말했다.

"아내를 두고 다른 여인과 연애하는 것은 음란죄입니다. 조상 중에 바람쟁이가 있으면 그 자식에게 대물림되는 것은 흔한 일이지요. 아니면 전생에 연애 한번 못하고 죽어서 금생에 한을 풀듯 많은 여인과 연애를 하는 것일 수도 있습니다. 어찌되었든 이는 비상식적인 인생살이입니다. 지금부터 과거에 지은 죄를 불보살님 전에 귀의하여 참회하면서 여생을 편히 지내세요."

진조스님이 말을 끝내자 노신사가 몸가짐을 단정히 하고 합장했다.

"좋은 말씀 감사합니다. 그런데 꿈에 나타난 노인이 화엄사에 가면 할 일이 있으니 가보라고 한 것은 무엇일까요?"

이에 진조스님은 불현 듯 운고각의 법고 가죽이 찢어진 것을 떠올랐다.

"꿈에 나타나신 노인은 바로 문수보살님입니다. 처사님에게 화엄사에 할 일이 있다고 말씀하신 것은 법고를 보수하는 일인 듯합니다. 운고각의 찢어진 법고 가죽을 새것으로 바꾸어 주실 수 있는지요?"

진조스님은 노신사에게 운고각에 매달린 찢어진 법고를 보여 주었다. 법고를 살펴본 그가 말했다.

"이것 참 심하게 찢어졌네요. 제가 법고 보수를 하겠습니다."

진조스님과 노신사는 함께 대웅전으로 들어가 삼배를 마치고 법당에서 안내하는 주지 스님의 상좌스님에게 자초지종을 말해 주었으며 안내 스님과 노신사는 주지 스님이 있는 삼전(三殿)으로 갔다. 안내 스님이 명선 주지 스님에게 자초지종을 설명하며 법고 보수 불사와 위령제에 대한 이야기를 나누었다.

▶ 신 화엄법고(2020년)

그리하여 1976년 구례읍 봉동리에 사는 시주님이 참회하는 마음으로 시주한 새로운 가죽으로 운고각 법고 앞뒤를 교체하고 헌 가죽은 북 전체를 감싸고 용 그림 단청을 하고나니 법고가 아름다운 소리를 되찾았다. 또한 명부전에서 그동안 도축된 동물을 위한 위령제를 지냈다.

그해 하반기에 범종각(梵鐘閣)을 세우기 위해서 운고각을 해체하여 보제루 오른 쪽으로 옮겼다. 종삼 주지 스님이 2010년 10월 21일에는 운고각 해체 신축불사 중건을 하여 2012년 6월에 운고각 단청불사를 끝냈다.

2020년에는 참회의 북가죽 법고가 역사의 뒷안길로 사라졌다. 덕문(德門) 주지 스님이 2020년 11월 23일 새로운 법고를 조성하기 위해 법고를 떼어 창고에 보관했으며 새로운 법고가 커서 운고각 안에서 조립작업을 하기 시작하여 2020년 12월 18일에 완성했다. 신(新) 화엄법고 봉안 및 시타식(始打式)을 2020년 12월 19일 오전 10시에 봉행했다. 시타에는 진조스님이 화엄법고를 치는 것으로 시작해서 학인 스님이 돌아가며 쳤다. 화엄법고는 길이 8자(2m 40cm) 지름 7자(2m 10cm)이다.

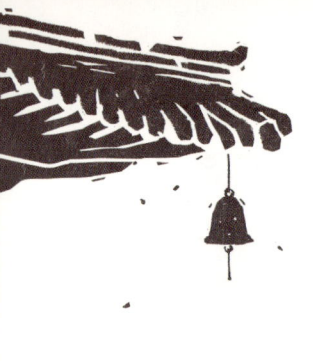

72

화엄사 범종 이야기

    화엄사 3층 누각에는 에밀레종에 버금가는 무게 20톤의 신라화엄대종(新羅華嚴大鐘)이 있었는데, 이 종을 정유재란 때 왜병이 용두리 앞 섬진강에 빠트렸다는 이야기가 전해 내려오고 있다. 사연을 접한 금성명선(金城明煽) 주지 스님은 이를 안타깝게 여겨 범종 조성 원력 불사를 시작했다.

    범종각을 짓는 공사는 1976년 5월 1일에 착공했다. 10월에는 각황전에서 7일간 범종불사 원만성취 기도가 진행되었다. 대중 스님들이 돌아가며 2시간씩 하루 24시간 7일간 기도한 것이다. 며칠 후 수원 성종사에 올라가 종 재료를 녹일 때와 쇳물을 범종 틀에 주입할 때에도 동헌 큰스님, 도광 큰스님, 백운 강주스님, 명선 주지 스님, 진조스님 외 사부대중은 범종이 원만히 조성되기를 기원하며 함께 염불 기도를 시작했다.

    그리고 그해 11월 28일에 준공과 더불어 타종식을 거행했다. 범종은 높이 248cm, 직경 145cm, 무게 1,600관(6,000kg)이다. 종면에는 사리탑에 있는 비천상 네 분과 4사자상의 모습을 조각으로 새겼고, 글씨체는 장육전 화엄석경의 글자이다. 화엄사의 국보와 보물로 이루어진 화엄사식 범종인 것이다. 종 이름은 화엄사가 지혜의 보살인 문수보살이 머물고 있는 곳이니 지혜의 범어인 반야를 사용해 반야범종(般若梵鐘)이라고 불렀다.

    용두리란 이름이 붙여진 데에는 여러 가지 설이 있다. 지리산의 용맥이

▶ 구 반야범종(1987년)

노고단 형제봉을 경유하여 내려오다가 섬진강에 이르러 머무는데 그곳이 용의 머리 부분이라 하여 용두(龍頭)라고 부르게 되었다는 이야기가 있다. 또 강물에 침식되어 깎아지른 듯 한 절벽의 형상이 마치 용의 머리와 같아서 용두라고 부르게 되었다고 한다. 정유재란 때 훔쳐 간 화엄사 신라화엄대종(新羅華嚴大鐘)이 섬진강에서 용두가 보였다고 하여 용두리로 불리게 되었다는 설도 있다. 전해오는 이야기에 따르면 깊은 밤과 새벽, 아침에 섬진강 물결을 따라 종이 땡그랑땡그랑 하는 소리가 들렸다고 한다.

1984년 11월 2일 MBC 창사기념 특집 다큐멘터리 〈잊혀져 가는 우리 문화재를 캔다〉 시리즈가 방영되었다. 첫 시리즈로 '잃어버린 종을 찾아서'라는 제목으로 정유재란(1597년) 당시 왜군이 약탈해 섬진강 용두리에 빠뜨린 신라화엄대종을 다루었다. MBC제작팀 외 해양연구소 연구단 3명, 잠수팀 7명과 일본 잠수공업회사 잠수기술자 2명 등이 발굴 작업에 참여했고, 이 발굴 과정을 1985년 1월 13일에 방영되었다.

안타깝게도 발굴 작업은 별다른 소득 없이 마무리 되었다. 발굴 작업에

▶ 신 화엄범종(2015년)

참여한 이들은 범종이 섬진강 물살에 휩쓸려 하동포구가 있는 하류로 떠내려갔다고 생각한 듯하다. 그러나 수중 역학을 아는 전문가라면 잃어버린 범종이 하류가 아닌 상류로 밀려갔다고 보고 상류 쪽에서 발굴 작업을 진행했을 것이다. 일반적으로 무거운 물체나 큰 물체가 지면이 모래인 곳에 가라앉을 경우 물체의 아랫부분에 홈이 파이고 역류하여 상류로 거슬러 올라가기 때문이다.

2012년 11월 4일 종삼스님이 새로운 범종 조성을 위해 종각 건물을 해체했다. 화엄사 성보인 반야범종은 2013년 4월 18일에 담양 보광사로 옮겨갔다.

2013년 3월 8일에 새로운 범종각 상량식을 거행하고, 4월 12일(음력 3월 3일) 무게 3,300관의 범종 주조와 함께 새로운 범종각을 건립하고 타종식을 거행했다. 종면에 새겨진 조각은 에밀레종의 네 분 비천상과 사리탑의 4사자상의 모습이다. 그리고 연기존자님께서 백제 땅에 전해주신 화엄경을 따라 절 이름을 화엄사라 하였듯, 종 이름도 화엄법계의 성종(聖鐘)이라고 하여 화엄성종(華嚴聖鐘)이라고 불렀다. 2015년 9월 21일에는 영관스님이 단청을 마쳤다.

73

나한님 신통 이야기

1984년 구례 토지면에 한옥으로 꾸민 한의원을 하는 불심이 돈독한 부부 불자가 있었다. 이 부부는 명부전의 지장보살 개금과 시왕, 동자, 판관, 금강역사를 개채(改彩, 불상에 채색을 다시 함)하는 불사를 하고자 도광 주지 스님을 친견하고 화엄사에 시주했다.

화공은 법당에 들어갈 때의 옷과 신발, 그리고 다른 일을 볼 때의 옷과 신발을 따로 사용하며 불사에 전념했다. 일을 마치고도 재료가 많이 남았기에 나한전에 모신 하얀 나한상도 개채하자 아름다운 모습의 나한성중이 되셨다.

불사를 마무리하고 명부전과 나한전 점안식을 하는 날에 아침부터 비가 내렸다. 진조스님이 명부전에서 염불하는 내내 걱정이 들었다.

'개안광명진언(開眼光明眞言)을 할 때 밖에서 거울로 햇빛을 받아 명부전 법당에 모든 상과 나한전의 나한상을 비춰야 하는데, 이렇게 비가 내리니 어찌할까?'

그러던 중 다행히 비가 그쳤다. 진조스님이 명부전 점안식을 마치고 나한전으로 가는 길에 하늘을 바라보니 그 모습이 참으로 기이했다. 하늘에 시커먼 구름이 가득한데 화엄사 주위만 원의 형태로 햇빛이 비추고 있었다. 보이지 않는 힘이 비구름을 막고 있는 것 같았다. 진조스님이 불자님들에게 하늘을 보라고 하자 모두 놀라워했다.

더욱 기이한 일은 나한전 점안식을 끝내고 나오자 햇빛을 비추던 원의 형

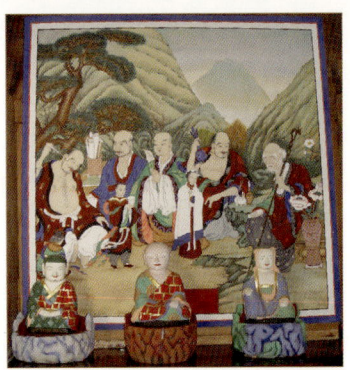
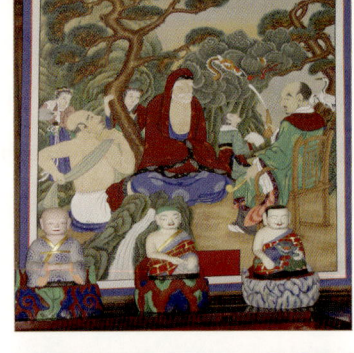

▶ 화엄사 나한전의 부처님과 나한님

태가 흐트러지면서 그 안으로 구름이 몰려들더니 다시 비가 쏟아지기 시작했다. 나한님들이 자신의 점안식을 하고자 신통력을 보인 것이다.

  진조스님이 어느 날 사시마지(巳時摩指) 때 나한전의 부처님과 가섭존자, 아란존자 그리고 나한님 열네 분 앞에 요구르트 하나씩 올려놓고 불공을 드렸다. 그리고 그것을 그대로 두고 저녁예불을 마치고 나서 가지고 오려고 생각했다.
  각황전에서 저녁 예불을 마치고 나한전에 들어온 스님은 깜짝 놀랐다. 부처님, 가섭존자, 아란존자 그리고 나한님 한분께 놓았던 요구르트가 판관 두 분과 금강역사상 두 분 앞으로 옮겨져 놓여 있었던 것이다. 불단에 올린 공양물로 누가 장난을 하진 않았을 텐데, 어떻게 요구르트가 옮겨졌을까? 순간 스님은 아차 싶었다.
  '판관과 금강역사에게도 공양물을 평등하게 올려야 한다는 걸 알려주려고 나한님이 옮겨 놓으셨구나!'
  스님은 참회하는 마음을 갖고 다음 날부터는 한 분도 빠짐없이 공양물을 올렸다. 화엄사의 나한전 나한님은 참으로 신통자재한 분이시다.

74

화엄사 불성구슬 이야기

4사자 감로탑 옆에 둥근 모양의 돌이 하나 있는데, 이는 부처님의 성품인 불성(佛性)을 표현한 보배스러운 불성구슬 돌이다. 이 돌의 의미와 같이 옷 안의 구슬로 비유한 불경의 설법을 살펴보자.

한 명은 부자이고 한 명은 거지인 두 친구가 있었다. 하루는 거지 친구가 부자 친구를 찾아갔다. 부자 친구는 아주 기뻐하면서 온갖 맛있는 음식으로 환대하며 그를 맞이했다. 거지 친구는 오랜만에 먹는 음식에 취하여 그만 잠이 들고 말았다.

그런데 부자 친구가 갑자기 상관의 부름을 받고 먼 길을 떠나게 되었다. 그는 친구가 깨어나면 잠자리와 먹을 것을 찾아 고달프게 거리를 헤매게 될까봐 걱정이 되어 발길이 떨어지지 않았다. 그래서 고민 끝에 자신이 가지고 있던 값나가는 귀한 구슬을 친구의 옷 안에 넣어 주고 급히 길을 떠났.

한편 잠에서 깨어난 거지 친구는 부자 친구 집에서 나와 다시 일자리를 찾아다니며 어려운 생활을 이어갔다. 부자 친구가 자신의 옷 안에 값진 구슬을 넣어 두었으리라고는 꿈에도 생각하지 못했다.

몇 년이 지난 뒤 부자 친구는 우연히 길에서 거지 친구를 만났다. 거지 친구의 몸은 여윌 대로 여위었고 옷은 남루하기 이를 데 없었다. 부자 친구가

▶ 불성구슬 돌

딱하다는 듯이 말했다.

"이전에 자네가 나를 찾아 왔을 때 나는 갑자기 상관의 부름을 받고 출장을 가게 되었다네. 떠나기 전에 자네가 곤궁하게 지낼 것을 염려하여 자네 옷 안에 값진 구슬 하나를 매달아 두었는데 그것을 찾지 못하고 이제껏 고생만 하며 지냈단 말인가. 그것만 팔았으면 넉넉한 생활을 할 수 있었을 터인데, 어쩌면 그렇게도 어리석단 말인가!"

부자 친구의 말은 들은 거지 친구가 자신의 옷 안 솔기(옷이나 이부자리 따위를 지을 때, 두 장의 천을 실로 꿰매어 이어 놓은 부분)를 뒤져보니 친구 말대로 구슬이 감춰져 있었다. 거지 친구는 자신이 이미 부자임에도 불구하고 그것을 모른 채 거지로 살아가고 있었던 것이다.

이 이야기는 부자를 부처님, 거지를 중생, 보배구슬을 불성에 비유한 것이다. 부처님도 그와 같아서 우리에게 일찍이 지혜를 주셨으나 우리가 알지 못하고 여전히 이 상태에 머물러 있다. 중생들은 이와 같이 무명번뇌에 빠져 불성을 보지 못하는 것이다. 거지꼴을 한 중생들이 생사윤회를 면하게 하는 불성을 찾아 부처님이 되라는 의미를 가진 것이 바로 불성구슬 돌이다.

동서5층석탑 특징과 성보 유물 이야기

　동5층석탑과 서5층석탑은 신라 말기 헌강왕 원년(875년)에 도선국사께서 풍수지리설에 의하여 조성한 것으로, 화엄사 대가람의 배가 백두산 혈맥의 웅대한 힘과 섬진강 태극의 힘에 출렁대니 동서 두 탑을 세워 요동함을 막고, 동시에 가람의 원만한 기운이 감돌도록 했다.

　인조 8년(1630년) 벽암 각성대사는 정유재란으로 소실되고 방치된 화엄사를 중건했는데 이때 동서5층석탑도 함께 중수했다. 석탑을 보수하기 위해 1995년 서5층석탑를 해체 해보니 부처님 진신사리 22과, 1999년에는 동5층석탑에서 8과가 출현했다. 따라서 동5층사리석탑, 서5층사리석탑이라고 명칭을 바꿔 불러야할 것이다.

　동5층석탑은 신라와 백제의 양식이 혼합된 탑이다. 부처님의 모든 법은 거짓과 꾸밈이 없고 순수하여 진실 그대로 참된 진리이며, 부처님 도량은 참된 장소요, 세계요, 법계라는 것을 증명해 보이는 탑이다. 증명탑, 다보탑, 다보분좌탑이라고도 한다.

　탑의 5층은 삼계(三界, ① 욕계 ② 색계 ③ 무색계), 보살계, 불계를 표현하고 장식과 꾸밈이 없음은 청정한 마음을 표현한다. 단층기단은 일승법을 뜻하니 이 탑의 사상은 부처님과 보살님의 성품이 둥글고 원만하여 차별과 꾸밈이 없으며, 평등한 마음의 세계가 곧 화엄세계요, 연화장세계라는 것을 증명하는 탑이다. 1963년 1월 21일 보물 132호로 지정되었다.

1999년 10월 종걸 주지 스님이 동5층석탑을 보수할 때 부처님 진신사리 8과를 비롯해 탑 내부에 있던 변상도 석조각편 및 화엄석경 330여 점, 원통형 용기, 소형 항아리, 광배, 대좌 등 다수의 성보(聖寶) 유물이 나왔다. 이 유물 중 화엄경 변상도가 그려진 화엄석경 조각편은 기단 내부에서 발견되었고, 그 외 다량의 화엄석경편이 1층 탑신부와 기단부 속채움 형태로 발견되었다.

- 화엄경 변상도 조각편 : 폭 4cm, 길이 15cm
- 원통형 용기 : 지름 9cm, 높이 15cm, 금속재
- 소형 항아리 : 지름 8cm, 높이 11cm, 토기
- 광배 : 폭 6cm, 높이 10cm, 금속재 등
- 대좌 : 지름 6cm, 높이 4cm, 금속재 등

다음으로 서5층석탑의 조각 형태를 살펴보면, 기단 아래는 12지신으로 개개인의 사람들을 수호하는 역할을 맡은 수호신의 모습이고, 윗부분은 팔금강(八金剛)과 사천왕(四天王)으로 부처님의 법과 부처님의 제자를 지키고 보호하는 신의 모습이다. 이 탑을 일명 옹호탑(擁護塔)이라고도 부른다. 2층 기단은 상대의 차별을 없애고 절대 차별이 없는 이치인 불이법(不二法)을 표현한 것이다. 1963년 1월 21일 보물 133호로 지정되었다.

서5층석탑의 기단 아래에 조각된 12지신(十二支神)은 12신장(十二支神)으로 명칭과 성품, 시간은 다음과 같다.

- 십이신장(十二神將) 궁비라(宮毘羅) 자(子) 쥐
  근면(勤勉) 재물(財物) 다산(多産)
  조자시(朝子時) 00시 30분 19초~01시 30분 18초
  야자시(夜子時) 23시 30분 19초~24시 30분 18초

- 십이신장(十二神將) 벌절라(伐折羅) 축(丑) 소
  성실(成實) 근면(勤勉) 재물(財物)
  축시(丑時) 01시 30분 19초~03시 30분 18초

- 십이신장(十二神將) 미가라(迷企羅) 인(寅) 범
  지혜(智慧) 용맹(勇猛) 보은(報恩)
  인시(寅時) 03시 30분 19초~05시 30분 18초

- 십이신장(十二神將) 안저라(安底羅) 묘(妙) 토끼
  총명(聰明) 장수(長壽) 다산(多産)
  묘시(寅時) 05시 30분 19초~07시 30분 18초

- 십이신장(十二神將) 안비라(安備羅) 진(辰) 용
  정직(正直) 용감(勇敢) 신뢰(信賴)
  진시(辰時) 07시 30분 19초~09시 30분 18초

- 십이신장(十二神將) 산저라(珊底羅) 사(巳) 뱀
  풍요(豊饒) 치유(治癒) 기복(祈福)
  사시(巳時) 09시 30분 19초~11시 30분 18초

- 십이신장(十二神將) 인달라(因達羅) 오(午) 말
  활동적(活動的) 생동감(生動感) 순발력(瞬發力)
  오시(午時) 11시 30분 19초~13시 30분 18초

- 십이신장(十二神將) 파이라(破伊羅) 미(未) 양
  온화(溫和) 정직(正直) 평화(平和)
  미시(未時) 13시 30분 19초~15시 30분 18초

- 십이신장(十二神將) 마호라(麻呼羅) 신(申) 원숭이
  재주(才) 부귀다산(富貴多産) 장수(長壽)
  신시(申時) 15시 30분 19초~17시 30분 18초

- 십이신장(十二神將) 진달라(眞達羅) 유(酉) 닭
  근면(勤勉) 성실(誠實) 출세(出世)
  유시(酉時) 17시 30분 19초~19시 30분 18초

- 십이신장(十二神將) 초두라(招杜羅) 술(戌) 개
  의리(義理) 충성(忠誠) 수호(守護)
  술시(戌時) 19시 30분 19초~21시 30분 18초

- 십이신장(十二神將) 비갈라(毘羯羅) 해(亥) 돼지
  희생(犧牲) 재물(財物) 영화(榮華)
  해시(亥時) 21시 30분 19초~23시 30분 18초

서5층석탑 기단 윗부분에 조각된 팔금강은 불법을 수호하는 금강역사(金剛力士)이고 인왕역사(仁王力士)라고도 한다. 8대 금강역사들은 본디 보살이었다. 이들 보살이 악을 물리치려고 무서운 모습으로 화현한 것을 명왕(明王)이라고 하고, 불법을 지키기 위한 호법신장으로 화현할 때는 금강(金剛)이라고 한다. 신장은 신계(神界)의 장수이다.

① 마두명왕 관세음 보살의 화신 : 청제재금강
② 대륜명왕 미륵 보살의 화신 : 벽독금강
③ 군다리명왕 허공장 보살의 화신 : 황수구금강
④ 보척명왕 보현 보살의 화신 : 백정수 금강
⑤ 강삼세명왕 금강수 보살의 화신 : 적성화 금강
⑥ 대위덕보살 문수 보살의 화신 : 정제재 금강
⑦ 부동명왕 제개장 보살의 화신 : 자현신금강
⑧ 무능승명왕 지장 보살의 화신 : 대신력금강

▶ 서5층석탑을 보수하던 중에 나온 성보 유물

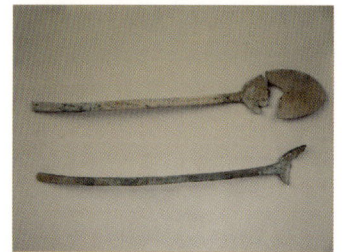

사천왕은 수미산 중턱에 살면서 동서남북 사방을 지키고 불법을 수호하는 사대천왕(四大天王)이다. 사천왕은 그 방위에 따라 각기 자리를 담당하고 정법을 수호하고 마귀의 습격을 방지한다고 한다.

① 지국천왕 : 비파를 들고 있으며 수미산의 동방(동승신주)을 수호하고 백성을 편안케 하며 나라를 잘 다스리고 지키는 천왕
② 증장천왕 : 칼을 잡고 있으며 수미산의 남방(남섬부주)을 수호하고 항상 사람을 관찰하고 더욱 길고 넓게 중생의 이익을 많게 해주는 천왕
③ 광목천왕 : 용을 잡고 있으며 수미산의 서방(서구야니주)을 수호하고 위엄으로 나쁜 것을 물리치고 넓고 큰 눈으로 국토를 바르게 지키고 중생을 이익 되게 해주는 천왕
④ 다문천왕 : 보천을 들고 있으며 수미산의 북방(북구로주)을 수호하고 재물과 복덕의 부귀를 맡고 항상 부처님의 도량을 지키고 설법을 많이 들으며 불법을 옹호하는 천왕

1995년 8월 종열 주지 스님이 서5층석탑을 보수하던 중에 부처님 진신사리 22과를 비롯해 16종 72점의 성보 유물이 나왔다.

- 청자양이호와 뚜껑 : 양쪽에 귀가 달린 청자항아리와 그 뚜껑이다. 이 안에서 사리와 사리를 담은 녹색 유리병 등이 나왔다.
- 녹색 유리 사리병 : 사리를 담고 있는 녹색 항아리로 전형적인 신라시대의 사리병 형태를 지니고 있다.
- 청동합 : 청장양이호 안에서 2점이 수습됐는데 크기가 다르다. 일종의 사리를 봉안한 사리용기로 추정된다.
- 소탑 : 모두 3기가 발견됐는데 제일 큰 것(5.6cm) 1기는 목제이고 나머지 2기는 철제이다.

▶ 화엄사 10만 등 불사 등불

- 금동제 방울 : 금박을 입힌 구리로 만든 방울이고 직경은 2.2cm이다.
- 칼 : 철로 만들어졌으며 모두 3점인데 제일 긴 것이 14.5cm이다.
- 지류뭉치 : 법신사리로 봉안된 경전으로 백지묵서 '다라니경'이다.
- 불상금형틀 : 흙으로 불상을 찍을 때 사용했던 금형틀이다.
- 수정옥 : 가사리(假舍利)이다.
- 육각수정 : 직경 2cm의 육각의 수정구슬로 중간에 관통하는 구멍이 있다.
- 뒤꽂이 : 청동으로 만든 남성용 머리 뒤꽂이다. 모두 11점인데 가장 긴 것은 8.5cm이다.
- 숟가락 : 청동으로 만든 숟가락, 모두 2점인데 긴 것은 23.5cm이다.

1995년부터 부처님 진신사리 친견법회를 봉행해 오다가 1996년 11월 5일(음 9월 25일)에 회향식을 가졌다. 이때 새로운 사리함에 사리를 모시고 서5층석탑에 다시 봉안했으며 더불어 10만 등 불사 회향을 가졌다. 그래서 동5층사리석탑은 부처님의 법계를 증명하는 증명탑, 다보탑, 다보분좌탑이요, 서5층사리석탑은 불법과 불제자를 지키고 보호하는 옹호탑(擁護塔)이다.

76
화엄사 소금단지 이야기

 음력 5월 5일인 단오절이다. 천중절(天中節), 중오절(重五節), 단양(端陽) 등으로 불리는 단오는 일 년 중 양기(陽氣)가 가장 왕성한 날이다. 그래서 불의 기운을 다스리고자 소금단지를 묻거나 전각 지붕 아래 올려놓기도 한다.
 사찰에서는 매년 단오절마다 독특한 풍습을 잇고 있다. 화엄사 대중 스님들은 단오절에 금정암 뒤 비로봉에서 지난 해 묻은 소금단지를 꺼내고 그 자리에 다시 새 소금단지를 묻는다. 이는 화기를 누르고 화마로부터 산림과 사찰을 지키자는 염원을 담은 화재 액막이이다. 또 삼재팔난(三災八難)을 퇴치하기 위함이기도 하다. 이번에는 '삼재'와 '팔난'에 대해 알아보자.

 삼재는 화재(火災), 수재(水災), 풍재(風災)이고, 팔난은 배고픔, 목마름, 추위, 더위, 물, 불, 칼, 병란(兵亂)의 여덟 가지의 재난이다.
 삼재의 첫해인 입삼재(入三災, 들삼재)는 가족이나 주변인이 화를 당하며, 두 번째 해인 침삼재(枕三災, 눌삼재)는 머무는 해라고 해서 매사에 시비곡직(是非曲直)이 많고, 마지막 해인 출삼재(出三災, 날삼재)는 재물이나 명예가 훼손되어 나쁜 결과를 초래하는 재앙을 가져오기도 한다.
 삼재의 유래는 인도에서 시작되었는데, 도둑 떼가 생기고 전쟁이 나고 전염병으로 죽는 것을 소삼재(小三災)라 하고, 홍수나 화재, 태풍 등은 대삼재(大三災)라 한다. 세월이 변하여 사람의 마음이 나빠지면 그것을 말세(末世)라

하며, 이 말세가 되면 나타나는 것이 재앙인 것이다.

삼재를 소멸하려면 성인의 가르침을 믿고 따르며 수행하고 복 받는 착한 일을 해야 한다. 부처님은 "삼재를 생각하지 말며 어리석은 마음을 깨달아 진리에 대한 밝은 눈을 떠야 한다"고 말씀하셨다.

불교의 '팔난'은 부처님을 보지 못하고 불법을 들을 수 없는 여덟 가지의 곤란이다.

① 재지옥난(在地獄難)은 지옥에 있는 것,
② 재축생난(在畜生難)은 축생으로 있는 것,
③ 재아귀난(在餓鬼難)은 음식에 욕심이 많아 먹으려고 하는 것은 불로 변해 버리기 때문에 아무 것도 먹지 못하는 아귀로 있는 것이다. 이 세 곳은 고통이 심해서 불법을 듣지도 못한다.
④ 재장수천난(在長壽天難)은 삼계(三界) 등의 수명이 장수천(長壽天)도 이와 같고,
⑤ 재울단월난(在鬱單越難)은 수미산 북쪽에 있는 사대주(四大洲)의 하나로 이곳 사람들의 수명은 1천 세이다. 이 두 곳은 즐거움이 너무 많아서 불법을 들으려 하지 않는다.
⑥ 농맹음아난(聾盲瘖瘂難)은 장님, 귀머거리, 벙어리 등 신체 결함에 의해 가르침을 듣기 어렵고,
⑦ 세지변총(世智辯聰)은 세속적인 지혜가 총명하고 말재주가 있지만 불법을 알아듣기 어렵고,
⑧ 불전불후난(佛前佛後難)은 부처님이 세상에 나시기 전과 부처님이 멸도(滅度)하신 후라 직접 가르침을 들을 수 없는 어려움을 말한다.

▶ 소금단지 묻기

　사찰에서 불의 기운을 누르기 위해 소금단지를 묻는 것 외에도 화재 예방과 관련 있는 불교의 상징들이 있다. 그 중 하나가 '치미(망새)'다. 치미는 용의 한 종류로, 높은 데 있기를 좋아하고 불을 물리친다. 그래서 화재 예방의 기원을 담아 용마루 양쪽 끝에 치미를 세우는 것이다. 이런 배경에서 용마루라는 이름이 나왔다. 또 하나는 '풍경'이다. 처마 끝 풍경에 매달려 흔들리는 물고기를 보면 푸른 하늘이라는 광대한 푸른 바닷물에 물고기가 노니는 것 같다. 푸른 하늘을 배경으로 물고기를 다니 허공 전체가 거대한 바닷물로 변하고 화재 예방이 된다고 하여 전각 처마 끝에 물고기 풍경을 달았다.

77
화엄사에 출가한 외국인 스님 이야기

인도 스님인 연기존자님이 화엄사를 창건하신 이래로 화엄사에 외국인이 출가한 적은 없었다. 그러다 2001년 오스트리아 여인불자, 2008년 스리랑카 스님들, 2016년과 2019년엔 몽골 스님들이 출가했다. 먼저 오스트리아 여인이 출가한 이야기부터 시작하겠다.

2001년 비구니가 수행하는 화엄사 금정암에 오스트리아 여인 불자가 찾아왔다. 오스트리아 화엄사 포교당 묵림원 절에 다니던 불자이다. 종매(宗梅)스님과 함께 화엄사를 방문해 금정암에서 정식으로 출가한 안나 라인도프(Anna Rheindorf)는 행자 생활을 하며 2002년 9월 16일 수계를 받아 도림(道林)스님이 되었다.

이 인연의 시작은 다음과 같다. 리산당 도광 큰스님의 상좌인 종매스님이 1986년에 미국 캘리포니아주 애나하임힐(Anaheim Hills)에 개원한 미주 화엄사포교당 보광사를 창건하고 수행정진하며 포교에 전념했다. 오스트리아 화엄사 포교당 묵림원(默林院)의 개원은 미국 묵림회에서 시작되었다. 묵림회가 창립된 과정은 이렇다.

묵림회의 창립은 사실 1992년 미국 로스앤젤레스 폭동과 관계가 깊다. 폭동이 끝난 5월에 LA 시장이 폭동재건위원회인 '힐링 더 로스앤젤레스(Healing the Los Angeles)'를 발족시키고 불교위원으로 종매스님을 임명했다.

▶ 오스트리아 화엄사 포교당 묵림원에 모신 한국 부처님

각 종교와 종파의 12명의 위원들이 1년간 LA 각 지역을 돌며 수십 차례의 정신적인 치유 작업을 행했다. 이때 가톨릭 위원이던 제임스 프레드릭 신부(Fr. James Fredericks), 성공회 위원이었던 잔 비오렉 신부(Fr. John Viereck)가 종매스님과 한 팀이 되어 정신적 재건을 위해 힘썼다. 불교를 깊이 공부하던 두 신부님이 불교와 천주교, 성공회를 포함한 다종교법인을 만들자하여 묵림회가 발족된 것이다. 1992년 7월 미국 캘리포니아주 애나하임힐(Anaheim Hills)에 미주 화엄사포교당 보광사에 묵림회 사무실을 두기로 합의했다.

1992년 도광 큰스님 추모 기일(음력 8월 28일)에 참석한 종매스님의 발원으로 당시 화엄사 주지였던 종원스님을 묵림회 회주로 모시고, 위원으로는 명준스님, 진조스님, 이정스님, 혜광스님이 입회되었다. 미국으로 다시 돌아온 종매스님은 대학원 동기들인 일본 조동종의 하쿠진 구로야나기(Hakujin Guroyanak)스님, 스리랑카의 반테 싼티(Bhante Santi)스님, 태국의 사마히토 데라(Samahito Thera)스님, 종매스님의 상좌인 미국인 혜문스님, 독일의 혜일스님, 오스트리아의 혜원스님, 캐나다의 혜광스님을 위원으로 입회시키고, 회

▶ 오스트리아 화엄사 포교당 묵림원에서 점안식

장에 종매스님, 사무국장에 미국인 혜문스님을 임명했다. 그외에 10여 명의 유럽과 미국, 캐나다에 거주하는 승려들이 함께 묵림회에 입회했다.

1993년 오스트리아에 화엄학원 포교당으로 개원했다가 다시 절을 옮겨 화엄사 포교당 묵림원으로 사명(寺名)을 고쳤다. 1993년 오스트리아 묵림원(회주 종매스님, 주지 혜원스님)과 독일의 묵림원(혜일스님)이 이끄는 10여 명의 청소년들이 화엄사에서 10일간 수련대회를 개최했다. 이것을 시작으로 매년 화엄사에서 미주와 유럽 청소년 불자들의 수련대회가 열렸고, 진조스님과 이정스님의 각별한 도움으로 항시 즐거운 회향이 있었다. 금정암 감원이었던 혜광스님의 상좌가 된 안나 라인도프도 화엄사를 여러 차례 방문했다.

1997년 5월 화엄사에서 종열(宗烈) 주지 스님이 조성해 주신 석가모니 불상을 진조스님이 모시고 오스트리아 화엄사 포교당 묵림원으로 갔다. 그곳에서 종매스님, 진조스님, 베트남 스님 외 오스트리아 불자, 교포불자가 동참하여 부처님 점안식과 더불어 오스트리아인과 교포 불자에게 수계식도 봉행했다.

▶ 오스트리아 비구니 도림스님

안나 라인도프는 1982년 4월 24일에 태어났다. 묵림원 법회에 자주 참석했고 고등학교를 졸업한 후 출가를 결심했다. 종매스님과 함께 화엄사를 방문해 금정암에서 정식으로 출가하여 행자 생활을 했다. 2002년 9월 16일 통도사에서 보성 화상으로부터 사미니계 수계를 받아 법명은 도림(道林)이며 은사는 혜광(慧光)스님이다.

2003년 경상북도 김천시 증산면 불영산 청암사(佛靈山 靑巖寺) 승가대학에 입학했고 졸업 후 본사인 화엄사 금정암으로 와서 암자 일을 도우며 수행정진을 했다. 2008년 3월 29일 직지사에서 성주 화상으로부터 구족계를 받았다. 2010년 금정암에서 나와 은사 혜광스님과 함께 구례 포교당 보림사(保任寺)에서 수행을 했다. 2014년에 은사 혜광스님이 화엄사 미타암으로 갈 때 도림스님은 본국인 오스트리아로 떠났다. 2016년 도림스님은 오스트리아 게비어게(Gebirge)에서 종매스님이 명명(命名)한 불장선원(佛丈禪院)의 선원장으로 참선수행을 하고 있다.

90년대 후반, 진조스님과 명준스님이 여러 차례 오스트리아와 독일의 묵림선원을 참석하여 유럽불자들에게 한국불교와 참선 등을 지도했고, 명준스님은 후에 미국에도 여러 차례 방문하여 그곳 불자들을 이끌었다. 묵림회는 세계불교도우회(WFB)의 정식지회로 2년 간격으로 국제대회에 대표를 보내고 있으며, 2001년 미국과 오스트리아에 불교대학 'Institute for Buddhist Studies(IBS USA)'을 설립하여 현재까지 많은 졸업생들을 배출했다. 미국 IBS USA 불교대학은 캘리포니아주 정부의 비영리종교학원으로 정식 등록되어 있으며 학장은 종매스님이다. 현재 'Mook Rim Society Internatioanl'은 한국의 조계종, 태고종, 유럽불교회, 캐톨릭, 성공회, 태국 니카야종단, 스리랑카 시암종단 등 여러 종교단체와 다국적회원으로 결성되어 있으며, 특히 입적하신 종원스님과 진조스님의 큰 도움이 있었다.

다음은 스리랑카 스님들이 출가한 이야기를 해보자.
2008년, 화엄사 주지 종삼(宗三)스님은 출가자가 점점 줄다보니 일문스님에게 스리랑카 스님을 모시고 올 수 있는 지 물었다. 주지 스님의 말씀에 일문스님은 곧장 경기도 양주에 위치한 스리랑카 사찰인 마하보디사로 향했다. 그리고 그 곳의 주지인 와치싸라 스님을 만나 이 일을 상의했다.
그리고 2010년, 스리랑카 각지에서 모인 스님 6분이 화엄사에 왔다. 며칠간은 주황색 가사를 입고 공양하기에 사부대중은 참배하러 오신 스님인 줄 알고 있었다. 지리산 화엄사는 인도에서 오신 스님이 창건한 사찰이다. 그래서인지 스리랑카 스님들의 모습은 창건주 연기존자님과 비구니이신 존자님의 어머니를 떠올리게 했다. 이러한 모습으로 백제국 구차례에 와서 부처님의 경전인 대방광불화엄경을 전파하시는 모습이 눈앞에 훤히 보이는 것 같았다.
다음 날 스리랑카 스님들은 한국 행자처럼 밤색 행자복으로 갈아입고 법음요 공양방에 서 있는 모습을 본 대중 스님들이 원주 스님에게 물었다.

"스님, 어찌된 일인가요?"

"특이하게도 스리랑카 스님들이 화엄사에서 다시 행자 생활을 하고 수계를 받기로 했습니다."

원주 스님은 스리랑카 스님들이 재출가 방식으로 화엄사에 왔다고 대답했다.

다시 한국식 행자 생활을 한다는 쉽지 않을 텐데 그 마음 자세가 경이롭고 감동적이었다. 6명의 스리랑카 행자들의 이름과 나이를 살펴보면 수마나 21세, 하시타 21세, 디싸 17세, 우디타 16세, 사미타 14세, 아미타 14세이다. 행자님들은 한국말이 서툴러서 오후 2시부터 4시까지는 소소 보살님에게 한국어를 배웠다. 8개월간 가르침을 받자 점점 한국말에 익숙해져 갔다.

이들의 수계교육은 40기, 41기로 진행되었다.

단일계단 직지사의 40기 수계교육은 2011년 2월 22일부터 3월 7일까지 14일 동안 직지사에서 진행되었다. 수마나의 도연(道緣) 은사는 와치싸라 스님, 하시타의 법연(法緣) 은사는 만해(滿海)스님, 디싸의 봉연(峰緣) 은사는 영관(靈觀) 스님이다. 수계를 받고 돌아와 도연스님은 마하보디사로 갔고, 법연스님은 연기암으로, 봉연스님은 천은사로 가서 수행했다.

41기 수계교육이 2011년 8월 18일부터 9월 2일까지 16일 동안 직지사에서 진행되었다. 우디타 우연(愚緣)의 은사는 종삼(宗三)스님, 사미타 광연(廣緣)의 은사는 일문(一門)스님, 아미타 오연(悟緣)의 은사는 원문(圓門)스님으로 정했다. 수계를 받고 돌아온 스님들은 각각 은사님들에게 인사하고 화엄사에 살게 되었는데, 우연스님은 2012년 구례 중학교에 3학년으로, 광연스님과 오연스님은 2학년으로 입학해서 학생 생활과 스님 생활을 병행했다.

2012년 부처님 오신 날을 맞이하여 우연스님, 광연스님, 오연스님이 대나무를 가지고 무엇인가를 만들고 있었다. 스님들이 만들고 있는 것은 스리랑카 식의 등이었다. 별 모양과 비슷한 커다란 등을 만들어 범종각 옆에 달았다. 그해 부처님 오신 날에는 한국의 연등과 스리랑카의 별등이 화엄사 도량을 환하게 비추어 그야말로 화엄원융법계가 펼쳐졌다.

　스리랑카 스님들은 동지 때 새알을 만들어 보고, 김장 울력, 메주 울력 등을 하며 한국생활에 익숙해져 갔다. 그리고 2016년에는 우연스님, 2017년엔 광연스님과 오연스님이 고등학교를 졸업했다. 우연스님은 화엄사 강원에서 1년을 생활한 후 동국대학교에 진학했고, 광연스님은 은사님의 사찰인 경기도 파주 천불사에 가서 수행하다가 2019년에 화엄사 승가대학에 들어와 화엄사 강원 치문반 과정을 마치고 2019년 12월 16일에 은사 일문스님이 계시는 파주 천불사로 갔다. 오연스님은 졸업 후 구례에서 취업해 일하다가 스리랑카로 돌아갔다.

　마지막으로 몽골스님들이 출가한 이야기를 해보자.
　2016년 또 다시 외국인 스님들이 출가했다. 한국인의 외모와 별 차이가 없는 몽골 스님들이었다. 몽골 스님들 역시 스리랑카 스님들처럼 재출가 형식을 취했다. 2015년 9월 19일, 대한불교 조계종 제19교구본사 화엄사의 말사인 흥국사와 몽골 불교 총본산 간등사가 자매결연 조인식을 했다. 여수 흥국사 주지 명선 큰스님과 흥국사 불교 대표단이 초원의 나라 몽골을 방문해서 몽골 불교 간등사 주지 초이 참츠 스님과 불교 교류를 했다. 그 후 선발된 몽골 스님 10분은 8년에서 15년 이상 수행한 간단사의 승려였고, 2016년 8월 15일에 여수 흥국사에 왔다.
　몽골 스님들은 흥국사에서 한국 불교의 예법과 의식, 한국문화와 한국어 초기교육을 받은 뒤 화엄사에 왔다. 스님들은 4년 동안 화엄사 승가대학교에서 공부하고, 그 뒤 동국대학교에서 본인이 원하는 전공으로 공부할 목적을 두고 있는 유학생 스님들이다.
　2016년 11월 14일 화엄사 승가대학에 입학한 몽골스님 7명의 이름과 나이를 살펴보면 앵흐태뮬랜 19세, 앵흐오치랄 24세, 간툭스 19세, 젠드푸래브 22세, 우스크바야르 21세, 땅쟝냐마 22세, 초이도르지 22세이다. 몽골 스님들은 김장 울력, 매주 울력 등 처음 접해보는 한국 사찰 문화를 흥미로워하며 즐겁게 수행자 생활을 해오고 있다. 7명의 스님들은 2017년 2월 23일 직지사 금강계단에서 사미계를 수지(受持) 받아 대한불교 조계종 스님으로 거듭나니 출가 본사 화엄사 승려가 되었다.

7명 스님들의 은사와 수계 후 받은 법명은 다음과 같다.

- 앵흐태뮬랜 : 은사 범하(梵河)스님, 법명 태호(太虎)
- 앵흐오치랄 : 은사 영관(靈觀)스님, 법명 봉덕(奉德)
- 간툭스 : 은사 영관(靈觀)스님, 법명 봉적(奉寂)
- 젠드푸래브 : 은사 영관(靈觀)스님, 법명 봉행(奉行)
- 우스크바야르 : 은사 영관(靈觀)스님, 법명 봉국(奉國)
- 땅쟝냐마 : 은사 범하(梵河)스님, 법명 태안(泰安)
- 초이도르지 : 은사 영일(靈日)스님, 법명 보정(普正)

몽골 스님들 중 2017년 8월 몽골 불교 축제에 참여하기 위해 본국으로 떠난 태호스님과 보정스님은 피치 못할 사정으로 화엄사 승가대학교로 돌아오지 못했고, 봉행스님과 봉덕스님은 타 사찰 승가대학으로 갔다. 태안스님은 2018년부터 선재어린이회 문수청소년회 법회를 돕고 있으며, 2019년 현재 봉적스님, 봉국스님, 태안스님 3명이 화엄사 승가대학에서 열심히 수행 정진하고 있다.

2019년 9월 2일에는 화엄사 승가대학에 몽골스님 5명이 방부를 드렸다. 몽골에 있는 한국 스님이신 영청 스님(몽골 법명 바타르딘)의 추천으로 각 지방에서 수행하던 몽골 스님이 게게레르 수도원에 모여 2018년 12월 6일 여수

▶ 스리랑카 광연스님과 몽골 태안스님, 봉국스님, 봉적스님

흥국사에 와서 한국 불교의 예법과 의식, 한국문화와 한국어 초기교육을 받고 2019년 8월 29일 직지사 금강계단에서 사미계를 수지(受持)받아 대한불교 조계종 스님으로 거듭나니 출가본사 화엄사 승려가 되었다. 5명 스님들의 은사와 수계 후 받은 법명은 다음과 같다.

- 바트수크 문크오치르 : 은사 덕문(德門)스님, 법명 연암(演巖)
- 간바트 아마르툽신 : 은사 덕문(德門)스님, 법명 연행(演行)
- 오윤치맥 문크바타르 : 은사 덕문(德門)스님, 법명 연묵(演黙)
- 간수크 둘컹 : 은사 영관(靈觀)스님, 법명 봉구(奉九)
- 간볼드 아디아바자르 : 은사 범하(梵河)스님, 법명 태양(太洋)

이들 몽골 스님들도 동지 때 세알을 만들어 보고, 김장 울력, 메주 울력 등을 하며 한국생활에 익숙해져 갔다. 화엄사에서 열심히 수행 정진하고 있다가 2020년 연암스님과 연행스님은 경기도 김포에 있는 중앙승가대학에 입학을 했다. 9월에 연묵스님, 봉구스님, 태양스님은 피치 못할 사정으로 갔다.

▶ 제43회 화엄사 승가대학 졸업식 기념 모습

그 외 외국인 스님이 승가대학과 선방에 방부를 드리고 살았다. 2013년에 화엄사 승가대학에 미얀마 출신 정허(正墟)스님이 입학하고 2015년에 졸업을 했다. 2015년 6월 1일 선등선원에 처음으로 외국인 폴란드 출신 조불(照佛)스님이 하안거 결제에 방부를 드려 정진했다.

2021년 2월 23일 제43회 화엄사 승가대학 졸업식을 화엄원에서 오후 1시에 거행했는데, 그중에서 몽골 스님 졸업생으로 대한불교조계종 교육원장 상에는 태안스님이, 화엄사 승가대학장 상에는 봉국스님과 봉적스님이 받았다. 이렇게 화엄사에서 최초로 몽골 스님 3분의 졸업생이 배출되었다.

몽골 출신 태안스님이 종단의 인가를 받은 기본 교육기관에서 4년간 의무교육을 화엄사 승가대학에서 이수하고 4급 승가고시를 합격했다. 조계종의 비구 스님이 되기 위한 관문으로 2021년 3월 25일 해인총림 해인사에서 봉행한 제41회 단일계단 구족계 수계산림에서 구족계(비구계)를 받고 정식 조계종 비구 스님으로서 첫 발을 내디뎠다. 태안스님은 현재 별좌(別座, 사찰의 공양방의 전반을 맡아보며 수행자들이 먹는 모든 음식을 관할함) 소임을 맡고 있다.

78 화엄사 사리탑 탑전 중건 이야기

　자장법사께서 연기존자님의 천축 화엄학에 심취하여 창건주 연기존자님을 기리기 위해 부처님 사리 73과를 봉안한 4사자 3층사리석탑을 세운 후 많은 불자들이 참배했다. 원효스님은 사리탑 옆에 해인당(海印堂) 당우를 짓고 사리탑을 바라보며 연기존자님처럼 문수보살을 원불로 모시고 매양 문수보살을 염송하고 염주 알을 굴리며 문수 기도를 하셨다.
　모든 부처님은 반드시 해인삼매(海印三昧) 안에 있다. 해인삼매란 모든 일상 경험이 그대로 비로자나불이라는 크나큰 바다 위에 비치고 있다는 의미이다. 경험은 스스로의 것이면서 그대로 비로자나불의 대삼매속에 포용된다는 것이 곧 해인삼매요 화엄경의 대선정이다. 대선정의 세계에 눈뜨면 스스로 선정에 들어감으로써 우주 자체의 대선정인 해인삼매에 접하게 된다. 그리고 해인삼매에 잠기고 그것을 맛볼수록 인생이라는 끝도 없는 크나큰 바다를 유유히 헤엄쳐가는 자신을 자각하게 될 것이다. 화엄경의 세계관의 원형인 해인삼매에 의거할 때 인생관의 목표가 스스로 정해진다.
　화엄삼매는 인생관으로 볼 수 있고, 해인삼매는 화엄경의 세계관이라고 할 수 있다. 화엄이란 꽃으로 꾸민다는 뜻의 비유이며 꽃은 보살의 모든 실천 행위를 비유한 것이다. 보살이란 깨달음을 구하고자 노력하는 사람이며 진리를 추구하는 자신이 곧 보살이다. 꽃은 반드시 열매를 맺듯이 보살의 행위 또한 필연적으로 깨달음의 세계를 가져올 힘이 있다.

엄(嚴)은 꾸민다는 뜻이니 즉 보살의 행위가 완성되고 그 결과가 충족되어 진리에 합치(合致)된다. 따라서 화엄(華嚴)은 부처의 깨달음을 가져올 힘을 가지고 있는 보살의 행위가 완성되고 충족되어 진리에 합치함을 뜻한다. 마음을 오롯이 하여 주객(主客) 상대의 관계를 초월하는 일이 곧 화엄삼매이다.

화엄삼매는 보살의 행위가 완성되는 과정으로 생활방식과 행동방식이 진리에 합치하여 비로자나불의 세계에 원융하는 과정을 표시하는 것이다. 해인삼매가 비로자나불의 세계관이라면 화엄삼매는 그 세계관에 의거한 보살의 인생관 또는 그 인생행로를 나타내는 것이다.

보살은 본질적으로 비로자나불에 근거를 두고 있으며 보살 인격의 근원은 보살 자신에게 있는 것이 아니라 무한한 비로자나불에게 있는 것이다. 따라서 화엄은 겉으로 보면 보살의 행위를 완성해가는 과정이 되려니와, 뒤로 돌아가 볼 때에는 그 모든 것이 비로자나불 자신의 활동에 지나지 않음을 알게 된다.

화엄사 사리탑 탑전에서 수많은 노덕 대덕 고승이 머물며 화엄경을 보시고 화엄삼매, 해인삼매에 들어 수행정진하던 적멸보궁 수행처인 해인당(海印堂)이 정유재란에 소실이 되었다. 계파선사께서 각황전을 중건한 후 몇 달 뒤에 탑전 중건을 위한 대중공사를 열었고, 당우를 숙종 29년(1703년)에 중건하여 견성당(見性堂)이라고 했다.

견성당이 오랜 세월에 걸쳐 중건 중수된 과정은 다음과 같다.

대한제국 광무 4년(1900년)에 청하탄정(淸霞坦靜)선사께서 견성당에 월유선원(月遊禪院)을 개설했다. 1936년 8월 27일 태풍 3693호가 한반도 서남해안에 상륙하면서 전국에 걸쳐 막대한 피해를 끼치고 견성당이 붕괴되었지만 1937년에 만우스님이 중건했다. 1955년에 금오스님이 보수했고, 1970년에 리산 도광선사께서 중수했으며, 2005년에 명섭스님이 당우 뒤쪽을 중

▶ 견성당(1987년)

축 보수했다.

　영관 주지 스님이 2015년 1월 21일 견성당을 신축하기 위해 해체하고, 2015년 4월부터 터를 다듬고 칠성각 앞 축대 및 견성당 터 앞에 2단 구조로 축대를 쌓았으며, 2016년 8월 16일부터 탑전 견성당 자리에 적멸보궁 법당을 짓기 시작해서 2016년 9월 23일에 상량식을 가졌다.

　덕문 주지 스님이 2018년 2월 법당안에서 사리탑을 볼 수 있는 유리 벽창과 불단과 닫집을 조성했으며, 2018년 4월 2일 적멸보궁 탑전 법당 낙성법회를 오전 10시에 봉행했다. 2020년 1월 27일 오전 9시 견성전에서 화엄신중탱화 봉안 점안식을 봉행했다. 2020년 5월 1일 각황전에서 대웅전 삼신탱화, 각황전 삼존탱화, 견성전 신중탱화에 모실 복장낭(腹藏囊) 봉헌 복장의식 및 점안식을 했다. 2020년 5월 2일 오후 1시 각황전에서 복장낭 불사 회향식을 봉행했다. 복장낭의 제막을 덕문 주지 스님과 자광 대종사께서 했다. 복장낭은 2019년 5월 불사를 시작하여 강선정 문화재청 전문위원과 한복명장 박춘화, 자수장인 윤정순, 매듭장인 안영순 님이 혼신의 노력을 기

▶ 견성전(2020년)

울여 1년여의 작업기간을 거쳐 원만하게 회향하게 되었다. 또한 세 분을 화엄사 성보박물관 전문위원으로 위촉했다.

또한 견성전 뒤에 숙종 29년(1703년) 계파선사가 창건한 칠성각이 있다. 덕문 주지 스님이 2019년 화엄사 성보박물관 수장고에 보관한 칠성탱화를 칠성각에 다시 모셨다. 원통전에 계시던 독성탱화와 산신탱화를 칠성각으로 옮겨 왼쪽엔 독성탱화, 중앙엔 칠성탱화, 오른쪽엔 산신탱화를 모시고 삼성각(三聖閣)으로 명칭을 바꾸었다.

2019년 2월 18일 오전 10시 삼성인 독성, 칠성, 산신을 모시는 봉안식을 했다. 2019년 6월 17일 탑전 삼성각에 새롭게 조성한 수미단 위에 유리판을 설치했다. 2019년 6월 20일 탑전 삼성각에 화재 예방 차원으로 전기촛불대로 교체하여 놓았다. 2019년 6월 23일 탑전 삼성각에 새롭게 조성한 수미단에 옻칠을 했다.

79
화엄사 문수보살 이야기

이제 화엄사에 문수보살이 화현하여 사부대중과 함께 살고 있었던 이야기를 하려고 한다. 실명은 거론 하지 않고 가명으로 화현스님이라고 하겠다.

1987년 어느 날 밤, 후원에서 시끌벅적 소리가 나서 원주 스님이 나가보았더니 대도문(大道門) 밖에서 봉고차를 타고 여자 3명이 왔고, 그 중 젊은 아가씨 한 명이 온몸을 비틀며 살려 달라고 외치고 있었다. 스님은 처자를 방으로 안내하고 쉬게 했다.

다음 날 아침 간밤에 아파하던 처자가 마루에 나와 앉아 있었다. 고통을 참느라 입술을 깨물었는지 처자의 입술에 물집이 가득했다. 화현스님이 다가가 어디가 아프냐고 물어보니 신병(神病)이 왔다고 했다. 젊은 처자는 얼마 전에 신이 들어왔지만 무녀가 되지 않으려고 무던히 노력했다. 그러자 처자 몸에 들어온 신은 엄청난 고통을 주었다. 어제 다시 그 고통이 찾아왔을 때 화엄사에 가면 살 것 같다는 생각이 들어서 왔다고 했다.

그리고 다시 하룻밤이 지났고, 처자 입술에 있던 물집들이 감쪽같이 사라졌다. 처자 본인도, 다른 사람들도 신기하게 생각했다. 하지만 오후가 되자 처자는 다시 고통에 시달리게 되었고, 화현스님은 처자를 살피러 갔다. 그때 처자가 어린아이 목소리를 내자 스님이 물었다.

▶ 화엄사 각황전 문수보살님

"너는 누구냐?"

처자는 5살 먹은 남자아이라고 대답했다. 그리고는 계속 말을 이었다.

"나는 산에서 버려진 음식을 먹고 살고 있었어요. 그런데 이 누나가 산에 왔기에 몸에 들어왔지요. 그런데 날 화엄사에 끌고 왔지 뭐예요. 누나가 날 버리려는 거예요."

남자아이는 화가 많이 난 듯 했다.

"오늘 누나가 법당에 들어가려고 할 때 신장님들이 '더러운 녀석은 함부로 이곳에 못 들어온다'며 야단치면서 절 때렸어요. 그래서 저도 누나를 아프게 한 거예요."

화현스님이 남자아이를 타일렀다.

"네가 하는 행위는 악업을 쌓는 것이다. 속히 몸에서 나오라."

하지만 아이가 말을 듣지 않고 앙탈을 부리기에 스님이 화엄경 약찬게를 독송했다. 그러자 "신장님이 몰려온다!" 하며 무서워했다.

다음 날, 화현스님이 처자의 안부를 물으러 갔다. 그런데 목소리가 또 바뀌어 있었다.

"너는 누구냐?"

이번엔 자신을 3살 먹은 여자아이라고 했다.

"어떻게 이 처자 몸에 들어온 것이냐?"

여자아이가 대답했다.

"나는 본래 극락세계에서 살았어요. 그런데 구름을 타고 놀다 떨어진 후 금정골의 산신할아버지가 나를 보살펴 주었어요. 오늘 아침 화엄계곡에서 놀다가 이 언니를 보았고, 언니의 마음을 들여다보니 화엄사 법당에 들어가고 싶어도 못 가고 있는 것을 알았어요. 나는 항상 아미타불 염불을 하여 청정하니 충분히 법당에 들어갈 수 있었지요. 그래서 언니와 불법의 인연을 맺어주려고 몸에 들어갔어요. 법당에 들어와서 불보살을 두루 참배하니 언니가 참 좋아했어요. 그런데 방에 오니 어떤 오빠가 자꾸 절 때렸어요."

불심 가득한 여자아이가 처자 몸에 들어가 있으니 남자아이가 심술을 낸 것이다. 화현스님은 여자아이가 말하는 오빠가 5살 동자임을 알고는 말했다.

"보아라 잡신아. 처자가 너에게 복속되지 않으려고 원력을 세우니 불심동녀(童女)가 와서 불보살을 친견케 하지 않았느냐. 너는 이 처자를 이길 수 없다. 그동안 처자에게 지은 행위를 참회하고 이 자리에서 떠나라. 이제 항상 염불하고 청정한 영혼이 되어 중음계(中陰界)에서 벗어나 극락세계로 가거라."

그러자 5살 남자아이가 처자의 몸에서 떠나가며 말했다.

"이제 저는 19세 누나 몸으로 갑니다."

그 다음 날부터 처자는 몸에 실린 동녀와 함께 자유롭게 법당을 드나들며 불보살님을 친견하고 108배도 했다. 처자의 얼굴은 맑고 밝아졌다. 한 가지 부작용은 동녀가 시도 때도 없이 나와 아기 말투로 말을 하게 된다는 것이다. 처자가 아직 누르는 힘이 부족해 조절을 못해 생긴 증상이었다. 처자는 원래 자신으로 돌아오면 창피하고 난감하다고 말했다.

화현스님이 처자에게 부처님 사리탑을 안내하기 위해 각황전 앞을 지나고 있을 때였다. 갑자기 처자가 물었다.

"문수보살이 누구인가요?"

화현스님이 대답했다.

"왜 갑자기 문수보살에 대해 묻습니까?"

처자가 약간 당황한 기색으로 말했다.

"저는 아직 불교에 대해 잘 몰라요. 문수보살에 대해서도 모릅니다. 그런데 오늘 스님을 보니 갑자기 문수보살이란 말이 튀어 나왔어요."

화현스님이 인자하게 대답했다.

"문수보살은 지혜를 완전히 갖춘 보살로서 석가모니불의 지덕과 체덕을 맡아서 석가모니불의 교화를 돕기 위해 나타난 보살입니다. 지리산은 문수보살이 상주하시는 산입니다. 대지문수사리보살(大智文殊師利菩薩)의 이름을 택하여 산 이름도 지리산이라고 지었지요. 문수보살은 각황전 중앙에 모셔진 석가모니불의 좌보처이신데, 우리 쪽에서 보면 부처님 오른쪽에 계십니다."

처자가 말했다.

"각황전 문수보살은 바로 화현스님이에요. 눈매가 같고 화현스님 눈에 문수보살의 서광이 있습니다."

화현스님이 "소승은 보잘 것 없는 스님일 뿐입니다"라고 하자 처자가 다시 말했다.

"동녀가 말해 주는데요. 스님은 각황전 문수보살이 화현하여 나오신 거라고 하네요. 그동안 스님이 잊고 사신 것일 뿐이라고."

여기서 잠시 문수보살과 보현보살의 일화를 소개한다.

문수보살과 보현보살 두 분이 길을 가시다가 보현보살이 발정한 암퇘지에 들어갔다. 보현은 수퇘지로 태어나서 바로 토굴로 간다고 했지만 오랜 시간이 지나도 오지 않았다. 문수보살이 가서 보니 보현보살은 암퇘지와 손자까지 보고 시간가는 줄 모르며 살고 있었다.

문수보살은 돌아오면서 만난 처사에게 글을 하나 써서 주며 말했다.

"보현으로 태어난 수퇘지에게 이 글을 보여 주라."

久埋塵土中(구매진토중) 오랫동안 티끌 속에 파묻히면
昧却本分事(매각본분사) 본분사(本分事)에 혼미해 지는 법
棄却途中事(기각도중사) 도중이라도 일을 버리고
速還靑山來(속환청산래) 속히 청산으로 돌아오라.

잠시 환신(幻身, 허망하고 덧없는 몸)으로 나툰 보현보살은 문수보살의 뜻을 알고 바로 수퇘지의 몸을 벗고 돌아 왔다.

화현스님은 자신이 문수보살의 화현이 아니라고 했지만 처자와 동녀는 계속 맞다고 했다. 화현스님은 절대로 사부대중 앞에서 자신이 문수보살이라고 말하지 말라고 당부했다. 티베트 불교는 활불사상(活佛思想)으로 어린 린포체를 존경하지만 한국 스님들은 그렇지 않았기 때문이다. 만약 화현스

님이 문수보살 화현이라고 하면 믿지 않고 "신통을 부려봐라", "사자(獅子)가 어디에 있느냐" 하고 비아냥거리며 시험하려고할 것이 분명했다.

"저도 믿기지 않는 일입니다. 그러니 절대 비밀로 해주십시오."

화현스님은 다시 한 번 신신당부했다.

다음 날 처자가 동녀가 되어 화현스님 방으로 놀러 왔다. 동녀는 스님을 보자마자 "문수보살님 안녕하세요!" 했다. 화현스님은 화들짝 놀라면서 "그렇게 부르지 말라고 부탁했는데, 왜 또 그러십니까?" 하자 동녀는 "문수보살로 보여서 깜빡했어요"라고 대답했다. 동녀는 갑자기 처자로 돌아왔다가 다시 동녀가 되었다 하여 스님을 헷갈리게 했다. 이에 처자가 말했다.

"눈동자를 보면 알 수 있어요. 저 자신일 땐 눈동자에 초점이 있지만 동녀가 자리 잡고 있을 땐 초점이 멍한 상태예요. 그래서 동녀가 자리할 땐 눈앞이 뿌옇게 보여서 혹시 계곡을 뛰어다니다 다치지 않을까 불안해요."

처자는 화엄사에 일주일 이상 지냈다. 불법을 잘 믿기로 하고 집으로 돌아갔다가 몇 달 후 화엄사에 기도하러 왔다. 처자가 찾아오니 화현스님이 반가이 맞아주었다.

"이젠 내가 문수보살로 보이지 않지요?"

그 말에 처자가 웃었다.

"무슨 말씀이세요? 스님은 각황전 문수보살이십니다."

또 반복되는 말이었다.

동녀에 의해 화현스님이 문수보살이라고 밝혀진 후 여러 가지 사건이 있었다. 한 번은 화현스님이 여러 불자님들과 십자방(옛 공양방)에서 연등작업을 하고 있었다. 그런데 충주에서 온 불자 한 명이 스님에게 잠시 밖에서 만나기를 청하고 이렇게 말했다.

"전 무녀이지만 정통으로 불법을 신봉합니다. 스님을 보니 문수보살 서광이 있으시네요. 스님은 문수보살이지요?"

스님은 머리를 한 대 맞은 느낌이었다. 충주 불자님은 방에서 이 이야기를 하면 다른 불자들이 소문을 낼 것이고 그럼 스님이 피해를 당할 것 같아서 밖으로 나와 여쭈어 보았다고 했다. 스님은 얼마 전 어느 처자도 같은 이야기를 했다고 하자 불자님이 말했다.

"불법이 강한 신들은 스님의 정체를 볼 수 있지만 잡신들은 볼 수 없지요. 스님이나 불자들도 혜안이 열리지 않았으니 스님이 문수보살의 화현인지 모르고 평범한 스님이라고 여길 것입니다."

또 얼마 후 화현스님이 보제루를 내려갈 때 있었던 일이다. 한 중년 처사님이 합장을 하며 "스님은 문수보살님이시네요" 하고 조용히 말한 뒤 미소를 지으며 법당을 향해갔다.

화현스님은 자신을 문수보살이라고 하는 말에 더는 집착하지 않기로 했다. 대신 '세세상행보살도 구경원성살바야 마하반야바라밀'로 수행했다. 문수보살이든 화현스님이든 같은 수행자이기 때문이다.

> 그 후 화현스님이 화엄사에
> 있다고 할 수 없고, 없다고 할 수도 없네
> 보인다고 할 수 없고, 안 보인다고 할 수도 없네
> 가셨다고 할 수 없고, 안 가셨다고 할 수도 없네
> 화현스님을 찾을 수 있을까, 없을까

이렇게 화현스님 일화로 남겨 두기로 하자.

문수보살님은 어제 오늘 내일 과거 현재 미래에도 화엄사에서 우리와 함께 계시니 이를 믿으며 문수보살님을 친견하기 바랍니다.

80

화엄사 전각 주련 이야기

大雄殿 柱聯(대웅전 주련)

四五百株垂柳巷(사오백주수류항)　사오백 그루의 늘어진 수양버들 마을
二三千尺管絃樓(이삼천척관현루)　이삼 천척의 누각 관현소리 그윽하고
紫羅帳裏撒眞珠(자라장리살진주)　보랏빛 비단 장막에 진주를 뿌리나니
樓閣重重華藏界(누각중중화장계)　누각은 겹겹이라 연화장 세계로구나
雨寶益生滿虛空(우보익생만허공)　법비 내려 중생 이익함이 허공 가득하고
衆生隨器得利益(중생수기득이익)　일체 중생 그릇 따라 이익을 얻는구나

- 1연: 선문염송집(권14년) 원문 四五百條花柳巷
- 2연: 선문염송집(권14년) 원문 二三千處管絃樓
- 3연: 선문염송집(권19년) 금강경오가해설의, 염송설화절록
- 4연: 염송설화절록
- 5연~6연: 의상조사 법성게 30구(句) 중 21·22번 구(句)이다.

覺皇殿 柱聯 (각황전 주련)

偉論雄經罔不通(위론웅경망불통) 기신론과 화엄경을 통달 못함이 없으시고
一生弘護有深功(일생홍호유심공) 일생 동안 널리펴고 지키신 공덕이 깊도다
三千義學分燈後(삼천의학분등후) 삼천의 의학에게 법등(불법)을 나눠 주신후
圓教宗風滿海東(원교종풍만해동) 원교의 종풍이 해동에 가득하네

- 대각국사(大覺國師) 의천(義天)이 의상조사(義湘祖師)를 흠모하는 찬송(讚頌)

西來一燭傳三世(서래일촉전삼세) 서역(인도)에서 온 하나의 촛불(불법)을 삼세에 전하여
南國千年闡五宗(남국천년천오종) 남국(중국) 천년에 오종으로 널리 퍼지게 되었네
遊償此增淸淨債(유상차증청정채) 이같이 증가된 청정한 빚을 노닐며 갚으려하니
白雲回首與誰同(백운회수여수동) 백운에 머리돌려 누구와 더불어 함께 할 것인가!

- 오종(五宗): 위안종(潙仰宗), 임제종(臨濟宗), 조동종(曹洞宗), 운문종(雲門宗), 법안종(法眼宗)
- 설암(雪嚴) 추붕선사(秋鵬禪師) 문집 설암난고(雪嚴亂藁) 제화엄사장육전(題華嚴寺丈六殿)의 일부

羅漢殿 柱聯 (나한전 주련)

諸大聖衆振玄飛(제대성중진현비) 모든 큰 아라한께서 진리를 힘차게 드러내시어
教化群生一體同(교화군생일체동) 한 몸 인양 수많은 중생을 동일하게 교화하네
洞察人間如反掌(통찰인간여반장) 인간 세상 살피기를 손바닥 보듯하시니
消災降福願皆脫(소재강복원개탈) 원컨대 재앙소멸하며 복을 주시고 다 해탈케 하소서

圓通殿 柱聯(원통전 주련)

一葉紅蓮在海中(일엽홍련재해중) 한 잎 붉은 연꽃 바다 가운데에 있어
碧波深處現身通(벽파심처현신통) 푸른 파도 깊은 곳에서 신통 나투시네
昨夜普陀觀自在(작야보타관자재) 어젯밤 보타낙가산의 관자재 보살께서
今日降赴道場中(금일강부도량중) 오늘은 이 도량 가운데에 강림하셨네

- 석문의범(釋門儀範) 예경편(禮敬篇)
- 관음전(觀音殿)

影殿 柱聯(영전 주련)

堂堂大道赫分明(당당대도혁분명) 당당한 대도는 밝고 분명해서
人人本具箇圓成(인인본구개원성) 사람마다 본래 갖추어 낱낱이 다 원만히 이루었네
只是緣由一念差(지시연유일념차) 다만 한 생각 어긋진 그 인연으로 말미암아
永劫現出萬般形(영겁현출만반형) 영겁을 두고 만가지 형상을 나타내더라
今日滌除煩惱染(금일척제번뇌염) 오늘 번뇌로 물든 생각을 깨끗이 씻어버리고
隨緣依舊自還鄉(수연의구자환향) 인연 따라서 옛을 의지해서 고향으로 돌아가자

- 1연~4연: 야보 도천(冶父 道川) 천로금강경(金剛經) 제3대승정종분(大乘正宗分)에서 재구성
- 5연~6연: 한시(보보하생 步步下生) 중에서

三殿 柱聯(삼전 주련)

靑山人我色(청산인아색) 푸른 산은 빛깔과 모양을 가지고 내 잘났다고 자랑하니
流水是非聲(유수시비성) 흐르는 물은 소리를 가지고 시비를 하는구나
山色水聲裏(산색수성이) 산빛깔 물소리 속에서도
聾啞過平生(농아과평생) 귀먹고 벙어리 되어 한 평생 지내리라

• 신라 부설거사의 게송

冥府殿 柱聯(명부전 주련)

常揮慧釖斷滅罪根(상휘혜검단멸죄근) 항상 지혜의 검을 휘둘러서 죄의 뿌리 단멸하니
倘切歸依奚遲感應(당절귀의해지감응) 마땅이 간절히 귀의하면 어찌 감응이 더디리오
慈因積善誓救衆生(자인적선서구중생) 자비의 인연으로 선을 쌓고 중생 구제 서원하시고
手中金錫振開王門(수중금석진개왕문) 손에 있는 육환장을 흔드니 시왕문이 열리도다
掌上明珠光攝大千(장상명주광섭대천) 손바닥 위 여의주가 삼천대천세계에 광명 두루하니
業鏡臺前十殿調律(업경대전십전조율) 업경대 앞 시왕전에서 낱낱이 죄를 다스리도다

• 석문의범(釋門儀範) 불공편(佛供篇)
• 지장청(地藏請) 유치(由致) 중에서 조합한 구절임

寂默堂 柱聯(적묵당 주련)

大護法不見僧過(대호법불견승과) 큰 법을 지키는 이는 절집 허물 보지 않고
善知識能調物情(선지식능조물정) 선지식은 중생의 마음을 잘 헤아리시네
百戰英雄知佛法(백전영웅지불법) 백전의 영웅은 부처님 법을 깊이 알고
再來菩薩說家常(재래보살설가상) 거듭 화현하신 보살님은 불가의 도리를 설하네
永使蒼生離苦海(영사창생이고해) 길이 중생들로 하여금 고해를 여의게 하고
恒敎赤子有慈航(항교적자유자항) 항상 친자식처럼 보살펴 잘 인도해 주시네

- 1연·2연: 중국 선시(中國 禪詩)
- 3연·4연: 신라 김유신 장군의 말씀
- 5연·6연: 관세음보살피존칭위(觀世音菩薩被尊稱爲) 대비(大悲)

梵鐘閣 柱聯(범종각 주련)

願此鐘聲遍法界(원차종성편법계) 원컨대 이 종소리 법계에 두루 퍼져
鐵圍幽暗悉皆明(철위유암실개명) 철위산 깊은 무간지옥 다 밝아지고
三途離苦破刀山(삼도리고파도산) 지옥 아귀 축생의 고통과 칼산의 고통을 모두 떠나
一切衆生成正覺(일체중생성정각) 모든 중생 바른 깨달음 이루어지게 하소서

- 석문의범(釋門儀範) 송주편(誦呪篇)
- 종송(第五 鍾誦) 조례종송(朝禮鍾誦)

普濟樓 柱聯 (보제루 주련) 편액면

迦陵頻伽美妙音 (가릉빈가미묘음) 가릉빈가의 아름답고 미묘한 소리
俱枳羅等妙音聲 (구지라등묘음성) 구지라등 온갖 새의 미묘한 음성
種種梵音皆具足 (종종범음개구족) 가지가지 범음을 다 구족하여
隨其心樂爲說法 (수기심락위설법) 그들의 마음따라 설법을 하네
八萬四千諸法門 (팔만사천제법문) 팔만사천 모든 법문으로
諸佛以此度衆生 (제불이차도중생) 모든 부처님이 이처럼 중생을 제도하나니
彼亦如其差別法 (피역여기차별법) 저 또한 그와 같은 차별법으로
隨世所宜而化度 (수세소의이화도) 세간의 마땅함을 따라서 교화제도하리라

• 화엄경 현수품

普濟樓 柱聯 (보제루 주련) 화장면

信爲道元功德母 (신위도원공덕모) 믿음은 도의 근원이며 공덕의 어머니이니
長養一切諸善法 (장양일체제선법) 일체의 모든 착한 법을 잘 길러내서
斷除疑網出愛流 (단제의망출애류) 의심의 그물을 끊고 애욕에서 벗어나
開示涅槃無上道 (개시열반무상도) 열반의 위없는 도를 열어 보이네
信無垢濁心淸淨 (신무구탁심청정) 믿음은 때와 탁한 마음이 없고 청정하여
滅除憍慢恭敬本 (멸제교만공경본) 교만을 없애 버리는 공경의 근본되니
亦爲法藏第一財 (역위법장제일재) 또한 진리 창고에서 첫째가는 재물이 되니
爲淸淨手受衆行 (위청정수수중행) 청정한 손이 되어 모든 행을 받네

• 화엄경 현수품

雲鼓閣 柱聯 (운고각 주련)

塵勞逈脫事非常 (진로형탈사비상) 번뇌를 멀리 벗어나는 일이 예삿일이 아니니
緊把繩頭做一場 (긴파승두주일장) 화두를 단단히 잡고 한바탕 힘쓸지어다
不是一番寒徹骨 (불시일번한철골) 한 번 차가움이 뼈속을 사무치지 않았다면
爭得梅花撲鼻香 (쟁득매화박비향) 어찌 매화의 코를 찌르는 향기를 얻을 수 있으리오

• 황벽희운 선사의 게송

雲鼓樓 柱聯 (운고루 주련)

寂滅堂前多勝景 (적멸당전다승경) 적멸당 그 앞엔 승경도 많고
吉祥峰上絶纖埃 (길상봉상절섬애) 길상봉 높은 봉우리 티끌도 끊겼네
彷徨盡日思前事 (방황진일사전사) 진종일 서성이며 지난 일 생각하니
薄暮悲風起孝臺 (박모비풍기효대) 저문날 슬픈 바람 효대에 감도네

• 문종의 네 번째 왕자
• 대각국사(大覺國師) 의천(義天)의 게송

華山學林 柱聯 (화산학림 주련)

開卷讀書如對聖 (개권독서여대성)	책을 열어 글을 읽으니 성인을 대한것 같고
正心養性學眞人 (정심양성학진인)	바른 마음과 성품길러 참을 배우는 사람이라
翠竹黃河皆佛性 (취죽황하개불성)	푸른 대나무 황하도 모두 부처의 성품이고
淸池皓月照禪心 (청지호월조선심)	맑은 못에 비친 흰달은 선승의 마음이라
經書涵養心如鏡 (경서함양심여경)	경서를 함양하여 마음을 거울같이 하고
福德薰陶語似蘭 (복덕훈도어사란)	복과 덕을 가르치고 기르니 말씀이 난과 같구나

- 1연·2연: 가언집(嘉言集) : 14 최명학(崔明鶴)
- 3연: 전당시(全唐詩) 293권에 수록된 사공서(司空曙)의 詩 중의 한 연
- 4연: 전당시(全唐詩) 134권에 수록된 이기(李順)의 詩 중의 한 연
- 5연·6연: 대만 서화(瑞華)가 설송노사(雪松老師)에게 일불경불가불독(一佛經不可不讀)에 대한 질문에 답변

圓融寮 柱聯 (원융요 주련)

但自無心於萬物 (단자무심어만물)	다만 스스로 온갖 만물에 무심하다면
何妨萬物常圍繞 (하방만물상위요)	어찌 만물이 항상 에워싸도 방해가 되겠는가
鐵牛不怕獅子吼 (철우불파사자후)	쇠로 만든 소가 사자의 포효를 두려워하지 않고
恰似木人見花鳥 (흡사목인견화조)	나무로 만든 사람이 꽃과 새를 보는 것과 같다네
木人本體自無情 (목인본체자무정)	나무로 만든 사람은 본래 자체에 정이 없으며
花鳥逢人亦不驚 (화조봉인역불경)	꽃과 새가 사람을 만나도 놀라지 않는다.
心境如如只遮是 (심경여여지차시)	마음과 경계가 한결 같으면 다만 이러할 뿐인데
何處菩提道不成 (하처보리도불성)	어찌 깨달음을 이루지 못 할까 근심하랴

- 중국 방거사의 게송

淸風堂 柱聯(청풍당 주련) 오른쪽

訪舊懷論實可傷(방구회론실가상) 옛 친구를 찾아가 회포를 논하니
  실로 마음이 아프도다
經年獨臥涅槃堂(경년독와열반당) 몇 해가 지나도록 홀로 열반당에 누워 있으니
門無過客窓無紙(문무과객창무지) 문 앞엔 지나가는 나그네 없고
  창문에는 종이 마저 없구나
爐有寒灰席有霜(노유한회석유상) 화로엔 싸늘한 재만 있고 앉을 자리엔
  서리가 끼어있네
老僧自有安閑法(노승자유안한법) 노승은 스스로 편하고 한가로운 도리가 있어서
八苦交煎總不妨(팔고교전총불방) 여덟가지 괴로움이 아무리 들끓어도 방해받지 않네

- 굉지정각(宏智正覺, 1091~1157년) 스님은 송나라 때 선종을 대표하는 선사로서 조동종(曹洞宗)의 묵조선을 대성시킨 분이다.

淸風堂 柱聯(청풍당 주련) 왼쪽

山堂靜夜坐無言(산당정야좌무언) 산사의 고요한 밤 말없이 앉아 있으니
寂寂廖廖本自然(적적요요본자연) 적적하고 고요함은 본래 자연 그대로더라
何事西風動林野(하사서풍동임야) 무슨 일로 서쪽 바람은 숲과 들을 흔드니
一聲寒雁唳長天(일성한안려장천) 추운날 기러기가 한소리로 높고 넓은 하늘 울며가네

- 야보 도천(冶父 道川)

淸風堂 柱聯(청풍당 주련) 왼쪽 뒤 1

청산은 나를 보고
말없이 살라 하고
백운은 나를 보고
티없이 살라 하네

- 나옹선사(懶翁禪師, 1320~1376년): 고려 말기의 고승으로 휘는 혜근(慧勤), 호는 나옹(懶翁), 본 이름은 원혜(元惠)이다. 속성은 아(牙)씨인데 고려 말 예주부(지금의 경북 영덕군 창수면 갈천리)에서 출생하여 원나라에서 유학했다. 인도의 고승 지공스님의 제자로서 인도불교를 한국불교로 승화시킨 역사적 인물이며 조선태조(朝鮮太祖)의 왕사였던 무학대사(無學大師)의 스승이었다.
아래는 글은 시 원문이다.

靑山兮要我 : 청산은 나를 보고

나옹선사(懶翁禪師)

靑山兮要我以無語(청산혜요아이무어)	청산은 나를 보고 말없이 살라하고
蒼空兮要我以無垢(창공혜요아이무구)	창공은 나를 보고 티없이 살라하네
聊無愛而無憎兮(료무애이무증혜)	사랑도 벗어 놓고 미움도 벗어 놓고
如水如風而終我(여수여풍이종아)	물같이 바람같이 살다가 가라하네
靑山兮要我以無語(청산혜요아이무어)	청산은 나를 보고 말없이 살라하고
蒼空兮要我以無垢(창공혜요아이무구)	창공은 나를 보고 티없이 살라하네
聊無怒而無惜兮(료무노이무석혜)	성냄도 벗어 놓고 탐욕도 벗어 놓고
如水如風而終我(여수여풍이종아)	물같이 바람같이 살다가 가라하네

淸風堂 柱聯(청풍당 주련) 왼쪽 뒤 2

성 안내는 그 얼굴
참다운 공양구요
부드러운 말 한마디
미묘한 향이로다

깨끗해 티가 없는
진실한 그 마음이
언제나 한결같은
부처님 마음일세

• 중국 무착(無着)선사가 오대산에서 동자와 대화를 나눈 뒤 문수동자가 사라지고 허공에서 들려온 게송이다. 선사는 문수보살을 직접 뵙고도 알아보지 못한 자신의 어리석음을 한탄하며 더욱 수행에 정진했다.

天王門 柱聯(천왕문 주련) 앞쪽

四大天王威勢雄(사대천왕위세웅)	사대천왕의 위엄과 기세가 웅장하여라
護世巡遊處處通(호세순유처처통)	세상을 돌아다니며 지키고 곳곳으로 통하니
從善有情貽福蔭(종선유정이복음)	착한 일을 하는 중생들에게 복을 주시고
罰惡群品賜災隆(벌악군품사재륭)	악한 무리에게 벌을 주고 재앙을 내리신다

• 석문의범(釋門儀範) 불공편(佛供篇)
• 사천왕청(四天王請) 가영(歌詠)

天王門 柱聯(천왕문 주련) 뒤쪽

八部金剛護道場(팔부금강호도량) 팔부중과 금강역사께서 도량을 수호하고
空神速赴報天王(공신속부보천왕) 허공신은 속히 와서 사대천왕을 보필하며
三界諸天咸來集(삼계제천함래집) 삼계의 모든 천신들이 빠짐없이 모두 모여
如今佛刹補禎祥(여금불찰보정상) 지금 부처님 도량의 상서로움을 도우소서

- 석문의범(釋門儀範) 예경편(禮禮敬篇) 신중단(神衆壇) 신중작법(神衆作法) 옹호게(擁護偈)

滿月堂 柱聯(만월당 주련)

如來淸淨妙法身(여래청정묘법신) 여래의 청정하고 미묘한 진리법신
一切三界無倫匹(일체삼계무륜필) 삼계에 모든 것도 비교할 이 없고
以出世間言語道(이출세간언어도) 세간의 말로는 다 할 수 없으니
其性非有非無故(기성비유비무고) 그 성품 있지도 않고 없지도 않는 까닭이다
雖無所依無不住(수무소의무불법) 비록 의지할 곳 없으나 머물지 않음이 없고
雖無不至而不去(수무부지이불법) 비록 이르지 않은 곳도 없으나 가지도 않으니
如空中畵夢所見(여공중화몽소견) 마치 허공에 그린 그림을 꿈에서 보듯이
當於佛體如是觀(당어불체여시관) 마땅히 부처님의 몸을 이와같이 보라
三界有無一體法(삼계유무일체법) 삼계의 유위와 무위의 일체법이여!

- 화엄경 입법계품

光學藏 柱聯(광학장 주련) 오른쪽

佛智廣大同虛空 (불지광대동허공) 부처님의 지혜는 허공처럼 넓고 커서
得成無上照世燈 (득성무상조세등) 세간을 비추는 위없는 등불을 이루셨네
悉令一切諸衆生 (실령일체제중생) 일체 모든 중생들로 하여금
悉了世間諸妄想 (실요세간제망상) 세간의 모든 망상 다 알게 하시고
清淨善根普回向 (청정선근보회향) 청정한 선근으로 널리 회향하여
利益群迷恒不捨 (이익군미항불사) 중생의 이익을 위해 항상 버리지 않는다

- 1연·4연: 화엄경 입법계품
- 2연·3연·5연·6연: 화엄경 십회향품
- 이 주련은 화엄경 이곳저곳에서 취하여 하나의 게송을 만들었는데 전체적으로 보아 부처님의 지혜를 찬탄하는 내용으로 탈바꿈되어 있다.

光學藏 柱聯(광학장 주련) 왼쪽 1

面上無瞋供養具 (면상무진공양구) 성 안내는 그 얼굴이 참다운 공양구요
口裡無瞋吐妙香 (구리무진토묘향) 부드러운 말 한마디 미묘한 향이로다
心裡無瞋是眞寶 (심리무진시진보) 깨끗해 티가 없는 진실한 그 마음이
無染無垢是眞常 (무염무구시진상) 언제나 한결같은 부처님 마음일세

- 중국 무착(無着)선사가 오대산에서 동자와 대화를 나눈 뒤 문수동자가 사라지고 허공에서 들려온 게송이다. 선사는 문수보살을 직접 뵙고도 알아보지 못한 자신의 어리석음을 한탄하며 더욱 수행에 정진했다.

光學藏 柱聯(광학전 주련) 왼쪽 2

靈光獨露逈脫根塵(영광독로형탈근진) 신령스런 광명이 홀로 빛나서 육근 육진을
멀리 벗어났도다
體露眞常不拘文字(체로진상불구문자) 본체가 참되고 항상함을 드러내니 문자에
구애되지 않네
眞性無染本自圓成(진성무염본자원성) 심성은 물들지 않아 본래 스스로 원만하나니
但離妄緣卽如如佛(단리망연즉여여불) 다만 망령된 인연만 떠나버리면 곧 여여한
부처라네

• 백장회해(百丈懷海)스님의 게송

華嚴院 柱聯(화엄원 주련) 1

法性圓融無二相(법성원융무이상) 법의 성품 원융하여 두 모양이 본래 없고
諸法不動本來寂(제법부동본래적) 모든 법이 동함없이 본래부터 고요하네
無名無相絶一切(무명무상절일체) 이름없고 모양없고 일체가 다 끊였으니
證智所知非餘境(증지소지비여경) 깨친 지혜로 알뿐이지 다른 경계로 알 수 없네
眞性甚深極微妙(진성심심극미묘) 참성품은 깊고 깊어 지극히 미묘하니
不守自性隨緣成(불수자성수연성) 자기 성품 고집않고 인연따라 이뤄졌네
一中一切多卽一(일중일체다즉일) 하나 안에 일체 있고 일체 안에 하나 있어
一卽一切多卽一(일즉일체다즉일) 하나가 곧 일체요, 일체가 곧 하나라.
一味塵中含十方(일미진중함시방) 한 티끌 그 가운데 시방세계를 머금었고
一切塵中亦如是(일체진중역여시) 낱낱의 티끌마다 시방세계가 다 들었네
無量遠劫卽一念(무량원겁즉일념) 끝도 없는 무량겁이 한 생각이고

一念卽是無量劫(일념즉시무량겁) 한 생각이 끝도 없는 겁이어라
九世十世互相卽(구세십세호상즉) 세간이나 출세간이 서로 함께 어울리되
仍不雜亂隔別成(잉불잡란격별성) 혼란없이 정연하게 따로따로 이루었네
初發心時便正覺(초발심시변정각) 처음 발심하온 때가 바른 깨침 이룬 때요
生死涅槃相共和(생사열반상공화) 생과 사와 열반 경계 서로 같은 바탕일세
理事冥然無分別(이사명연무분별) 본체와 현상이 명연하여 분별 할 길 없는 것이
十佛普賢大人境(십불보현대인경) 모든 부처님과 보살님 성인들의 경계러라
能仁海印三昧中(능인해인삼매중) 부처님의 거룩한 법 해인삼매 가운데 있어
繁出如意不思議(번출여의부사의) 불가사의 무궁한 법 그 안에서 나옴이라
雨寶益生滿虛空(우보익생만허공) 법비 내래 중생 이익함이 허공 가득하고
衆生隨器得利益(중생수기득이익) 중생들의 그릇 따라 온갖 이익 얻게 하네
是故行者還本際(시고행자환본제) 이런 고로 수행자는 근본으로 돌아가되
叵息妄想必不得(파식망상필부득) 망상심을 쉬지않곤 필히 얻을 것 없네
無緣善巧捉如意(무연선교착여의) 무연자비 좋은 방편 마음대로 자재하면
歸家隨分得資糧(귀가수분득자량) 집으로 돌아갈 때 분수에 따라 자량위를 얻네
以陀羅尼無盡寶(이다라니무진보) 이 말씀 무진 법문 한량없는 보배로써
莊嚴法界實寶殿(장엄법계실보전) 온 법계를 장엄하여 불극토를 이루면서
窮坐實際中道床(궁좌실제중도상) 마침내 진여실상 중도자리 앉았으니
舊來不動名爲佛(구래부동명위불) 옛부터 움직이지 않아 이름하여 부처라네

• 의상조사 법성게

華嚴院 柱聯(화엄원 주련) 2

神光不昧(신광불매) 신묘한 불성 광명은 어둡지 않아
萬古徽猷(만고휘유) 만고에 이르도록 오히려 장엄하네
入此門內(입차문내) 불법의 문안으로 들어오려면
莫存知解(막존지해) 아는체 하는 분별심을 버려라

- 中峰明本(중봉명본)선사: 중국 원나라 1238~1295년

華嚴院 柱聯(화엄원 주련) 3

若人慾了知(약인욕요지) 만약 사람들이
三世一切佛(삼세일체불) 과거·현재·미래의 모든 부처님을 알고 싶거든
應觀法界性(응관법계성) 마땅히 법계의 성품을 비추어 관할지니
一切唯心造(일체유심조) 일체 모든 것은 마음으로 지어졌음 이라

- 화엄경 사구게(華嚴經 四句偈)

華嚴院 柱聯(화엄원 주련) 4

踏雪野中去(답설야중거) 눈 내리는 들길 한 가운데를 걸을 때
不須胡亂行(불수호난행) 모름지기 어지럽게 걷지 말라
今日我行跡(금일아행적) 오늘 남긴 내 자취는
遂作後人程(수작후인정) 마침내 뒷사람의 이정표가 되리니

- 서산 휴정(西山 休靜): 1520~1604년

金剛門 柱聯(금강문 주련) 앞쪽

擁護聖衆滿虛空(옹호성중만허공) 옹호성중이 허공에 가득하지만
都在毫光一道中(도재호광일도중) 모두 부처님 백호 밝은빛 하나 안에 있네
信受佛語常擁護(신수불어상옹호) 부처님의 말씀 믿고 받아 항상 지키며
奉行經典永流通(봉행경전영유통) 경전을 받들어 길이 널리 퍼지게 하라

- 석문의범(釋門儀範) 예경편(禮敬篇)
- 신중단(神衆壇) 일백사위 하단 가영

金剛門 柱聯(금강문 주련) 뒷쪽

願諸天龍八部衆(원제천룡팔부중) 원컨데 모든 천룡과 팔부중은
爲我擁護不離身(위아옹호불리신) 나를 옹호하여 내몸을 떠나지 말고
於諸難處無諸難(어제난처무제난) 모든 어려운 곳에 어려움 없게하여
如是大願能成就(여시대원능성취) 이와같은 큰 원력 능히 성취케 하소서

- 석문의범(釋門儀範) 예경편(禮敬篇) 신중단(神衆壇)

華嚴寺聖寶博物館 柱聯(화엄사성보박물관 주련) 1

我昔所造諸惡業(아석소조제악업) 　내가 예적부터 지은 모든 악업은
皆由無始貪瞋癡(개유무시탐진치) 　시작없는 과거부터 탐하고 화내고 어리석음 때문에
從身口意之所生(종신구의지소생) 　몸과 입과 뜻을 따라 일어난 것이니
一切我今皆懺悔(일체아금개참회) 　모든 것을 내가 이제 다 참회하옵니다

• 화엄경 입부사의해탈경 보현행원품

華嚴寺聖寶博物館 柱聯(화엄사성보박물관 주련) 2

罪無自性從心起(죄무자성종심기) 　죄는 성품이 없어 마음따라 일어나니
心若滅是罪亦忘(심약멸시죄역망) 　마음이 사라지면 죄도 함께 없어지네
罪忘心滅兩俱空(죄망심멸양구공) 　죄가 없어지고 마음조차 사라져 둘다 공해지면
是卽名爲眞懺悔(시즉명위진참회) 　이것을 이름하여 진실된 참회라 하네

• 인도 유마거사의 게송

華嚴寺聖寶博物館 柱聯(화엄사성보박물관 주련) 3

自從今身至佛身(자종금신지불신) 지금 이몸으로부터 불신에 이르기 까지
堅持禁戒不毀犯(견지금계불훼범) 금하는 계율 견고히 지켜 훼범하지 않으리니
唯願諸佛作證明(유원제불작증명) 오직 바라건데 모든 부처님께서 증명하소서
寧捨身命終不退(영사신명종불퇴) 차라리 몸과 목숨을 버릴지언정 마침내 물러나지
　　　　　　　　　　　　　　　않겠나이다

- 석문의범(釋門儀範) 제13장 수계편(受戒篇)
- 사미십계(沙彌十戒) 입지게(立志偈)

華嚴寺聖寶博物館 柱聯(화엄사성보박물관 주련) 4

我此普賢殊勝行(아차보현수승행) 내가 이제 보현보살 거룩하신 행원으로
無邊勝福皆廻向(무변승복개회향) 가이없는 수승한 복 모두 회향 하오리니
普願沈溺諸衆生(보원침익제중생) 널리 원하옵건대 괴로움에 빠진 모든 중생
速往無量光佛刹(속왕무량광불찰) 속히 무량광불 극락국에 나게 하옵소서

- 화엄경 입부사의해탈경 보현행원품

禪燈殿 柱聯 (선등전 주련)

若有欲知佛境界 (약유욕지불경계) 만약 부처님의 경계 알고자 한다면
當淨其意如虛空 (당정기의여허공) 마땅히 그 뜻을 맑히기를 허공과 같이 하여
遠難妄想及諸取 (원난망상급제취) 망상과 모든 집착 멀리 여의고
令心所向皆無碍 (영심소향개무애) 마음으로 하여금 향하는 바가 걸림 없도록 하라
若有欲得如來智 (약유욕득여래지) 만약에 부처님 지혜를 얻고자 한다면
應離一切妄分別 (응리일체망분별) 응당 모든 망상과 분별을 여월지니
有無通達皆平等 (유무통달개평등) 있고 없음에 통달하여 일체에 평등하면
疾作人天大導師 (질작인천대도사) 속히 인간과 천인의 대도사가 되리라

- 1연~4연: 화엄경 입법계품
- 5연~8연: 화엄경 십지품

茶遊堂 柱聯 (다유당 주련)

了知諸法性寂滅 (요지제법성적멸) 모든 법의 성품이 적멸한 것을 제대로 알면
如鳥飛空無有跡 (여조비공무유적) 새가 허공을 날아도 자취가 없는 것과 같다
雖復不依言語道 (수부불의언어도) 비록 다시 언어를 의지하지 아니하나
亦復不着無言說 (역부불착무언설) 또한 다시 말이 없는 것에 집착하지 말라

- 1연~2연: 화엄경 출현품
- 3연~4연: 금강경 오가해
- 금강경오가해 제십삼 여법수지분 (金剛經五家解 第十三 如法受持分)

▶ 연기존자 재일 음력 2월 28일

華嚴寺를 讚美하며

뜨는 해 품에 안고 우뚝 솟은 般若峰은
三界를 밝혀 주는 華嚴의 大綱이요
달빛에 구비 치며 淸流하는 蟾津江은
正法을 이어가는 華嚴의 動脈이라
이곳에 터를 잡고 千四百七七年 歲月 지켜오며
國亂도 이겨내고 華嚴도 널리 폈네
佛子여 우리 모두 放逸 말고 精進하여
成佛의 話頭 깨고 華嚴도 드높이세

지리산 대화엄사 이야기

2021년 5월 11일 초판 1쇄 찍음
2021년 5월 19일 초판 1쇄 펴냄

지은이   진조스님
펴낸이   권희선

펴낸곳   에스에치북스(SHBOOKS)
주 소   서울 관악구 남현1길 10, 2층
전 화   02)874-8830
팩 스   02)888-8899
등 록   제2015-20호

ⓒ SHBOOKS 2021, Printed in Seoul Korea

ISBN 979-11-86637-13-5(03220)
*값은 뒤표지에 있습니다.
*파본은 구입하신 서점에서 바꿔드립니다.